MES COMBATS

Simone Veil
De l'Académie française

MES COMBATS

Préface de Robert Badinter

Ce livre est publié à l'initiative de Philippe Ledru
et de Marc Grinsztajn

bayard

18, rue Barbès, 92128 Montrouge Cedex (France)
ISBN : 978-2-227-48937-0

Note de l'éditeur

Les textes rassemblés ici sont des discours, écrits et prononcés par Simone Veil, à l'exception de quelques textes de réflexion et d'articles.

Nous avons laissé les titres que Simone Veil avait choisis et pour les textes qui n'en comportaient pas, nous en avons proposé un, placé entre guillemets.

Quelques coupes, rares, ont été nécessaires pour éviter certaines répétitions, elles sont indiquées.

Les droits d'auteur de Simone Veil
sont reversés au Mémorial de la Shoah

Préface de Robert Badinter

Qu'est-ce qui fait la grandeur de Simone Veil ?

Certains évoqueront ses fonctions éminentes, deux fois ministre, députée européenne et Présidente du Parlement européen, membre du Conseil constitutionnel.

Quelques-uns salueront l'éclat de ses titres, décernés sans jamais avoir été sollicités, Grand-Croix de la Légion d'honneur et bien d'autres ordres étrangers qui témoignent du crédit international dont elle jouit.

D'autres souligneront l'étendue de sa culture et sa passion pour les arts. Ils rappelleront que Simone Veil est aussi une écrivaine, dont le livre *Une Vie* a connu un éclatant succès et lui a ouvert les portes de l'Académie française.

Beaucoup enfin s'attacheront à la noblesse des causes qu'elle a toujours soutenues : les droits humains, et d'abord les droits des femmes, les progrès de l'Union européenne et l'affermissement de l'État de droit.

Sa vie exemplaire, son amour des siens, sa fidélité sans faille aux valeurs de la République, son attachement à la cause des femmes, ont fait de Simone Veil un modèle de ce que doit être une personnalité politique de premier rang.

Cependant, la vie de Simone Veil, à bien des égards comblée, est marquée d'épreuves cruelles et de deuils. Au cœur de la vie de Simone, comme un foyer de braises jamais éteintes et toujours prêt à s'enflammer, il y a son expérience de la déportation, du chemin de souffrances qu'ont suivi des millions de juifs venus de tous les points cardinaux de l'Europe occupée par les nazis, et qui conduisait à Auschwitz-Birkenau et à la mort programmée.

Bien des récits, bien des œuvres littéraires ou cinématographiques ont évoqué cet ultime voyage dans les wagons à bestiaux où les déportés ne pouvaient même pas s'allonger. Nombreux étaient les vieillards ou malades qui mouraient dans ce transport. Quelques très rares survivants au regard perdu d'angoisse rétrospective l'ont raconté : l'arrivée sur le quai de Birkenau où les attendaient chiens loups et SS, cravache en main, la sélection par le médecin nazi et la fumée épaisse et noire des crématoires.

Simone a vécu à seize ans cet enfer-là. Elle a connu la marche de la mort lorsque les SS ont vidé Auschwitz de ses survivants pour les acheminer dans le froid glacial de l'hiver jusqu'à des camps de concentration en Allemagne. Là, à Bergen-Belsen, sa mère malade devait succomber dans ses bras avant leur libération par les Alliés. Sa sœur, résistante, déportée à Ravensbrück, a pu survivre, mais son père et son frère, arrêtés avec elle, disparurent en Lituanie.

Telle a été l'adolescence de Simone Veil. Nous savons que les souffrances vécues là par les déportés sont incommunicables à ceux qui ne les ont pas connues. Mais Simone Veil a trouvé en elle la force vitale et le caractère qui lui ont fait répondre aux pires épreuves par un hymne à la vie.

Telle est la victoire morale de Simone Veil sur les nazis. Elle a refusé la tentation de la désespérance dans l'être humain et choisi de toutes ses forces la vie. Et celle-ci a justement comblé l'adolescente d'Auschwitz, auprès de son mari Antoine, de leurs enfants et de leurs petits-enfants.

À mesurer l'immensité des épreuves qu'elle a connues et surmontées, on comprend pourquoi tant de respect, d'admiration et d'affection entourent Simone Veil, la « mère courage » de notre génération.

Elle a, par son exemple, montré qu'une vie ne prend sens que si elle transcende notre égoïsme par la grandeur morale des causes que l'on sert. À présent que s'effacent les survivants de notre génération, je salue Simone Veil, Juste entre les Justes.

Introduction de Jean et Pierre-François Veil

Lorsque les Éditions Bayard nous ont proposé de publier les plus importants discours écrits et prononcés par notre mère entre 1974 et 2010, nous avons d'abord pensé à nos enfants et petits-enfants, privés du privilège qui fut le nôtre de bénéficier de la « transmission » assurée par nos parents.

Actrice de la société française pendant plus de cinquante ans, d'abord comme magistrat, puis par le hasard de la vie comme femme politique, notre mère est intervenue sur des sujets majeurs de notre temps. Ses combats pour la mémoire de la Shoah, pour l'émancipation des femmes, pour l'Europe, pour davantage d'humanité et d'éthique dans notre société ont habité sa vie.

Survivante de la Shoah, son inlassable volonté de témoigner lui a été dictée, à elle comme à tous les anciens déportés, par le message sacré de ceux qu'ils avaient vu disparaître : « Rentrez et racontez, pour que l'on sache et que cela ne puisse plus se reproduire ».

Comme pour tous ses camarades de déportation, cette irréparable épreuve s'est traduite par des actes dans sa vie professionnelle. Magistrat, elle s'est notamment consacrée à l'amélioration du sort des détenus ; devenue femme politique, à un engagement de tous les instants en faveur de la construction de l'Europe assise d'abord sur la réconciliation franco-allemande.

Ses combats pour l'émancipation des femmes et davantage d'éthique dans notre société trouvent leurs sources dans son enfance et l'éducation humaniste reçue en héritage de ses parents. Leur souvenir et leur exemple n'ont cessé de nourrir ses réflexions et de guider son action.

Exprimées parfois de manière ferme, pour ne pas dire incisive, ses opinions, fondées sur un exceptionnel bon sens forgé par les vicissitudes de la vie et une lucidité acquise dès l'adolescence, l'ont convaincue que les hommes sont capables du pire, mais aussi du meilleur.

Libre de toute illusion, elle n'est dupe de rien, ni des idées convenues, ni de celles reflétant l'état d'esprit du temps ou de la mode. Maman nous a toujours paru suivre sa propre route. Sérieuse, consciencieuse, appliquée même, sûre d'elle-même, mais mesurant ses incertitudes, tout à la fois meurtrie par la vie et consciente de ses privilèges, telle nous apparaît notre mère.

Nous rappelant nos conversations avec notre père, avec nombre de ses amis, de ses collaborateurs, et tant d'autres, il nous semble bien que cette appréciation, la nôtre, n'est pas le fruit de la relation entretenue avec soin et jubilation au sein du clan familial, mais qu'elle est partagée par ceux qui la connaissent et peut-être intuitivement par nombre de Françaises et de Français.

Ayant banni toute naïveté et n'ayant plus peur de rien ni de personne, et bien que soupe au lait (ses colères sont légendaires), son attention aux difficultés des autres et sa bienveillance sont connues. En dépit de sa pudeur, de sa réserve et à certains égards d'une réelle timidité, rares sont ceux, célèbres ou inconnus, qui n'ont pas trouvé auprès d'elle une solution à leur problème, un conseil ou une écoute attentive et réconfortante. Nous gardons le souvenir de ces soirées interminables et de ces dimanches consacrés à répondre personnellement aux courriers d'inconnus, ce qui lui a valu de la part d'un de ses collègues du gouvernement l'aimable observation : « Ce n'est pas une pratique de ministre, mais celle d'un chef de bureau ».

Si son jugement est souvent sans appel, nous garderons le souvenir que la pire des sentences reste l'expression : « Ce n'est pas convenable ! » prononcée sur un ton interdisant tout commentaire.

Les discours rassemblés dans cet ouvrage reflètent sa pensée, qu'ils relèvent des domaines personnel ou public. Ces textes nous ont paru révéler la cohérence de leur auteur, notre mère, combattante infatigable des libertés.

Puissent-ils intéresser d'autres lecteurs, bien au-delà de nos enfants et petits-enfants.

I

Le combat pour la mémoire de la Shoah

Réflexions sur la mémoire

Permettez-moi d'abord de vous dire le plaisir et l'honneur que j'éprouve à être ici, aujourd'hui, dans ce centre de l'Institut français.

Tenir ici, en effet, une conférence, dans ce lieu, sur le thème de la Shoah et de la mémoire, s'inscrit dans une démarche que je souhaite souligner : celle de la reconnaissance par la France de son passé, de ses responsabilités et du devoir de mémoire qui s'ensuivit, et qu'exprimèrent successivement le président de la République Jacques Chirac puis l'ancien Premier ministre Lionel Jospin.

Une reconnaissance qui a pris plus de cinquante ans. C'est à dire plus de deux générations. Sans doute est-ce le temps nécessaire pour que la mémoire des vivants s'inscrive dans l'Histoire. Ce fut d'abord à la fin de la guerre : l'occultation des persécutions, de la déportation et de l'extermination des Juifs. C'est l'époque où l'on célébrait le gaullisme et la résistance qui avaient permis à la France de sauver l'honneur et d'être dans le camp des vainqueurs. Puis vint le temps, pour une nouvelle génération, qui n'avait pas connu la guerre ni ses difficultés matérielles, ni ses malheurs et les problèmes douloureux de l'Occupation, de mettre en cause cette image trop angélique et glorieuse pour présenter la France veule et des Français largement convertis à la collaboration ; enfin, depuis quelques années, nous sommes dans le temps de l'analyse et de la volonté de connaître réellement les faits dont la communauté juive a été victime, ainsi que le comportement de la population française et les responsabilités éventuelles des autorités ; grâce à la fois aux travaux des historiens, à l'écoute des témoignages enfin pris en compte : la Shoah, son origine idéologique avec le régime nazi — le rôle de la conférence de Wannsee et la décision de « solution finale », les responsabilités de Vichy dans les mesures discriminatoires et la déportation des Juifs de France. En même temps, on a remis en perspective le rôle de la Résistance et surtout le courage de l'engagement des « Justes », notamment dans le sauvetage des enfants. Avant même les travaux d'historiens, les témoignages des survivants, les films — je pense à *Shoah* de Claude Lanzmann —, les documentaires ont permis d'entreprendre un véritable travail de mémoire, fondé sur des bases solides.

Cette mémoire est intégrée dans la conscience collective ; c'est elle qui a contribué à conduire les Français à contrer les tentations fascisantes, racistes et antisémites dont la résurgence est, on le voit bien, toujours possible, nous obligeant à une vigilance permanente.

Ainsi si les jeunes générations de Français sont descendues massivement entre les deux tours de l'élection du président de la République dans les rues de toutes les villes de France, c'est pour partie parce qu'à travers l'histoire de la France et de l'Europe qu'on leur a enseignée, ils savent ce qu'il en coûta de laisser le champ libre à des idéologies totalitaires, racistes, antisémites et xénophobes.

Comment définir la mémoire ?

Disons simplement qu'elle se distingue de l'histoire, en ce qu'elle désigne une relation personnelle, directe, ou par une intermédiation familiale, avec un événement du passé lourd de conséquences. À la différence de l'histoire, qui suppose une certaine distance, géographique, culturelle, chronologique, entre l'évocation d'un événement passé et celui qui l'évoque.

Il est vrai que les événements récents, qui ne sont pas encore « entrés dans l'Histoire », sont traités par les historiens sans cette distance par rapport aux faits, caractéristique de la démarche historique. Eux-mêmes ne peuvent faire abstraction de leur relation personnelle au passé : chacun sait qu'on ne parle pas de la même façon de la Première ou de la Seconde Guerre mondiale, ou de la chute des régimes communistes, comme on évoque Carthage ou la découverte de l'Amérique. Pendant deux ou trois générations, Mémoire et Histoire sont intimement liées.

Or cette mémoire n'est pas simplement contemplative ou constituée d'informations : elle ne peut être totalement objective car elle constitue une forme de conscience, ou si l'on préfère, une forme d'identité.

Que nous le voulions ou non, que nous le sachions ou non, nous sommes responsables de ce qui nous unira demain, collectivement : nous sommes faits de ce qui nous a précédés et pour partie nous engageons l'avenir...

Ce sujet de la mémoire hante en premier lieu ceux qu'on appelle « les témoins », ou plutôt les victimes, ceux d'entre nous qui avons survécu, vécu dans notre chair les souffrances que certains disent « passées » mais qui, en fait, ne passent jamais et ne passeront que lorsque nous ne serons plus.

Pour nous, notre obsession, notre souffrance, c'est la crainte que dans la transmission de ce qui fut, les mensonges, les omissions, l'Histoire « révisée », au nom de la « raison d'État », les amalgames ne travestissent ce que fut notre sort et celui des millions de ceux qui furent assassinés.

De même la connaissance du passé ne doit pas empêcher d'être lucide et vigilant quant au présent. Au contraire l'Histoire est implacable : parce qu'elle inscrit pour le présent et l'avenir ce qui fut le meilleur comme le pire ; elle impose l'événement. Elle joue pleinement son rôle lorsqu'elle permet d'en marquer à jamais la mémoire, celle des individus comme la mémoire collective d'un peuple, voire de l'humanité.

Au moment où les témoins de la Shoah disparaissent, il revient plus que jamais à l'Histoire d'inscrire le témoin et son récit dans la globalité, la complexité comme la cohérence de l'événement. Ce faisant, à travers le difficile mais indispensable souci d'élucidation qui est le sien, l'Histoire permet de mettre en avant le caractère universel, mais aussi toute la spécificité de la Shoah.

La singularité de la Shoah n'est pas une singularité que nous revendiquons comme s'il s'agissait de classer les souffrances : la

Shoah est un événement « unique » en ce qu'il fut la mise en œuvre d'une politique, jusqu'ici jamais imaginée, par un pays développé qui, à travers l'organisation de toutes ses structures d'État, programma l'extermination d'un groupe d'hommes, au-delà de ses frontières, de la Norvège à la plus petite des îles grecques, de la Normandie jusqu'en Ukraine, au seul fait qu'ils étaient nés juifs, ravalés à des « sous-hommes » qui ne devaient pas survivre.

Pour les anciens déportés, le passé est toujours présent. Il nous ligote, il nous persécute, il a modelé notre vie, il imprègne nos pensées et nos rêves — ou plutôt nos cauchemars —, suscite nos réactions, explique nos sentiments.

Lorsque je parle de la mémoire à transmettre, il ne s'agit pas de parler des souffrances et des humiliations que nous avons subies. Le souvenir de nos souffrances personnelles s'estompe progressivement et dans d'autres circonstances, certains, peut-être, ont vécu pire. Il s'agit bien davantage du sort de tous ceux que nous aimions, nos parents et grands-parents, enfants, frères et sœurs, amis très proches, disparus à Auschwitz ou ailleurs, et dont, parfois, nous ignorons encore quel fut leur destin. Nous pensons aussi à tous ceux que nous avons connus et qui sont morts, épuisés par la maladie, la faim, les coups, le manque de sommeil accumulés. Ils sont morts alors que, réduits à une carcasse d'os et à un souffle de vie, ils n'espéraient plus rien que notre fidélité à la mémoire.

Plus que les souffrances physiques et les humiliations, plus que le travail forcé, l'épuisement des longues marches et les transports, c'est de cet « ailleurs » que nous voulons transmettre la mémoire, car c'est cette proximité permanente de la mort programmée qui a donné à la déportation un caractère particulièrement inhumain et absurde. Je dis absurde car le travail forcé auquel certains parmi nous étaient soumis n'avait bien souvent aucune utilité. Quant aux autres, ils étaient là seulement pour maintenir dans le camp l'activité et les moyens nécessaires à l'accomplissement de l'extermination et en tirer tout le profit possible : récupérer tout ce qui pouvait l'être des biens matériels que les morts laissaient derrière eux : vêtements, argent et bijoux, aussi bien que les cheveux et les dents en or.

Nous-mêmes, qui les avons vécus, nous avons du mal à croire que ces événements si bien ordonnés, si bien organisés en vue d'obtenir le meilleur rendement possible — en termes de morts mais aussi en termes de richesses récupérées — aient été réels.

Nous-mêmes, qui avons vu se succéder les longs convois sur la rampe du camp d'Auschwitz-Birkenau, nous qui pouvions apercevoir ceux qui descendaient des wagons pénétrer dans les chambres à gaz, nous avons encore peine à y croire. Je me souviens plus particulièrement de l'arrivée des Hongrois, dont près de 600 000 ont été déportés en mai, juin et juillet 1944. C'est pour moi l'événement le plus tragique que j'ai vécu à Birkenau : je ne peux oublier les enfants, les femmes et les vieillards dont aucun n'entrait dans le camp, tous étaient conduits directement vers les chambres à gaz. Nous ne pouvons oublier et nous nous sommes promis les uns aux autres, si par miracle quelques-uns d'entre nous survivaient, de raconter ce que nous avions vu.

Nous ne devions pas survivre. Tout était fait pour ne laisser aucune trace. La fin de la guerre est arrivée, trop vite sans doute pour laisser aux SS le temps de nous anéantir et d'effacer leurs crimes. Ils espéraient ainsi emporter une dernière victoire sur les Juifs. Ce n'a pas été le cas. Mais Hitler pourrait encore gagner si l'Histoire n'accordait pas à la Shoah la place qui lui revient.

L'histoire ne peut se dérober devant les faits, comme, de notre côté, nous devons continuer à lutter contre l'oubli.

Chaque année davantage, la disparition de quelques-uns d'entre nous renforce notre volonté de passer le relais de la mémoire aux jeunes générations.

Il ne s'agit pas seulement de ce que l'on saura et dira dans dix, vingt ans ou même cent ans. Ce qui importe, c'est ce qui en restera pour toujours dans l'histoire de l'humanité. Cela peut paraître ridicule de s'exprimer ainsi mais soyons bien conscients que la longue histoire des peuples se fait par ceux qui la vivent et la transmettent, oralement ou par des écrits, avant que les historiens ne s'en emparent.

Certes, ce que retiendra l'Histoire sera quelque peu différent de ce qu'elle fut et même de ce dont nous nous souvenons aujourd'hui. Les événements seront peut-être réduits dans leur portée, peut-être amplifiés, déformés sûrement, mais ce qui importe, c'est d'en préserver l'essentiel.

L'essentiel, ce sont les faits eux-mêmes, concrets, aussi horribles et inimaginables soient-ils, l'organisation, les méthodes pour assassiner, la volonté d'humilier et de déshumaniser. Mais les faits en eux-mêmes n'auraient guère de signification si l'on devait ignorer l'idéologie qui a entraîné le génocide des Juifs, ses racines et les supports de tous ordres qu'elle a trouvés. Que de voies sont encore à explorer pour les historiens afin de comprendre comment, au XXe siècle, un peuple parmi les plus civilisés du monde a pu en arriver, non seulement à concevoir « la solution finale », mais à la mettre en œuvre avec autant d'efficacité.

Pourtant après quelques décennies, le mal absolu qu'a été la volonté d'extermination des Juifs au seul motif de leur appartenance n'est plus considéré que comme une tragédie parmi d'autres. N'y a-t-il pas dans cette banalisation, déjà fort répandue, et à laquelle bien des Juifs les mieux intentionnés contribuent eux-mêmes, une démarche non seulement inacceptable par rapport aux 6 millions de victimes mais aussi lourde de confusion et de dangers ?

Il n'a pas fallu attendre longtemps après la fin de la Seconde Guerre mondiale pour que le nom d'Auschwitz, devenu symbole de l'extermination des Juifs, soit accolé à celui des bombardements d'Hiroshima et de Dresde pour tenter de faire croire que les Alliés s'étaient comportés de façon quasi similaire.

Ce fut ensuite le massacre de Sabra et Chatila par les milices libanaises, qualifié à l'époque par Brejnev de « génocide » dont les Israéliens ont été rendus responsables.

De façon plus générale, toute atteinte aux droits de l'homme, tout conflit comportant des crimes et des violences est aussitôt comparé à la Shoah, devenue la référence.

Ces comparaisons sont loin d'être neutres. Si tout le monde est coupable, pourquoi stigmatiser les uns plus que les autres. Les Juifs ne sont plus que des victimes parmi d'autres.

À vouloir légitimement dénoncer et combattre de la même façon toutes les violations de droits de l'homme, on est entré dans l'ère de la confusion la plus pernicieuse : amalgame sur la gravité des faits dénoncés, absence d'analyse sur le contexte politique et historique des situations en cause, ce qui en modifie considérablement le sens et la portée.

Peut-on mettre sur le même plan toute atteinte portée aux droits de l'homme, toute guerre fratricide, aussi cruelle et meurtrière soit-elle, sur le fondement de l'universalité des droits humains ?

Non seulement par son ampleur, mais par ses méthodes, l'extermination des Juifs, identifiés par leur religion ou celle de leurs ascendants plus ou moins éloignés, reste une catastrophe sans précédent dans l'histoire de l'humanité dont nul ne pouvait imaginer qu'elle soit possible au XXe siècle. C'est bien ce qui explique le questionnement d'ordre métaphysique et moral que ces faits ont suscité et que certains ont pu dire qu'Auschwitz est une rupture dans l'histoire de l'humanité.

La tentation des amalgames est à proscrire, non seulement parce que ces amalgames sont contraires à la vérité mais parce qu'à les admettre et à confondre la nature et les causes de tous ces événements, il devient impossible d'y apporter des réponses. Or, en politique, comme dans la vie, toute fausse analyse conduit à appliquer de faux remèdes et à laisser alors les cancers empoisonner l'avenir.

Si l'on considère, par exemple, l'équation facile des crimes communistes et nazis, on ne peut qu'arriver à une compréhension distordue de la réalité : et, encore une fois, il ne s'agit pas d'amoindrir les souffrances, mais elles furent d'une autre nature.

Les confondre, les travestir, les oublier, c'est se préparer à devoir les affronter de nouveau, même si leur forme est différente : ils sont comme les secrets de famille qu'on a cru enfouis à jamais et qui resurgissent, inéluctablement.

Il n'y a, face au passé, qu'une attitude qui vaille : la lucidité. Ma conviction est que, loin d'avoir à le redouter, toute nation sort renforcée de l'examen serein de son passé.

Il n'y a pas de conscience éthique sans mémoire, ce qui est en cause c'est l'humanité de l'homme, et loin d'être une donnée assurée, l'humanité est un enjeu.

Voyage à Budapest, 11 juin 2002

Quel enseignement de la Shoah au XXIe siècle

Monsieur le secrétaire général du Conseil de l'Europe, Mesdames et Messieurs les ministres, Messieurs les ambassadeurs, Mesdames et Messieurs,

Le séminaire ministériel qui se tient aujourd'hui à Strasbourg, auquel je suis très honorée d'avoir été invitée, éveille en moi un grand intérêt, mais aussi une vive émotion. C'est en effet la première fois que, dans cet hémicycle où j'ai naguère animé tant de discussions et débattu de tant de questions concernant notre avenir, je m'adresse à vous sur le sujet qui m'obsède, comme il obsède tous mes camarades, tous ceux d'entre nous qui sont revenus vivants d'Auschwitz en faisant le serment de témoigner.

Comment n'être pas sensible aux symboles dont ce colloque est chargé ? Je suis émue à l'idée qu'on évoque la mémoire de la Shoah dans une ville qui symbolise la réconciliation franco-allemande, et aujourd'hui, par ma voix, dans l'hémicycle du Conseil de l'Europe où siègent, à côté des pays de l'Europe de l'Ouest, ceux de l'Europe centrale et de l'Est.

Mesdames et messieurs, vous avez en charge l'éducation des jeunes générations d'Europe. La mission qui est la vôtre est l'une des plus exaltantes, mais aussi l'une des plus ardues. Vous avez accepté de vous réunir aujourd'hui pour réfléchir à la manière d'enseigner, non l'histoire en général, mais une période spécifique de notre passé commun, un âge de plomb, de cendres et de larmes qui n'a pas cessé de nous hanter depuis soixante ans : la destruction des Juifs d'Europe et des Tsiganes par l'Allemagne nazie.

C'est en tant que présidente de la Fondation pour la mémoire de la Shoah que je m'adresse à vous aujourd'hui ; mais c'est aussi comme témoin que je me permets de vous livrer, avec simplicité et modestie, mes réflexions sur l'enseignement de la Shoah au XXIe siècle.

Témoignage, mémoire, enseignement, histoire : il arrive, dans le débat public, qu'entre ces mots les frontières s'effacent. Cette situation reflète l'importance que les rescapés des camps ont peu à peu acquise dans l'activité historiographique.

La mémoire et l'enseignement de la Shoah ont été assumés d'abord par les survivants. La Shoah ne devait avoir ni témoin, ni histoire. Le projet nazi consistait à effacer un peuple de l'histoire et de la mémoire du monde.

Tout était conçu, pensé, organisé pour ne laisser aucune trace. Nous ne devions pas survivre. La machine de mort nazie devait faire disparaître non seulement les Juifs et les Tsiganes en tant que peuples, mais jusqu'aux preuves de leur mise à mort. L'existence des chambres à gaz était gardée comme un secret d'État.

L'angoisse de l'anéantissement total, ainsi que l'énormité du crime à l'œuvre, a fait naître dès le début un irrépressible besoin de témoigner. Assassiné à Riga en 1941, Simon Dubnov éprouvait au plus haut degré cette urgence de raconter, de parler, de communiquer, cette impérieuse nécessité d'« écrire et consigner ». La création clandestine du Centre de documentation juive contemporaine en 1943, les dessins des enfants du camp de Terezin, les chroniques des ghettos, les journaux individuels répondent à ce besoin viscéral de dire, avant de mourir, que cela fut.

La fin de la guerre est arrivée, trop vite sans doute pour laisser aux SS le temps de nous exterminer jusqu'au dernier et d'effacer leurs crimes. Mais notre retour fut douloureux. Nous avions perdu notre famille, des êtres proches, des amis. L'accueil n'a pas ressemblé à ce que nous imaginions. Nous avons subi l'indifférence, le mépris parfois. Personne ne comprenait ce que nous avions vécu. Peut-être gênions-nous : l'expérience que nous avions à transmettre était sans commune mesure avec celle de l'homme ordinaire.

Il a fallu des années pour que, dans nos pays respectifs, selon les circonstances, on accepte de nous entendre. Le procès Eichmann, au début des années 1960, a libéré la parole des témoins et créé, en Israël, en Europe de l'Ouest, aux États-Unis, une demande de témoignage. Dans les pays d'Europe centrale et de l'Est, l'occultation communiste ne s'est dissipée que récemment. L'attribution du prix Nobel de littérature 2002 à Imre Kertész, l'auteur d'*Être sans destin*, encourage de manière éclatante cette évolution. La figure du rescapé a fini par s'imposer sur la scène publique. Le témoignage apparaît désormais comme un impératif social, notamment dans les écoles. Livres de souvenirs, enregistrements, archives vidéo, témoignages spontanés, interviews constituent aujourd'hui les facettes de notre mémoire commune.

L'histoire de la Shoah s'est donc construite avec la mémoire des survivants. Mais de même que le XXe siècle a vu l'anéantissement de nos parents et de nos amis, le début du XXIe siècle verra la disparition des derniers témoins oculaires. Ces fantômes qui, réduits à une carcasse d'os et à un souffle de vie, n'espéraient plus rien, avant la mort, que notre fidélité à leur mémoire, ces fantômes n'auront bientôt plus le soutien de notre souvenir et de notre amour.

Nous sommes devenus grands-parents et même arrière-grands-parents. La plupart d'entre nous ont disparu. Bientôt s'éteindra complètement cette génération qui ne devait pas survivre. Le temps viendra aussi où ceux qui nous ont interrogés de vive voix disparaîtront à leur tour. Les livres seront alors les seuls dépositaires de nos mémoires. Ce n'est pas l'information qui fera défaut, mais le contact unique, irremplaçable, bouleversant, de celui qui dit : j'y étais et cela fut. Quelque irréparable que soit cette perte pour l'enseignement de la Shoah, il faut s'y préparer.

L'ère des témoins s'achève. Quel en sera l'effet sur la commémoration et la transmission de la Shoah aux jeunes générations ?

Cette question me conduit à évoquer devant vous les enjeux et les écueils que comporte l'enseignement de la Shoah. Cette question me tient particulièrement à cœur et je regrette qu'on l'ait abordée si peu jusqu'ici. S'il est vrai que la mémoire familiale, communautaire et commémorative, a pris toute sa dimension grâce à quelques-uns, je pense notamment à Serge Klarsfeld, aux déportés eux-mêmes et maintenant aux enfants cachés, l'école en tant que telle est restée prudente, voire réticente ou timorée. Or elle joue un rôle primordial dans la formation des jeunes générations. Il ne suffit pas pour lutter contre l'oubli, contre le négationnisme et la banalisation de la Shoah des seules cérémonies du souvenir, aussi nécessaires soient-elles.

Notre mission, nous survivants, est accomplie : nous avons témoigné. Il est maintenant de notre devoir d'envisager la manière dont on enseignera la Shoah demain ; il est de notre devoir de penser la transmission de cet événement sans ses témoins rescapés, l'enseignement de l'Histoire dans toute sa diversité, la forme et le contenu des recherches à venir.

Plusieurs questions se posent à nous, et d'abord la plus crue : faut-il enseigner la Shoah ? Si oui, par quelles voies et quels vecteurs ? Enfin, que doit-on enseigner de la Shoah, de cette cruauté, de cet univers absurde et monstrueux au sein duquel toute humanité était, a priori, bannie.

Je souhaiterais, par ma contribution à ces journées, aider à définir une pédagogie de la Shoah.

Comment être certain qu'il faille continuer d'enseigner la Shoah aux générations futures ? La nécessité de sa transmission est-elle donc une évidence pour tous ?

Certains affirment qu'elle doit en priorité être conçue pour tirer des leçons de la Shoah et œuvrer pour lutter contre l'antisémitisme, la haine raciale, l'intolérance, voire la guerre. Mais quelles sont ces leçons que nous n'aurions pas déjà adoptées, nous qui sommes profondément épris des valeurs démocratiques et des traditions de l'État de droit ? N'y a-t-il pas une certaine fatuité dans l'affirmation que l'étude de la Shoah pourrait prévenir guerres et massacres dans le futur ?

Il ne s'agit pas de porter un regard détaché sur cet événement, ni de s'abstenir de tout jugement moral. Mais s'il est des leçons à tirer du passé, cela ne peut se faire qu'en l'examinant dans sa complexité et dans toutes ses dimensions. Le passé doit d'abord être compris, non façonné et retouché pour des leçons édifiantes.

Et pourtant, je suis intimement persuadée que l'enseignement de la Shoah est une nécessité absolue. Pourquoi ?

L'enseignement de la Shoah est d'abord une exigence à l'égard des victimes. L'entreprise nazie reposait sur le mensonge, le retournement des valeurs. La porte d'entrée du camp d'Auschwitz portait cette devise : « Le travail rend libre ». Je me souviens que les parterres de fleurs ne manquaient pas sur le chemin des SS. Les déportés entraient dans les chambres à gaz en croyant aller à la douche. C'est parce que le mensonge fut l'outil de leur mort que la vérité historique leur est due.

Nous sommes en dette avec les disparus, non seulement parce qu'ils furent nos parents, nos proches, nos amis et qu'ils n'ont d'autre sépulture que nos cœurs et nos livres, mais aussi — et c'est une idée douloureuse — parce que la course au rendement, le fonctionnement étatique, la ramification bureaucratique qui les ont broyés par millions ressortissent toujours à notre monde actuel. En ce sens, l'enseignement de la Shoah entre dans la compréhension de notre modernité.

La Shoah fait partie intégrante de notre identité nationale et européenne. À certains égards, elle constitue même l'événement le plus européen de toute l'histoire du XXe siècle.

Qu'on le veuille ou non, la Shoah a marqué au fer rouge l'histoire de tous les pays d'Europe. En Allemagne, la querelle des historiens, au cours de laquelle en 1986 Nolte et Habermas s'étaient opposés sur la question de la postérité de la Shoah, a montré que celle-ci engageait l'identité collective de la nation tout entière. La thèse de Nolte, selon laquelle l'élimination des Juifs n'était qu'une réplique à la menace bolchévique, n'a heureusement pas convaincu.

Au-delà, le génocide des Juifs et des Tsiganes constitue un événement unique dans l'histoire de l'humanité. Comment qualifier autrement l'extermination systématique d'un peuple — hommes, femmes, vieillards, bébés — dispersé à travers toute l'Europe, raflé depuis la plus petite bourgade hongroise, la plus petite île grecque, puis rassemblé dans des ghettos et des camps pour être assassiné à Auschwitz, Treblinka, Maïdanek, Bełżec, Sobibor, ou dans ces fosses communes aujourd'hui effacées ? Ce furent d'abord une idéologie raciste, une série de fichages, de discriminations, d'humiliations, de spoliations, d'exclusions, puis la planification de l'extermination, enfin la déportation vers des terminaux ferroviaires, centres industriels de mise à mort par gazage. À l'issue de ce processus, les corps eux-mêmes étaient utilisés comme matière première.

C'est bien ce qui explique le questionnement d'ordre métaphysique et moral que ces faits ont provoqué. Certains ont écrit que la destruction des Juifs d'Europe et des Tsiganes représentait une rupture dans l'histoire de l'humanité. Auschwitz est devenu la référence du mal absolu et la Shoah le paradigme auquel on se réfère et qui fournit en abondance concepts et critères moraux. Je ne peux que reprendre à mon compte les réflexions d'Elie Wiesel sur les « implications universelles » de la Shoah.

Qu'on me comprenne bien. L'affirmation de la singularité de la Shoah ne correspond en rien à une démonstration de la différence juive, du destin juif, de l'exception d'un peuple qu'on dit élu. Cet événement dépasse de loin les seuls Juifs et Tsiganes. Reflétant l'image du dénuement absolu, d'un processus de déshumanisation mené à son terme, la Shoah inspire une réflexion inépuisable sur la conscience et la dignité des hommes.

Pour toutes ces raisons, il me semble fondamental d'enseigner la Shoah, qu'il y ait ou non des Juifs dans vos pays respectifs, beaucoup, ou peu, ou plus du tout. C'est à vous, ministres de l'Éducation, qu'il appartient de décider comment, en fonction de votre système de formation, en fonction de votre histoire nationale, en fonction de votre rapport à l'histoire, vous mettrez en œuvre l'enseignement de la Shoah.

Je voudrais maintenant m'interroger sur la manière d'enseigner la pire des tragédies modernes. C'est après le procès Eichmann qu'est apparu pour la première fois le thème de la pédagogie et de la transmission. À partir des années 1960, la Shoah a donné lieu à des musées, des mémoriaux, des cycles de conférence et des programmes éducatifs.

Comme je le disais précédemment, les survivants ont eu un rôle crucial dans le souvenir et l'enseignement de la Shoah. Nombreux sont ceux qui ont parlé dans les écoles. C'est à eux qu'est revenue la tâche déchirante de mener des enfants sur ces terres désolées. Ils ont, nous avons essayé de transmettre cet ailleurs que nous avons approché de près et dont personne ne peut vraiment restituer l'horreur.

Cette démarche nécessaire, vitale arrive à son terme. À la fin de sa vie, Primo Levi ressentait une espèce de lassitude, comme s'il se mettait à douter de l'opportunité d'aller témoigner. Comment, se demandait-il en proie au doute, comment répondre à la question du « pourquoi » ?

On est en droit de s'interroger avec lui. Le récit de l'expérience vécue suffit-il à faire comprendre ?

L'intimité qui s'ébauche entre le survivant et son auditoire, l'impression d'immédiateté que donne le récit oral, l'élan compassionnel peuvent procurer une illusion de savoir. Il ne faudrait pas que l'émotion provoquée par le témoignage dans les écoles, dans les prétoires et dans les médias aille de pair avec une allergie à la connaissance. Il ne faudrait pas que l'histoire se fragmente en une série d'anecdotes individuelles, ni que les sentiments prennent le pas sur la raison et exonèrent de l'effort de comprendre. Il risquerait ainsi de se produire une sorte de court-circuit entre le moment du témoignage et celui de la représentation historique.

Il y eut une époque où sévissait une excessive récusation des témoins. Cette époque, heureusement, est révolue. Mais une histoire qui serait fondée sur la seule émotion n'aurait pas d'effet durable, ni de portée épistémologique. L'oralité a des vertus irremplaçables ; l'écrit n'en est pas moins nécessaire. Je souhaiterais voir se développer à côté de cette mémoire personnalisée, limitée à certains, un désir de connaissance partagé de tous.

La transmission d'une expérience doit s'inscrire dans une chronologie, une réflexion, un questionnement que seule la recherche garantit. C'est aujourd'hui aux historiens de prendre le relais des témoins.

À travers les ouvrages, les musées, les expositions et les films qui voient le jour chaque année, l'histoire de la Shoah ne cesse d'être revisitée. Les œuvres de Claude Lanzmann, *Shoah* et *Sobibor*, constituent des documents exceptionnels. Aussi le ministère de l'Éducation nationale et la Fondation pour la mémoire de la Shoah ont-ils jugé particulièrement opportun de s'associer pour distribuer la cassette du film *Shoah* à l'ensemble des lycées et collèges de France. Avec l'apparition des nouveaux supports que sont les CD-Rom, les DVD et Internet, l'offre en matière d'éducation s'est considérablement diversifiée. Cette profusion peut entraîner un certain trouble pour ceux qui doivent enseigner la Shoah aux jeunes générations. Mais ne perdons pas de vue le plus important : les faits, la chronologie, l'enchaînement des événements.

L'essentiel, ce sont les faits eux-mêmes, les faits concrets, les faits bruts et simples, la volonté d'humilier et d'avilir, l'organisation, la planification, les méthodes utilisées pour assassiner. Mais les faits en eux-mêmes n'auraient guère de signification si l'on devait ignorer l'idéologie raciste qui a entraîné le génocide, les soutiens de tous ordres qu'elle a trouvés, ses sources et ses porte-parole. Que de voies sont encore à explorer avant de comprendre comment, au

XXe siècle, une nation de philosophes, de musiciens et de poètes a pu arriver non seulement à concevoir la « solution finale », mais à la mettre en œuvre avec autant d'efficacité !

C'est pourquoi je suis convaincue qu'il est de la responsabilité des systèmes éducatifs nationaux d'assumer cet enseignement, par la formation des maîtres, par la rédaction de manuels scolaires et par la promotion de nouvelles générations de chercheurs.

Pourtant, il serait vain d'opposer trop rigoureusement l'archive et la fiction. Enseigner et représenter la Shoah ne constituent pas des activités concurrentes, bien au contraire. Tout au long de cette semaine, des artistes, des cinéastes, des écrivains, des poètes et des intellectuels se sont interrogés sur cette question sans réponse : comment décrire Auschwitz ? Peut-on susciter une émotion esthétique au sujet de la Shoah ? *Le Journal d'Anne Frank* et *Si c'est un homme* figurent désormais dans le patrimoine de la littérature universelle. Mais où se situe la ligne de partage entre littérature et témoignage ? Quant à l'image, si importante dans nos sociétés, est-elle nécessaire pour enseigner la Shoah ?

Aujourd'hui, les films ont acquis une audience sans commune mesure avec les livres. L'imaginaire de la jeunesse est nourri des images de fiction. L'enseignement de la Shoah ne peut dédaigner l'apport des loisirs de masse. *Le Pianiste* de Polanski est à cet égard une réussite indiscutable. Plus controversés, le feuilleton *Holocaust*, conçu pour la télévision, et *La Liste de Schindler*, sur un mode hollywoodien, ont au moins eu le mérite de faire connaître à des millions de spectateurs la réalité de l'extermination des Juifs. Cela ne veut pas dire que toutes les œuvres se valent. Certains auteurs ou cinéastes n'hésitent pas à rechercher le succès par une présentation très tendancieuse des faits qui n'est que provocation et voyeurisme. Je tiens cependant à évoquer la bande dessinée *Maus*, d'Art Spiegelman, qui est pour moi l'exemple d'une gageure réussie. L'intelligence et la sensibilité de l'auteur, fondée sur sa propre histoire, lui ont permis d'oser transposer la Shoah dans le monde animal à travers le plus commun et ludique véhicule de la culture de masse. Au carrefour de l'art, de la fiction, de l'histoire orale et de l'ethnographie, *Maus* a réussi à montrer les terrifiantes profondeurs de l'âme des bourreaux et à donner à l'extermination des Juifs une dimension tragique.

Comment négliger cette réalité incontournable ? L'enseignement de la Shoah, pour sobre et respectueux qu'il doit être, est voué à évoluer avec son temps.

Je voudrais maintenant réfléchir avec vous au contenu de l'enseignement de la Shoah. Il ne s'agit évidemment pas de fixer un dogme à inculquer aux écoliers. Chaque pays a son histoire. Chaque pays a ses traditions éducatives. En matière de commémoration et d'enseignement de la Shoah, chaque nation a son tempo. Dans les différents pays d'Europe, les traces du génocide sont manifestes, effacées ou tout simplement inexistantes. Les histoires officielles enseignent généralement la Shoah, mais certaines se contentent seulement de la mentionner et d'autres parfois la taisent. Cette diversité ne doit pas être perçue comme un obstacle.

Dès lors que le chercheur se penche sur ce sujet, toutes les pistes semblent mener à cette question lancinante : comment cela a-t-il été possible ? Au-delà de cette aporie, les historiens abordent les archives avec des problématiques en constant renouvellement. [Le fait même que chaque pays ait sa dénomination propre — *Shoah* en France, *Holocaust* aux États-Unis et en Israël, *Endlösung* ou *Vernichtung* en Allemagne — prouve que les interrogations diffèrent selon les débats et les enjeux nationaux.]

L'histoire de la Shoah n'a pas fini d'être écrite. Des archives doivent encore être ouvertes et des recherches menées à terme, notamment celles des pays de l'ex-Union soviétique ainsi que celles du Vatican concernant l'attitude du pape Pie XII à l'égard du nazisme et de la Shoah. La manière dont les Tsiganes ont été pourchassés et exterminés est hélas méconnue. Les survivants tsiganes, qu'ils aient ou non été déportés, ont été fort peu entendus, du fait de leur mode de vie et de l'absence d'associations susceptibles de défendre leurs intérêts. Il est cependant tout à fait anormal, et même scandaleux, que leur sort tragique soit encore si largement ignoré. Comme les Juifs, c'est en raison de leur seule appartenance à un groupe ethnique et religieux qu'ils ont été persécutés.

La Fondation que j'ai l'honneur de présider a, parmi ses missions, celle d'encourager les recherches des historiens. Elle a pris des engagements contractuels précis dans plusieurs directions. Deux contrats concernent en particulier les archives. L'un, signé avec le musée de l'Holocauste de Washington, vise à accélérer le microfilmage des archives françaises. L'autre, signé avec les Archives nationales de France, prévoit le microfilmage de l'ensemble des documents du Commissariat aux questions juives. Bref, la recherche historique constitue une de nos priorités.

Les multiples témoignages écrits par d'anciens déportés au fil des années et les nombreux enregistrements réalisés méritent d'être analysés et exploités, en dépit de leurs non-dits, de leurs imprécisions, voire de leurs inexactitudes. Au XXIe siècle, l'historien aura pour tâche de collecter, de classer, de dépouiller, de comparer, de traiter toutes ces contributions. Il est temps qu'il prête assistance à tous ces textes orphelins.

Au moment où les derniers témoins disparaissent, on s'aperçoit à quel point les rescapés de la Shoah ont modifié la manière dont les historiens écrivent l'Histoire.

Il est évident que de nombreux chantiers restent à ouvrir. Mais approfondir une problématique ne veut pas dire affirmer tout et n'importe quoi. Mener un débat historiographique ne veut pas dire falsifier l'histoire. Le négationnisme, véhiculé par des universitaires médiocres en mal de notoriété et qui n'osent pas avouer leur sympathie pour les responsables de l'extermination, est une imposture à laquelle personne ne prête plus attention. Certes, l'absence de réglementation internationale laisse à ces faussaires, même s'ils sont peu nombreux, une certaine faculté de nuisance. Mais je n'imagine pas que leur propagande puisse, à l'avenir, prospérer.

Je suis davantage préoccupée par le négationnisme officiel diffusé par certains États islamiques en haine d'Israël. L'année dernière, lorsque Faurisson et quelques autres avaient tenté d'organiser à Beyrouth une conférence négationniste, le Liban avait rapidement mis le holà. Nous en avions pris acte mais nous restions très préoccupés.

Plus pernicieux encore, parce que plus répandu et moins dénoncé, me paraît être le comparatisme à tout va. Ce comparatisme fébrile et écervelé consiste à tout comparer à la Shoah, dans un amalgame qui dénie toute spécificité aux événements.

Il n'a pas fallu attendre longtemps après la fin de la Seconde Guerre mondiale pour que le nom d'Auschwitz soit accolé à celui d'Hiroshima, manœuvre visant à mettre les Alliés et les nazis sur un pied d'égalité. Je me souviens également de photos publiées dans un grand magazine, présentant sur la même page les victimes du bombardement de Dresde de 1944 et les charrettes où s'empilaient les cadavres de Bergen-Belsen lors de la libération du camp. Ce fut ensuite le massacre de Sabra et Chatila par les milices libanaises, qualifié par Brejnev de « génocide » dont les Israéliens seraient les uniques responsables. Ce renversement était insupportable.

Aujourd'hui comme hier, cette routine de l'amalgame fait des ravages. C'est ce qui me fait dire que le premier danger n'est pas l'oubli, ni la négation, mais bel et bien la banalisation de la Shoah.

Car ces comparaisons sont loin d'être neutres. Si tout le monde est coupable, pourquoi stigmatiser les uns plus que les autres ? Tout le monde est victime, tout le monde est coupable. En conséquence, personne ne l'est vraiment. Au final, prévaut l'idée que toutes les tragédies se valent.

Mesdames et messieurs, je formule devant vous l'exigence que la spécificité de la Shoah ne soit jamais bafouée, diluée, noyée, récupérée, en bref, banalisée.

Et qu'on ne me dise pas, à moi, que l'affirmation du caractère singulier de la Shoah rend sourd aux souffrances des victimes, aveugle aux violations des droits de l'homme.

Depuis des décennies, dans la mesure de mes moyens et de mon influence éventuelle, je suis pleinement engagée dans le combat en faveur de la dignité et des droits inaliénables de la personne humaine. Je crois avoir servi cette cause avec succès et des résultats concrets, notamment lorsque, ministre et présidente du Parlement européen, je suis intervenue dans de nombreux pays, quelle que soit la nature de leur régime, pour défendre les populations dont les droits étaient violés.

Je ressens ce combat comme un devoir. Pour autant, peut-on mettre sur le même plan toute atteinte aux droits de l'homme, quels qu'en soient la gravité et le contexte ? Peut-on aborder de la même façon l'extermination planifiée de millions d'êtres humains, sur la seule base de leur appartenance ethnique et religieuse, et une guerre fratricide, aussi cruelle et meurtrière soit-elle ?

La revendication territoriale, l'indépendance, le souci de la sécurité, l'idée que chacun se fait de son droit, tout cela est cause de violences, de violences répétées, durables et meurtrières. Mais tant que le conflit reste de cette nature, on peut garder l'espoir de substituer un jour la négociation à l'affrontement, parce qu'au fond ces enjeux restent politiques. Mais l'idée que l'Histoire n'est rien d'autre qu'un combat à mort entre les races humaines, c'est explicitement le fond de l'idéologie nazie. Ce fut également celle des Hutus extrémistes du Rwanda en 1994. Elle débouche sur le génocide.

Dans son livre sur la place de la Shoah aux États-Unis, l'historien américain Peter Novick propose quelques pistes pour expliquer cette banalisation. Il cite un sondage étonnant : 97 % des personnes interrogées savent ce qu'est l'Holocauste, mais un tiers ignore qu'il a eu lieu pendant la Seconde Guerre mondiale. C'est que, aux États-Unis comme en Europe, la Shoah est moins perçue comme un événement historique que comme le symbole du mal éternel. Elle est devenue un écran sur lequel les gens projettent des valeurs et des inquiétudes diverses. Les lectures en sont variées : punition divine, éclipse de Dieu, déraison humaine, écroulement des valeurs, faillite de la modernité, déchéance de l'Europe, aboutissement de la philosophie des Lumières, etc.

En ces temps de relativisme moral, la Shoah sert peut-être de boussole : c'est un absolu, un absolu du mal. Voilà sans doute la raison pour laquelle on s'y réfère à tout bout de champ. Mais ce n'est pas une raison pour méconnaître les faits qui enseignent d'abord sa singularité absolue. Il n'est pas ici question de « concurrence entre victimes » ou de récurrence des massacres. Il s'agit s'enseigner la Shoah telle qu'elle fut, ni plus, ni moins.

Ce n'est pas parce que la Shoah reste le symbole du désespoir absolu que toutes les interprétations, tous les amalgames sont permis. Ce n'est pas parce que l'ombre des déportés juifs et tsiganes plane toujours au-dessus de nous que toute violation des droits de l'homme entraînant mort d'hommes doit être qualifiée de nouvel Auschwitz. L'histoire de la Shoah se suffit à elle-même. Elle n'a pas à être la bannière de tous les combats. Ne faisons pas de la rhétorique avec la mémoire de la Shoah. Ne mélangeons pas tout.

Mesdames et messieurs, je voudrais clore cette intervention en rappelant que la Shoah est notre héritage à tous. Je forme les vœux les plus ardents pour que la mémoire de la Shoah ne soit pas un ingrédient de la bonne conscience, mais qu'elle inspire à jamais le respect de la dignité humaine et des valeurs fondamentales qui constituent le socle de notre civilisation.

Conseil de l'Europe, Strasbourg, 18 octobre 2002

Penser la Shoah

Je tiens tout d'abord à remercier le Congrès juif européen, le Congrès juif mondial, le Conseil des rabbins d'Amérique du Nord et le Comité épiscopal pour les relations avec le judaïsme, d'avoir, pour la deuxième fois, pris l'initiative d'organiser cette rencontre entre catholiques et juifs.

À tous les acteurs de ce dialogue, je voudrais exprimer ma reconnaissance pour leur engagement en faveur d'un rapprochement entre catholiques et Juifs fondé sur des bases solides et une volonté délibérée de mettre fin à des siècles de rejet, de méfiance et de malentendus, parfois de haine. L'extrême barbarie dont le XXe siècle a été marqué ne permet plus d'ignorer les racines du mal : l'intolérance religieuse, les idéologies racistes et antisémites, les nationalismes extrêmes, la volonté de revanche entre les peuples et l'hégémonisme de certaines puissances ont conduit aux désastres que nous connaissons.

Dès la fin de la Seconde Guerre mondiale, la lucidité et le courage de quelques-uns, vainqueurs et vaincus, ont permis d'amorcer une réconciliation entre les nations qui s'étaient entretuées pendant des siècles. Après soixante ans d'efforts conjugués, l'Europe est devenue une réalité dont nous espérons qu'elle sera prochainement consacrée à travers une Constitution commune pour vingt-cinq de nos pays.

Je souhaite seulement que les divergences que la crise irakienne ont pu faire apparaître entre nous seront rapidement effacées.

Pour ma part, dès 1945, dès mon retour de déportation, j'ai été convaincue de la nécessité de cette réconciliation, notamment entre les principaux protagonistes, la France et l'Allemagne, et je suis fière d'y avoir été associée comme première présidente du Parlement européen, élue au suffrage universel.

Mais comment ignorer que la barbarie du XXe siècle ne se résume pas aux guerres fratricides qui, à deux reprises, ont entraîné le monde entier dans des guerres qui ont provoqué la mort de dizaines de millions de personnes. C'est aussi et encore davantage ; la volonté et la mise en œuvre de l'extermination des Juifs d'Europe pour toujours marquera cette rupture dans l'histoire de l'humanité. Cette idéologie de mort, cette volonté d'extermination a trouvé des fondements dans un antisémitisme traditionnel, très largement entretenu par une intolérance et une haine religieuses qui ont légitimé pendant des siècles les persécutions à l'encontre des Juifs, l'Inquisition, l'enfermement dans des ghettos et des pogroms, avant d'arriver à la Shoah.

En ce domaine aussi, dès 1945, des hommes et des femmes de bonne volonté ont commencé d'œuvrer en faveur d'un dialogue et d'une réconciliation. Beaucoup a été fait. Souvent dans l'ombre et timidement, en dépit de la volonté et des efforts de certains. Si Vatican II a marqué un tournant, il restait et il reste encore beaucoup à faire.

C'est pourquoi, après avoir fait état de mon engagement en faveur de la construction européenne, je tiens à vous dire combien cette rencontre entre Juifs et catholiques me paraît importante et à vous remercier de m'avoir invitée à y prendre la parole.

Tout en sachant que c'est à la présidente de la Fondation pour la mémoire de la Shoah que s'est adressée votre invitation, je voudrais que vous sachiez que ma présence parmi vous s'inscrit dans un parcours personnel très largement consacré à une volonté de réconciliation, qui s'est forgée dans la douleur de la Shoah.

Penser la Shoah, pour la survivante d'Auschwitz que je suis, c'est d'abord me remémorer des faits précis que j'ai vécus, des faits qui m'ont privée de mon adolescence. Encore enfant, vivant à Nice, j'ai rencontré les premiers réfugiés d'Allemagne, puis d'Autriche, faisant le récit des atrocités perpétrées dans leur pays, récits que l'on ne voulait pas croire parce qu'ils dérangeaient, qu'ils troublaient la quiétude que l'on cherchait à préserver.

La drôle de guerre, la débâcle, l'armistice et — peu après — le statut des Juifs — l'impossibilité pour mon père, architecte, de travailler — le tampon « Juif » sur la carte d'identité ; les Juifs étrangers que l'on héberge quelques jours à la maison ; en septembre 1943, l'occupation allemande : les premières amies arrêtées ; l'obligation de quitter le lycée ; vivre cachée jusqu'à l'arrestation avec ma famille dix jours plus tard. Après un très bref passage à Drancy, c'est le départ vers l'inconnu dans ces wagons à bestiaux qui nous mènent à Auschwitz ou plutôt à Birkenau. Quelques heures plus tard, nous apprenons que tous ceux et celles qui sont partis en camion sont déjà morts, assassinés dans les chambres à gaz.

Je rappelle brièvement ce parcours personnel parce que, d'une façon ou d'une autre, avec des variantes plus ou moins abominables, ce fut celui des 6 millions de Juifs exterminés à Auschwitz, Treblinka, Sobibor, ou encore dans les fossés de Biélorussie ou d'Ukraine. Parcours de la simple discrimination à l'extermination. Aux confins de l'Europe, mais dans des lieux parfaitement identifiés, vers lesquels convergent les trains, en plein XXe siècle, des millions d'hommes, de femmes et d'enfants sont froidement assassinés dans des chambres à gaz, fusillés dans des fossés, dans le silence et l'indifférence.

Beaucoup ont su ou n'ont pas voulu savoir, beaucoup ont vu ou n'ont pas voulu voir.

À Auschwitz, quelques heures après notre arrivée, déjà tatouées, déjà les cheveux rasés, nous avons eu peine à croire que tous les enfants, les malades, ceux qui avaient plus de 40 ans étaient déjà gazés et que seule en restait la fumée qui s'échappait des crématoires.

La Shoah, elle était là réelle et pourtant impossible à croire.

La mort a été présente, même parfois espérée pour échapper au travail exténuant, aux coups, à la faim, la soif, au manque de sommeil, aux pires humiliations.

Les humiliations, perpétrées délibérément, pour nous faire perdre toute dignité, pour faire de nous des bêtes, capables de manger par terre, de se battre pour quelques miettes de pain, pour voler les uns aux autres le peu que nous avions.

Pourtant la plupart d'entre nous ont résisté, nous sommes restés des êtres humains — même habillés en haillons, obligés de partager une soupe ignoble à plusieurs, la même gamelle que nous devions laper faute de cuillère et de fourchette, roués de coups, titubant de fatigue et de faim, devenus des déchets humains, nous avons gardé le sens de l'amitié et de la solidarité. Nous avons pourtant gardé l'espoir, même quand la mort nous paraissait certaine.

Ce qui nourrissait notre espoir et notre volonté de vivre c'était que le monde un jour sache ce que des hommes ordinaires, des pères de famille avaient été capables de faire à d'autres êtres humains.

On a souvent posé la question. Où était Dieu à Auschwitz ? De mon expérience personnelle, j'ai tiré la conclusion que les croyants le sont pour la plupart restés, ont même pris les plus grands risques pour en témoigner. Ceux qui ne l'étaient pas ne m'ont pas semblé l'être devenus.

J'entends parfois certains anciens déportés parler des livres qu'ils ont lus au camp, de leur vie intellectuelle au camp. Peut-être est-ce vrai pour certains privilégiés. À Auschwitz, il n'y avait ni livre, ni journaux. Je me demandais pour ma part si je saurais même encore lire ou si j'aurais à réapprendre.

Mais nous ne sommes pas devenus les bêtes, les « Stücke » (les morceaux) comme disaient nos gardiens, qu'ils cherchaient à nous voir devenir. Si nous avons su résister, c'est parce que nous avons très vite compris cette stratégie d'humiliation systématique. De cette volonté d'abaissement, de déshumanisation, de cette confrontation entre les bourreaux et les victimes, pour partie, nous sommes restés victorieux. C'est pourquoi, en dépit de la perte de nos proches, pour la plupart, nous n'avons pas été totalement désespérés à notre retour.

Si nous avons peu parlé, c'est parce qu'on ne voulait pas nous écouter. Nous revenions d'un monde dantesque, indicible et inimaginable, l'enfer tel qu'on le voit dans les peintures de Bosch. Nous avons tenté de le dire sans doute avec trop de réalisme, voire avec brutalité, sans même nous en rendre compte. C'était pour les autres impossible à entendre et encore plus difficile à croire.

Pour la plupart des survivants, même ceux qui n'en parlent jamais, qui ne se joignent jamais aux commémorations, dont les proches ignorent même parfois qu'ils ont été déportés, le passé — ce passé — est toujours présent. Tous, nous avons le sentiment d'être sortis pour un temps du monde réel, du monde des humains, de ne plus avoir appartenu au monde des vivants, sans pourtant être morts. Pourtant en vieillissant, ceux qui longtemps se sont tus éprouvent le besoin de sortir du silence. Ils parlent sans haine, parfois avec humour et distance, d'instinct, seulement pour que l'on sache, par devoir et par fidélité.

D'autres, quoi qu'il leur en coûte, tiennent à témoigner, dans les écoles, enregistrent ou écrivent leurs souvenirs, accompagnent des jeunes à Auschwitz pour leur dire, sur place, ce que fut la tragédie d'Auschwitz, caractérisée par la mise en œuvre planifiée de l'extermination de la plupart dès leur arrivée au camp.

Leur message est toujours le même : non pas la dénonciation, la haine, mais l'appel à la vigilance, à la lutte contre l'antisémitisme, le combat pour les droits de l'homme et le respect de la dignité humaine. Si certains ont tenu à poursuivre les nazis et leurs complices, c'est pour que justice soit faite et qu'on en tire la leçon. Le procès d'Eichmann à cet égard a été exemplaire. Comme est exemplaire le fait qu'il n'y ait eu aucun acte de vengeance individuelle, ce qui m'a toujours étonnée.

« Penser la Shoah » c'est surtout et de plus en plus la lutte contre l'oubli.

La Fondation pour la mémoire de la Shoah, que j'ai l'honneur de présider, est chargée en priorité de soutenir et susciter un travail d'histoire et de mémoire, non seulement pour lutter contre l'oubli, mais aussi afin de tirer la leçon des événements tragiques du passé.

D'ailleurs, que serait la lutte contre l'oubli si l'on se bornait à transmettre exclusivement les faits directement liés à la Shoah ?

« Penser la Shoah », c'est l'inscrire dans le contexte historique, culturel, religieux, sociologique du passé, aussi lointain soit-il : seule une analyse rigoureuse, un décryptage impartial et aussi complet que possible de tout ce qui a contribué à en favoriser l'idée et la mise en œuvre peuvent en prévenir une éventuelle répétition sous une forme ou une autre.

C'est aussi combattre contre le négationnisme, en rappelant ce que furent la réalité et la spécificité de la Shoah, afin de combattre contre la banalisation et la confusion en mettant sur le même plan des situations qui sont distinctes tant par leurs causes que par leur environnement et leurs conséquences.

« Penser la Shoah », c'est rappeler le courage et la générosité de tous ceux qui, par leur soutien, ont contribué au sauvetage des Juifs.

Je pense aussi bien aux évêques qu'aux simples curés de campagne qui, par leur seule parole, ont éclairé les fidèles sur le malheur et les graves menaces qui pesaient sur les Juifs. Je pense aussi à ceux d'entre eux qui, à travers des filières organisées conjointement avec des organismes de la résistance juive, ont pris le risque de participer activement au sauvetage des enfants en les cachant dans des couvents ou des familles.

Je pense aussi aux pasteurs et organisations protestantes qui, dès 1940, ont pris des initiatives pour faire sortir les enfants des camps d'internement et les faire partir à l'étranger, ou pour les cacher dans des villages comme Le Chambon-sur-Lignon, où la population entière a fait preuve d'un courage et d'une solidarité exceptionnels.

Je pense enfin à tous les Français, dont beaucoup ont souhaité rester dans l'anonymat, qui au péril de leur vie ont caché des Juifs ou les ont prévenus d'une rafle déjà programmée.

À cet égard, on ne sait pas assez que si le pourcentage des enfants juifs qui ont survécu à ces années tragiques a été très supérieur à celui des autres pays européens, c'est grâce au courage des « Français ordinaires » qui les ont accueillis dans leur famille.

Vous ne vous étonnerez pas, sans doute, que je me sois bornée à évoquer mon expérience personnelle. Il me semble, en effet, que les témoignages des derniers survivants sont particulièrement bien placés pour faire comprendre ce que la déportation et l'extermination des Juifs ont pu avoir de spécifique, ce qui distingue la Shoah d'autres génocides et crimes contre l'humanité.

Rencontres judéo-catholiques, 11 mars 2003

« Continuer à faire entendre nos voix »

Mes chers amis,

Il est difficile de trouver les mots pour commémorer le soixantième anniversaire d'un événement tel que le soulèvement du ghetto de Varsovie. D'abord parce que cet anniversaire s'inscrit parmi d'autres de ces moments consacrés à la mémoire. Que dire après tant de témoignages bouleversants, tant de documents précieux, tant de recherches, tant de reconstitutions littéraires et cinématographiques ? Pourtant le film de Roman Polanski, *Le Pianiste*, qui a été récompensé tant à Paris qu'à Hollywood, a su à la fois émouvoir le grand public et répondre à notre attente et notre sensibilité sans jamais, je crois, trahir les victimes, parce qu'il s'inspirait d'un récit vécu par l'auteur et que lui-même était très directement, personnellement, concerné. Le retentissement international de ce film montre, à lui seul, qu'il n'est pas vain de continuer à témoigner.

Pour ma part, je suis intimement convaincue de l'importance de continuer à parler de la Shoah et plus particulièrement de la révolte du ghetto. Il faut continuer à faire entendre nos voix, sur les sites désignés par l'histoire, devant tel ou tel mémorial ou dans tout lieu de rencontre comme celui qui nous accueille aujourd'hui. Les témoins directs des massacres ont pour la plupart disparu : décimés par centaines de milliers à partir de 1940, ils n'ont jamais pu exprimer leurs souffrances et leur sentiment d'abandon ; cette tâche a été assumée, bien des années plus tard, par les très rares survivants qui vieillissent et disparaissent à leur tour. Nous sommes encore là, quelques centaines encore en France, quelques milliers sans doute dispersés en Israël et en Europe, aux États-Unis, de même qu'en Amérique latine ou en Australie.

Bientôt ces témoins, les dernières victimes, se tairont à jamais. Année après année, décennie après décennie, nous prêtons notre voix à ceux qui ont disparu, nos parents, nos amis ; nous répercutons leur cri, nous prolongeons leurs murmures d'angoisse, comme une prière qui jamais ne cesse.

Ce soir, si nous sommes réunis, ce n'est pas seulement pour rappeler les 6 millions de morts, c'est avant tout pour rendre hommage aux combattants du ghetto de Varsovie qui, pendant près d'un mois, ont tenu en échec l'armée la plus puissante d'Europe, qui allait alors de victoire en victoire.

Dès 1940, les nazis ont érigé des murs autour du quartier où ont été regroupés par centaines de milliers les Juifs de Varsovie. À partir de juillet 1940, tous les Juifs arrivant à Varsovie doivent habiter dans le ghetto. Le 16 novembre 1940, le ghetto est fermé, des barbelés sont érigés sur la crête des murs pour empêcher toute tentative d'évasion. Progressivement, les lignes de téléphone et la poste sont interrompues, les rations alimentaires drastiquement contingentées, aucun moyen de transport n'y conduit, aucun n'en sort, le tramway le traverse sans s'arrêter. Les enfants les plus jeunes risquent leur vie pour en sortir à travers des trous faits en bas des murs ou en tentant de passer au-dessus des barbelés. Le plus souvent, ils sont abattus pour quelques pommes de terre ou une miche de pain.

Au-delà d'une misère totale largement partagée, les antagonismes sociaux demeurent, avec leurs privilèges et leurs errements : le Conseil juif lui-même, aidé de policiers juifs et supervisé par les autorités polonaises, tente de maintenir un peu d'ordre, préparant sans être conscient la tâche aux nazis. Imagine-t-on une telle concentration de personnes, parquées dans une zone toujours plus réduite, coupées du monde, sujettes à la faim et aux épidémies, végétant dans une atroce misère ? Comment continuer à vivre quand la mort a toujours le dernier mot ? Et pourtant, dans le ghetto, la vie intellectuelle et culturelle est d'une richesse extraordinaire : orchestres, chorales, clubs et écoles réussissent à fonctionner. Telle est la réalité poignante du ghetto de Varsovie. Comment ne pas se souvenir de ceux qui, comme Korczak, ont pris en charge les enfants et les ont accompagnés jusque dans les chambres à gaz.

À l'été 1942 ont commencé les déportations massives ; 300 000 hommes, femmes et enfants sont gazés à Treblinka, y compris les policiers juifs et leurs familles. Les activités clandestines se coordonnent ; des journaux clandestins voient le jour, qui sont diffusés hors de Varsovie. Au début de l'année 1943, le ghetto est divisé en trois parties : le ghetto central où la population est regroupée, le ghetto productif avec les usines et les ateliers travaillant pour les nazis et un *no man's land* qui interdit le contact entre les deux zones. Des familles se trouvent ainsi séparées. Les nouvelles filtrent sur le sort de ceux qui, chaque jour, sont regroupés pour être embarqués vers l'inconnu.

Le 19 avril 1943, la résistance des Juifs insurgés est telle qu'elle oblige les troupes du général SS Stroop à se retirer. Ces quelques braves qui défient l'armée la plus puissante du monde, ce sont pourtant des hommes et des femmes affaiblis par la faim, le typhus et des souffrances effroyables. Ce sont des combattants armés, en tout et pour tout, de quelques dizaines de pistolets et de grenades, de bouteilles d'essence qui leur serviront face à l'artillerie, aux blindés, aux lance-grenades, aux mitrailleuses, aux lance-flammes et aux gaz asphyxiants, à l'aviation même des nazis. Dans ce combat perdu d'avance, ce qui force notre admiration, c'est la détermination et le courage, l'organisation de cette résistance mise en place dans un total secret, alors même que les proches sont décédés ou menacés, chaque jour, de partir dans un convoi de la mort. Les insurgés sont sans illusion sur le sort qui les attend, mais sachant qu'ils sont déjà condamnés, ils veulent au moins mourir les armes à la main pour sauver l'honneur. Comment ne pas s'étonner devant la durée et la vigueur de leur résistance quand on sait combien il a pu être difficile d'harmoniser des combattants, tous différents par leurs origines, leurs convictions religieuses ou leur engagement politique ? Le ghetto rend son dernier souffle le 10 mai 1943. Quelques jours auparavant, les plus chanceux ont réussi à s'enfuir par les égouts ; les autres sont tombés les armes à la main ou se sont donné la mort.

C'était il y a soixante ans.

Souvenons-nous d'Emmanuel Ringelblum, intellectuel, archiviste du ghetto, grâce à qui son histoire du ghetto et celle de son soulèvement nous sont connues.

Souvenons-nous de Mordechaï Anielewicz, 24 ans, héros militaire, chef de l'Organisation juive de combat, qui s'est suicidé le 8 mai, deux jours avant la fin.

Souvenons-nous d'Arie Wilner, officier de liaison entre le Varsovie juif et le quartier aryen, qui a fait entrer les premières armes dans le ghetto, des armes si difficiles à obtenir de la résistance polonaise et encore plus difficiles à faire entrer et cacher dans le ghetto.

Souvenons-nous de Marek Edelman, 22 ans, proche du Bund, membre de la direction de l'Organisation juive de combat, commandant en second de l'insurrection, qui sera l'un des rares survivants.

Souvenons-nous de tous les combattants anonymes, socialistes et communistes, sionistes d'extrême-droite et d'extrême-gauche, dont les derniers se sont heurtés de front aux forces surarmées des SS et des policiers.

Souvenons-nous de tous ces héros, qui après avoir vu disparaître tant des leurs et sachant qu'ils allaient mourir, jusqu'au bout sont restés profondément humains et justes et ont choisi de combattre pour leur dignité et la nôtre.

Souvenons-nous des 300 000 Juifs de Varsovie déportés et gazés à Treblinka.

Lors du trentième anniversaire de l'insurrection, Léon Poliakov écrivait : l'insurrection du ghetto de Varsovie « n'a pu avoir aucune influence et elle n'a effectivement rien changé dans les gigantesques opérations stratégiques qui se déroulaient à l'époque sur les fronts très lointains. Et cependant, cette geste juive est sous nos yeux entrée dans la légende, aux côtés de la bataille d'Angleterre ou de la victoire de Stalingrad, parmi les hauts faits de la Seconde Guerre mondiale, ceux que la mémoire collective de l'Europe a retenus. »

Pourquoi ? Parce que, le 19 avril 1943, se livra un combat pour la dignité. L'insurrection du ghetto de Varsovie ne fut pas une guerre de libération, elle ne fut pas davantage, hélas, un sauvetage collectif. Mais elle eut pour effet de rétablir l'honneur juif, l'honneur de l'humanité. En cette époque de barbarie, en ces temps d'isolement tragique, au moment où le pape se détournait d'un peuple mis à mort, au moment où la résistance polonaise hésitait, à l'heure où les démocraties en guerre étaient elles-mêmes indifférentes, cette insurrection eut pour effet de prouver aux yeux du monde la force de l'héroïsme juif, le courage d'une poignée de combattants qui, menés par un jeune homme de 24 ans, résistèrent seuls et jusqu'à la mort à l'armée d'un État.

Cette date du 19 avril 1943 récuse sans discussion possible la prétendue passivité des Juifs qui auraient été menés à l'abattoir comme des moutons. Deux mois après cette insurrection, le ghetto de Bialystok se soulevait à son tour. Il y eut même des révoltes dans les usines de la mort : une mutinerie à Treblinka en 1943, une autre à Sobibor, une autre dans le camp Janowksi à Lwow ; enfin, en octobre 1944, ce fut la révolte des *Sonderkommandos*d'Auschwitz. Un général SS en Galicie écrivait en juin 1943 : « plus diminue le nombre des Juifs restés encore en vie, plus grande est leur résistance ».

En ce jour anniversaire, rappelons le mot d'ordre des insurgés : « vivre avec dignité et avec dignité mourir ». Cet esprit n'est pas mort. En 1983, sous l'ère communiste, Marek Edelman lui-même refusait d'entrer au comité d'honneur polonais du quarantième anniversaire de l'insurrection : les insurgés juifs, disait-il, ont « non seulement lutté pour vivre, mais aussi pour vivre dans la dignité et la liberté ».

En ce jour anniversaire, souvenons-nous de cette résistance juive que ni l'enfermement, ni la concentration, ni la déportation, ni l'extermination n'auront réussi à annihiler tout à fait.

Souvenons-vous de la mort glorieuse de ces femmes et de ces hommes encore dans leur prime jeunesse.

Recueillons-nous et exprimons, soixante ans après leur sacrifice, le témoignage de notre admiration et de notre gratitude.

Soixantième anniversaire de l'insurrection du ghetto de Varsovie, Paris, mairie du IVe, 14 avril 2003

« Aujourd'hui que les témoins disparaissent, l'historien a la responsabilité de faire la lumière sur les événements »

Monsieur le maire,
Monsieur le procureur,
Monsieur le président,
Mesdames et Messieurs les professeurs,
Mesdames et Messieurs,
Chers amis,

C'est avec une grande émotion que je prends la parole ici, à Amsterdam, à l'occasion de l'ouverture du Centre d'études de l'Holocauste et du génocide.

Ancienne déportée à Auschwitz puis à Bergen-Belsen, je ne puis m'empêcher de penser à celles et ceux originaires des Pays-Bas que j'ai rencontrés dans les camps et avec lesquels nous avions noué des liens d'amitié ; c'était en 1944 et je sais que certains d'entre eux sont morts quelques mois plus tard lors de la longue marche qui nous fut imposée en janvier 1945, avant la libération du camp d'Auschwitz par les Russes.

La population juive de votre pays comptait alors cent quarante mille personnes, dont la moitié vivait à Amsterdam ; cent sept mille furent déportés et assassinés dans les camps nazis. Neuf cents seulement sont rentrés.

Perpétuer leur mémoire, comprendre cette histoire et l'enseigner : telles sont les missions que vous vous êtes assignées, au sein de l'université : missions que la Fondation pour la mémoire de la Shoah que je préside entend également développer. C'est à ce titre que vous m'avez fait l'honneur de m'inviter, et je vous en remercie.

Permettez-moi, à cette occasion, de remercier tout particulièrement le professeur Ten Cate, directeur de cet institut, d'avoir accepté d'être l'un des correspondants universitaires étrangers de notre Fondation, avec lesquels nous entretenons d'ores et déjà une précieuse coopération.

La décision de créer votre centre d'étude et de recherche s'inscrit dans la démarche entreprise par la Task Force internationale sur l'éducation de l'holocauste, créée à Stockholm en 2000. Après seulement trois années, cette dimension internationale s'avère porteuse d'avancées significatives, permettant de mieux appréhender les événements tragiques qui, au-delà de l'extermination des communautés juives d'Europe, marquent une véritable rupture dans l'histoire de l'humanité. Votre collaboration avec l'Académie royale néerlandaise des arts et des sciences reflète l'engagement non seulement des institutions académiques mais celui d'une conscience collective et nationale dont la Maison et la Fondation Anne Franck étaient déjà, bien sûr, le symbole.

Comment d'ailleurs s'étonner de cet engagement si l'on se réfère aux traditions de liberté et d'accueil bien établies de votre pays. Pendant des siècles, c'est ici, plus particulièrement à Amsterdam, ville qui a vu naître Spinoza, que trouvèrent refuge tous ceux qui étaient persécutés et pourchassés, en raison de leur foi religieuse ou de leurs opinions. Ici, la liberté de penser avait droit de cité, nombreux ont été les Juifs qui ont fait souche après avoir fui l'Inquisition espagnole et portugaise ; une florissante communauté juive s'y est développée et totalement intégrée.

Ce sont leurs descendants qui, pour partie, ont été les victimes de l'Holocauste. Des siècles plus tard, parmi d'autres, ce sont les protestants français qui pour préserver leur foi ont trouvé ici refuge et un pays d'adoption.

Terre d'accueil, devenue, comme le reste de l'Europe, terre de malheur. Comment la déportation de tant de Juifs néerlandais fut-elle possible ?

Comme l'explique l'historien Raul Hilberg, les Juifs néerlandais, davantage que ceux de Belgique, de France ou du Danemark, ont été vulnérables face aux menées criminelles des nazis. Les difficultés d'échapper aux poursuites, liées à la géographie du pays, y sont pour beaucoup, également aussi l'acharnement des nazis. Mais ici, comme ailleurs, ces derniers ont trouvé des complices, dans la police, les autorités locales qu'ils avaient mises en place, et les banques.

Dès 1940 commence, en effet, le processus de spoliation et d'humiliation qui précède, de peu, les persécutions à l'encontre des personnes physiques : les nazis commencent par organiser l'aryanisation des entreprises juives néerlandaises selon un modèle proche de celui qui avait déjà servi dans le Reich : liquidation et confiscation des biens juifs, remis alors à des administrateurs provisoires.

Un an plus tard, en janvier 1941, la séparation et le dénombrement sont d'autres signes avant-coureurs du massacre. Un ghetto est constitué à Amsterdam. Quelques mois après, c'est la pose de la lettre J sur les cartes d'identité avant qu'en mai 1942, l'obligation de porter l'étoile parachève l'identification des Juifs. Le couvre-feu les frappe, il leur est interdit d'utiliser les transports publics sans autorisation, de téléphoner et de pénétrer dans les maisons des non-Juifs.

Dès 1941, les premières déportations, à Amsterdam, avaient commencé. Plusieurs centaines d'hommes avaient alors été envoyés au camp de Mauthausen, dans les carrières de pierre. Ils y mourront pour la plupart.

Pendant l'été 1942, les déportations s'accélèrent, les Allemands exigeant cette fois la déportation de quatre mille Juifs. Pour répondre à cet afflux d'internés, les nazis font alors construire, à l'automne 1942, deux camps de transit : Vught et Westerbork. Westerbork, à Assen, représente la dernière étape avant les camps de la mort, en Pologne occupée. L'historien Jacob Boas le démontre. Westerbork avait déjà tout du camp de concentration : boue, baraquements surpeuplés, barbelés, dérivations rejoignant les lignes de chemin de fer, conditions d'hygiène déplorables, maladies endémiques.

Comme Malines en Belgique, Fossoli di Carpi en Italie, Berg en Norvège ou Drancy en France, Westerbork fut le maillon indispensable du grand système criminel nazi, l'antichambre des camps d'extermination.

À partir de 1942, comme dans toute l'Europe, les convois de déportés se succèdent. Les dernières grandes rafles datent du printemps et de l'été 1943. Pour ne laisser aucune chance aux Juifs de survivre, et éviter d'avoir à ralentir la cadence des déportations, la chasse aux Juifs s'était étendue vers les petites villes et la campagne, et se concentrait sur le quartier juif d'Amsterdam.

Pourtant, comme je le rappelais au début, s'il y eut hélas si peu de survivants, à peine neuf cents, pourcentage dramatique comparé à celui de la France (75 %) et même de la Belgique (58 %), c'est aussi parce que, des cent sept mille Juifs déportés des Pays-Bas, soixante mille partirent vers Auschwitz, où hommes et femmes, jeunes et valides, jugés en quelques secondes, avaient parfois eu « la chance », si j'ose parler ainsi, d'entrer dans ce camp et quelque temps de pouvoir survivre ; en revanche, trente-quatre mille furent envoyés à Sobibor où ils étaient exterminés dès l'arrivée.

Derrière ces statistiques effarantes, derrière ce processus de destruction aussi monstrueux que planifié, se cache la réalité humaine de la souffrance.

Comment savoir ce que fut l'angoisse de ceux qui ont été menés jusque dans les chambres à gaz ? Quels ont été leurs derniers moments ?

Des camps, nous avons de nombreux récits de mères avec leurs enfants, qui permettent d'entrevoir le calvaire des Juifs néerlandais.

Anne Frank, dans son *Journal*, mondialement connu, montre, dès 1942, une intuition et une perspicacité étonnantes pour une adolescente. Avec une conscience très aiguë du sort qui l'attendait, elle et les siens, elle écrit, en effet, le 9 octobre 1942, avec l'espoir néanmoins d'y échapper : « Beaucoup de nos amis juifs sont petit à petit embarqués par la Gestapo. […] Ils sont transportés dans des fourgons à bétail à Westerbork, au grand camp pour les Juifs, dans la Drente. Westerbork doit être un cauchemar ; des centaines et des centaines sont obligées de se laver dans une seule pièce, et les w.-c. manquent. On dort sans dessus dessous, pêle-mêle. […] Impossible de fuir. […] Si cela se produit en Hollande, qu'est-ce que ce doit être dans les régions lointaines et barbares dont Westerbork n'est que l'antichambre ? Nous n'ignorons pas que ces pauvres gens seront massacrés. La radio anglaise parle de chambres à gaz. »

De même, le journal intime d'Etty Hillesum, tenu entre 1941 et 1943, nous renseigne-t-il sur la vie à Amsterdam puis au camp de Westerbork. Sa dernière carte, jetée du train qui l'emporte vers la Pologne, décrit leur déportation : « je suis assise sur mon sac à dos, au milieu d'un wagon de marchandises bondé. Papa, maman et Mischa sont quelques wagons plus loin. […] Nous avons quitté ce camp en chantant, père et mère très calmes et courageux, Mischa également. Nous allons voyager trois jours. »

Si certains échappèrent pourtant à ce destin tragique, c'est, pour la plupart, à tous ceux qui leur ont manifesté leur solidarité qu'ils le doivent. Les Églises multiplient les démarches en faveur des déportés ; les organisations de résistance comme *Vrij Nederland* confectionnent des faux papiers et cachent des Juifs ; mais aussi des amis, des voisins, voire des gens anonymes, au péril de leur vie, cachent des milliers de Juifs dans des couvents, des orphelinats ou chez eux.

C'est le plus souvent par bonté et souci de justice qu'ils n'acceptèrent pas le sort réservé aux Juifs.

Cette chance, Edith Velmans l'a eue, à La Haye, à l'âge de 14 ans. Dans son livre paru récemment, *Les Carnets d'Edith*, elle raconte ainsi les trois années passées, cachée sous un faux nom, au sein d'une famille protestante, voyant, dans l'ombre, disparaître les siens.

Tante Tine, la femme qui a caché Edith Velmans, s'est vu décerner le titre de « Juste » à Yad Vashem en 1983.

Ces témoignages sont essentiels.

Mais, aujourd'hui, l'ère des témoins s'achève. La plupart des survivants ont disparu. Bientôt s'éteindra complètement notre génération qui ne devait pas survivre.

Le temps viendra aussi où ceux qui nous ont interrogés de vive voix disparaîtront à leur tour.

Les livres seront alors les seuls dépositaires de nos mémoires.

Mais la connaissance de la Shoah ne peut pas, ne doit pas se limiter au seul témoignage des victimes rescapées, ni à celui de leurs bourreaux.

Aujourd'hui que les témoins disparaissent, l'historien a la responsabilité, plus que jamais, de faire la lumière sur les événements dont certains aspects sont encore à analyser.

La Shoah ne devait avoir ni témoin, ni histoire. La « solution finale », telle qu'elle fut décidée à Wannsee, avait, en effet, pour objet d'effacer un peuple de l'histoire et de la mémoire du monde. Tout était conçu, pensé, organisé pour ne laisser aucune trace. La machine de mort nazie devait faire disparaître non seulement les Juifs en tant que peuple, mais jusqu'aux preuves de leur mise à mort. L'existence des chambres à gaz était gardée comme un secret d'État et des euphémismes de tous ordres étaient utilisés pour dissimuler au monde l'énormité du crime. Himmler lui-même disait que l'extermination des Juifs par l'Allemagne était une page d'histoire qui ne devrait jamais être écrite.

Or, 6 millions de Juifs furent massacrés ; cette page de l'Histoire a été écrite et elle ne doit pas être effacée.

Mais que peut-on attendre de l'Histoire et des historiens quand l'oralité des récits, l'émotion suscitée par le contact avec les témoins ne seront bientôt plus possibles ?

Beaucoup a été dit depuis les premiers travaux de Raul Hilberg qui, pendant longtemps, n'ont retenu que l'attention de ceux qui avaient été directement concernés. Depuis, dans les pays occidentaux, les historiens ont progressé. Le grand public lui-même est informé. Les livres d'histoire, les manuels scolaires, les documentaires, les colloques universitaires, les expositions, certaines œuvres cinématographiques de grande qualité comme *Shoah* de Claude Lanzmann et, plus récemment, dans un genre différent, *Le Pianiste* de Roman Polanski, abordent les persécutions antisémites et l'extermination des Juifs, sans omettre aucun détail ; ils approfondissent la compréhension de cette monstruosité unique dans l'histoire de l'humanité : la mise à mort programmée, à l'échelle industrielle, de tout un peuple, hommes, femmes et enfants sans distinction.

Aujourd'hui, le monde sait que cela fut et comment cela fut. On pourrait donc avoir l'impression que les chercheurs savent tout de cette période tragique.

Mais tout a-t-il été dit ? Toutes les archives ont-elles été dépouillées ? Toutes les questions ont-elles été posées et toutes les réponses données ?

Je ne le pense pas.

Avec l'effondrement du communisme soviétique et la redécouverte de leur passé par les pays d'Europe de l'Est, de nouvelles voies se sont ouvertes aux historiens. Des archives nouvelles ont été mises au jour en Russie, qui concernent la Shoah dans son ensemble, notamment le fonctionnement des camps de la mort en Pologne occupée et leur libération par l'Armée rouge.

Mais les archives rendues publiques en Russie et en Europe de l'Est renseignent aussi sur les histoires nationales. Plus de 90 % des Juifs de Pologne, des pays Baltes, d'Ukraine et de Biélorussie ayant été assassinés dans les ghettos et les chambres à gaz, ou encore massacrés à ciel ouvert par des sections spéciales, les rares survivants n'ont pas été en mesure de lutter contre l'oubli imposé par les régimes communistes en place.

Les historiens de ces pays n'ont pas pu travailler dans des conditions satisfaisantes. Aussi l'ampleur des spoliations, l'application des lois anti-juives, la constitution des ghettos, le calendrier des déportations, les tueries improvisées ou planifiées, mais aussi les résistances locales et les réseaux de sauvetage sont-ils moins bien connus en Europe de l'Est et en Russie qu'en Europe occidentale.

Longtemps indifférents ou ignorants, les chercheurs et les jeunes générations de ces pays commencent seulement à percevoir la réalité et l'ampleur de la Shoah, et à s'y intéresser.

Dans nos pays, en revanche, grâce au travail des historiens, notre connaissance du génocide s'est approfondie. Quel savoir peuvent-ils encore promouvoir ?

D'une certaine manière, ils ont dit ce qui était le plus apparent, le plus immédiat : les faits eux-mêmes, les faits concrets, les faits bruts et simples, la volonté d'humilier et d'avilir, l'organisation, la planification, les méthodes utilisées pour assassiner.

Mais les faits en eux-mêmes n'auraient guère de signification si l'on devait ignorer l'idéologie raciste qui a entraîné le génocide, les soutiens de tous ordres qu'elle a trouvés, ses sources et ses porte-parole partout en Europe.

Bien des voies sont encore à explorer avant de comprendre comment, au XXe siècle, une nation de philosophes, de musiciens et de poètes a pu arriver non seulement à concevoir la « solution finale », mais à la mettre en œuvre avec autant d'efficacité, avec la complicité de tant de pays européens !

Une fois qu'on a compris le déroulement des faits, l'enchaînement des actes, depuis la discrimination et la séparation jusqu'à la déportation et la mise à mort, l'entendement continue donc de buter sur l'essentiel : pourquoi en est-on arrivé là ? Pourquoi les nazis et leurs complices ont-ils fait preuve d'un antisémitisme aussi fanatique, aussi inhumain, aussi impitoyable, sans épargner ni les femmes, ni les enfants, ni les personnes âgées ? Dans l'histoire de la Shoah, il nous faut faire le lien entre un discours et des pratiques criminelles.

Pourquoi mais aussi comment ? Comment s'est opéré le processus qui allait mener à la Shoah ? Était-elle inéluctable ? Y eut-il une place pour l'improvisation ou fut-elle planifiée de bout en bout ? Est-elle due à la folie et à la haine nazies ou bien doit-on remonter plus loin pour la comprendre ?

Je crois, pour ma part, que l'histoire de la Shoah, comme tout événement qui a marqué la vie des peuples, s'inscrit dans le long terme. Le débat historique contemporain doit donc replacer les événements de la Seconde Guerre mondiale dans une vision d'ensemble, qui prenne en considération les faits, mais aussi leurs causes, aussi lointaines soient-elles.

La première cause, naturellement, est l'antisémitisme. Dans l'Antiquité, les Juifs rencontrèrent l'hostilité des païens en raison de leur monothéisme ; quant aux chrétiens, ils ne pardonnaient pas aux Juifs de refuser le message du Christ et de rester fidèles au judaïsme.

Les discriminations et persécutions se poursuivirent au Moyen Âge ; la plupart des professions leur étant interdites, les Juifs furent contraints de se limiter au commerce et à la banque. En outre, la tradition de l'étude des textes sacrés leur permit de jouer un rôle important dans la vie intellectuelle.

À cet ostracisme s'ajoutèrent ensuite des fantasmagories qui accusaient les Juifs de meurtres rituels, de profanations sacrilèges, d'empoisonnement des puits.

Puis, à la fin du siècle des Lumières, un espoir naquit : la philosophie des droits de l'homme, incarnée par la Révolution française, devait, en effet, conduire progressivement à l'émancipation des Juifs ; et c'est ainsi que les Juifs de France purent acquérir la citoyenneté française.

Pourtant, ce mouvement n'empêcha pas l'antisémitisme de prospérer. Il se développa en Russie et en Pologne, où les Juifs étaient nombreux, et en France, où, peu nombreux, ils se croyaient, pourtant, pleinement intégrés. Comme dit l'historien Philippe Burrin :

« En Allemagne, l'affaire Dreyfus n'aurait pas eu lieu, mais un Juif n'aurait pas pu accéder à l'état-major ».

Plus récemment, il a fallu divers facteurs pour que l'antisémitisme en Allemagne aboutisse à cette volonté d'extermination totale, inimaginable jusqu'ici.

D'une part, le pangermanisme, lié à ce qu'on appelait alors la « question allemande », et qui souhaitait regrouper, dans un même État, tous les Allemands vivant hors des frontières, provoqua un violent rejet des éléments non germaniques.

D'autre part, dans la société allemande qui n'était pas complètement sécularisée, l'idée d'une nation chrétienne dominait les esprits ; aussi le mouvement « Völkisch », précurseur du nazisme, se définissait-il, en miroir, par rapport aux Juifs.

Enfin, la défaite de 1918, non acceptée par le peuple allemand qui, jusqu'au bout, avait cru à la victoire, les clauses très dures envers l'Allemagne du traité de Versailles, et la crise économique, sont autant de facteurs qui aggravèrent encore cet antisémitisme.

On peut donc lire la Shoah comme l'aboutissement paroxystique d'un discours de haine, né avec le paganisme antique, et qui s'est radicalisé en Allemagne, pour des raisons propres à l'histoire de ce pays.

Pourtant, en remontant au XIXe siècle, ou même à la première croisade, déjà marquée par des pogromes, ne risque-t-on pas d'effacer la singularité de l'événement, en faisant de la Shoah l'amplification extrême de l'antisémitisme immémorial et une vicissitude de l'Histoire ?

Or, il s'agit bien d'un événement unique, doté de sa logique propre, clos dans son absolue spécificité. Ne perdons pas de vue, en effet, que l'antisémitisme nazi fut avant tout racial et dirigé vers l'extermination.

C'est d'ailleurs bien ce qui explique le questionnement d'ordre métaphysique et moral que ces faits ont provoqué et qui ont conduit à écrire que « la destruction des Juifs d'Europe et des Tsiganes représentait une rupture dans l'histoire de l'humanité ».

Auschwitz est, en effet, devenu la référence du mal absolu et la Shoah, le paradigme auquel on se réfère et qui fournit en abondance concepts et critères moraux.

Par ailleurs, si l'on remonte trop avant dans le temps, on ne peut désigner les vrais coupables. Mais ce problème ne résulte pas nécessairement de l'élargissement de la perspective historique, car la question de la dilution des responsabilités est intrinsèque à l'étude de la Shoah.

La mise à mort planifiée de tout un peuple sur tout un continent exigeait le concours de nombreuses instances : gouvernements, polices, administrations et entreprises.

Raul Hilberg estime, par exemple, à plusieurs dizaines de milliers, le nombre de personnes ayant participé directement ou indirectement à l'accomplissement de la Shoah.

Les films de Claude Lanzmann montrent bien aussi comment les responsabilités étaient nombreuses et savamment diluées, pour que personne ne se sente vraiment coupable.

Où donc l'historien doit-il alors arrêter ses investigations ?

Pour étudier la mise en œuvre de la Shoah, doit-il accorder la même importance aux dignitaires du IIIe Reich, aux gauleiters locaux, aux planificateurs de l'administration, aux responsables des chemins de fer chargés de conduire les déportés sur le lieu de leur mise à mort, aux chimistes et aux ingénieurs occupés à fournir le zyklon B, aux kapos des camps d'extermination ?

S'il est vrai que les « exécuteurs » de la Shoah furent des fonctionnaires anonymes, rouages impersonnels d'une machine de mort bien huilée, la réalité de l'extermination montre qu'elle fut, souvent, aussi, consciemment perpétrée.

En Europe de l'Est, certaines tueries furent organisées artisanalement, avec les moyens du bord si j'ose dire, et d'autres massacres dans les ghettos ou dans les villages furent calqués sur le modèle de la fête païenne, du carnaval de la dérision et de la mort.

Il y eut des nazis heureux de tuer ; et l'historien doit aussi prendre en compte cet aspect monstrueusement cérémoniel et ritualisé de la Shoah.

Je n'ai pas la prétention de répondre à toutes ces questions. Les historiens savent et sauront le faire mieux que moi.

Je veux simplement rappeler que les archives récemment découvertes et les nouvelles problématiques historiques promettent à l'avenir des recherches d'un grand intérêt et d'une grande valeur. Les chantiers sont encore nombreux. Dans les centres de recherche, ici à Amsterdam ou à Paris, en Israël, aux États-Unis ou ailleurs, les historiens ont encore fort à faire, notamment en matière de recherches comparatives, et en faisant appel à d'autres disciplines.

L'importance de leurs recherches est incommensurable tout autant que la diffusion de leurs résultats. Car d'une part, la diffusion du savoir permet de combattre l'ignorance et l'indifférence, de l'autre, le souci de clarté et de pédagogie permet de discerner la spécificité de l'événement, de lutter contre la banalisation rampante de la Shoah, et d'éviter ces regrettables amalgames qui obscurcissent si souvent la compréhension des choses à leur juste place et à leur juste valeur.

Permettez-moi de m'arrêter quelques instants encore sur la gravité de ces amalgames qui dénient toute spécificité aux événements.

Il n'a pas fallu, en effet, attendre longtemps après la fin de la Seconde Guerre mondiale pour que le nom d'Auschwitz soit accolé à celui d'Hiroshima : manœuvre visant à mettre les Alliés et les nazis sur un pied d'égalité.

Je me souviens de photos publiées dans un grand magazine, présentant sur la même page les victimes du bombardement de Dresde de 1944 et les charrettes où s'empilaient les cadavres de Bergen-Belsen lors de la libération du camp.

Ce fut ensuite le massacre de Sabra et Chatila par les milices libanaises, qualifié par Brejnev de « génocide » et dont les Israéliens étaient présentés comme uniques responsables.

Ce renversement était et continue d'être insupportable.

Aujourd'hui comme hier, cette routine de l'amalgame fait des ravages. C'est ce qui me fait dire que le premier danger n'est pas l'oubli, ni la négation, mais bel et bien la banalisation de la Shoah.

Car ces comparaisons sont loin d'être neutres. Si tout le monde est coupable, pourquoi stigmatiser les uns plus que les autres ? Tout le monde est victime, tout le monde est coupable. En conséquence, personne ne l'est vraiment. Au final, prévaut l'idée que toutes les tragédies se valent.

Mesdames, messieurs, je formule devant vous l'exigence que la spécificité de la Shoah ne soit jamais bafouée, diluée, noyée, récupérée, en bref, banalisée.

Cette affirmation du caractère singulier de la Shoah, bien évidemment, ne rend pas sourd aux souffrances des autres victimes, ni aveugle aux violations des droits de l'homme.

C'est ainsi que depuis des décennies, à la mesure de mes moyens et de mon influence, je suis pleinement engagée dans le combat en faveur de la dignité et des droits inaliénables de la personne humaine. Je crois avoir servi cette cause avec succès et avoir obtenu des résultats concrets, notamment comme ministre et présidente du Parlement européen. Je suis intervenue dans de nombreux pays, quelle que soit la nature de leur régime, pour défendre les populations dont les droits étaient bafoués.

Et aujourd'hui encore, je ressens ces autres combats comme un devoir.

Pour autant, peut-on mettre sur le même plan toute atteinte aux droits de l'homme, quels qu'en soient la gravité et le contexte ?

Peut-on aborder de la même façon l'extermination planifiée de millions d'êtres humains sur la seule base de leur appartenance ethnique et religieuse, et une guerre fratricide, aussi cruelle et meurtrière soit-elle ?

La revendication territoriale, l'indépendance, le souci de la sécurité, l'idée que chacun se fait de son droit, tout cela est cause de violences, de violences répétées, durables et meurtrières. Mais tant que le conflit reste de cette nature, on peut garder l'espoir de substituer un jour la négociation à l'affrontement, parce qu'au fond, ces enjeux restent politiques.

Mais l'idée que l'Histoire n'est rien d'autre qu'un combat à mort entre les races humaines, c'est explicitement le fond de l'idéologie nazie. Comme au Cambodge et au Rwanda, cela mène vers le génocide.

Or, en ces temps de relativisme moral, la Shoah sert souvent de boussole : c'est un absolu, un absolu du mal. Voilà sans doute la raison pour laquelle on s'y réfère au risque de la banaliser. Mais ce n'est pas parce que la Shoah reste le symbole du désespoir absolu que toutes les interprétations, tous les amalgames sont permis. Ce n'est pas parce que l'ombre des déportés juifs et tsiganes plane toujours au-dessus de nous que toute violation des droits de l'homme entraînant mort d'hommes doit être qualifiée de nouvel Auschwitz. L'histoire de la Shoah se suffit à elle-même.

Il a fallu au moins quarante ans pour qu'on évoque les camps, soit deux générations. Quand nous sommes rentrés de déportation, en 1945, l'accueil n'a pas ressemblé à ce que nous imaginions. Nous avons subi l'indifférence, le mépris parfois. Personne ne comprenait ce que nous avions vécu. Peut-être gênions-nous ? L'expérience que nous avions à transmettre était sans commune mesure avec celle de l'homme ordinaire. Les gens ne voulaient pas savoir et les Juifs n'intéressaient personne. Il suffit de voir la totale indifférence qui a accueilli la parution en 1946 de *Si c'est un homme*, de Primo Levi. Peut-être cette ignorance, peut-être ce recul étaient-ils nécessaires.

Aujourd'hui, les choses ont changé. Il faut toutefois poursuivre inlassablement les recherches historiques sur la Shoah, transmettre cette histoire aux jeunes générations, mais aussi en commémorer le souvenir, en entretenir la mémoire, en ressentir la souffrance.

C'est pourquoi je salue la création à Amsterdam de votre Centre d'études de l'Holocauste et du génocide avec lequel, j'en suis convaincue, les historiens, français, notamment, engageront des travaux communs. Je souhaite à cette nouvelle institution tout le succès possible.

La Fondation pour la mémoire de la Shoah soutient les recherches et les initiatives des institutions qui, comme la vôtre, ont à cœur de rendre compte d'un événement sans précédent dans l'histoire humaine, de perpétuer son souvenir et d'en tirer les leçons.

La Shoah est notre héritage à tous.

Je forme les vœux les plus ardents pour que la mémoire de la Shoah ne soit pas un ingrédient de la bonne conscience, mais qu'elle inspire à jamais le respect de la dignité humaine et des valeurs fondamentales.

Mesdames et messieurs, je voudrais clore cette intervention en évoquant à nouveau le souvenir d'Anne Frank. Cachée, avec le reste de sa famille de 1942 à 1944, elle fut arrêtée, avec tous les autres locataires clandestins de l'Annexe, le 4 août 1944. Déportée à Auschwitz, elle mourut d'épuisement ou du typhus à Bergen-Belsen, en mars 1945, quelques semaines avant la Libération.

J'y associe le destin de ma mère dont le parcours tragique fut similaire.

Si j'évoque Anne Frank, c'est parce que c'est grâce à son *Journal* que la Shoah et le sort des Juifs sont connus du monde entier.

J'imagine que si elle avait survécu, c'est elle qui serait, ici, et aurait pris la parole.

Université d'Amsterdam,
inauguration du Centre d'étude de l'Holocauste
et du génocide, 8 septembre 2003

« Ce combat contre toute forme d'intolérance, nous le poursuivrons »

Monsieur le préfet,
Monsieur le maire,
Monsieur le président du Consistoire central,
Monsieur le grand rabbin,
Mesdames, Messieurs,
Chers amis,

Je tiens d'abord à vous remercier de m'avoir invitée à m'exprimer devant vous, à l'occasion de l'inauguration du mur des Noms, érigé dans la cour de la Grande Synagogue de Marseille.

Mon émotion est grande à l'heure de dévoiler ce mur, ces douze stèles où sont gravés les deux mille noms des Juifs de Marseille qui furent déportés vers les camps de la mort.

Ce mur voit le jour grâce à la coopération réussie entre les associations de mémoire et la communauté juive de Marseille ; aussi, je tiens à saluer leur travail et vous dire combien je suis heureuse que la Fondation pour la mémoire de la Shoah et le Mémorial de la Shoah à Paris aient pu y contribuer.

À Paris, le mur des soixante-seize mille noms des Juifs déportés de France est devenu très vite un lieu de recueillement et de mémoire devant lequel des familles entières, des enfants, des petits-enfants, parfois venus de loin, d'au-delà des océans, viennent déposer des fleurs, allumer des bougies, égrener des prières ou tout simplement se recueillir, méditer et raconter.

Je ne doute pas qu'il en sera ainsi devant ces stèles et je comprends que vous ayez souhaité rappeler, par leur nom, la mémoire de chacun des Juifs de Marseille qui ont vécu ici, avant d'être raflés, internés, déportés puis assassinés. Comme tous les Juifs de France et d'Europe, la majorité d'entre eux ont été gazés et brûlés dès leur arrivée dans les camps de la mort et sans le travail de Serge Klarsfeld et du CDJC, pour la France, nous ne connaîtrions pas leurs noms. Les autres ont parfois survécu, mais nous étions, vous le savez, dépouillés de noms, traités comme des déchets, des « Stücke » ; nous n'étions plus identifiés que par un numéro tatoué sur nos bras.

Redonner à chacun son nom et son prénom, c'est redonner à chacun sa dignité d'homme.

Ce mur des Noms est aussi un symbole : celui de la destruction, il y a soixante ans, en plein cœur de l'Europe, en plein cœur de la France, de tout ce que Marseille représentait et représente, par excellence : une tradition d'accueil et d'intégration, qui a été bafouée.

Pendant les années noires, nombreux ont été, en effet, les Juifs français et étrangers qui y ont d'abord trouvé asile ; la politique d'exclusion de Vichy et la politique d'extermination nazie ont conduit à la mort des centaines de Juifs de Marseille au début de l'année 1943.

Mes pensées vont, en effet, vers ces 800 Juifs arrêtés lors de la grande rafle du 22 et 23 janvier 1943 ; ils ont été déportés à Sobibor par les convois 52 et 53 et aucun n'est revenu. Je pense aussi, bien sûr, à tous ceux qui n'étaient pas de Marseille mais qui avaient choisi Marseille pour refuge : leurs noms ne figurent pas ici car ils seront bientôt dans le futur mémorial du Camp des Mille.

Pour la survivante que je suis, pour tous mes camarades survivants qui sont ici aujourd'hui, je souhaite vous redire combien ce mémorial de Marseille, ce combat pour la mémoire est important.

Ceux qui passeront ici s'interrogeront, je l'espère, sur ce qui a rendu possible cette défaite de l'humanité, ce naufrage des valeurs des hommes, l'extermination de 6 millions de Juifs, parmi lesquels un million et demi d'enfants.

Parce que la Shoah a été le mal absolu, elle doit continuer à interpeller, tout à la fois la mémoire collective et la conscience de chacun. Ainsi, chaque passant ou visiteur doit comprendre qu'en exterminant les Juifs, c'est l'humanité tout entière qui a été assassinée à Auschwitz, Maïdanek, Bełżec, Buchenwald, Treblinka ou Sobibor.

Mais je souhaite que ces visiteurs aient également une pensée pour ceux qui ont combattu, ceux qui ont résisté, ceux qui ont protégé, recueilli, sauvé des Juifs pour les soustraire aux persécutions. C'est aussi à eux que nous devons rendre hommage aujourd'hui, eux dont le courage et les convictions nous permettent de ne pas désespérer tout à fait de l'humanité ; ils nous montrent que lorsque la haine de l'autre se banalise et devient la norme, l'esprit de résistance doit souffler.

Ce n'est pas noircir le tableau exagérément que de constater que, partout, de plus en plus de conflits se nourrissent de haines fondées sur des critères raciaux ou religieux, que depuis la Shoah d'autres génocides ont été perpétrés, en Afrique, dans l'est de l'Europe ; et qu'en France, des discours xénophobes parfois accompagnés de violences racistes et antisémites se multiplient et, pire, se banalisent par leur multiplication même, rejoignant la cohorte des faits divers.

Sans mettre sur le même plan, évidemment, la situation actuelle et celle d'hier, ce qui serait à la fois faux et outrageant pour les victimes, restons vigilants, et protestons avec la même indignation chaque fois que de tels actes sont commis ! Et surtout, protestons ensemble, croyants et incroyants, juifs, chrétiens, musulmans ou adeptes de toute autre confession, protestons chaque fois que l'un d'entre nous est stigmatisé, agressé, lynché pour ce qu'il est et pour ce qu'il croit ! C'est nous tous qui devons nous sentir solidaires, c'est ce que nous avons de plus cher, notre liberté de conscience, notre liberté d'expression, qui sont mises en danger par de tels actes. Et c'est unis que nous devons faire face à toutes ces forces de haine, d'où qu'elles viennent.

Marseille, ville mosaïque qui reflète, à son échelle, toute la diversité, toute la richesse du monde méditerranéen fait ici figure d'exemple. Si Marseille a accueilli tant de communautés d'origines et de cultures si variées, cette ville est aussi le lieu où ces communautés ont appris à vivre ensemble, à se connaître, tout cela dans la conscience qu'elles partageaient un destin commun, fait de difficultés et d'espoirs analogues.

Ville d'intégration, Marseille doit sans cesse relever le défi d'atteindre cet idéal qui met l'accent, d'abord, sur ce que nous avons tous en commun, tout en défendant les valeurs de tolérance et de respect à l'égard des différences culturelles et religieuses. Comme tout idéal, il est fragile et précaire, et par là même requiert toute notre vigilance.

Je sais à quel point, vous tous ici présents, vous vous attachez à défendre cet idéal, dans les collectivités locales dont vous êtes élus, dans les associations que vous présidez ou auxquelles vous participez, et je suis à chaque visite frappée par la vitalité qui caractérise votre ville et la communauté juive de Marseille. Ces valeurs que vous défendez, elles prennent leur sens face à ce mur qui rappelle les noms de ceux qu'on a exterminés au nom de la haine. Ce combat contre toute forme d'intolérance, nous le poursuivrons. Nous le devons à tous ceux dont les noms sont inscrits sur ce mur.

Inauguration du mur des Noms,
Marseille, 29 septembre 2005

« Les historiens ont encore beaucoup à faire »

C'est toujours à la fois un honneur et un plaisir pour moi de venir à l'Institut d'études politiques de Paris, dont j'ai été moi-même l'élève. Au sortir de la guerre, peu de gens étaient prêts à écouter les survivants que nous étions ou plutôt personne ne voulait savoir ce que nous avions vécu dans les camps. Ma présence intriguait, moi qui à peine sortie d'Auschwitz m'étais inscrite à Sciences-Po ; je pense surtout que mon passé les intéressait. Et même encore aujourd'hui, malgré les livres, les films et les documentaires, je sais, au plus profond de moi-même, que personne ne pourra jamais vraiment comprendre ce qu'a été la Shoah. À la Libération, comme je l'ai dit auparavant, l'incompréhension était totale et il y avait presque un refus de savoir : les Juifs n'intéressaient personne. Ce que nous avons vécu, personne ne voulait l'entendre, ce que nous avions à raconter, personne ne voulait en partager le fardeau.

Il suffit de se rappeler, par exemple, la totale indifférence qui a accueilli la parution en 1946 de *Si c'est un homme*, de Primo Levi. D'ailleurs, nos témoignages n'étaient pas considérés comme dignes d'être pris en compte par les historiens, car nous étions vus comme des victimes, et on ne pouvait, disaient-ils, construire des recherches sérieuses sur des témoignages de victimes.

Primo Levi a souvent rappelé le cauchemar qui était le nôtre, celui de parler et de ne pas être entendus, de raconter au monde ce qui s'était passé et de ne pas être crus. Pour ma part, j'ai eu très tôt le sentiment qu'au-delà de la transmission orale que nous pouvions faire, nous les survivants, dette que nous avons envers ceux que nous avons vu mourir, il était important que les historiens fassent leur travail, un travail d'histoire, non de mémoire, pour expliquer ce qui s'est passé, comprendre les mécanismes qui ont mené à la Shoah, approfondir les différents aspects de la mise à mort programmée, à l'échelle industrielle, de tout un peuple, hommes, femmes et enfants sans distinction.

Aussi a-t-il fallu trois générations pour que la Shoah soit enfin considérée comme un champ de recherches spécifique, qui donne lieu à des travaux, des publications, des colloques comme celui d'aujourd'hui, dont je tiens à remercier les organisateurs ainsi que le Centre d'histoire de Sciences-Po, qui nous accueille dans ses locaux, et le Centre d'études de l'Holocauste et du génocide d'Amsterdam que j'ai eu l'honneur d'inaugurer il y a presque trois ans. Cet institut est devenu un organisme de recherche incontournable dans le domaine de la Shoah.

Ces dix dernières années, les historiens ont permis de mettre en lumière de nombreux aspects jusque-là mal connus : les implications des appareils administratifs nationaux et locaux dans l'application des mesures antisémites, la coopération de forces de police autochtones, les mécanismes de spoliation, etc. Des centaines de thèses et de mémoires ont été soutenus, des centaines d'ouvrages publiés. Certains, de bonne ou de mauvaise foi, s'étonnent de notre volonté d'approfondir encore les recherches en ce domaine. Tout n'a-t-il pas déjà été dit ? Toutes les questions n'ont-elles pas déjà été posées et toutes les réponses données ? Toutes les archives n'ont-elles pas été dépouillées ?

Certainement pas, notamment ce qui concerne les pays de l'Est. Je sais que ce n'est pas le thème de votre colloque et je n'en dirai que quelques mots. En effet, avec l'effondrement du communisme soviétique et la redécouverte de leur passé par les pays d'Europe de l'Est, de nouvelles voies se sont ouvertes aux historiens de ces pays. Des archives nouvelles ont été mises au jour en Russie, qui concernent notamment la Shoah dans son ensemble, notamment le fonctionnement des camps en Pologne occupée et leur libération par l'Armée rouge. Mais il faut savoir par ailleurs que plus d'un million et demi de Juifs des pays Baltes, d'Ukraine et de Biélorussie ont été massacrés à ciel ouvert par des sections spéciales et jetés dans des fosses communes. Des recherches sont actuellement en cours pour retrouver les fosses communes dans ces pays et identifier les corps des victimes. La Fondation pour la mémoire de la Shoah soutient les travaux réalisés par le Père Desbois et ses équipes, pour retrouver les restes de ces massacres et leur donner une sépulture. Il reste encore beaucoup à faire pour mettre en lumière l'ampleur des spoliations, l'application des lois antijuives, la constitution des ghettos, le calendrier des déportations, les tueries improvisées ou planifiées, mais aussi l'organisation des résistances locales et les réseaux de sauvetage, qui me semblent encore moins bien connus en Europe de l'Est et en Russie qu'en Europe occidentale. Les chercheurs et les jeunes générations de ces pays commencent seulement maintenant à percevoir la réalité et l'ampleur de la Shoah, et à s'y intéresser. C'est pourquoi la Fondation a financé des bourses de recherche portant notamment sur les événements en Lettonie et en Lituanie, qui s'avèrent particulièrement intéressants.

Revenant au sujet de votre colloque, je tiens à souligner que les travaux des historiens n'ont cessé de se développer. Non seulement ils ont analysé les faits eux-mêmes, l'organisation, la planification, les méthodes utilisées pour assassiner, mais aussi mis en lumière les motivations des nazis, les complicités des populations locales ou encore les aspects économiques de la Shoah ; je pense ainsi à la parution récente en français de l'ouvrage de Götz Aly, *Comment Hitler a acheté les Allemands*, qui montre qu'au-delà des motivations idéologiques et de la terreur instaurée par le régime nazi, les spoliations ont permis d'assurer aux Allemands une situation ainsi plus confortable qu'aux populations des autres pays, ce qui explique pour partie l'adhésion du peuple allemand au régime nazi et son silence face aux persécutions et exactions dont ils étaient les témoins.

De façon plus générale, à Paris comme à Berlin, à Amsterdam, en Israël, aux États-Unis ou ailleurs, les historiens ont encore beaucoup à faire, notamment en matière de recherches comparatives, et en faisant appel à d'autres disciplines. Le thème choisi pour le colloque en est un parfait exemple. Comment expliquer qu'aux Pays-Bas, près des trois quarts des Juifs aient disparu, qu'en Belgique ce soit la moitié qui ait été assassinée, l'autre ayant survécu, et qu'en France les trois quarts de la population juive aient eu la vie sauve ? Ces trois pays peuvent paraître comparables, puisqu'ils bénéficiaient avant 1940 de régimes démocratiques ayant une forte tradition d'accueil, malgré un antisémitisme important ; ces pays ont aussi le point commun d'avoir été occupés et d'avoir, sous des formes différentes, collaboré avec les nazis. Comment expliquer dans ces conditions qu'il y ait eu une telle différence quant aux pourcentages de survivants ?

Je tiens à cet égard à saluer les travaux pionniers et originaux du professeur Wolfgang Seibel, en particulier le projet « Holocauste et polycratie en Europe de l'Ouest », qui est à la genèse du colloque d'aujourd'hui. La Fondation pour la mémoire de la Shoah a soutenu ces travaux, qui s'inscrivaient dans une démarche transfrontalière et pluridisciplinaire. Il me semble, et la session de cet après-midi le confirmera sans doute, que les sciences politiques apportent aux recherches historiques un éclairage nouveau, notamment avec l'analyse des réseaux, pour lesquels des méthodologies spécifiques ont été développées. Par ailleurs, je suis convaincue que faire travailler ensemble des chercheurs français, belges, allemands, néerlandais apporte un réel enrichissement par rapport aux perspectives strictement nationales, et je me réjouis d'entendre aujourd'hui les fruits de cette collaboration.

On peut évoquer, avec Raoul Hilberg, les questions de géographie, qui ont fait qu'aux Pays-Bas les Juifs étaient dans une nasse, dont ils ne pouvaient que difficilement s'extraire. La France était un pays beaucoup plus vaste, plus rural et plus montagneux : il offrait par là même davantage de possibilités de se cacher. Mais on sait aussi qu'à ce facteur s'en ajoutent d'autres qui seront développés dans une des sessions de ce colloque.

On ne peut toutefois ignorer la spécificité de la situation de la France qui ne fut pas totalement occupée par les Allemands jusqu'en septembre 1943, compte tenu de la zone libre et de celle occupée par les Italiens : certes les Juifs n'étaient pas à l'abri des discriminations et persécutions, puisque nombre de Juifs étrangers y furent arrêtés, mais avec moins d'acharnement.

Pour ma part, je tiens à rappeler aussi les actions qui ont permis de sauver des Juifs. Les Juifs de Belgique, et plus encore ceux de Hollande, ont pu compter sur le soutien des Églises qui ont multiplié les démarches en leur faveur. À Amsterdam, des manifestations de solidarité, parfois sévèrement réprimées, ont eu lieu à plusieurs reprises. Des organisations de résistance comme *Vrij Nederland* leur ont fourni des faux papiers et mis à leur disposition des lieux pour se cacher. Enfin il y a aussi l'action des Justes, qui, au péril de leur vie et de leur liberté, ont donné refuge et nourriture aux Juifs qui se cachaient. Le plus souvent isolées, ces actions de sauvetage ont parfois revêtu un caractère collectif. C'est le cas avec les habitants de la commune néerlandaise de Nieuwlande qui se sont organisés pour accueillir, nourrir et cacher 250 familles. Cette commune, avec celle du Chambon-sur-Lignon, sont les deux seules à s'être vu décerner la médaille des Justes, l'institut Yad Vashem ne la décernant en principe qu'à des personnes nommément désignées. Enfin la résistance juive, l'OSE, les EI, les réseaux judéo-chrétiens et la Cimade ont joué un rôle très grand en cachant les enfants ou en les faisant passer clandestinement en Suisse.

L'histoire tragique de la Shoah est commune à l'histoire de l'Europe et son étude intéresse l'ensemble des pays européens. Toutes les initiatives qui vont dans le sens d'une meilleure coopération sont à encourager, car de même que les historiens ont joué un grand rôle pour intégrer la Shoah aux histoires nationales, ils ont encore un rôle à jouer pour que la Shoah soit pleinement intégrée à l'histoire de l'Europe. Car il s'agit bien d'événement européen. C'est dans le souvenir et la connaissance des pages sombres de notre histoire commune que nous devons bâtir cette identité européenne dont l'extermination des Juifs fait désormais partie intégrante.

Le nazisme fut un cataclysme d'une ampleur inédite dans l'histoire humaine. Non seulement parce que l'accession historique d'Hitler au pouvoir a eu pour conséquence directe la destruction de dizaines de millions de vies, en quelques années, et l'anéantissement presque total des peuples juif et tsigane ; mais parce que ces faits abominables se sont accomplis selon des processus inédits et dans le cadre d'un projet métaphysique et historique global. En ce sens, c'est toute l'Europe, sa civilisation et sa culture humaniste qui ont été victimes du nazisme.

Ce cataclysme s'inscrit dans une continuité historique dont il représente, dans sa radicale et terrifiante nouveauté, le paroxysme. Des siècles de guerres fratricides avaient ensanglanté l'Europe, chacune s'alimentant des haines creusées par la précédente. La France et l'Allemagne, conflit après conflit, ont forgé leur conscience nationale en se nourrissant de cette hostilité.

Or l'Europe sortait à peine d'un premier cataclysme, qui avait défait des empires et provoqué des millions de morts. On a aujourd'hui du mal à percevoir le traumatisme qu'a pu représenter pour les consciences contemporaines la boucherie de la guerre de 1914 : car les horreurs inédites de la Seconde Guerre mondiale ont éclipsé pour nous celles de la Première. Mais les historiens ont reconstitué le lien direct entre le traumatisme du carnage de la Première Guerre mondiale et le déclenchement de la Seconde : le déchaînement des nationalismes, l'expérience de la tuerie de masse ont, en effet, joué un rôle direct dans la genèse des totalitarismes ultérieurs : une fois la paix revenue, les formes de la commémoration en ont occulté le souvenir, sur les pires atrocités, voire les mutineries des soldats en exaltant le martyre des soldats, en sacralisant leur combat, en sanctifiant la guerre. C'est toute une culture d'époque, tout un contexte politique et économique qui ont forgé la génération des années 1920 et fait le lit du nazisme. Ainsi, le témoignage extraordinairement lucide, rédigé en 1938, depuis son exil londonien, sous le titre *Histoire d'un Allemand*, par Sebastian Haffner sur cette période, nous est extrêmement précieux ; il nous permet de comprendre l'époque dans laquelle le nazisme a trouvé racine, et de percer le mystère de l'adhésion enthousiaste d'un des peuples les plus cultivés de la planète à la plus terrible barbarie qu'ait connue l'Europe.

Auschwitz est devenu le symbole du mal absolu, la Shoah, le critère d'inhumanité auquel se réfère la conscience moderne, chaque fois qu'elle craint de s'égarer. La portée universelle du génocide juif a été retenue. Cette maturation était nécessaire : elle a bouleversé la réflexion sur la modernité, révolutionné la pensée politique jusque dans ses fondements, entraîné les progrès du droit international.

Mais l'excès menace ici l'intention initiale. Le paradigme du camp, sorti de son contexte historique, n'est parfois plus qu'un symbole moral universellement recyclable. Ce n'est pas sans danger. À présent que le temps des témoins touche à son terme avec la disparition progressive des derniers déportés, les leçons de la Shoah ont été si bien tirées que, de bonne ou de mauvaise foi, certains amalgames menacent la Shoah de banalisation.

Pourtant, tous les génocides ne se ressemblent pas, tous les crimes ne se valent pas, et tout massacre n'est pas génocide. L'Europe s'égarerait à ne retenir des crimes nazis qu'un épisode de caractère exceptionnel coupé de toute compréhension historique. Il est plus que jamais nécessaire de donner à l'événement une juste place dans la conscience historique européenne. Cela suppose une réflexion globale sur la Seconde Guerre mondiale dans l'histoire européenne.

Aussi la Fondation pour la mémoire de la Shoah encourage-t-elle un certain nombre de jeunes chercheurs, dont certains sont présents aujourd'hui, par le biais notamment de bourses doctorales et postdoctorales. Elle soutient également des publications, et notamment des traductions d'ouvrages de référence parus dans d'autres langues que le français, souvent l'allemand d'ailleurs, comme la monographie sur Ravensbrück de Bernhard Strebel. Nous poursuivrons cette politique, qui a pour objectif de « préparer la relève », de veiller à ce que l'étude de la Shoah se poursuive, en histoire comme dans les autres disciplines. J'espère ainsi que parmi les jeunes chercheurs ici présents, certains choisiront de se spécialiser dans le domaine de la Shoah et qu'en France, le champ de ce que l'on appelle dans le monde anglo-saxon les « holocaust studies » se développera. J'appelle ainsi de mes vœux la création d'une « chaire » sur la Shoah en France, qui marquera la pleine intégration de ce champ de recherches à l'histoire française et à l'histoire européenne.

Je souhaite, pour conclure, et avant de vous souhaiter de fructueuses sessions de travail, revenir au début de mon intervention.

Je vous ai dit, en effet, combien, jeune étudiante, l'impossibilité de partager ce que j'avais vécu était une souffrance qu'il m'avait bien fallu accepter. L'attention à la souffrance des autres a été, tout au long de ma vie, un impératif de conduite, au plan politique comme au plan personnel. Aussi, lorsque j'entends aujourd'hui des revendications mémorielles qui, quelle que soit leur légitimité, banalisent la Shoah comme un épisode qu'il convient de relativiser et de passer aux oubliettes de l'Histoire, je me demande vraiment si notre société n'est pas en train de se perdre : confondre tous les combats, confondre droits et devoirs, confondre l'obligation de compassion, le droit à la justice avec l'application du droit, confondre le mensonge avec la vérité, entraîner la jeunesse de notre pays sur les chemins de la haine, du racisme, de l'antisémitisme et de la xénophobie. Les faux prophètes sont nombreux aujourd'hui en France, en Europe et dans le monde pour entraîner les plus faibles d'entre vous sur ces chemins. Il vous appartient aussi d'y faire échec, vous qui êtes présents ici, ce soir, si nombreux et je vous remercie d'être là.

Colloque « La Shoah dans l'ouest de l'Europe :
Belgique, France et Pays-Bas en perspective »,
Institut d'études politiques de Paris, décembre 2005

« Never again Auschwitz ? »

Permettez-moi d'abord de remercier le Comité d'Auschwitz des Pays-Bas, le Fonds néerlandais de pensions et d'allocations, et le Centre d'études de l'Holocauste et du génocide, de m'avoir invitée à intervenir devant vous, à l'occasion du prix Annetje Fels-Kupferschmidt que vous m'avez fait l'honneur de me décerner.

C'est avec une émotion particulière que je reçois ce prix, qui perpétue la mémoire d'Annetje Fels-Kupferschmidt, la fondatrice du Comité Auschwitz des Pays-Bas.

Aussi, je tiens avant tout à lui rendre hommage pour le combat qu'elle a mené toute sa vie contre le silence et l'oubli, et ce, dès son retour de déportation. Toute sa vie, en effet, ancienne résistante et déportée en tant que Juive, elle a œuvré pour rappeler l'histoire et les conditions de la l'extermination des trois quarts des Juifs des Pays-Bas ; pour faire savoir au monde ce qui s'était passé à Auschwitz, et pour replacer la Shoah dans l'histoire de l'humanité et au cœur du débat moral et politique de notre temps.

C'est pourquoi, avant de réfléchir avec vous sur cette difficile question, « Auschwitz, plus jamais ? », je souhaite d'abord rappeler l'importance du travail de mémoire et d'Histoire, qui a été accompli, depuis 1945.

Je crois qu'Annetje Fels-Kupferschmidt aurait été heureuse de constater que ses efforts n'ont pas été vains. Demain, le 27 janvier 2006, jour anniversaire de l'arrivée de l'Armée rouge au camp d'Auschwitz, en complément des commémorations qui se tiendront dans de nombreux pays, des activités pédagogiques seront menées dans beaucoup d'écoles en Europe et dans le monde, pour faire comprendre, notamment aux jeunes générations, ce qui s'est passé.

Depuis plusieurs jours déjà, les différentes télévisions montrent des documentaires, organisent des débats non seulement pour expliquer ce qu'a été la Shoah mais pour en mesurer aujourd'hui encore la portée. Enfin, l'Assemblée générale de l'ONU a, comme vous le savez, adopté en novembre dernier une résolution pour que le 27 janvier soit reconnu par les nations, même par celles qui n'ont pas été directement concernées par la Shoah, comme la « Journée internationale de commémoration en mémoire des victimes de l'Holocauste ».

Le chemin parcouru depuis 1945 est donc saisissant. La date du 27 janvier, reconnue comme une date figurant au calendrier des nations, est à elle seule une victoire remportée par tous ceux qui, comme Annetje Fels-Kupferschmidt, se sont battus pour qu'on n'oublie jamais. Et sans que nous puissions jamais oublier les 6 millions de Juifs qui ont été assassinés, les nazis, qui avaient décidé non seulement de nous exterminer mais également d'effacer toute trace de cette extermination, et même de notre présence au monde, ont échoué.

Pourtant, puisque nous allons commémorer ce que certains appellent « la libération d'Auschwitz » et plus généralement, survenue en 1945, « la libération des camps », je souhaite redire que la libération des camps n'a rien eu à l'époque de libérateur. À Auschwitz, un million et demi de Juifs avaient été déportés de toute l'Europe, mais le 27 janvier 1945, quand les premiers soldats soviétiques sont entrés dans le camp d'Auschwitz, ils n'y ont trouvé, incrédules et terrifiés, que quelques milliers de malades et de mourants qui avaient, par miracle, échappé aux nazis.

Je n'y étais plus, car le 18 janvier 1945, comme quelques dizaines de milliers de déportés à Auschwitz-Birkenau encore vivants, nous avons été obligés de prendre la route dans ce qu'on a nommé par la suite les « marches de la mort ».

Après avoir marché pendant plusieurs jours dans le froid et la neige, nous avons été emmenés dans des wagons à ciel ouvert, vers l'Allemagne, vers des camps à l'Ouest — Dora, Mauthausen, Buchenwald, et pour ma part à Bergen-Belsen. Nous étions tellement affaiblis qu'un grand nombre d'entre nous sont morts en chemin, d'épuisement ou sous les dernières balles des SS ; mais notre cauchemar était loin d'être terminé ; il nous a fallu attendre encore plusieurs mois pour être libérés. Entre-temps, l'épuisement, la faim et le typhus, les exécutions sommaires ont tué un grand nombre de ceux qui avaient miraculeusement survécu jusque-là. Et chaque fois que je repense à ces moments, je me révolte encore sur les conditions dans lesquelles on a laissé mourir ceux qui par miracle étaient encore vivants.

Je me souviens de l'arrivée des soldats anglais à Bergen-Belsen. Bien sûr, nous étions heureux, mais que signifiait même ce mot ? La libération tant attendue, tant espérée, venait tellement tard : tant de souffrances, tant de morts autour de nous, ma mère, mon père, mon frère : nous qui nous étions tant battus pour survivre, nous avions le sentiment d'avoir perdu toute envie de vivre.

Puis, ce fut le retour : pour la plupart d'entre nous, nous n'avions plus de famille, plus de parents, plus de foyer. Je pense encore plus douloureusement, aujourd'hui, à tous ces rescapés des ghettos et des camps polonais arrivés en France ou dans d'autres pays d'Europe, dont la détresse était encore plus terrible.

Ce retour a été, je le répète, terrible : nous étions seuls, enfermés dans notre solitude, d'autant plus que ce que nous avions vécu, personne ne voulait le savoir. Ce que nous avions vu, personne ne voulait l'entendre. Ce que nous avions à raconter, personne ne voulait en partager le fardeau. Nous ne devions pas vivre : la suprématie nazie était tellement écrasante que nous avions intériorisé jusqu'à l'inéluctabilité de notre condamnation à mort. Nous, les rares rescapés, nous, les témoins, n'avions survécu que pour être rendus au silence. « Qu'ils vivent, soit, mais qu'ils se taisent », semblait nous dire le monde hors du camp.

Dans l'Europe libérée du nazisme, qui se souciait vraiment des survivants juifs d'Auschwitz ? Nous n'étions pas des résistants, nous n'étions pas des combattants, pourtant certains étaient de vrais héros, et pour l'Histoire qui commençait déjà à s'écrire, pour la mémoire blessée qui forgeait ses premiers mythes réparateurs, nous étions des témoins indésirables.

Même le procès de Nuremberg, dont nous venons de célébrer le soixantième anniversaire, n'avait pas pris en compte la dimension de la Shoah dans les crimes contre l'humanité qui, pour la première fois de l'histoire, étaient jugés. Il s'agissait de créer un nouveau concept pour juger les persécutions massives de civils, avec bien sûr les victimes juives, mais celles-ci n'étaient pas au cœur des débats.

Il a fallu attendre le procès d'Eichmann en 1961, pour que l'on commence à prendre en compte la spécificité des crimes commis par les nazis.

D'ailleurs, même les historiens ont mis très longtemps à prendre en compte nos témoignages, et chaque fois que j'y pense, j'éprouve le même sentiment de colère. Mais nous étions, pour eux, des victimes, et nos témoignages étaient donc subjectifs et partiaux. Pendant de longues années, la Shoah n'intéressait personne.

Heureusement, le lent et difficile travail de mémoire qui s'est accompli depuis l'a arrachée à l'indifférence, comme il nous a rendu notre place. Quel renversement ainsi aujourd'hui, où nous ne cessons d'être sollicités, où partout on nous demande de témoigner, parce que après nous, plus personne ne sera là pour rappeler ce que nous avons vu, ce que nous avons entendu, ce que nous avons vécu.

Lentement, Auschwitz est peu à peu devenu le symbole du mal absolu, la Shoah le critère d'inhumanité auquel se réfère aujourd'hui la conscience moderne, chaque fois qu'elle craint de s'égarer. Cela a pris du temps. La portée universelle du génocide juif a été retenue. Cette maturation était nécessaire : elle a bouleversé la réflexion sur la modernité, révolutionné la pensée politique jusque dans ses fondements, entraîné les progrès du droit international.

Toutefois, cette évolution des esprits est-elle suffisante pour constituer une réponse à la question posée : « Auschwitz, plus jamais ? » Je ne le pense pas et je voudrais donc essayer maintenant d'y répondre.

Comment empêcher qu'une catastrophe d'une telle ampleur ne puisse un jour se reproduire ? Comment oser même poser la question quand, à nos portes, le génocide des Tutsis a fait 900 000 morts en quelques mois ? Et pourtant, cette question, je me la suis posée. Elle m'a même sans doute guidée tout au long de ma vie, comme jeune magistrat, comme ministre, comme première présidente du Parlement européen, aujourd'hui comme membre du Conseil constitutionnel et, bien sûr, comme présidente de la Fondation pour la mémoire de la Shoah.

Je pense d'abord que la construction de l'Europe est l'une des réponses qui a été apportée et doit continuer à être apportée à la question que vous m'avez posée.

En effet, l'Europe s'est construite sur les ruines de la guerre. Avec le nazisme, nous le savons bien, c'est toute l'Europe qui avait sombré. L'idée même du rapprochement entre les Européens était fondée sur la conviction que nous ne nous relèverions qu'ensemble, en prenant appui les uns sur les autres. Il n'y avait là ni naïveté lénifiante, ni intention d'exonérer les États de leurs responsabilités. Ce n'était pas de pardon qu'il s'agissait, mais d'une réconciliation lucide et courageuse, aussi utopique qu'elle était réaliste, d'autant plus nécessaire qu'elle se savait surgir du plus profond désespoir. Il fallait briser l'engrenage : la réconciliation entre les peuples européens serait le pivot de la construction d'une Europe pacifiée. Il fallait faire un pari, et s'y tenir malgré les obstacles. Construire des ponts, tisser des liens, bâtir un cadre dans lequel les passions de haine seraient neutralisées. Prendre cela même qui nous séparait, cela même qui nous avait éprouvés, prendre cette mémoire blessée comme fondation de notre entreprise commune. L'amitié viendrait plus tard. Tel était le pari, lucide et acharné, de la construction européenne que, comme d'autres, j'envisageais.

On m'a souvent demandé comment moi, ancienne déportée à Auschwitz, j'avais pu m'investir dans le rapprochement franco-allemand, et « pardonner » aux Allemands. Non, je n'ai jamais pardonné les crimes des nazis. Comment le pourrais-je ? Qui peut pardonner à la place des victimes ? De toute façon, les assassins nazis n'ont jamais demandé pardon !!! Mais très vite, nous avons compris qu'on ne pourrait jamais punir tous ces assassins nazis et leurs complices pour ce qu'ils avaient fait. On n'allait pas mettre tous les anciens nazis, les anciens collabos, en prison. Et condamner à mort la poignée de hauts responsables, c'était si peu par rapport à l'extermination d'un peuple entier, hommes, femmes, vieillards, bébés.

Si je reconnais l'importance de l'action de ceux qui, comme Simon Wiesenthal ou en France Serge Klarsfeld, ont œuvré pour que justice soit rendue au nom de la non-prescription des « crimes commis contre l'humanité », personnellement, j'ai toujours opté pour une attitude pragmatique : travailler avec la nouvelle génération en place en Allemagne et en Europe, et construire ensemble des remparts, des institutions justes, à la fois solides et souples, capables de résister aux bourrasques de l'Histoire.

Mais le travail n'est pas achevé. Pour moi, l'Europe se doit d'être exemplairement démocratique, exemplairement respectueuse des droits de l'homme mais, en même temps, en rappelant à chacun ses devoirs.

Tirant les leçons des expériences totalitaires du passé, l'Europe se doit d'offrir à tous ses citoyens le plus de liberté possible dans un souci de coexistence solidaire et pacifiée, en multipliant les échanges économiques et culturels. Comme l'ont rappelé récemment les conditions posées à l'adhésion des nouveaux entrants, les droits des minorités nationales doivent être respectés, la liberté religieuse garantie, afin que toute menace de guerre civile et fratricide puisse être définitivement écartée.

Parce que la démocratie repose sur la confiance dans le peuple, sur la confiance dans les individus citoyens décidant ensemble de leur avenir commun, cette confiance doit être protégée par des valeurs propres à éclairer leurs décisions. Courage civique, tolérance, respect de l'autre, ces valeurs de l'Europe sont celles que l'histoire du nazisme a montré comme les plus nécessaires aux heures les plus sombres. Ce sont elles qui, dans les cœurs et les esprits, dans les gestes et les actes de quelques-uns, ont sauvé l'honneur quand des nations entières sombraient. Rappelons qu'ici même, à Amsterdam, au cœur des déportations des manifestations de solidarité, parfois sévèrement réprimées, ont eu lieu à plusieurs reprises. Rappelons que les Églises ont joué un grand rôle pour aider les Juifs. Que des organisations de résistance comme *Vrij Nederland* leur ont fourni des faux papiers et mis à leur disposition des lieux pour se cacher. Rappelons que les communes néerlandaise de Nieuwlande et française du Chambon-sur-Lignon sont les deux seules communes à s'être vu décerner la médaille des Justes, l'institut Yad Vashem ne la décernant habituellement qu'à des personnes nommément désignées.

C'est aussi une leçon de l'expérience du nazisme : les institutions doivent être les plus fiables possible et la démocratie doit être garantie contre les passions individuelles et collectives, grâce à toutes sortes de mécanismes de protection et de contre-pouvoir. Si ces verrous sautent, il n'y a que le courage personnel, le sens moral, la dignité des individus qui peuvent alors sauver les valeurs humanistes, nous empêcher d'être entraînés vers les idéologies de haine et les catastrophes qu'elles engendrent, jusqu'à ce que nous puissions reconstruire ces institutions démocratiques et solides.

Je voudrais à présent aborder, après la digue que constitue pour moi la construction d'une Europe solide et démocratique, ce qui, à mes yeux, constitue un second rempart : je veux parler du rôle de l'histoire, de l'éducation et de la transmission de la Shoah. Je n'aime pas trop l'expression « devoir de mémoire » : personnellement, je lui préfère la notion de « devoir d'histoire », « devoir de réflexion », ce qui passe évidemment par un « travail » de mémoire, d'histoire, et de réflexion.

L'Europe doit connaître et assumer tout son passé commun, ses zones d'ombre et de lumière ; chaque État membre doit connaître et assumer ses failles et ses fautes, être au clair avec son propre passé pour l'être aussi avec ses voisins. Pour tout peuple, ce travail de mémoire est exigeant, souvent difficile, parfois pénible. Mais il protège l'avenir des errements du passé, car c'est lui qui permet de reconstituer sur des bases saines l'unité nationale mise à mal par les trahisons antérieures ; c'est encore lui qui rend possible une réconciliation durable entre nations autrefois ennemies.

Sur ce terrain, l'ensemble des États européens n'ont pas avancé au même pas. En France comme aux Pays-Bas, le mythe de nations résistantes s'est d'abord construit, qui a longtemps masqué les responsabilités réelles dans la déportation des Juifs. La prise de conscience de ces responsabilités s'est faite peu à peu, avec le sentiment de culpabilité collective qu'elle a entraîné, et qui perdure jusqu'à aujourd'hui. Tous les problèmes ne sont pas résolus, mais nos deux pays peuvent aujourd'hui regarder en face ces pages sombres de leur histoire. Je crois qu'à l'échelle de l'Europe, un mouvement est en place afin que chaque nation, chaque peuple accomplisse avec courage et dignité ce nécessaire travail sur son propre passé, condition d'une coexistence pacifiée et durable. Les choses n'avancent pas au même rythme partout. La Shoah n'est pas encore suffisamment reconnue dans un certain nombre de pays d'Europe de l'Est : manipulé par les régimes communistes longtemps au pouvoir, le souvenir des souffrances infligées par l'occupant nazi aux peuples occupés a oblitéré le souvenir des souffrances infligées aux Juifs, avec parfois la complicité de ces peuples. Après la libération du joug communiste, d'autres souvenirs-écrans sont venus recouvrir le nécessaire travail d'histoire sur la Shoah : pour ces peuples soumis pendant presque un demi-siècle à la domination soviétique, les victimes du communisme ont effacé celles du nazisme. Mais ces réalités commencent à être reconnues et mes voyages dans les pays Baltes et dans les pays de l'Est m'ont montré que le chemin de la mémoire, si difficile et tortueux soit-il, commençait à être pris.

Soixante ans après la Seconde Guerre mondiale et la Shoah, les Européens peuvent regarder en arrière et avec fierté le chemin accompli pour se réconcilier. Mais il reste encore du chemin à parcourir. Je ne reviendrai pas ici sur la blessure qu'ont constituée pour moi les déchirements en ex-Yougoslavie, le rejet de l'autre et la haine qui ont ensanglanté encore une fois le cœur de notre continent, dans l'indifférence généralisée. Je ne reviendrai pas non plus sur les autres génocides, au Rwanda, ou la guerre fratricide au Cambodge, qui nous montrent bien que les pulsions destructrices des hommes ne se sont pas arrêtées avec Auschwitz et que des massacres à grande échelle peuvent toujours se reproduire.

Gardons-nous pourtant de penser que dans nos pays les occasions de haine et de conflit ont disparu. Je souhaite en effet m'interroger sur des événements récents, qui doivent aussi nous faire réfléchir. Comment ne pas être préoccupé par le « non » exprimé en France et aux Pays-Bas à l'occasion du référendum sur la Constitution européenne, par le climat d'intolérance qui, aux Pays-Bas, a précédé et a suivi l'assassinat de Theo Van Gogh ?

Là et ailleurs, la montée de l'intolérance ne cesse d'être inquiétante, précisément parce que l'image de la tolérance est indissociable de celle de votre pays. Aussi, pour beaucoup et y compris moi-même, une Hollande intolérante est inconcevable. Qu'un vice d'intégration puisse exister dans une société consensuelle comme peut l'être la société néerlandaise ne manque pas de nous étonner.

De même, l'explosion de violence qui a éclaté en France dans certaines banlieues, à l'automne dernier, montre combien nos sociétés sont encore loin d'avoir intégré l'ensemble de leurs membres.

La défaillance dans le processus d'intégration est doublement néfaste. Elle génère de la haine, du racisme et de l'antisémitisme, et elle alimente les préjugés récurrents dont l'extrême droite tire sa substance.

En France, comme ailleurs, il faut sans attendre s'employer à y remédier. Mais il faut aussi, parallèlement, redoubler de vigilance. Car c'est peut-être là, dans ces espaces sociaux à la dérive à force d'exclusion, que naissent sous nos yeux de nouvelles formes d'antisémitisme, alimentées par le conflit israélo-palestinien. L'antisémitisme commence dans le langage ordinaire, il commence dans le simple graffito, il commence dans la caricature ou la raillerie. Puis il se poursuit dans l'insulte et finit par l'agression. On ne peut laisser faire, et je le dis avec une certaine fierté, la France, le gouvernement français, le président de la République ont su réagir et condamner fermement les actes antisémites, qui sont d'ailleurs désormais en diminution.

Mais il n'en reste pas moins que dans certaines écoles, parler de la Shoah est parfois difficile, et nous avons vu des enseignants en France renoncer à traiter de ce sujet dans les quartiers dits sensibles, d'autant plus que s'y développe ce qu'on a appelé une « concurrence des victimes ».

Pour mieux comprendre ce phénomène, il faut rappeler que la Shoah a donné lieu à un processus de reconnaissance officielle des responsabilités de la France, par la voix de son président, Jacques Chirac, puis à une « réparation » symbolique, puisque les sommes spoliées ont été restituées sous la forme de deux fonds, l'un, le Comité d'indemnisation aux victimes de spoliation placé sous l'autorité du Premier ministre, l'autre, la Fondation pour la mémoire de la Shoah, que j'ai l'honneur de présider, où ont été rassemblés les fonds en déshérence dans les banques françaises.

C'est grâce à cela que nous avons pu financer le nouveau mémorial de la Shoah à Paris, qui est à la fois un musée, un centre d'enseignement, de documentation et d'archives très important, avec le mur des Noms où ont été gravés les 76 000 noms des Juifs déportés de France. Nous avons pu, d'autre part, financer déjà de très nombreux projets, en France et à l'étranger, 800 depuis la création de la Fondation en 2000, dans différents domaines liés à l'histoire de la Shoah, aux survivants et au judaïsme.

Ce processus de reconnaissance et de réparations liées à la Shoah sert aujourd'hui de référence pour d'autres revendications mémorielles : la reconnaissance des torts engendrés par l'esclavage, et ceux engendrés par la colonisation.

À cet égard, il me paraît, en effet, important que le colonialisme et l'esclavage, ces pages de nos histoires nationales, soient enseignés en tenant compte de ceux qui en ont été victimes, et en respectant les sensibilités qui ont longtemps dû taire leurs souffrances. En même temps, j'ai la conviction profonde qu'il ne faut pas encourager les jeunes générations vers des processus de victimisation qui affaiblissent, au lieu de donner la force d'affronter les difficultés et de les résoudre.

Je voudrais ajouter que si je suis tout à fait convaincue de l'importance d'enseigner ces pages d'Histoire, je suis indignée par l'instrumentalisation qui peut être faite de ces revendications mémorielles ; quand je vois que certaines revendications, pour renforcer leur légitimité, considèrent nécessaire de banaliser la Shoah, de la relativiser, de la déformer, voire de la nier, je suis vraiment inquiète : je me demande si notre société n'est pas en train de confondre tous les combats, toutes les causes avec les dérives qui en découleront.

Je sais qu'aux Pays-Bas, cette question ne se pose pas dans ces termes. Votre Centre d'études de l'Holocauste et du génocide en est un exemple puisqu'il conduit des recherches tant sur la Shoah que sur les autres génocides du XXe siècle. De même, vos travaux pour présenter la Shoah en liaison avec les autres génocides dans les manuels scolaires sont tout à fait intéressants, car ils prennent en compte de façon spécifique la diversité des génocides, en en montrant les points communs et les différences.

Pour ma part, je suis donc convaincue que la connaissance de l'histoire de la Shoah, des engrenages, et des contextes historiques et politiques qui y ont conduit, doivent rester au cœur des enseignements dans nos écoles et nos universités. Mais ils doivent aussi s'accompagner d'une réflexion car la connaissance de la Shoah n'immunise pas contre la répétition de telles atrocités.

La Shoah a eu lieu sur un fond d'antisémitisme dont les racines sont anciennes. Nous le voyons aujourd'hui, dans nos pays, il s'exprime à nouveau, et je ne parle pas ici de l'antisémitisme ouvertement proclamé par des dirigeants, représentants d'un islamisme radical, chefs d'État ou leaders de factions. Envers ceux-ci, seules comptent la fermeté des pays démocratiques et la réprobation claire de tels propos avec les conséquences politiques qui doivent suivre.

Dans nos pays, nous ne pouvons pas tolérer que l'antisémitisme, le racisme et la xénophobie continuent de se développer sur fond de crises économiques et sociales mais aussi face à une crise de valeurs, terreau de tous les dangers.

Mesdames, messieurs, nous connaissons aujourd'hui les méfaits engendrés par les idéologies qui ont semé la désolation au siècle passé. Il faut du courage, je le sais bien, pour renverser les affabulations sur lesquelles se construisent les idéologies de haine. Mais, prenons garde, elles se répandent d'autant plus facilement qu'elles se passent de la vérité, qu'elles opèrent des simplifications afin de s'adresser à tous.

Aujourd'hui, il convient de mettre à bas toutes ces idéologies qui sont nourries de la haine de l'autre. Les nouvelles générations sont aussi vulnérables que celles du passé ; nous les avions cru immunisées par les leçons de leurs aînés et les leçons de l'Histoire. En réalité, à chaque époque, de nouvelles sirènes endorment les consciences et attirent vers elles les esprits les plus désorientés et malheureux.

Je souhaite, pour conclure, m'adresser plus particulièrement aux jeunes générations, aux étudiants présents ce soir parmi vous et les appeler à la plus grande vigilance.

Nous sommes réunis, aujourd'hui, non seulement pour rappeler l'histoire de la Shoah, mais pour lutter contre l'intolérance, les discriminations, contre tous les racismes, pour l'honneur de l'humanité qui a tant souffert et qui a droit au bonheur. Nous sommes réunis pour rappeler quelques vérités élémentaires mais fondamentales et qui ne doivent jamais tolérer aucune compromission. Nous sommes venus ici rappeler que ce qui nous rassemble est plus fort que ce qui nous divise, pour choisir l'union des valeurs communes plutôt que l'affrontement des passions contraires. Nous sommes venus rappeler qu'un continent qui a été brisé, humilié, par une barbarie jamais égalée, peut se retrouver autour de quelques principes : la démocratie, le respect de l'autre, les droits fondamentaux de la personne humaine.

Construire un monde dans lequel un nouvel Auschwitz ne soit plus possible dépend de chacun d'entre nous. Cela passe par l'éducation, un travail de chacun sur soi, et par une attention permanente portée à l'autre. Quand nous reconnaissons en l'autre quelque chose qui nous est commun, cela s'appelle la fraternité. Cela s'appelle l'humanité. Il nous appartient de veiller à ce que nos gouvernements et nos institutions démocratiques en soient les garants.

Merci à tous ceux qui sont réunis aujourd'hui de nous donner ensemble l'occasion de le dire, le courage d'y croire, et la volonté de lutter.

Remise du prix Annetje Fels-Kupferschmidt,
Amsterdam, 26 janvier 2006

« Il n'y a pas de jour sans que nous, les anciens déportés, ne pensions à la Shoah »

Monsieur le secrétaire général,
Mesdames et Messieurs les ambassadeurs,
Mesdames et Messieurs,

Le temps n'y peut rien ; c'est toujours la même émotion qui m'étreint lorsque je suis amenée à prendre la parole pour parler de la Shoah. Comme tous mes camarades, je considère comme un devoir d'expliquer inlassablement aux jeunes générations, aux opinions publiques de nos pays et aux responsables politiques, comment sont morts 6 millions de femmes et d'hommes, dont un million et demi d'enfants, simplement parce qu'ils étaient nés juifs.

Je mesure aussi tout l'honneur que vous me faites de m'avoir invitée à m'exprimer en ce lieu symbolique. En effet, cette enceinte est née des ruines et des cendres de la Seconde Guerre mondiale. Il ne s'agit pas d'une image, mais bien d'une réalité : l'extermination de millions d'hommes, de femmes et d'enfants gazés et brûlés dans les fours crématoires des camps d'extermination nazis. Leurs cendres reposent aussi au fond de ces fosses des forêts et des champs d'Ukraine, de Pologne, de Lituanie, de Biélorussie et d'ailleurs, que les Juifs durent creuser de leurs propres mains, avant d'y tomber sous les balles des *Einsatzgruppen*, puis d'y être brûlés, toutes traces de ces crimes devant être effacées.

Je souhaite aussi remercier ceux qui ont réalisé l'exposition sur le sort et les souffrances des dizaines de milliers de Tsiganes raflés et parqués, eux aussi, avant d'être exterminés. Il a fallu longtemps pour qu'on reconnaisse qu'un grand nombre d'entre eux avaient été exterminés à Auschwitz. Ayant souvenir du 2 août 1944, où les

Tsiganes qui jusque-là avaient vécu en famille ont été tous gazés, j'ai eu l'occasion, des années plus tard, en 1980, étant présidente du Parlement européen, invitée par les autorités allemandes à me rendre à Bergen-Belsen, de m'étonner que rien n'ait été fait pour reconnaître ces événements tragiques et de souligner la nécessité de réparer cet oubli.

Il y a cinq ans, le Conseil de l'Europe a décidé d'organiser une « Journée européenne de la mémoire de l'Holocauste et de la prévention des crimes contre l'humanité ». C'est le 27 janvier, date de l'arrivée d'un détachement de soldats soviétiques dans le camp d'Auschwitz, qui a été retenue. Auparavant, les chambres à gaz avaient été détruites à l'explosif et la plupart des survivants avaient, dès le 18 et le 19 janvier, quitté les nombreux camps et kommandos implantés autour d'Auschwitz.

C'est ainsi que plus de 60 000 déportés, femmes et hommes, ont été contraints de marcher dans la neige pendant des dizaines de kilomètres, voire pour certains des centaines, sans pouvoir ralentir leur marche, sauf à être exécutés sur place. Les soldats de l'Armée rouge, eux, n'ont trouvé que des fantômes, quelques milliers de mourants, terrifiés, abandonnés faute de temps, et parce que les SS pensaient que la faim, la soif, le froid ou la maladie feraient leur œuvre rapidement. Quelques-uns avaient pris le risque de se cacher, dans l'espoir d'être libérés.

Le 1er novembre 2005, l'ONU a décidé à son tour de faire de cette date la « Journée internationale de commémoration en souvenir des victimes de l'Holocauste ». Par cette décision, qui concerne aujourd'hui le monde entier, les Nations unies sont demeurées fidèles à l'ensemble de leurs principes fondateurs, et en particulier, à la Convention sur les droits de l'homme, ainsi qu'à la résolution adoptée en décembre 1948 de prévenir, combattre et juger tout génocide. Les Nations unies ont aussi tenu à rappeler le caractère à la fois spécifique et universel de la Shoah, extermination planifiée, tendant à supprimer un peuple tout entier, le peuple juif, objectif très largement atteint, et d'avoir ainsi bafoué les fondements mêmes de notre humanité.

C'est pourquoi il me paraît hautement symbolique que, le 24 janvier 2005, la 28e session extraordinaire de l'Assemblée générale des Nations unies, commémorant le soixantième anniversaire de la libération des camps de concentration nazis, ait été présidée non par un Européen, mais par monsieur Jean Ping, ambassadeur du Gabon (que je tiens à remercier).

Monsieur le secrétaire général, mesdames et messieurs les ambassadeurs, il faut que vous sachiez que pour les anciens déportés que nous sommes, il n'y a pas de jour où nous ne pensions à la Shoah. Plus encore que les coups, les chiens qui nous harcelaient, l'épuisement, la faim, le froid et le sommeil, ce sont les humiliations de toutes sortes destinées à nous priver de toute dignité humaine qui, aujourd'hui encore, demeurent le pire dans nos mémoires. Nous n'avions plus de nom, mais seulement un numéro tatoué sur le bras, servant à nous identifier, et nous portions des haillons pour vêtements, les tenues de bagnard étant un privilège. Mais ce qui nous hante, c'est le souvenir de ceux dont nous avons été brutalement séparés dès notre arrivée au camp et dont nous avons appris, dans les heures qui suivaient, qu'ils avaient été directement conduits à la chambre à gaz. Les anciens du camp qui avaient vécu dans des ghettos, notamment en Pologne, où ils avaient souvent vu mourir tous leurs proches, se sont chargés de nous renseigner. Le camp d'Auschwitz n'était pourtant pas la seule de ces destinations. De nombreux convois venant de toute l'Europe ont été dirigés vers Sobibor, Maïdaneck ou Treblinka.

J'ai été déportée de France, avec ma mère et ma sœur, en mars 1944, à Auschwitz. Après trois jours terribles, où nous avons été entassés dans des wagons à bestiaux plombés, avec quelques miches de pain, sans eau, sans savoir quelle était notre destination, nous sommes arrivés à Auschwitz en pleine nuit. Tout était fait pour nous terrifier : les projecteurs aveuglants, les aboiements des chiens des SS, les tenues de bagnard des déportés chargés de nous pousser hors des wagons.

Aussitôt, nous avons été mis en rang, afin que le Dr Mangele, maître de la sélection, désigne par un simple geste ceux qui entreraient dans le camp et ceux qui étaient d'autorité dirigés vers les camions destinés à les conduire directement dans les chambres à gaz. Par miracle, nous sommes toutes les trois entrées dans le camp, où nous avons été affectées à des travaux de terrassement, le plus souvent totalement inutiles.

Puis, au printemps 1944, 450 000 Juifs sont arrivés de Hongrie en wagons à bestiaux ; presque aucun n'est entré dans le camp ; dès leur descente des wagons, ils ont été conduits vers les chambres à gaz. Pour nous qui savions, impuissants, ce qui les attendait, c'était une vision d'horreur : c'est l'événement le plus tragique que j'ai vécu au camp d'Auschwitz-Birkenau. J'ai encore en mémoire ces visages décomposés, ces femmes portant les jeunes enfants, ces foules ignorantes de leur destin, qui marchaient vers les chambres à gaz. Nous qui étions de l'autre côté des barbelés et qui pensions ne plus avoir de larmes, nous avons pleuré.

Après avoir eu la chance, quelques mois après, d'échapper à cet enfer pour travailler dans une usine toute proche d'Auschwitz, le 18 janvier 1945, alors que nous entendions les canons soviétiques et apercevions les lueurs du front, nous avons quitté le camp, forcés de marcher pendant plus de 70 kilomètres sous la menace des mitraillettes des SS. Ce furent les terribles « marches de la mort », où tant de nos camarades ont succombé. Après deux jours d'attente dans un immense camp, où des milliers de déportés venus de toute la région étaient regroupés, hommes et femmes mélangés, nous avons été entassés dans des wagons à ciel ouvert, traversant la Tchécoslovaquie, l'Autriche, puis l'Allemagne, avant d'arriver au camp de Bergen-Belsen, situé près de Hanovre. La moitié environ étaient morts de froid et de faim. À Bergen-Belsen, il n'y avait ni chambre à gaz, ni sélection, mais le typhus, le froid et la faim ont tué des dizaines de milliers de déportés en quelques mois.

Le 15 avril 1945, nous avons été libérés par l'armée britannique. Je revois encore la stupeur horrifiée des soldats qui, de leurs chars, découvraient les cadavres accumulés sur le bord de la route et les squelettes titubants que nous étions devenus. Nul cri de joie de notre part. Seulement le silence et les larmes. Je pensais à ma mère, qui était morte un mois plus tôt, d'épuisement et du typhus. Ma sœur et moi ne sommes rentrées en France qu'à la fin du mois de mai. Au cours de ces semaines, faute de soins et d'une alimentation appropriée, beaucoup d'entre nous sont morts. Sans doute les autorités britanniques et françaises souhaitaient-elles retarder notre retour, afin d'éviter qu'une épidémie de typhus ne se répande.

Que dire du retour ?

La guerre était finie depuis peu, mais la France était libérée depuis des mois. Il y a avait eu quelques procès contre ceux qui avaient collaboré avec les Allemands, mais la majorité des Français et le gouvernement voulaient oublier le passé. Nous étions complètement décalés parce que personne n'avait envie d'entendre ce que nous avions vécu. Même nos proches, quand quelques-uns avaient eu la chance d'en retrouver, ne supportaient pas d'apprendre ce que nous avions vécu. C'est donc entre nous, les anciens déportés, que nous parlions du camp. Il est vrai que nous n'avions pas conscience de l'horreur de nos récits.

La Shoah ne se résume pas à Auschwitz : elle a couvert de sang tout le continent européen. Processus de déshumanisation mené à son terme, elle inspire une réflexion inépuisable sur la conscience et la dignité des hommes, car le pire est toujours possible.

Je voudrais, à présent, aborder la question des autres génocides, perpétrés depuis cette époque, alors que nous avions fait le vœu, si souvent exprimé, du « plus jamais ça ». Après les massacres du Cambodge, il y a à peine trente ans, c'est l'Afrique qui actuellement paie le plus lourd tribut à la folie génocidaire. Au Rwanda, en 1994, des centaines de milliers de Tutsis et de Hutus modérés ont été assassinés en l'espace de quelques mois. Depuis 2003 au Darfour, des milices soutenues par les autorités soudanaises sèment la désolation, pillant, violant, provoquant un exode massif et laissant derrière elles des centaines de milliers de réfugiés chassés de chez eux, livrés à la violence et à la mort. Nous le savons. Mais comment intervenir ? Comment mettre fin à cette barbarie ?

Force est de constater, malgré toutes les déclarations, et les protestations et les pétitions des opinions publiques, l'impuissance de nos États, et même des Nations unies, à rétablir la paix. Pour moi qui préside depuis déjà quatre ans le Fonds des victimes de crimes contre l'humanité mis en place par la Cour pénale internationale, je m'interroge sur ce qu'il faudrait faire pour arrêter toutes ces violences. On sait que quelques ONG parviennent, en prenant de grands risques, à secourir ces femmes et ces hommes, c'est peu de chose par rapport à la souffrance et au désarroi des populations en cause. La complexité et les dangers de la situation sont réels. Il semble aussi que tant les soldats que l'argent manquent pour intervenir efficacement.

Je ne peux manquer d'évoquer les nouveaux négationnistes, qui nient la réalité de la Shoah, et appellent à la destruction d'Israël. Nous savons combien désormais le danger d'un Iran nucléaire est inquiétant et combien il est urgent que ce pays puisse revenir au sein de la communauté internationale, en se rangeant aux exigences des Nations unies et en respectant le traité de non-prolifération des armes nucléaires, dont il est signataire. La création d'un État palestinien aux côtés d'un État d'Israël, chacun vivant en paix dans ses frontières, au terme d'une négociation, devrait mettre fin aux campagnes menées contre l'existence d'Israël. Au sein des représentations de l'islam radical, les appels à la destruction d'Israël, terre ancestrale des Juifs depuis l'Antiquité, devenu refuge des survivants et rescapés de la Shoah, m'inquiètent profondément. En prétendant que la Shoah est un mensonge forgé par les Juifs pour justifier la création d'Israël, ces représentants ont ouvert une brèche, pour justifier leur volonté de détruire l'État d'Israël.

Ce négationnisme idéologique, dont les propagandistes ne sont pas dupes, leur permet de fonder leur combat tendant à mettre fin à l'État d'Israël. Mais ce qui m'inquiète c'est que ce nouveau négationnisme trouve un véritable écho auprès d'esprits ignorants et fanatisés, plus particulièrement parmi les jeunes, notamment grâce aux nouvelles technologies de communication. Ce qui s'est passé lors de la conférence des Nations unies à Durban en 2001 en est l'illustration : destinée à traiter des différentes formes du racisme, elle s'est transformée en un forum de haine à l'égard des Juifs, accompagnée d'un déchaînement à l'encontre d'Israël, mais aussi des États-Unis et de l'Occident dans son ensemble.

La question de la mémoire de la Shoah, celle de la sécurité des Juifs dans le monde et celle de l'existence de l'État d'Israël, se posent aujourd'hui.

La communauté internationale, comme nos États, doivent assumer leurs responsabilités. Ils doivent aussi les prendre face aux autres génocides, qui doivent être identifiés et dont les victimes doivent être entendues. Ceux qui ont commis ou commettent des crimes de masse doivent être jugés et sanctionnés. Je sais, monsieur le secrétaire général, combien ces situations vous tiennent à cœur. Je sais que vous vous êtes fermement engagé à trouver des solutions pour que les résolutions et les principes des Nations unies soient enfin respectés, sur le terrain de tous les conflits.

Au-delà des États et des institutions, il reste la part de responsabilité qui incombe à chacun. Et c'est sur ce point que je voudrais conclure. Le 18 janvier dernier, sur la proposition de la Fondation pour la mémoire de la Shoah, le président de la République française, Jacques Chirac, a rendu hommage aux Justes de France. Les Justes, ce sont ces milliers d'hommes et de femmes non juifs, reconnus par l'institut Yad Vashem de Jérusalem, et qui, pendant la Seconde Guerre mondiale, ont sauvé des Juifs de la déportation. En France, 76 000 Juifs ont été déportés, mais les trois quarts des Juifs de France ont été sauvés. Ils le doivent à ces milliers de Français qui les ont aidés et qui ont incarné le courage, la générosité, la solidarité.

Si j'évoque les Justes, c'est parce que je suis convaincue qu'il y aura toujours des hommes et des femmes, de toutes origines et dans tous les pays, capables du meilleur. À l'exemple des Justes, je veux croire que la force morale et la conscience individuelle peuvent l'emporter.

En conclusion, je forme les vœux les plus ardents pour que cette journée, choisie à l'initiative des Nations unies, inspire à tous les dirigeants, à tous les hommes et femmes de par le monde, le respect de l'autre, le rejet de la violence, de l'antisémitisme, du racisme et de la haine.

Je souhaite solennellement vous redire que la Shoah est « notre » mémoire et « votre » héritage.

ONU, 29 janvier 2007

« L'analyse de la différence me semble essentielle pour préserver la mémoire de la Shoah »

Madame le ministre,
Madame le maire,
Monsieur le président,
Monsieur le professeur,
Mesdames, Messieurs,

Je ne vous cache pas ma surprise puis ma joie lorsque j'ai appris que le Conseil du Centro Culturale Primo Levi avait décidé de me remettre le prix international Primo Levi au titre de ma contribution à la paix et à la justice pour un monde libre de tout préjudice, de toute intolérance et de tout racisme.

C'est donc un honneur pour moi d'être parmi vous ce soir, au Palais ducal qui fut le siège du gouvernement pendant des siècles et qui est maintenant le plus grand centre culturel d'Italie, et de recevoir cette prestigieuse distinction qu'Elie Wiesel, Willy Brandt, Jørgen Holst, Shimon Peres, Andrea Riccardi et bien d'autres encore ont reçue avant moi.

Je n'ai jamais rencontré Primo Levi, bien que nos chemins auraient pu se croiser. Primo Levi, Italien d'origine juive, est issu d'une famille de la moyenne bourgeoisie, peu pratiquante, et semble être lui-même peu croyant. Élève brillant, il commence des études de chimie juste avant la promulgation en 1938 des lois raciales interdisant aux Juifs de s'inscrire dans les écoles publiques.

Il est important de rappeler que l'Italie avait proclamé en 1870 l'égalité des droits pour tous les citoyens, quelle que soit leur religion, et aboli ainsi le ghetto pontifical de Rome. En 1930, la communauté juive est totalement assimilée dans la société italienne et compte environ 48 000 personnes. Pourtant, au début du conflit ils ne sont plus que 35 000, beaucoup de Juifs ayant quitté l'Italie ou s'étant convertis au catholicisme. L'occupation allemande de l'Italie durant la guerre entraîne la déportation de 9 000 Juifs — il n'y aura que très peu de survivants, parmi lesquels Primo Levi. Je crois utile de rappeler qu'en France 76 000 Juifs ont été déportés et que seuls 2 500 sont rentrés.

Je tiens à évoquer l'attitude de la population italienne qui a sauvé nombre de Juifs en les cachant. Les autorités italiennes, quant à elles, n'ont pas participé à la « solution finale », en refusant de donner les Juifs aux polices allemande, française ou croate ; la zone d'occupation en France, notamment à Nice où je vivais avec mes parents, mon frère et une de mes sœurs jusqu'à notre arrestation, a ainsi servi de refuge à de nombreux Juifs de France jusqu'en septembre 1943, date à laquelle la zone est passée sous l'autorité allemande, ainsi que le nord de l'Italie.

Rome et sa communauté de 8 000 Juifs connaissent alors une rafle sans précédent le 16 octobre 1943 ; 2 000 Juifs sont arrêtés et déportés à Auschwitz.

En septembre 1943, Primo Levi quitte Milan où il travaillait comme chimiste dans une entreprise suisse. Il retourne à Turin où se trouve sa famille et rejoint en octobre 1943 le mouvement partisan qui est infiltré par un agent fasciste. Primo Levi est arrêté et transféré dans le camp d'internement de Fossoli, d'où il est déporté en février 1944 à Auschwitz.

J'ai moi-même été arrêtée avec ma mère, ma sœur aînée et mon frère à Nice le 30 mars 1944 ; le 7 avril, nous avons rejoint le camp de Drancy en train. Le 13 avril, ma mère, ma sœur et moi avons été déportées à Auschwitz ; le voyage en wagons, où nous étions entassés sans possibilité de s'asseoir, a duré 2 jours et demi. À la descente du train, les déportés en tenues de bagnard disaient à celles et ceux qui avaient une quinzaine d'années de se vieillir d'un an ou deux afin de ne pas être, dès leur arrivée, sélectionnés pour la chambre à gaz. En effet, tous ceux âgés de moins de 15 ans ou de plus d'une quarantaine d'années étaient envoyés directement à la chambre à gaz pour être exterminés. Je garde notamment en mémoire l'arrivée durant l'été 1944 de quelque 400 000 Hongrois déportés, pour lesquels les voies de chemin de fer avaient été prolongées jusqu'à l'intérieur du camp, et qui furent presque tous directement exterminés dans les chambres à gaz.

Le fait d'avoir été déportée m'a tellement marquée que je peux dire, même si cela peut paraître absurde, que c'est ce qui est le plus présent dans ma vie. Même lorsque je souhaite m'en échapper, il y a toujours quelque chose qui vient me le rappeler : une impression personnelle, un propos ou un événement, une odeur. Les références à Auschwitz sont d'ailleurs devenues presque banales, elles vous replongent dans le passé même si elles ne sont pas toujours appropriées. Pour les anciens déportés le passé reste présent, il nous ligote, nous persécute, imprègne nos pensées et nos nuits.

La transmission de la mémoire est essentielle pour nous, anciens déportés. Il doit s'agir de la plus complète et de la plus proche de la vérité, en refusant le négationnisme ou la banalisation de cette tragédie. Le risque de banalisation est bien réel et les exemples sont nombreux : qu'il s'agisse de la comparaison d'Auschwitz avec Hiroshima ou le bombardement de Dresde, de l'utilisation du terme de génocide pour les massacres de Sabra et de Chatila, et plus récemment de la purification ethnique dans les pays de l'ex-Yougoslavie, en République démocratique du Congo ou encore au Rwanda. Je n'accepte pas l'amalgame qui est fait entre purification ethnique et extermination des Juifs. Quelle que soit la barbarie de ces faits, ils sont différents tant en ce qui concerne leur contexte politique que leur réalité concrète. L'analyse de la différence me semble essentielle pour préserver la mémoire de la Shoah, dont la spécificité est historiquement reconnue. Sans analyse historique et idéologique, on banalise l'événement et l'on se prive de moyens de prévenir et de combattre d'éventuelles catastrophes. Ce fut également le combat de Primo Levi durant toute sa vie. Il a lutté auprès du public et surtout de la jeunesse contre toute tentative de banalisation et de révisionnisme, refusant les amalgames entre goulag soviétique et « Lager nazi », personne n'étant censé survivre au camp, dont le taux de mortalité à Auschwitz était de 90 %, alors qu'il était de 30 % dans un goulag. Pour les nazis, le seul fait d'être né Juif était un crime et justifiait ainsi l'élimination totale de cette population, y compris les bébés et les enfants.

On oublie trop souvent que les Tsiganes ont connu un sort équivalent à celui des Juifs. Notamment au cours de cette tragique nuit de l'été 1944 où tous ceux qui vivaient en famille dans le camp de Birkenau ont été conduits à la chambre à gaz.

Lorsque je parle de la mémoire à transmettre, il ne s'agit pas du souvenir des souffrances et des humiliations que nous avons subies. Le souvenir des souffrances personnelles s'estompe progressivement et dans d'autres circonstances, certains, peut-être, ont vécu pire. Il s'agit bien davantage du sort de tous ceux que nous aimions, nos familles, nos amis, disparus à Auschwitz ou ailleurs, et dont nous ignorons encore parfois quel fut leur destin. Nous pensons aussi à tous ceux que nous avons connus et qui sont morts épuisés par la maladie, la faim, les coups, les mauvais traitements, etc. Nous avons vis-à-vis d'eux un devoir de mémoire. En Italie, où le nombre de Juifs déportés est moindre comparé à la France, il n'est pas fait allusion aux enfants et aux personnes âgées.

Ce que nous voulons, c'est le souvenir de cette volonté d'exterminer un groupe de population, la méthode systématique et scientifique utilisée par les nazis qui dépasse l'imaginable et impose de ne pas l'oublier. C'est ainsi que Primo Levi a ressenti dès 1946 le besoin d'écrire un premier jet de *Si c'est un homme*. Manuscrit qu'il reprendra au cours des mois suivants mais avec un regard de scientifique, délaissant l'affectif pour l'analyse et la description. Son manuscrit est publié en 1947. Comme tous les survivants, Primo Levi n'accepte pas la volonté d'oubli de la Shoah de la part de ceux qui l'ont vécue tout comme de la part de ceux l'ont perpétrée.

Claude Lanzmann a raison : le phénomène exceptionnel et spécifique, unique et monstrueux, c'est la SHOAH, l'extermination de millions de personnes, sans exception, et non la déportation. Cette proximité permanente avec la mort programmée a donné à la déportation un caractère particulièrement inhumain et absurde. Certains camps avaient été conçus uniquement pour exterminer les Juifs.

Nous qui avons vu se succéder les longs convois sur la rampe du camp de Birkenau, nous qui pouvions apercevoir ceux qui descendaient des wagons pénétrer directement dans les chambres à gaz, nous savions que dans, certains cas, des trains entiers, venus de tous les pays occupés par les Allemands, conduisaient directement les déportés à la chambre à gaz, nous nous sommes alors promis les uns aux autres que si par hasard quelques-uns d'entre nous survivaient, ils raconteraient ce qu'ils avaient vu. Primo Levi n'a eu de cesse, toute sa vie durant, de témoigner et de raconter l'indicible.

Nous avons quitté Auschwitz le 18 janvier 1945, quelques jours avant l'arrivée des Russes, et avons marché dans la neige et le froid jusqu'à Gleiwitz, à 70 kilomètres de Birkenau — les « marches de la mort », car nombre d'entre nous sont morts en route. Après quelques jours à Gleiwitz, nous sommes partis dans des wagons découverts, par un froid glacial, jusqu'à Bergen-Belsen, où ma mère est morte du typhus quelques semaines avant la libération du camp.

Primo Levi n'évoque pas sa famille et ne semble pas soucieux, ce qui permet de penser qu'il n'avait pas d'inquiétude. Au demeurant, je n'ai pas souvenir d'avoir rencontré des femmes italiennes à Auschwitz, à l'inverse des nombreuses Hongroises et Grecques venant de Salonique qui furent déportées.

Il arrive au camp d'Auschwitz en février 1944, et l'espérance de vie de ceux ayant échappé à la chambre à gaz à leur arrivée y est alors de trois mois. Sur les 650 Juifs italiens déportés, seuls vingt rentreront en Italie.

Primo Levi se retrouve dans le camp de Monowitz, qui fournit la main-d'œuvre au chantier en construction d'une usine de caoutchouc appartenant à IG Farben. Tout comme moi-même, Primo a conscience que sa déportation tardive à Auschwitz lui a sauvé la vie. Il doit sa survie également à sa formation scientifique, grâce à laquelle il obtient un poste d'assistant dans le laboratoire de l'usine et reçoit ainsi une ration de soupe supplémentaire.

À l'inverse de nous, Primo Levi, atteint d'une scarlatine, ne partira pas pour les « marches de la mort » et il est libéré le 27 janvier 1945 par l'Armée rouge. Il regagne Turin au mois d'octobre après avoir passé plusieurs mois dans un camp soviétique pour anciens prisonniers des camps.

La déportation de Primo Levi à Auschwitz deviendra le thème principal de son œuvre. Il fait parti de ceux qui, dès leur retour, n'ont eu de cesse de raconter leur vécu, l'horreur de cette barbarie. Survivre et témoigner sont inextricablement liés. Toute sa vie, Primo Levi a témoigné, que ce soit sous forme d'écrits ou de conférences, et il s'est rendu dans de nombreuses écoles ; il est devenu une figure symbolique de victime juive du fascisme italien mais aussi de la lutte contre le fascisme.

Quant à moi, dès mon retour de déportation, j'ai milité en faveur de la réconciliation, sous la condition que l'Allemagne devienne une démocratie. J'étais convaincue que seule la voie de la réconciliation, de la mémoire, mais pas de la revanche, permettrait d'éviter un nouveau conflit. Aujourd'hui encore je demeure toujours étonnée du miracle qu'a représenté la paix instaurée en Europe.

Je crois que l'on peut considérer, après plus de soixante ans, que sa construction est un succès, même s'il n'est pas toujours facile de mettre en place les nouvelles lois et d'harmoniser les législations en vigueur dans les pays membres. L'Europe s'est progressivement agrandie ; elle compte aujourd'hui vingt-sept pays membres.

La volonté de paix qui a animé ses fondateurs a été une valeur d'espoir pour les rescapés de la Shoah. Plus que les autres, nombre d'entre eux avaient perdu une grande partie de leur famille. Ainsi, après les atrocités subies par les Juifs de toute l'Europe, beaucoup ne souhaitaient pas retourner dans leur pays d'origine.

Aucun de nous n'aurait pu penser et croire qu'une paix durable et stable était possible avec l'Allemagne au lendemain de la guerre. Tout le monde avait dans l'esprit les trois conflits sanglants que l'Europe, et plus particulièrement la France, avait connus avec l'Allemagne depuis 1870.

L'Europe est devenue un exemple de stabilité, de démocratie et de respect des droits de l'homme. Toute ma vie j'ai tenté de lutter en faveur de la défense et de l'égalité des droits de l'homme, et notamment contre les discriminations à l'encontre des femmes.

Pour ma part, je n'avais jamais imaginé faire de la politique, j'étais très intéressée par mon activité au ministère de la Justice, étant étroitement associée aux grandes réformes des années 1970 sur le droit de la famille, qui ont été particulièrement importantes pour les femmes. La France avait alors beaucoup de retard à rattraper en ce domaine, le Code Napoléon, encore en vigueur, ne reconnaissait aucun droit à la femme mariée, même pas celui d'ouvrir un compte en banque, ni de gérer sa propre fortune.

Lorsque je suis devenue ministre de la Santé en 1974 et que j'ai fait voter la loi sur l'IVG, j'ai beaucoup travaillé avec les diverses associations féminines impliquées depuis longtemps dans ce combat. Le débat a duré plusieurs jours et la loi a été votée dans des conditions très difficiles, certains parlementaires étant particulièrement agressifs et grossiers.

Un an plus tard, mes fonctions ayant été étendues à la Sécurité sociale, j'ai cherché à éliminer les discriminations qui subsistaient vis-à-vis des femmes. Ainsi, j'avais observé que lorsque les parents étaient tous les deux fonctionnaires, la mère ne pouvait obtenir que les enfants soient pris en charge par sa propre Sécurité sociale. Comme la plupart des mères, je payais le médecin et les médicaments et c'était toujours mon mari qui était remboursé.

Lorsque j'ai été portée en 1979 à la présidence du premier Parlement européen élu au suffrage universel, le bureau était alors essentiellement constitué d'hommes. Quand j'ai proposé de mettre en place une commission des droits de la femme, je me suis heurtée à de fortes résistances, mais je suis arrivée à l'obtenir. Aujourd'hui l'Europe a permis aux femmes de faire de grandes avancées et il faut continuer à l'utiliser. Chaque avancée, même mineure, est importante.

Madame le ministre, Madame le maire, Monsieur le président, Monsieur le professeur, Mesdames, Messieurs, je vous remercie de m'avoir décerné ce prix et de me recevoir dans votre superbe ville, qui connut les fastes, la gloire, et qui aujourd'hui, grâce à son port, est devenu un centre de commerce, de tourisme, d'art et d'architecture où se rencontrent de nombreuses cultures.

Prix international Primo Levi, Gènes, 6 juin 2010

« Évoquer la mémoire des 76 000 Juifs déportés de France dont 2 500 seulement sont rentrés »

Monsieur le ministre,
Monsieur le maire,
Mesdames et Messieurs,
Chers amis,

C'est toujours le cœur serré par l'émotion que je prends la parole en ce lieu. Comme chaque année, nous sommes réunis ici, sur les lieux mêmes de la rafle du Vél' d'Hiv, pour rappeler la mémoire des 13 000 hommes, femmes et enfants qui ont été parqués dans le Vél' d'Hiv pendant plusieurs jours, avant d'être envoyés à Auschwitz. La plupart y ont été gazés dès leur arrivée et, parmi ceux qui sont entrés dans le camp, très peu ont survécu.

Cette commémoration est aussi l'occasion d'évoquer la mémoire des 76 000 Juifs déportés de France, dont 2 500 seulement sont rentrés. Les années ont passé depuis notre retour et beaucoup d'entre nous ont aujourd'hui disparu. Nous ne sommes plus guère, aujourd'hui, que quelques centaines à pouvoir encore témoigner. Chaque année, nous sommes de moins en moins nombreux.

Le film de Rose Bosch, *La Rafle du Vél' d'Hiv*, sorti cet hiver au cinéma, retrace cette tragédie et a sans nul doute contribué à consacrer cette page de notre histoire, que les témoins que nous sommes évoquons depuis des années. Comment oublierait-on cette date où, pour la première fois à Paris, non seulement des adultes, mais également des enfants, ont été arrêtés puis déportés. Ce fut la première grande rafle qui eut lieu dans la France occupée. Ceux d'entre nous qui, comme moi, vivaient en zone libre n'ont pas su ce qui s'était passé.

Dès l'aube du 16 juillet, les autobus étaient en place en plein cœur de Paris, dans des quartiers bouclés par la police parisienne qui commençait sa sinistre besogne. Il s'agissait, en effet, de surprendre les familles en plein sommeil, afin de les trouver chez eux avant qu'ils ne partent au travail, quand ils avaient la possibilité de travailler en dépit des persécutions, avant aussi que les enfants ne sortent, car la plupart des enfants, même avec l'étoile jaune, sortaient dans la rue. À peine leur a-t-on laissé le temps de s'habiller ! Les mères ont habillé les plus jeunes et rassemblé quelques vêtements, comme elles ont pu. Harcelés par les vociférations des policiers et des gendarmes, parents et enfants ont été poussés hors de chez eux, entassés dans les autobus, sous les regards quelques fois apitoyés, quelques fois presque narquois, voire satisfaits de leurs voisins. Ceux qui n'avaient pas de jeunes enfants ont été directement emmenés à Drancy. Les autres, 7 500 environ, dont 4 000 enfants de moins de 13 ans, ont été conduits au Vél' d'Hiv. L'ancien vélodrome d'Hiver, qui avait été un lieu populaire par excellence, un lieu d'exploits sportifs et de gaieté, est ainsi devenu en quelques heures un lieu de souffrance et de désespoir, un lieu de mort aussi, puisque certains y ont perdu la vie, en raison des brutalités subies, tandis que d'autres se sont suicidés.

Après la guerre, le Vél' d'Hiv a été détruit, mais il demeure gravé dans l'Histoire, de façon symbolique, comme les ghettos de Pologne, de Hongrie et d'ailleurs, comme les charniers de Babi Yar et de Kiev et, hélas, bien d'autres lieux encore où les Juifs furent rassemblés avant d'être exterminés.

Ici, pendant cinq jours, cinq longues journées, ils sont restés entassés sur les gradins ou à même le sol, dans des conditions innommables. Pour prendre soin des malades et des vieillards, il n'y avait que trois médecins, deux Juifs et un bénévole de la Croix-Rouge, ainsi que quelques infirmières et pompiers de Paris. Personne n'oubliera l'attitude et le dévouement de ces personnes courageuses qui ont pris de grands risques pour sauver des enfants. Je pense notamment à Henri Pierret, capitaine des pompiers de Paris qui, contre l'avis des policiers, a fait ouvrir les vannes des lances à incendie. Ils n'étaient que six pompiers pour soulager avec leur humanité, et avec les moyens du bord, la détresse des hommes, des femmes et des enfants parqués. Ils ont ensuite fait passer aux proches des Juifs raflés des messages pour les informer et leur recommander de fuir la police et les Allemands. On n'oubliera pas ces personnes qui, au péril de leur vie, ont sauvé des Juifs. Nombre d'entre eux ont été honorés par Yad Vashem du titre de « Juste parmi les Nations ».

Dans le vélodrome, il faisait très chaud. Les enfants, et surtout les bébés, pleuraient ou criaient. Quelques bénévoles distribuaient une maigre soupe, qui ne suffisait pas à assouvir la faim. Faire sa toilette, il n'en était pas question. On peut imaginer l'odeur nauséabonde, faute d'équipement sanitaire. Après cinq jours, tous furent transférés dans les camps de Beaune-la-Rolande et de Pithiviers.

À cette date déjà, un premier convoi de ceux qui avaient été directement emmenés à Drancy était parti pour Auschwitz. Jusqu'à la fin du mois de juillet, des convois de plus de 1 000 femmes, enfants et adolescents ont tous les deux jours quitté Drancy. La plupart d'entre eux étaient gazés dès leur arrivée. En 1945, de ces milliers d'hommes et de femmes, à peine une trentaine avaient survécu, pour la plupart des hommes.

Faute d'instructions précises concernant le sort des enfants, et dans l'attente d'une décision de Berlin, les autorités françaises décidèrent de séparer les enfants des adultes dans les camps de Beaune et de Pithiviers. Je ne m'attarderai pas à décrire les scènes déchirantes et bouleversantes auxquelles donnèrent lieu ces séparations, sinon pour rappeler que ces 4 000 enfants furent, à leur tour, déportés à Auschwitz. Répartis dans plusieurs convois, ils ont été directement conduits à la chambre à gaz. Imaginez ces enfants, âgés de 3 à 4 ans et même certains plus jeunes encore, qui ont voyagé, entassés pendant trois jours dans ces wagons, avec la chaleur, la soif, la faim, les cris et les pleurs. À l'arrivée c'est tout seuls, ou donnant la main à un aîné ou à un adulte, qui en avait pris soin pendant ce long et terrible voyage, qu'ils sont entrés dans les chambres à gaz.

Tout cela, vous le savez, mais il est important chaque année de le rappeler, ainsi que les conditions dans lesquelles cette commémoration est devenue pour nous tous un devoir de mémoire. Aujourd'hui, nous sommes là, assez nombreux pour que l'on n'oublie pas, et chaque année, nous nous retrouvons.

Le film de Rose Bosch, *La Rafle du Vél' d'Hiv*, a touché un très large public, bien au-delà de tous ceux qui avaient été concernés par cette tragédie. Ce film est venu à point nommé. Nous ne pouvons en effet méconnaître que le négationnisme n'a pas baissé les bras. Aujourd'hui encore, certains prétendent que les chambres à gaz n'ont pas existé, que l'extermination des Juifs est une fable. Je reçois de temps à autre des courriers inquiétants — heureusement peu nombreux —, dont les auteurs n'hésitent pas à affirmer que ce sont les Juifs qui, de leur propre choix, ont décidé en janvier 1945 de suivre les SS plutôt que de rester dans les camps et d'attendre leur libération par les troupes soviétiques. En fait, nous n'avons pas eu le choix et, en l'espace de quelques heures, nous avons été contraints de quitter Auschwitz lorsque les SS ont décidé d'évacuer les camps. Ils nous ont obligés à marcher jusqu'à Gleiwitz, à 70 kilomètres de là. Beaucoup sont morts en route, de froid, de fatigue. Nous étions très peu de femmes.

Devant les propos négationnistes qui perdurent, nous devons être très vigilants et faire en sorte que ces attitudes ne trouvent aucun écho auprès du public, auprès des jeunes générations. Ce sera pour moi l'essentiel, le mot de la fin.

Monsieur le ministre, je tiens à vous remercier d'être parmi nous aujourd'hui et je remercie également tous ceux présents à cette commémoration.

Commémoration de la rafle du Vél' d'Hiv,
18 juillet 2010

« Il n'y a pas de réconciliation possible sans une pleine acceptation du passé »

Madame la ministre d'État,

Chère Rita Süssmuth,

Monsieur le président du Conseil central des Sinti et Roma allemands,

Cher Monsieur Lautenschläger,

Mesdames et Messieurs les membres du jury,

Mesdames et Messieurs,

C'est pour moi un très grand honneur de recevoir aujourd'hui le Prix européen des Droits civiques des Sinti et Roma consacrant ma contribution à la reconnaissance et à la mémoire de toutes les victimes du nazisme. Je tiens à exprimer ma profonde gratitude aux membres du jury qui m'ont attribué ce prix, par lequel ils tentent de faire progresser l'égalité des chances pour les minorités Sinti et Roma dans leurs pays d'Europe respectifs.

Mon émotion est d'autant plus vive que cette cérémonie a lieu ici, à Berlin, capitale de l'Allemagne unifiée. Berlin est, à elle seule, une ville symbole : après avoir été la capitale du Reich nazi, puis le symbole de l'Europe divisée pendant près d'un demi-siècle, ainsi qu'une ville coupée en deux pendant trente ans, elle est désormais un symbole de démocratie et de réconciliation.

Dès mon retour d'Auschwitz et de Bergen-Belsen, en 1945, j'ai milité en faveur de cette réconciliation, dès lors que l'Allemagne nouvelle avait épousé les voies de la démocratie. Je l'ai toujours dit, il n'y a pas de réconciliation possible sans une pleine acceptation du passé. Si l'Allemagne a été exemplaire dans la reconnaissance de ses responsabilités, le chemin parcouru a été long et il a fallu attendre 1982 pour que le chancelier Helmut Schmidt reconnaisse la responsabilité de l'Allemagne dans les crimes perpétrés contre les Tsiganes.

De nos jours, les Roms souffrent encore de profondes discriminations, que ce soit en termes d'accès à l'éducation, à l'emploi, aux services de santé, au logement, bref en termes d'intégration sociale. Par ailleurs, en ces temps de crise, cette minorité se révèle être une cible facile et un bouc émissaire idéal.

Aujourd'hui, vous avez souhaité évoquer mon action pionnière lorsque, en 1979, élue présidente du Parlement européen, j'ai répondu à l'invitation de votre oncle, et me suis rendue à Bergen-Belsen pour témoigner du sort qui, tout comme aux Juifs, avait été réservé aux Tsiganes dans les camps nazis.

Déportée à Auschwitz à l'âge de 16 ans, avec ma mère et l'une de mes sœurs, nous avons d'abord passé plusieurs mois dans le « camp des femmes » de Birkenau, avant d'être transférées à Bobrek, où les conditions de travail étaient moins rudes. À Birkenau, nous étions voisines des Tsiganes déportés. Pardonnez-moi si j'emploie le terme de Tsiganes, c'est celui auquel je suis le plus habituée. C'est celui que l'on employait à Birkenau quand on désignait « le camp des Tsiganes », cette partie du camp qui accueillait des familles entières. Nombre de Tsiganes, tout comme les Juifs, mouraient du typhus, de la variole ou de la dysenterie. Pourtant, oserais-je le dire, à l'époque, nous avons presque envié le sort des Tsiganes, parce qu'ils étaient restés longtemps en familles, alors que les déportés juifs étaient pour la plupart directement envoyés dans les chambres à gaz. C'est au mois de mai 1944 que les SS décidèrent de liquider ce camp. Il y eut des affrontements sanglants, les Tsiganes, qui savaient le sort qu'on leur réservait, se révoltèrent. Ils réussirent à trouver des barres de fer et à se battre, au point que les SS durent différer le projet de liquidation de leur camp. C'est à ma connaissance une des seules révoltes avec celle des *Sonderkommandos* qui eurent lieu à Birkenau. La réaction ne se fit pas attendre : le camp des Tsiganes fut partiellement évacué, et ceux qui restaient — environ 3 000 personnes — furent immédiatement gazés, hommes, femmes, enfants, vieillards. Plus généralement, on estime en Europe que plusieurs dizaines de milliers de Tsiganes furent exterminés par les nazis et leurs complices. Quant aux Juifs, on estime que les deux tiers de la population juive européenne, soit entre 5 et 6 millions, furent victimes du nazisme.

On a souvent établi des parallèles entre la communauté juive et les communautés Sinti et Roma. Ne serait-ce que par ce destin de stigmatisation, de mise au ban de la société, depuis des millénaires, jusqu'à l'idéologie nazie distinguant la race aryenne de toutes les autres races dites « inférieures », dont faisaient partie les Juifs et les Tsiganes. Les nazis cherchèrent à mettre à l'écart ceux qu'ils considéraient comme inférieurs, dans des camps d'internement, dans des ghettos — les Tsiganes avaient des zones réservées dans certains ghettos, comme celui de Lodz —, avant de les exterminer dans des camions à gaz ou dans les camps d'extermination de Birkenau, Bełżec, Chelmno, Sobibor, Treblinka. On sait aussi que les *Einsatzgruppen*, qui massacraient les Juifs à l'Est et dans les pays Baltes, assassinèrent des dizaines de milliers de Tsiganes dans ces mêmes territoires. On peut citer le massacre de Babi Yar, sans oublier les stérilisations forcées des femmes tsiganes ainsi que des expérimentations médicales particulièrement abominables.

Même après la guerre, la discrimination était toujours présente en Allemagne, au moins de manière sous-jacente, et il a fallu attendre 1982 pour que le chancelier Helmut Schmidt reconnaisse la légitimité des revendications tsiganes. Au demeurant, une grande partie de ceux qui auraient pu bénéficier des dispositions nouvelles de la loi allemande avaient disparu.

Que d'avancées accomplies depuis trente ans. Je suis heureuse, monsieur Romani Rose, que vous ayez poursuivi l'action de votre père et de votre oncle, et que les communautés Sinti et Roma aient pu se fédérer et faire entendre leur voix. Désormais présentes dans les instances européennes, non seulement au niveau du Parlement, mais aussi au sein de la Commission européenne. Celle-ci s'efforce de garantir les droits des minorités et l'égalité des chances, comme le fait de son côté le Conseil de l'Europe.

On observe depuis quelques années la réalisation de films ou de documentaires exprimant la culture tsigane et mettant en lumière le passé. Je songe notamment au dernier film de Tony Gatlif, *Liberté*, que j'ai soutenu et qui devrait prochainement sortir en Allemagne. Lors de sa sortie en France, le réalisateur m'a invitée à une projection privée en avant-première. Tout au long de ma vie, j'ai essayé, autant que possible, d'apporter mon soutien à la communauté tsigane — que ce soit sous la forme de parrainage, d'interviews ou d'actions diverses. J'ai également participé l'année dernière à l'important projet de la réalisatrice Juliette Jourdan, subventionné par la Fondation pour la mémoire de la Shoah, dont je suis la présidente d'honneur. Ce documentaire, intitulé « Mémoires tsiganes », recueille à travers toute l'Europe les témoignages des derniers survivants de la guerre.

Pour autant, il reste beaucoup à faire pour que l'on change de regard sur les communautés Sinti et Roma, que l'on abandonne les préjugés séculaires qui ont conduit à en faire des boucs émissaires. Il reste de grands progrès à accomplir pour que l'on connaisse la richesse de votre culture et que l'on adopte une attitude qui ne soit plus fondée sur la méfiance et le mépris, mais sur le respect.

Les jeunes générations ont, dans ce combat, un rôle fondamental à jouer. La mémoire tsigane a longtemps souffert du fait qu'elle était une mémoire orale transmise dans les familles, mais qui ne sortait pas des cercles de votre communauté. Il me paraît indispensable d'enseigner cette histoire, de lutter contre tous les amalgames, d'expliquer inlassablement les différences entre les communautés Roma, Sinti, tsiganes, gitans, manouches, gens du voyage, de distinguer ceux qui ont été internés, comme en France, de ceux qui ont été exterminés, comme en Allemagne. Surtout, il reste beaucoup à faire pour renforcer l'éducation et défendre l'égalité des chances des minorités Sinti et Roma dans leurs pays respectifs. N'oublions pas que les premiers Roms sont arrivés en France dès le xve siècle et qu'ils sont domiciliés depuis plusieurs siècles dans tous les pays d'Europe.

Je vous fais confiance. C'est à vous tous, jeunes Européens que je pense en vous disant : n'oubliez pas le passé. C'est à vous qu'appartient désormais l'avenir de l'Europe, une Europe des libertés, une Europe de l'égalité des chances, une Europe messagère de paix et de respect de la dignité humaine.

Prix européen des Droits civiques des Sinti et Roma,
Berlin, 16 décembre 2010

Les parents de Simone Veil, André Jacob et Yvonne Steinmetz.

DR

Les ateliers de Bobrek, à 4 kilomètres d'Auschwitz, qui produisaient des éléments métallurgiques pour l'industrie de guerre et où travailla Simone Veil, de juillet 1944 à janvier 1945.

Simone Veil été 1942, Côte d'Azur.

Archives familiales

Simone Veil pendant un camp d'Éclaireuses, été 1943.

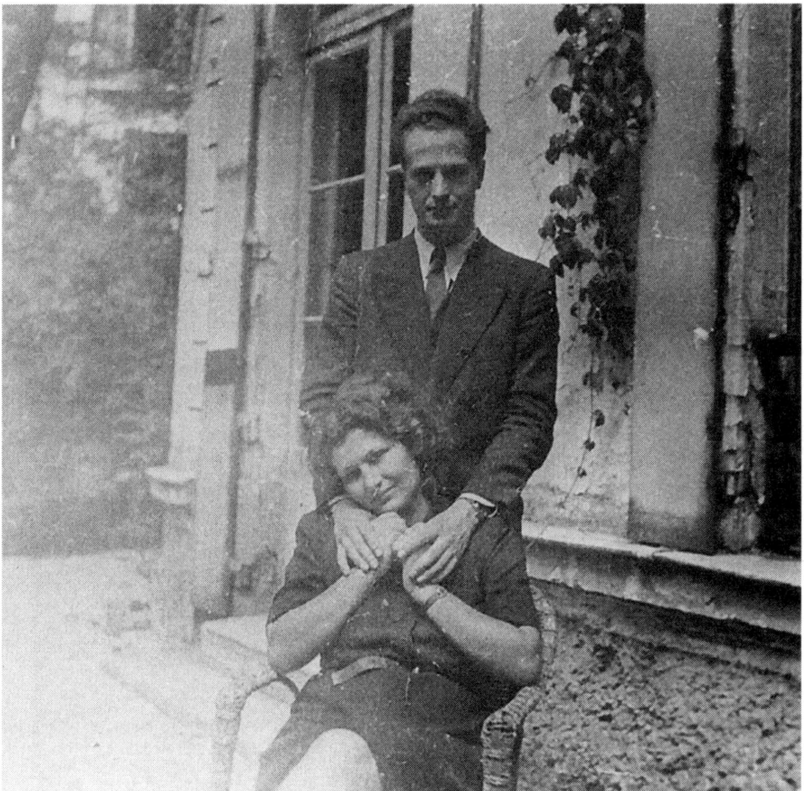

Archives familiales

Simone Veil avec son mari, Antoine, en 1946.

Archives familiales

Simone Veil, vers 1950.

Simone Veil, sur la Côte d'Azur, dans les années 1960.

Archives familiales

Simone Veil avec ses trois enfants : Jean, né en 1947, Nicolas, né en 1948 et Pierre-François, né en 1954.

II

Le combat pour l'Europe

« L'Europe doit être le carrefour de la liberté et de la solidarité »

Mes amis,

Me voici donc arrivée au terme de mon long périple à travers la France. Ce périple, je l'ai commencé à Marseille, il y a maintenant six semaines.

Après Toulouse, Vitré, Lille et Lyon, voici qu'il s'achève aujourd'hui à Nancy, sur cette terre de Lorraine qui a tant donné à la France.

Si j'ai ainsi choisi votre ville pour ma dernière étape, c'est parce que je sais que votre destin s'est identifié de tout temps, pour le meilleur et pour le pire, avec celui de l'Europe.

Pour le pire, toutes les fois que cette Europe — et ce fut trop souvent le cas dans le passé — a été le champ clos où s'affrontaient les intérêts, les rivalités, les haines.

Pour le meilleur, dans les rares intermèdes où pouvait s'exprimer la fraternité des peuples, où pouvaient se développer, en dépit de tous les affrontements, ces échanges qui sont parvenus à forger entre Européens, au fil des siècles, une culture commune.

Je voudrais donc faire ce soir devant vous, à qui ne n'ai pas besoin de redire toute l'importance de l'enjeu du 10 juin, le bilan d'une campagne où j'ai essayé, non pas de polémiquer, mais d'informer, d'expliquer. Où j'ai essayé de parler aux Françaises et aux Français du vrai sujet, de ce grand sujet : l'Europe.

Je me souviens de la première question que l'on m'a posée il y a plus de deux mois, lors de ma première interview. « Pourquoi — m'avait-on demandé — vous êtes-vous engagée dans cette élection européenne, vous qui avez toujours refusé d'adhérer à un parti et, jusqu'à aujourd'hui, de participer à une élection ? »

Et voici ce que j'avais répondu, voici ce que je n'ai pas cessé depuis de répondre, voici ce que je réponds encore aujourd'hui : « Si je m'engage aussi pleinement sur la question de l'Europe, c'est pour tirer la leçon de mon passé et en pensant à l'avenir de la France. »

Mon passé… j'ai trop souffert personnellement, dans mes affections et dans mon corps, pour accepter que mes enfants, mes petits-enfants subissent un jour ce que j'ai subi, ce que tant d'autres femmes et tant d'autres hommes, et je sais qu'ils sont nombreux dans cette salle, ont subi.

Je refuse de considérer comme une fatalité le retour périodique de ces conflits fratricides, 1970, 1914, 1939, où la France et l'Allemagne, que tout aurait dû rapprocher, n'est pas cassé de gâcher le meilleur d'elles-mêmes.

Ces conflits laissaient tantôt l'un, tantôt l'autre de ces deux pays soit célébrant la victoire mais endeuillé pour longtemps, soit humilié par la défaite et livré à un dangereux désespoir.

Je dis non à ces générations entières touchées dans la force de l'âge. Non à ces victimes civiles disparues par millions sous les bombes ou dans les fours crématoires.

Et si je dis oui à l'Europe, c'est parce que l'Europe me paraît le seul moyen de mettre un terme à ces horreurs. Parce que l'Europe me paraît le seul moyen de sceller, entre la France et l'Allemagne, une amitié durable.

Je l'ai dit, je le répète une fois encore devant vous, sur cette terre de Lorraine si souvent meurtrie par la guerre : l'Europe, c'est la paix.

Une paix comme nous n'en avions jamais connue. Longtemps en effet, la paix, ou ce que l'on nomme ainsi, n'avait été pour nous qu'une situation de fait purement transitoire, une simple parenthèse entre deux conflits. Elle avait été l'exception plus que la règle, l'écart plus que la norme.

Les promoteurs de la construction européenne ont compris que la paix, dans le monde où nous vivons, devait être autre chose et beaucoup plus que l'ombre de la guerre. Ils ont compris qu'il n'y aurait désormais de détente que par la coopération et d'entente que par la solidarité. Ils ont compris qu'il fallait aujourd'hui pour assurer la paix ce que Renan demandait hier pour bâtir une nation : des partenaires décidés à « vouloir faire de grandes choses ensemble ».

Peu importe, en 1979, les grands débats de doctrine d'il y a trente ans. Peu importe que certains des pères fondateurs de l'Europe aient rêvé jadis de formules plus ambitieuses. L'essentiel est qu'il aient eu la foi, et qu'ils nous l'aient communiquée. L'essentiel est qu'ils aient eu le courage de passer enfin des intentions — et notre continent pendant des siècles en avait été pavé — à la réalité.

Depuis vingt ans, l'Europe s'est faite. Elle s'est faite autrement peut-être qu'on ne l'avait imaginé il y a vingt ans, mais elle s'est faite. Elle pénètre progressivement notre vie quotidienne, nos activités professionnelles. Elle touche d'une façon ou d'une autre chacun d'entre nous : salariés, industriels, commerçants, agriculteurs, consommateurs ou simples touristes.

Nous ne l'avons pas vu grandir ; nous en sommes restés aux querelles d'il y a vingt ans.

Nous entendons encore opposer l'Europe fédérale et l'Europe confédérale ; soupçonner ceux qui se disent européens de dissimuler leurs arrière-pensées ; les accuser de vouloir construire l'Europe contre la France. Cette querelle est vaine. L'Histoire a tranché. L'Europe n'a pas aboli les patries ; elle s'est construite dans le respect des souverainetés. Au moment où chacun d'entre nous éprouve intensément le besoin de retrouver ses racines et ses spécificités, dans un monde banalisé par le progrès technologique, il ne peut être question de la construire autrement.

Constater cela, qui est une évidence, ce n'est pas manquer de conviction européenne ; ce n'est pas tricher ou tromper l'opinion sur ce que l'on pense. Cette autre Europe dont toutes les virtualités sont loin encore d'avoir été réalisées, cette Europe que vous allez construire le 10 juin, elle peut susciter la même adhésion, provoquer le même espoir que celle dont rêvaient ceux qui ont été les premiers à se dire Européens. Elle est autre, mais elle est porteuse des mêmes espérances.

Nous entendons aussi certains s'étonner de ce que je parle aux Français de ce qu'ils appellent de « petites choses ». Ils trouvent que l'Europe que j'évoque est bien modeste ; à les entendre, elle manquerait de souffle et d'ambition.

Ceux qui parlent ainsi sont bien loin de la réalité des choses. Il est bien sûr plaisant d'évoquer de grands principes, d'exposer de grands programmes. Mais ce qui est important est de les réaliser.

Or l'Histoire ne se fait pas en un jour. Même s'il faut compter en décennies, après avoir attendu des siècles, ce qui est important, c'est que l'Europe se fasse. Qu'elle se construise solidement, par des voies raisonnables, respectant le pluralisme des aspirations et la diversité des situations, plutôt que par la voie des renoncements ou des mutations brutales propres à susciter des tensions auxquelles elle ne résisterait pas.

Parce que les habitudes de chaque peuple sont différentes, parce que les aspirations le sont souvent aussi, parce que les intérêts ne sont pas identiques, il n'est pas toujours facile de trouver une règle commune.

Et comment s'en étonner lorsque l'on connaît les résistances que soulève toute réforme à l'intérieur même d'un seul pays ?

Ainsi, certains déplorent l'absence d'une politique culturelle européenne, d'un projet général d'harmonisation des législations sociales, d'une stratégie commune de l'énergie.

Je ne prendrai qu'un exemple, celui de l'harmonisation des législations sociales. C'est un grand projet, c'est un beau projet. Il y a deux façons de l'envisager. La première consiste à bâtir un plan qui ne tienne pas compte de ce qui a été fait dans chaque pays, en fonction des priorités nationales, et à essayer d'imposer au niveau européen l'adoption de ce programme par tous les États. Cette méthode n'aurait eu aucune chance d'aboutir, car elle aurait imposé des contraintes beaucoup trop fortes privant certaines catégories de citoyens de droits reconnus dans leur propre pays, imposant des charges financières nouvelles pour de nouveaux avantages.

La méthode suivie, plus prudente, plus lente, est aussi plus efficace, même si elle satisfait moins les beaux esprits : elle consiste à fixer, secteur par secteur, des règles minimum de protection sur lesquelles les États doivent aligner leur législation interne.

On peut regretter que les domaines ainsi visés soient restés limités ou que les progrès aient été trop lents. Mais lorsque j'entends certains dire que l'Europe n'a rien fait en cette matière, je dois constater qu'ils n'ont pas pris la peine de se renseigner. Lorsque je les entends dire « il faut tout faire d'un seul coup », je dois constater qu'ils ne connaissent rien à la réalité des choses. D'ailleurs ceux qui proposent ces vastes réformes n'en accepteraient pas les conséquences pratiques pour eux-mêmes.

Parce qu'en réalité, proposer de tout changer c'est souvent ne rien vouloir changer.

En ce qui me concerne, c'est parce que j'attends beaucoup de l'Europe que je ne veux pas l'accabler par des exigences impossible à satisfaire.

L'Europe sera ce que nous la ferons. Laissons la grandir, se développer, adapter son rythme à ce que nous, les Européens, nous sommes capables d'assimiler.

Comme les plantes greffées ou les nouvelles espèces animales demandent des attentions particulières pour supporter le choc produit par la sève ou le sang nouveau, l'Europe doit s'adapter à sa nouvelle vie en commun.

Mais comment ne pas voir que cette vie en commun est en même temps la plus grande des espérances ?

Depuis 1958, sur la base modeste mais décisive du développement des échanges commerciaux, s'est peu à peu tissé entre les nations de notre continent tout un réseau d'intérêts qui rend désormais absurde, pour le cœur comme pour la raison, un éventuel recours à la guerre.

Là où le Traité de Versailles avait échoué, les Traités de Rome ont réussi. Parce qu'ils ont marqué une véritable révolution dans la manière de concevoir, de rechercher et d'obtenir la paix. Parce qu'ils ont su instaurer une solidarité qui est le meilleur gage de notre sécurité : une solidarité sans laquelle la réconciliation avec l'Allemagne n'aurait été une fois de plus qu'un vœu pieux ; une solidarité qui, à l'intérieur comme à l'extérieur de la Communauté, peut seule décourager les tentations agressives et les visées hégémoniques.

Nous vivons, vous le savez, des temps difficiles.

La crise, ou plutôt les grandes mutations internationales dont nous subissons le contrecoup depuis 1973, entraînent parfois — comme ici même en Lorraine — des situations dramatiques en même temps qu'elles obligent à des reconversions difficiles.

Le désordre monétaire international, la raréfaction et le renchérissement des ressources énergétiques, enfin et surtout le rééquilibrage économique entre le Nord et le Sud, c'est-à-dire entre les pays riches et les pays pauvres, ont bousculé nos certitudes, renversé nos privilèges. Nous voici aux prises, comme tous les grands pays industrialisés, avec ces deux fléaux que sont d'une part l'inflation et d'autre part — avec tous les drames humains que ce simple mot, que ce mot terrible recouvre — le chômage.

Alors la tentation est forte de s'en prendre aux autres, à tous les autres, de ce qui nous arrive.

Alors la tentation est forte, chez ceux qui parlent grand mais qui voient petit, de prêcher le soupçon, l'aigreur et le repli sur soi.

Alors la tentation est forte, chez tous ceux dont l'Europe gêne le nationalisme passéiste ou l'internationalisme subversif, de s'en prendre à elle.

L'Europe ? Mais sans l'Europe, telle que l'ont définie les Traités de Rome, nous n'aurions jamais connu l'extraordinaire développement qui a été le nôtre depuis vingt ans.

Grâce au Marché commun, nous avons pu assurer de nouveaux débouchés à notre agriculture, nous avons pu développer et moderniser notre industrie, nous avons pu amplifier et consolider nos échanges commerciaux.

Faut-il rappeler qu'en une vingtaine d'années, les échanges de la France avec les partenaires de la Communauté économique européenne ont été multipliés par plus de dix et que nous effectuons à présent en Europe la moitié de notre commerce-extérieur contre moins d'un quart en 1958 ?

Sans l'Europe, sans l'organisation européenne, nous aurions subi beaucoup plus durement le contrecoup des événements qui sont survenus depuis 1973, et qui intéressent aussi bien les États-Unis, préoccupés par leur approvisionnement en pétrole, que les pays de l'Europe de l'Est, où sévit une inflation endémique et qui sont lourdement endettés vis-à-vis de nous.

Mais surtout, sans l'Europe, sans la puissance économique, démographique, politique qu'elle représente, comment pourrions-nous relever aujourd'hui, comment pourrions-nous gagner demain, le double défi, de puissance et de civilisation, auquel nous sommes confrontés ?

Prenons le problème de l'énergie. Nous ne parviendrons à des économies substantielles, nous ne développerons des énergies nouvelles, qui demandent d'énormes investissements, que si nous agissons de concert avec nos partenaires européens. Nous n'aboutirons à un meilleur équilibre entre pays producteurs et pays consommateurs que si nous nous présentons unis, nous, Européens, devant le tapis vert.

Prenons le problème de l'emploi. Sa solution passe, pour l'essentiel, par le développement d'industries nouvelles : les techniques spatiales, l'exploitation des océans, l'informatique. Dans chacun de ces secteurs, il se trouve que la France est en pointe. Mais de telles activités ne sont plus à la dimension d'un seul pays. Elles exigent la mise en commun des compétences et des ressources de chacun.

Il en va de même du progrès social ou de l'environnement. Si nous nous engagions seuls dans une réduction de la durée du travail ou dans le renforcement des mesures anti-pollution, nous affaiblirions, à très court terme, notre compétitivité, et loin d'avoir porté remède au chômage, nous n'aurions réussi au bout du compte qu'à l'aggraver.

Je pourrais multiplier les exemples. Mais je crois en avoir assez dit pour montrer que l'action pour la France en Europe passe, presque partout, par la défense des intérêts de l'Europe.

C'est ce que le gouvernement français a bien compris lorsqu'il a exigé tout récemment, et lorsqu'il a obtenu, grâce au courage et à la ténacité de ses mandants, une renégociation des accords internationaux sur les tarifs douaniers. Cette renégociation devrait permettre une meilleure protection de nos marchés en même temps qu'elle devrait assurer à nos produits, notamment vis-à-vis des États-Unis, de meilleures conditions à l'exportation.

Oui, il faut agir pour la France en Europe et nous le ferons, moi-même et toutes celles et tous ceux qui se sont engagés sur la liste de très large union que je conduis. Personne, je dis bien personne, n'a le droit de mettre en doute notre détermination.

Mais nous n'agirons pas dans un esprit étroitement nationaliste, nous agirons dans un esprit authentiquement européen. Parce que c'est la meilleure façon et la seule, non seulement de défendre la France, mais d'en assurer le développement et le rayonnement.

Et pour atteindre ce but, nous serons présents. On nous verra à Strasbourg, on nous y entendra. Nous participerons à tous les travaux, à tous les débats, à toutes les commissions.

Si j'ai annoncé que je consacrerai tout mon temps à l'Assemblée Européenne, c'est que l'Europe est pour moi une chose trop sérieuse pour être, comme pour M. Mitterrand, comme pour M. Marchais, ou comme pour M. Chirac, un métier d'appoint. Le tiers temps n'est pas mon fort et vous pouvez compter sur moi, vous pouvez compter sur nous, pour ne pas être des députés quart de place !

Sans aucun esprit partisan, nous nous battrons pour une véritable organisation monétaire de l'Europe, sans laquelle il n'est pas de stabilité financière, donc pas d'investissements, donc pas de progrès économique possible.

Nous nous battrons pour consolider et compléter la politique agricole commune, cette politique qui nous permet d'écouler à des prix particulièrement avantageux, nettement supérieurs en tout cas à ceux du marché mondial, la plupart de nos produits.

Nous nous battrons pour une coopération industrielle plus étroite et mieux concertée en Europe, afin de donner aux Français — et en priorité à nos jeunes, si largement représentés ce soir — les emplois auxquels ils ont droit.

Nous nous battrons pour davantage de progrès social et une meilleure qualité de la vie.

Je vous ai dit « l'Europe est une grande espérance » et j'ai évoqué les problèmes économiques qui, à l'évidence, ne peuvent être traités de façon efficace qu'à l'échelle européenne.

Mais l'Europe est aussi une grande espérance parce qu'elle est aujourd'hui le bastion de la démocratie et de la liberté. Alors que les pays de la Communauté représentent environ le tiers des démocraties subsistant dans le monde, comment ne pas être conscients de la nécessité de nous unir pour nous épauler les uns les autres et résister ainsi à tout retour du totalitarisme ?

Mais surtout, n'est-il pas évident qu'ensemble nous pourrons mieux faire entendre la voix de la justice et de la liberté, mettre en garde les pays menacés par d'intolérables atteintes aux droits de l'homme ?

Comment ne pas être conscients de notre responsabilité pour la défense des valeurs que la France, plus que toute autre nation a données au monde, valeurs trop souvent bafouées ?

Comment ne pas voir que, si l'Europe ne s'unit pas, c'est la civilisation fondée sur le respect de la dignité et de la spécificité de chacun, c'est son âme qui sera détruite par l'uniformité de masse qui domine à l'Est comme à l'Ouest ?

Si je vous ai mis tout à l'heure en garde contre des projets trop ambitieux dans l'immédiat, je vous dis maintenant : « n'ayez pas peur des grandes idées, des idées généreuses ». N'ayons pas peur de dire que l'Europe doit être le carrefour de la liberté et de la solidarité.

Lorraines, Lorrains, à quelques jours d'un scrutin qui sera décisif pour notre pays, je m'interroge et je m'étonne : quelles sont ces Europes défigurées que l'on vous propose ?

Ici, c'est une Europe des égoïsmes et des rivalités, indigne de nos traditions d'audace et de générosité.

Là, du côté des socialistes, c'est une Europe ambiguë, indécise et mystificatrice, une Europe à double visage, marxiste quand elle regarde vers M. Marchais et sociale-démocrate quand elle regarde vers M. Schmidt, désirée par les amis de M. Mitterrand et refusée par ceux de M. Chevènement.

Là encore, caricaturale et dérisoire, c'est l'Europe des communistes, la plus inconsistante de toutes, une Europe à laquelle ils ont toujours été hostiles, qu'ils ont adoptée du bout des lèvres pour les besoins d'un programme qui n'a jamais eu de commun que le nom, une Europe dont ils ne savent plus que faire aujourd'hui.

Non, vraiment, ces Europes ne sont pas l'Europe. Non, décidément, ces Europes ne sont pas pour la France.

Car c'est pour la France qu'il faut choisir. Et quel meilleur choix que de suivre celui dont la mission, précisément, est de choisir pour la France ? Quel meilleur choix que de suivre celui qui a su opter, dans le droit fil de ses prédécesseurs, pour une Europe de la solidarité, de la confiance et de l'espoir ?

La liste que je conduis est la seule à soutenir, sans équivoques, sans réticences, l'action européenne du président de la République.

Avec Valery Giscard d'Estaing, travaillons à la grandeur de la France. Faisons d'elle, en Europe et dans le monde, un partenaire inventif et respecté.

C'est avec notre avenir que nous avons rendez-vous le 10 juin. Ne soyons pas de celles et de ceux auxquels, dans vingt ans, nos petits-enfants diront : vous avez laissé passer la chance de la France !

Discours à Nancy, le 5 juin 1979

« Puissions-nous avoir pleinement répondu à l'espérance que suscite cette Assemblée. »

Mes chers collègues,

Mesdames, Messieurs,

C'est un très grand honneur que vous m'avez fait en m'appelant à la présidence du Parlement européen. Aussi l'émotion qui est la mienne en prenant place à ce fauteuil est-elle plus profonde que je ne saurais l'exprimer.

Avant toute autre chose, je souhaite remercier toutes celles et tous ceux d'entre vous qui ont porté leur suffrage sur mon nom. Je m'efforcerai d'être le président conforme à leur vœu. Je m'efforcerai aussi, conformément à l'esprit de la démocratie, d'être le président de toute l'Assemblée.

Si la séance d'aujourd'hui se déroule dans un cadre qui, pour beaucoup d'entre vous, est familier, elle n'en revêt pas moins un caractère historique. Sans doute est-ce là ce qui explique à la fois l'affluence et la qualité de ceux qui se sont rendus aux invitations envoyées. Sans pouvoir à cet égard citer toutes les personnalités présentes, et je m'en excuse, je leur adresse, au nom de chacun de ses membres, le salut de notre Assemblée.

Nous avons ainsi le très grand honneur d'avoir parmi nous de nombreux présidents de Parlements de pays associés et tiers, représentant des peuples de cinq continents et qui, par leur présence ici, apportent un soutien inestimable à notre construction démocratique en témoignant de l'importance qu'ils attachent aux relations avec notre Parlement. Nous apprécions hautement, Madame et Messieurs les présidents, que vous ayez accepté notre invitation, nous apprécions hautement votre geste d'amitié et de solidarité et je vous en remercie ici tout particulièrement.

J'ai exprimé hier soir la gratitude que nous devons avoir à l'égard de Louise Weiss, qui a si bien guidé nos premiers pas. Vous me permettrez d'y revenir d'un mot, sans vous formaliser que je cite la part éminente qu'elle a prise dans toutes les luttes menées pour l'émancipation de la femme. C'est pour moi un devoir, mais c'est aussi un honneur que de rendre hommage à l'Assemblée qui a précédé la nôtre, et plus précisément à ses présidents successifs, qui ont dirigé ses travaux avec l'autorité que l'on sait. Je voudrais, en particulier, souligner l'hommage qui est dû au président Colombo, qui a occupé ce fauteuil avec talent et s'est acquis, dans cette difficile mission, l'estime de tous.

Le Parlement européen, tel qu'il a siégé, tel surtout qu'il a travaillé depuis la création de la première Communauté européenne du charbon et de l'acier, et en particulier depuis la constitution de l'Assemblée unique des Communautés en 1958, a joué dès l'origine un rôle important, mais aussi un rôle croissant dans la construction de l'Europe. Quelle que soit l'innovation profonde que représente son élection au suffrage universel direct, notre Assemblée est d'abord l'héritière des Assemblées parlementaires qui l'ont précédée. Elle s'inscrit dans le droit fil du sillon tracé par tous ceux qui ont siégé sur ses bancs depuis une génération, depuis que l'idée européenne et le principe démocratique se sont rencontrés. D'abord avec modestie et discrétion, compte tenu des pouvoirs limités que lui attribuait le traité de Rome, le Parlement européen a, grâce à l'influence politique croissante qu'il a su progressivement acquérir, consolidé son rôle dans les Institutions de la Communauté et dans la construction communautaire. C'est bien cette influence croissante qui a notamment conduit à la signature des traités du 21 avril 1970 et du 22 juillet 1975, qui ont renforcé le pouvoir budgétaire de l'Assemblée. En outre, par une série de dispositions pratiques, la participation de l'Assemblée à l'exercice des pouvoirs de la Communauté s'est structurée et développée.

Cet acquis des précédentes Assemblées, le Parlement réuni aujourd'hui ne le perdra pas de vue. Aucun d'entre nous n'oubliera qu'il a contribué à la mise en œuvre, conforme à l'espérance des fondateurs de la Communauté, d'une « union sans cesse croissante entre les peuples européens ».

Si je me devais de rappeler ainsi, en quelques mots, l'œuvre considérable des Assemblées qui nous ont précédés, il me faut surtout insister sur la novation profonde que constitue, au sein des Communautés européennes, la première élection au suffrage universel direct du Parlement. Pour la première fois en effet dans l'Histoire, dans une Histoire qui les a vus si souvent divisés, opposés, acharnés à se détruire, les Européens ont élu, ensemble, leurs délégués à une Assemblée commune qui représente aujourd'hui, dans cette salle, plus de 260 millions de citoyens. Ces élections constituent, à n'en pas douter, un événement capital dans la construction de l'Europe depuis la signature des traités. Certes, dans les différents États membres, les procédures électorales ont encore varié, conformément d'ailleurs à l'Acte du 20 septembre 1976 portant élection des représentants à l'Assemblée au suffrage universel direct, et c'est à nous qu'il appartiendra, en vue des élections futures, d'élaborer un mode de scrutin uniforme. C'est une tâche à laquelle je m'attacherai avec vous.

La novation historique que représente l'élection du Parlement européen au suffrage universel, chacun de nous, quelle que soit son appartenance politique, a conscience qu'elle se produit précisément à un moment crucial pour les peuples de la Communauté. Tous les États de celle-ci sont en effet, aujourd'hui, confrontés à trois défis majeurs, celui de la paix, celui de la liberté, celui du bien-être, et il semble bien que la dimension européenne soit seule en mesure de leur permettre de relever ces défis.

Le défi de la paix, tout d'abord. Dans un monde où l'équilibre des forces a permis, jusqu'à présent, d'éviter le cataclysme suicidaire de conflits armés entre les superpuissances, on a vu se multiplier en revanche les affrontements locaux. La situation de paix qui a prévalu en Europe constitue un bien exceptionnel, mais aucun de nous ne saurait sous-estimer sa fragilité. Est-il besoin de souligner à quel point cette situation est nouvelle dans notre Europe dont les batailles fratricides et meurtrières ont constamment marqué l'Histoire ?

Comme celles qui l'ont précédée, notre Assemblée est dépositaire de la responsabilité fondamentale de maintenir, quelles que soient nos divergences, cette paix qui est probablement, pour tous les Européens, le bien le plus précieux. Cette responsabilité, les tensions qui règnent dans le monde d'aujourd'hui la rendent plus lourde, et la légitimité que notre Assemblée tire du suffrage universel l'aidera donc à l'assumer en même temps, souhaitons-le, qu'à faire rayonner à l'extérieur la paix qui est la nôtre.

Le second défi fondamental, c'est celui de la liberté. Sur la carte du monde, les frontières du totalitarisme se sont étendues si largement que les îlots de la liberté sont cernés par ces régimes où règne la force. Notre Europe est l'un de ces îlots, et il faut se réjouir qu'au groupe des pays de liberté qui la composent soient venus se joindre la Grèce, l'Espagne et le Portugal, aux vocations aussi anciennes que les nôtres. La Communauté sera heureuse de les accueillir. La dimension européenne paraît, là encore, de nature à renforcer cette liberté dont le prix, trop souvent, ne se mesure que lorsqu'on l'a perdue.

Enfin, l'Europe est soumise au grand défi du bien-être, je veux dire à la menace que constitue, pour le niveau de vie de nos populations, le bouleversement fondamental dont la crise pétrolière a été, depuis quelque cinq ans, à la fois le détonateur et le révélateur. Après avoir connu, pendant une génération, une progression des niveaux de vie dont le rythme élevé et soutenu n'avait existé à aucune période de l'Histoire, tous les pays d'Europe sont aujourd'hui confrontés à une sorte de guerre économique qui a débouché sur le retour d'un fléau oublié, le chômage, comme sur la mise en cause de la progression des niveaux de vie.

Ce bouleversement conduit à des changements profonds. Dans nos différents pays, chacun pressent bien ces mutations, chacun les pressent mais les redoute. Chacun attend des gouvernements et des élus, au niveau national comme au niveau européen, des garanties, des sécurités, des actions propres à rassurer.

Nous avons tous conscience que ces défis, ressentis d'un bout à l'autre de l'Europe avec la même acuité, ne peuvent être efficacement relevés qu'en commun. Seule l'Europe, confrontée aux super puissances, a la dimension de l'efficacité, qui n'appartient plus, isolément, à chacun de ses membres. Mais la mise en œuvre de cette efficacité implique que les Communautés européennes se consolident et se renforcent.

Le Parlement européen, maintenant élu au suffrage universel, est désormais porteur d'une responsabilité particulière. Pour relever les défis auxquels l'Europe est confrontée, c'est dans trois directions qu'il nous faudra l'orienter : l'Europe de la solidarité, l'Europe de l'indépendance, l'Europe de la coopération.

L'Europe de la solidarité d'abord, je veux dire de la solidarité entre les peuples, entre les régions, entre les personnes. Dans les rapports entre nos peuples, il ne saurait être question de mettre en cause ou d'ignorer les intérêts nationaux les plus fondamentaux de chacun des États membres de la Communauté. Mais il est certain que, bien souvent, les solutions européennes correspondent mieux à l'intérêt commun que les oppositions permanentes. Sans qu'aucun pays soit dispensé de la discipline et de l'effort qu'impliquent désormais, sur le plan national, les difficultés économiques nouvelles, notre Assemblée devra, sans relâche, recommander que soient réduites les disparités qui, si elles venaient à s'aggraver, condamneraient l'unité du Marché commun et, en conséquence, la situation des plus privilégiés de ses membres.

Cet effort de solidarité sociale, c'est-à-dire de péréquation économique et parfois financière, s'impose aussi pour réduire les disparités régionales. Sur ce plan, la Communauté a déjà conduit des actions concrètes et efficaces. Cette politique devra être poursuivie, sous réserve que ses résultats soient toujours en rapport avec les sommes dépensées.

Il faudra aussi adapter la politique mise en œuvre pour corriger la situation des régions traditionnellement déprimées, ainsi que celle des régions considérées encore récemment comme fortes et prospères, mais aujourd'hui frappées par des sinistres économiques.

Enfin, et surtout, c'est entre les hommes que les efforts de solidarité doivent être développés. En dépit des progrès réels et remarquables acquis dans ce domaine au cours des dernières décennies, il reste, sur ce point, beaucoup à faire. Mais, à une époque où, sans nul doute, il sera demandé à tous les citoyens d'accepter que le niveau de vie cesse de progresser ou progresse moins, d'accepter un contrôle dans la croissance des dépenses sociales, les sacrifices nécessaires ne seront acceptés qu'au prix d'une authentique réduction des inégalités sociales.

La finalité principale des actions qu'il faut mener dans ce domaine, tant au niveau communautaire qu'au niveau national, c'est l'emploi. Notre Assemblée devra consacrer une réflexion en profondeur à une situation nouvelle, où la demande s'accroît plus vite que l'offre. Il en résulte des frustrations et la nécessité, pour améliorer cette situation, de combiner les investissements productifs, la protection des activités européennes les plus vulnérables et la réglementation des conditions de travail.

Notre Europe doit être également l'Europe de l'indépendance. Non qu'il lui faille affirmer une indépendance agressive et conflictuelle, mais parce qu'il est essentiel qu'elle puisse déterminer les conditions de son développement de manière autonome. Cette recherche s'impose avec une particulière clarté dans le domaine monétaire comme dans celui de l'énergie :

– dans le domaine de la monnaie, nous soulignerons la signification politique majeure que revêt, pour l'Europe, la constitution récente du Système monétaire européen, destiné à établir, au sein de la Communauté, des relations monétaires stables affectées depuis quelques années par les incertitudes, fortuites ou non, du dollar ;

– dans le domaine de l'énergie, la dépendance des producteurs de pétrole constitue pour l'Europe un handicap majeur. Pour rétablir les conditions de notre autonomie, l'Assemblée pourra utilement inviter les gouvernements européens à affirmer ici un souci de coopération et de concertation qui a commencé bien tardivement à se manifester. Il faudra aussi amplifier les efforts d'économies et la recherche des énergies nouvelles.

Enfin, l'Europe que nous souhaitons doit être celle de la coopération. Les Communautés ont déjà mis en place, dans le domaine des relations avec les pays en voie de développement, une coopération souvent exemplaire et dont une nouvelle étape vient d'être franchie par la négociation récente avec les pays associés. La Communauté souhaite maintenant que la nouvelle Convention de Lomé soit signée par tous les pays qui ont participé à cette négociation.

Ajoutons que si le nouveau contexte économique mondial implique que cette politique de coopération soit renforcée, il suppose aussi que l'on tienne compte des disparités croissantes qui distinguent les pays en voie de développement entre eux, selon qu'ils sont ou non producteurs de matières premières. Dans le cadre de cette coopération sélective, l'Europe doit pouvoir obtenir les matières premières nécessaires à ses activités, offrir à ses partenaires de justes revenus, équilibrer les transferts de technologies auxquels elle doit procéder par des garanties d'égalité de concurrence pour ses industries.

Parce qu'il est élu au suffrage universel et qu'il tirera ainsi de cette élection une autorité nouvelle, ce Parlement aura un rôle particulier à jouer pour permettre aux Communautés européennes de parvenir à ces finalités et de relever ainsi les défis auxquels elles sont confrontées. A cet égard, l'élection historique du mois de juin 1979 a soulevé en Europe un espoir, un immense espoir. Les peuples qui nous ont élu ne nous pardonneraient pas de ne pas savoir assumer cette responsabilité ô combien lourde, mais aussi ô combien exaltante.

Cette responsabilité, le Parlement européen aura à l'exercer dans toutes ses délibérations.

Je voudrais cependant souligner combien à mon sens son autorité nouvelle le conduira à renforcer son action sur deux terrains : d'une part, exercer plus démocratiquement sa fonction de contrôle, d'autre part jouer plus vigoureusement un rôle d'impulsion dans la construction communautaire.

Issu de l'élection directe, le Parlement européen sera en mesure de jouer pleinement sa fonction de contrôle démocratique, qui est la fonction primordiale de toute l'Assemblée élue.

Il lui appartient en particulier, du fait des pouvoirs qui lui sont conférés par les traités, de délivrer l'autorisation budgétaire au nom des citoyens de la Communauté. C'est désormais dans la Communauté, comme dans tous les États qui la constituent, l'Assemblée élue par le peuple qui vote le budget. Le budget est l'acte le plus important qui relève des compétences de ce Parlement, qui a le pouvoir de l'amender, voire de le rejeter en totalité.

Je voudrais rappeler l'importance du dialogue budgétaire aux différents stades, aussi bien de l'élaboration du projet que de son adoption définitive. C'est une procédure complexe, lourde, supposant des délais, des navettes entre le Conseil et l'Assemblée, mais cette complexité et ces aller-retour ont pour contrepartie la possibilité de faire entendre notre voix. À diverses conditions toutefois : d'une part, à condition que nous soyons présents, puisque la présence est nécessaire. D'autre part, il est bien évident que notre force sera d'autant plus grande qu'elle sera plus unanime et aussi plus dépourvue de tout esprit de démagogie ou d'irréalisme.

La première tâche inscrite au programme de ce Parlement consistera d'ailleurs en l'examen en première lecture de l'avant-projet de budget pour 1980, qui nous occupera incessamment.

Si l'on examine de façon plus globale l'exercice des pouvoirs budgétaires du Parlement élu au suffrage universel direct, un point me paraît à souligner. Je veux dire qu'un Parlement responsable ne doit pas se borner, à l'occasion de l'élaboration du budget, à arrêter un montant de dépenses, mais doit aussi prendre en considération la perception des recettes. Cela n'est d'ailleurs que parfaitement conforme à la vocation démocratique qui est la nôtre. Nous savons qu'historiquement c'est par l'autorisation de la perception des recettes que se sont constitués les premiers parlements du monde.

La question peut d'autant moins être éludée que nous savons que c'est au cours de cette législature que le budget de la Communauté européenne atteindra le plafond de 1 % de TVA fixé par les traités pour la perception des ressources propres. Dans les années à venir, le problème des recettes sera donc le problème primordial à prendre en compte, et ce Parlement, en tant que représentant de tous les citoyens, c'est-à-dire de tous les contribuables de la Communauté, sera nécessairement amené à jouer un rôle de premier plan en vue de sa solution.

Le Parlement doit également être un organe de contrôle de politique générale au sein de la Communauté. Ne croyons pas en effet que les limitations proprement institutionnelles de ses compétences peuvent empêcher un Parlement tel que le nôtre de faire entendre à tout moment, et quel que soit le domaine de l'action communautaire, la voix que lui confère l'autorité politique issue de son élection.

Il appartient aussi à notre Parlement de jouer un rôle d'impulsion dans la construction de l'Europe. Cela est particulièrement vrai à un moment où, ainsi que nous l'avons dit, l'Europe a d'abord besoin d'un complément de solidarité. Ce nouveau Parlement permettra aux voix de tous les citoyens de la Communauté de s'exprimer sur la scène européenne, contribuera en même temps à faire mieux ressentir aux différentes catégories d'entre eux les exigences de la solidarité européenne, au-delà des préoccupations immédiates, toujours légitimes, mais qui ne doivent jamais dissimuler les intérêts fondamentaux de la Communauté.

Nous n'ignorons pas, bien entendu, l'organisation des pouvoirs, telle qu'elle existe dans la Communauté et confère à chaque institution son autonomie. Les fonctions d'initiative d'une part, de décision législative d'autre part, sont attribuées par les traités à la Commission et au Conseil. Cette autonomie de chacune des institutions, nécessaire au bon fonctionnement des Communautés, n'empêche pas que ces institutions agissent fondamentalement en collaboration les unes avec les autres, et c'est dans le cadre de cette collaboration que l'élan nouveau que représente pour la Communauté la légitimité nouvelle de cette Assemblée doit être un facteur efficace d'impulsion.

C'est donc dans un renforcement du travail en commun avec les autres institutions que notre Parlement jouera plus efficacement son rôle pour les progrès de l'Europe. Il devra le faire aussi bien dans le cadre des consultations — qui peuvent être données sans limite —, que dans le cadre de la nouvelle procédure de concertation qui doit permettre au Parlement de participer effectivement aux décisions législatives des Communautés.

La voix de notre Assemblée, forte de sa légitimité, portera dans toutes les instances de la Communauté, et notamment au niveau le plus élevé de la décision politique. Je pense en particulier à ce sujet au Conseil Européen.

Comme il est naturel et normal dans une assemblée démocratique telle que la nôtre, nous divergeons par les programmes que nous souhaitons mettre en œuvre, par les idées que nous voulons défendre et même quant à notre propre rôle.

Gardons-nous cependant du travers qui nous conduirait à faire de notre Assemblée le forum des divisions et des rivalités. Trop souvent déjà, les Communautés européennes donnent à nos opinions publiques l'image d'institutions bloquées, incapables de parvenir dans les délais nécessaires à des décisions.

Notre Parlement aura pleinement satisfait les espoirs qu'il a fait naître si, loin d'être le lieu de résonance des divisions internes de l'Europe, il parvient à exprimer et à faire percevoir par la Communauté l'élan de solidarité si nécessaire aujourd'hui.

Pour ce qui me concerne, c'est la totalité de mon temps et de mes forces que j'entends consacrer à la tâche qui est devant nous. Je n'ignore pas que, bien qu'issus d'une civilisation commune et formés par une culture nourrie aux mêmes sources, nous n'avons nécessairement ni les mêmes conceptions de la société, ni les mêmes aspirations.

Pourtant, je suis convaincue que le pluralisme de notre Assemblée peut constituer un facteur d'enrichissement de nos travaux et non un frein à la progression de la construction de l'Europe. Quelles que soient nos différences de sensibilité, je pense en effet que nous partageons la même volonté de réaliser une Communauté fondée sur un patrimoine commun et un respect partagé des valeurs humaines fondamentales.

C'est dans cet esprit que je vous invite à aborder fraternellement les travaux qui nous attendent. Puissions-nous ainsi, au terme de notre mandat, éprouver le sentiment d'avoir fait progresser l'Europe. Puissions-nous, surtout, avoir pleinement répondu à l'espérance que suscite cette Assemblée, non seulement chez les Européens, mais parmi tous ceux qui, dans le monde, sont attachés à la paix et à la liberté.

Discours au Parlement européen,
Strasbourg, 17 juillet 1979

Repenser la culture

Monsieur le ministre, je tiens tout d'abord à vous remercier d'avoir pris l'initiative de ce colloque sur ce thème d'une particulière actualité et d'avoir eu l'attention de m'y convier. Je souhaite remercier également madame Hélène Ahrweiler qui s'est associée à cette démarche avec tout son prestige et son talent pour réunir des personnalités venant d'horizons différents autour d'un thème porteur d'idées nouvelles, voire hétérodoxes : ce que représente la culture à l'aube du IIIe millénaire.

Il est vrai que le terme même de culture recouvre, selon les enceintes où l'on en discute, selon les intervenants et même selon les époques, des conceptions fort différentes.

Aussi j'oserai, non sans une certaine audace, tenter d'en esquisser tant soit peu les contours, en évitant qu'une définition trop étroite ne laisse de côté des aspects essentiels et permettant d'identifier ce qu'il y a de commun, en ce domaine tout au moins, entre les Européens.

Mais il convient aussi, me semble-t-il, d'éviter de faire de la culture un fourre-tout. Une telle approche risquerait en effet de déposséder à leur tour ceux qui ont d'autres responsabilités, ou ceux qui, du fait de leur engagement et de leur expérience, ont d'autres prérogatives à faire valoir. Il faut à mon sens éviter que la culture ne cherche à tout cannibaliser en s'imposant comme la seule référence possible ou du moins déterminante, alors que des considérations d'une autre nature ne peuvent être ignorées.

Je voudrais tout d'abord faire une mise au point à propos de la citation très souvent attribuée à Jean Monnet : « Si l'Europe était à refaire, il faudrait commencer par la culture. » Il semble bien que ce soit pure invention car ceux qui l'ont bien connu n'ont pas souvenir qu'il ait pu exprimer un tel regret par rapport à la démarche qu'il a toujours préconisée. Aussi j'attends avec intérêt qu'Hélène Ahrweiler nous dévoile comment est née cette formule qui a suffisamment prospéré pour devenir un véritable mythe. Je me souviens l'avoir déjà entendue évoquer cette question il y a quelques années et il n'est pas inutile qu'elle le confirme ici à nouveau.

Si je dénonce, à l'occasion, l'utilisation de cette prétendue caution de Jean Monnet, c'est qu'elle nous conduit à un détournement de la pensée de son auteur et à des ambiguïtés sur les objectifs de la construction européenne.

La référence quasi systématique à cette citation, lorsqu'on parle de l'Europe et de culture, conduit en effet à minimiser la portée des réformes institutionnelles et de contester l'importance de la réalisation du Marché commun alors que Jean Monnet n'a cessé de prôner l'adoption de règles et de normes qui soient les mêmes pour tous et la mise en place d'institutions communes.

Or non seulement, le traité de Rome ne fait nullement mention de la culture, mais toutes les propositions du Parlement européen ou de la Commission s'y référant expressément se sont longtemps heurtées à l'hostilité de principe de plusieurs États membres en invoquant l'incompétence de la Communauté. Si certains projets ou programmes ont pu voir le jour, c'est sur le fondement de la libre circulation des personnes ou des marchandises, en application du principe de la libre concurrence, ou encore lorsqu'il s'agit de mettre en œuvre des programmes spécifiques au titre de l'Europe des citoyens.

Pour autant, qu'il s'agisse de la directive Télévision sans frontières et du plan Média pour le cinéma, ou de différents programmes comme Erasmus, de nombreux exemples montrent que malgré l'absence d'une compétence explicite la Communauté européenne a su prendre en compte les préoccupations d'ordre culturel.

Outre ses propres actions, la Commission de Bruxelles a apporté son soutien à de nombreuses initiatives prises par des associations ou des collectivités territoriales dans le domaine de la culture :

colloques, expositions, spectacles, quel que soit le thème retenu, permettant par la confrontation des idées, l'échange des expériences et le regard porté sur d'autres, de s'enrichir mutuellement.

Observant que la culture européenne à laquelle on se réfère si souvent, ne serait-ce que pour en souligner l'insuffisance, a été sans conteste une réalité dans le passé, on peut se poser la question si ce sont les institutions et les règles qui peuvent avoir, en la matière, un rôle déterminant.

Considérant ces temps où les moyens de transport et de communication étaient très loin d'être ce qu'ils sont aujourd'hui, le mouvement des idées et la création artistique nous apparaissent comme ayant été l'expression d'une culture commune à la plupart de nos pays.

Des universités dont la renommée et le prestige sont restés entiers attiraient de toute l'Europe les intellectuels et les artistes les plus éminents, devenant ainsi le creuset d'une véritable culture européenne rayonnant au-delà des frontières nationales et même de notre continent.

Aujourd'hui ce ne sont ni des directives ni des subventions qui feront revivre ce puissant désir de connaissance et d'échanges. L'offre est si abondante et les possibilités d'y accéder a priori si faciles que chacun croit trouver chez soi réponse à sa demande. L'actuelle croisade contre le mondialisme vise bien souvent l'Europe autant que le reste du monde, signe d'un regrettable repli sur soi, elle traduit une résurgence dangereuse des nationalismes ou permet tout au moins de les cautionner.

Je me demande par ailleurs si nous parlons tous de la même chose lorsque nous parlons de la culture. Stigmatiser l'absence ou les carences de l'Europe en matière culturelle sans prendre en compte le modèle européen en termes de civilisation, n'est-ce pas réduire le concept même de culture à ses aspects purement intellectuels et artistiques ?

Par sa dimension historique et ses ambitions sur le plan des valeurs, la construction européenne ne peut se dissocier de la culture. L'intitulé même de ce colloque, « Repenser la culture », implique une telle approche et situe notre réflexion dans ce cadre.

Dès l'origine le projet européen s'est inscrit dans une démarche, certes d'ordre politique, mais au sens le plus noble du terme, qui rejoint le culturel : c'est de notre civilisation que manifestement il s'agit.

En effet, c'est bien pour affirmer et défendre des valeurs, notamment de paix et de liberté, que les six pays fondateurs ont décidé, dès les années 1950, de s'unir. Même si, par suite des élargissements successifs, et de l'arrivée de nouvelles générations qui n'imaginent même pas l'horreur des guerres au cours desquelles les Européens se sont entretués, la construction de l'Europe n'a plus la même signification symbolique que par le passé, l'idée de réconciliation reste au cœur de ce projet.

Après des siècles de guerres fratricides, faire l'Europe dans cet espace balisé par les noms de toutes les batailles qui s'y sont livrées, c'était inverser le cours de l'Histoire, ouvrir une nouvelle ère de paix et de prospérité.

La construction de l'Europe ne se bornait pas à sceller la réconciliation entre les ennemis de la veille mais consacrait aussi la victoire contre un régime responsable d'un conflit qui avait embrasé le monde entier et coupable d'actes de barbarie sans précédent.

C'est pourquoi, dès sa création, la Communauté européenne n'a admis en son sein que des pays démocratiques tenus de respecter la Convention européenne des droits de l'homme.

À cet égard, il me semble que nous avons trop méconnu les espoirs que l'Europe unie et démocratique a pu susciter pour les peuples longtemps privés de liberté et je comprends les déceptions et frustrations que peuvent engendrer les retards qui leur sont imposés pour les accueillir parmi nous, même s'ils sont justifiés par le désir de parfaire auparavant nos institutions.

Alors que l'Union européenne tend à recouvrir l'ensemble de l'espace géographique et historique de l'Europe, elle cherche aussi à affirmer une identité fondée sur des valeurs communes.

J'ai le souvenir d'une proposition de résolution du Parlement européen se référant aux valeurs chrétiennes. Comme d'autres, j'avais fait observer qu'il convenait, au moins, de parler des valeurs judéo-chrétiennes. Mais comme certains l'ont souligné ici, il aurait fallu parler aussi de l'islam. Non seulement à cause de la situation présente, mais aussi de l'influence islamique dans le passé. Il me paraît donc bien préférable de parler des valeurs humanistes.

Disant cela, je pense plus particulièrement à la tolérance et à la conception des droits de la personne.

Si l'Europe a su réunir des hommes et des femmes appartenant à diverses familles de pensée, religieux ou agnostiques, libéraux, socialistes ou démocrates-chrétiens, en revanche les ultranationalistes et les extrémistes l'ont toujours combattue.

Pour des raisons idéologiques, nombre d'intellectuels se sont longtemps fortement opposés à une Europe qui leur paraissait à la fois trop libérale et trop atlantiste. Pour certains, le combat continue, prenant comme cible particulière la monnaie unique, symbole d'une « pensée unique ». L'Europe est-elle trop libérale, comme certains le prétendent ? Il n'y a pas lieu ici d'en débattre. En tout état de cause, l'existence dans tous nos pays de dispositifs de protection sociale, certes très diversifiés quant à leur organisation et leurs prestations, contribuent, pour une large part, à pallier les conséquences du chômage et de la paupérisation sur la cohésion sociale. Ils traduisent une même conception du rôle de la solidarité collective pour protéger tous les individus contre les aléas de la vie.

Ce modèle social européen inhérent à nos traditions et nos valeurs est aujourd'hui menacé par le poids que son coût fait peser sur la compétitivité de nos entreprises dans les échanges internationaux. Dans ces conditions, il faut être attentif à ce que certains pays ne soient pas tentés de prendre des mesures susceptibles d'en remettre en cause la réalité au moment où la citoyenneté européenne est institutionnellement reconnue.

Citoyennes, les femmes le sont désormais à égalité avec les hommes, tout au moins au plan des principes.

Cette conquête de l'égalité des droits doit beaucoup aux mesures prises par la Communauté européenne pour que soit respecté le principe fondateur de la non-discrimination. Dans les faits, il reste encore beaucoup de chemin à parcourir, ne serait-ce qu'en ce qui concerne l'accès des femmes à des responsabilités, notamment politiques. C'est pourquoi je tiens à rappeler que c'est à l'initiative de la commissaire madame Papaandreou, en 1992, qu'a été adoptée à Athènes la charte de la Parité. Je me plais à le souligner puisque la France, après avoir été longtemps lanterne rouge de l'Europe en ce domaine, s'en est inspirée pour adopter la législation la plus volontariste du monde pour lutter contre les discriminations sexistes.

Les Européennes ont pris conscience non seulement de leurs droits, mais aussi de la richesse et de la force qu'elles représentent au sein de nos sociétés, et plus particulièrement en manifestant leur solidarité vis-à-vis des femmes qui, dans de nombreux pays, sont encore soumises à des pratiques et traditions discriminatoires particulièrement odieuses et humiliantes.

Le sort réservé aux femmes est le critère le plus significatif de l'opposition qui existe entre les deux modèles de société : d'une part, celui des pays ouverts et démocratiques et, d'autre part, celui des pays totalitaires ou théocratiques. Depuis le 11-Septembre, nombre de commentateurs n'ont pas manqué de souligner la concomitance existante entre le sort réservé aux femmes et la volonté affichée de détruire les pays démocratiques au motif qu'ils incarnent le mal et la luxure.

En ce qui nous concerne, le statut de la femme fait désormais partie de valeurs essentielles sur lesquelles il n'est pas possible de transiger.

L'abominable attentat perpétré contre les deux tours du World Trade Center donne à notre débat sur la culture une nouvelle dimension. Faut-il, comme certains le disent, y voir la confirmation du « choc des civilisations » annoncé il y a quelques années par Samuel Huntington. Il est trop tôt pour analyser ces événements tragiques, mais il est certain qu'ils nous obligent à une réflexion sur l'état du monde pouvant conduire à une profonde remise en cause de nos façons de voir et d'agir. Est-il encore possible de méconnaître les dangers que recouvre ce mélange détonant de l'angélisme des propos avec le cynisme du comportement ?

Je parle d'angélisme parce que, depuis une dizaine d'années, nous avons tendance à oublier la situation qui prévalait au sein de la communauté internationale avant la chute du mur de Berlin et l'implosion de l'Union soviétique.

Comment ignorer pourtant que l'ONU s'est mise en place en parfaite connaissance de l'opposition radicale existant entre les deux idéologies respectivement incarnées par les pays de l'Ouest et ceux de l'Est ?

Ni la Déclaration universelle des droits de l'homme, ni la Charte des Nations unies n'avaient le même sens, ni la même portée pour tous les pays qui étaient membres de cette organisation. On savait parfaitement que, dans bien des cas, la signature apposée sur certaines conventions resterait lettre morte. Paradoxalement, l'unanimité requise au Conseil de Sécurité faisait obstacle à toute décision qui aurait conduit à un conflit entre les grandes puissances. Enfin, la seule crainte du recours au nucléaire a largement contribué au maintien de la paix. Quant au respect des droits de l'homme, ce n'était pour beaucoup qu'une fiction.

Avec la chute du mur de Berlin, ce ne fut pas la « fin de l'Histoire » mais une page qui en a été tournée. Il a fallu nous adapter à un ordre mondial totalement différent.

Aux anciens affrontements idéologiques ont succédé de nouveaux clivages, plus complexes, plus difficiles à identifier et à appréhender parce qu'ils se réfèrent à des critères pour partie d'ordre culturel qui ne recouvrent pas les courants de pensée traditionnels.

Au principe de l'intangibilité des frontières, longtemps imposé par le souci de ne pas remettre en cause le partage du monde issu de Yalta, celui du droit des peuples à disposer d'eux-mêmes tend à prévaloir, même lorsqu'il s'exprime en faveur d'une minorité et par la violence. L'attention portée à des revendications, plus ou moins légitimes, peut ainsi conduire à une réelle complaisance vis-à-vis du terrorisme alors que des gouvernements qui luttent contre cette violence sont systématiquement stigmatisés.

L'angélisme, n'est-ce pas aussi de raisonner comme si tous les peuples sont prêts à se soumettre aux règles qu'impose notre conception de l'universalité des droits de l'homme ?

Il nous a fallu des siècles pour élaborer des règles démocratiques et nous contraindre à les respecter. Encore faut-il souligner que c'est l'Europe qui est à l'origine des deux conflits mondiaux les plus monstrueux de l'histoire de l'humanité et que les pires atrocités ont été commises dans un de nos pays dont la culture jouissait d'un rayonnement exceptionnel.

Même depuis la fin de la Seconde Guerre mondiale et en dépit des engagements qu'ils ont souscrits en matière de droits de l'homme, les Occidentaux sont loin d'être exempts de reproche en la matière.

Pourtant, nous voudrions que tous ceux qui se sont à peine libérés du totalitarisme ou qui émergent lentement, et non sans effort, du sous-développement et de la misère, soient aussitôt en mesure de respecter les normes que nous fixons pour nous au regard de nos besoins et de nos capacités.

C'est bien là faire preuve d'angélisme et en même temps d'une certaine arrogance.

La misère et le malheur qui accablent et désespèrent certains pays ne peuvent être traités par des discours ou des promesses. Alors que nos pays s'étaient engagés à consacrer un certain pourcentage de leurs revenus à l'aide au développement, ces promesses ne sont pas tenues, sauf par trois ou quatre d'entre eux.

Il y a un grand cynisme à multiplier les conférences et les discours sur la solidarité au sein de la communauté internationale sans en tirer les conséquences concrètes. Au demeurant, il ne s'agit pas seulement de solidarité et de justice, mais aussi de la prise de conscience de la menace que représentent, pour la paix et la sécurité dans le monde, de si graves distorsions.

La télévision et Internet permettent aux milliards d'êtres humains sur la terre de percevoir l'injustice de leur sort, du seul fait de ne pas être nés sur un autre continent.

Pour ne prendre qu'un exemple, que je connais bien pour avoir été ministre de la Santé, c'est celui de l'inégalité d'espérance de vie, résultant de la misère mais encore davantage des possibilités d'accès aux soins.

Les discriminations en ce domaine sont particulièrement intolérables lorsqu'on sait la catastrophe que représente le pourcentage de malades atteints du sida dans certains pays et les ravages que fait encore le paludisme.

Comment osons-nous, au nom de l'universalité, leur imposer certaines normes, exprimer certaines exigences, qui pour eux ne peuvent paraître prioritaires, lorsque nous ne sommes pas capables de les faire bénéficier de nos progrès scientifiques.

En deux décennies à peine, les institutions et les repères traditionnels de notre société ont été ébranlés : la nation, la famille, l'entreprise sur lesquelles reposait la cohésion sociale ont subi, tour à tour, le choc d'une véritable révolution culturelle. Ainsi nous commençons seulement à prendre conscience des bouleversements induits par Internet. Mais surtout les angoisses face à la misère, au chômage, à l'insécurité, au sida, ainsi que les perspectives ouvertes par certaines découvertes scientifiques, et les craintes, s'agissant plus particulièrement de la génétique, qu'ils suscitent, ont favorisé la montée des extrémismes.

Nous nous trouvons confrontés à une redoutable contradiction : d'une part, la nécessité de s'unir, aussi bien pour développer nos économies que pour faire face aux menaces réelles ou supposées auxquelles sont confrontés nos pays ; d'autre part, le fait que cette mondialisation provoque parmi les citoyens un réflexe de méfiance et la tentation de se replier sur eux-mêmes et leur identité nationale, voire communautaire. Ceux qui ont pu croire qu'ils seraient ainsi protégés doivent maintenant déchanter. Personne n'est à l'abri des dangers où qu'il se trouve. Le village planétaire est devenu une réalité, au sein de laquelle seule la solidarité internationale est à même d'assurer un minimum de sécurité.

C'est un formidable défi donc, à la fois politique et culturel, pour tous ceux qui se sentent, d'une façon ou d'une autre, parties prenantes de l'avenir de notre civilisation et de l'humanité.

Colloque, Athènes, 20-23 septembre 2001

L'Europe enfin réunifiée

Il n'est pas facile de prendre la parole après les remarquables interventions de messieurs Geremek, Jacques Delors et le Premier ministre Raymond Barre.

Je voudrais donc simplement faire écho à la dernière observation de monsieur Raymond Barre : « le bon sens l'a toujours remporté. » Si le bon sens l'a toujours remporté, c'est parce qu'en réalité l'Europe a le soutien, plus ou moins déclaré, plus ou moins fort, des citoyens de nos pays. Ils savent que l'Europe est une chance et un espoir pour l'avenir et qu'elle ne peut que conforter les valeurs auxquelles ils sont attachés. Ils sont conscients que l'Union européenne confère à chacun de nos pays davantage de puissance et d'efficacité et que, bâtie sur l'idée de réconciliation, elle reste la meilleure garantie pour la paix. Si je crois devoir le rappeler, même si je sais bien qu'ici, dans cette enceinte, ce n'est guère utile, c'est parce que les nouvelles générations, même en France et en Allemagne, peu informées du passé, ne sont pas toujours conscientes de ce qu'a représenté la réconciliation pour leurs aînés, qui ont connu à vingt ans d'intervalle deux guerres fratricides. Il est vrai que pour les pays appelés à nous rejoindre prochainement, la paix et la démocratie ont un sens encore plus fort que pour nous, puisqu'il leur a fallu très longtemps pour vivre libres, dans des pays indépendants et se référant aux valeurs démocratiques.

Je crois cependant que chaque fois que l'on parle de l'Europe en tant qu'entité politique, même si plus de cinquante ans se sont écoulés depuis la déclaration Schuman, il est important de se demander : « Pourquoi l'Europe ? » et « Pourquoi sommes-nous européens ? » Quand vous avez parlé, monsieur le Premier ministre, de cette volonté de se mettre d'accord car : « on ne peut pas laisser les choses se défaire, cela serait trop grave », c'est bien parce que tout le travail accompli serait remis en cause, peut-être même la paix. Je me suis parfois demandé ce qui se serait passé au moment de l'implosion de l'ex-Yougoslavie, si nous n'avions pas noué des liens aussi solides avec l'Allemagne, qui nous ont permis de ne pas nous affronter sur l'attitude à adopter vis-à-vis de ce bouleversement remettant en cause une situation consacrée par des traités internationaux. On peut également penser que si nous avions eu une politique étrangère commune, nous aurions pu réagir ensemble de façon plus efficace, pour éviter des solutions précipitées qui ont provoqué les drames auxquels ces pays se sont trouvés confrontés.

Je ne partage pas le pessimisme ambiant à propos de l'Europe, j'ai souvenir de celui qui régnait lorsque je suis arrivée au Parlement européen en 1979. Outre les divergences face à l'invasion de l'Afghanistan par l'Union soviétique, la plupart des décisions et des projets étaient bloqués par Margaret Thatcher qui ne pensait qu'à défaire la politique agricole commune et à obtenir une diminution significative de la contribution financière de son pays. Face à toute proposition elle se bornait à répéter : « I want my money back. » Il a fallu attendre 1984 pour que l'Acte unique donne un nouveau souffle à l'Europe en offrant de nouvelles perspectives. Je suis heureuse de le dire ici, devant Jacques Delors, l'Acte unique a marqué un tournant pour tous ceux qui étaient attachés à la construction européenne en leur redonnant espoir.

Si nous nous penchons sur le passé, il faut bien constater qu'entre le traité de Rome et l'Acte unique, notamment grâce à Helmut Schmidt et Valéry Giscard d'Estaing, puis Helmut Kohl et François Mitterrand, des avancées ont été réalisées — le Conseil européen, l'élection au suffrage universel du Parlement européen, même si ce dernier n'avait alors que fort peu de pouvoir, et le SME — ; en définitive, en vingt-cinq ans, il n'y avait pas eu les réformes de grande ampleur espérées. Pourtant nos pays connaissaient alors une situation économique particulièrement favorable. C'est ensuite, à partir de 1990, dans une période beaucoup plus difficile, que les États membres ont su réagir par de nouveaux traités et faire face aux conséquences de la chute du mur de Berlin.

Je crois que nous avons tort d'être aussi pessimistes. En dépit des problèmes posés par la mise en œuvre des traités de Maastricht, d'Amsterdam et de Nice, l'Europe progresse : la monnaie unique s'est imposée et même dans des domaines aussi complexes que la justice, la coopération est devenue une réalité.

Ces jours-ci, après bien des obstacles, on peut espérer que l'harmonisation des diplômes universitaires sera enfin acceptée. Avec madame Hélène Ahrweiler, que j'aperçois ici, il y a vingt ans que nous en parlons. Je sais combien elle y a travaillé. Et enfin cela va se faire ! J'ai présidé, à Bruxelles en 1991, un groupe sur la libre circulation des personnes et j'avais, en conclusion, insisté sur l'importance particulière de la libre circulation des étudiants qui favorise des liens personnels, voire matrimoniaux entre les citoyens, entre nos pays.

Avant de conclure, je tiens encore à dire combien je trouve mal venues les réticences qui se manifestent vis-à-vis de l'élargissement.

Nous n'avons pas le choix, de même qu'en 1989-1990 nous n'avions pas le choix, il nous fallait accepter de bon gré l'unification allemande. Il n'y a pas lieu de dire : « C'est difficile, comment est-ce que l'on va faire ?… » Alors qu'on devrait se demander : « Que se passerait-il si nous ne le faisions pas ? »

C'est un engagement que nous avons pris pendant des années vis-à-vis des pays d'Europe centrale et de l'Est. Il était de bon ton de leur manifester notre sympathie, de pleurer avec eux sur leur destin cruel — je sais bien que c'était des larmes de crocodile —, en déplorant leur pauvreté et leur asservissement, au demeurant nos pays en avaient plus ou moins assumé la responsabilité à travers les accords signés avec l'Union soviétique. Nous sommes donc redevables vis-à-vis d'eux. Alors, penser qu'aujourd'hui nous pourrions refuser l'élargissement, mégoter et leur dire avec plus ou moins d'arrogance qu'ils doivent accepter nos conditions, cela ne me paraît pas convenable.

Je dirais, en conclusion de mon propos que, non seulement, nous devons les accueillir parmi nous, mais que nous devons le faire sans arrière-pensée.

Être conscients que c'est un enrichissement pour nous. Et nous devons aussi le faire avec compréhension, en sachant, pour eux, combien la sécurité est importante. Ils l'ont toujours dit, ils ne l'ont jamais caché. À partir du moment où nous n'étions pas capables de la leur assurer, qu'ils veuillent la trouver avec d'autres pays, il n'y a rien de plus normal.

Forum du futur, le 25 septembre 2003

« Parmi les valeurs fondatrices de l'Europe : son exigence de démocratie et de respect de la personne humaine »

Monsieur le président de la République fédérale,
Monsieur le chancelier,
Monsieur le président du Bundestag,
Monsieur le président du Bundesrat,
Monsieur le président de la Cour constitutionnelle fédérale,
Mesdames et Messieurs les vice-présidents,
Mesdames et Messieurs les ambassadeurs,
Mesdames, Messieurs,

C'est pour moi un grand honneur de prendre la parole devant vous, à cette date et en ce lieu chargé d'Histoire, qui abrite à présent le Parlement de l'Allemagne réunifiée, et où je me trouve pour la première fois.

Mais cet honneur ne va pas sans une grande émotion. Nous sommes à Berlin, au cœur de l'Europe : cette ville, qui fut en son temps la capitale du Reich nazi puis le symbole de l'Europe divisée, est désormais le symbole de la démocratie retrouvée.

Or, les événements que nous commémorons ensemble aujourd'hui, la personnalité officielle, la responsable politique, l'ancienne présidente du Parlement européen que vous voyez en moi, les a d'abord vécus dans sa chair, anonyme silhouette décharnée, quand fut libéré le camp de Bergen-Belsen où l'arbitraire nazi m'avait reléguée après Auschwitz.

La langue même qui résonne en ces lieux, cette langue allemande dans laquelle, au fil des années, j'ai appris à écouter s'exprimer mes amis et mes partenaires était celle que nous déchiffrions alors, dans l'urgence et dans l'effroi de ne pas comprendre assez vite l'ordre qui menaçait notre survie, à chaque instant. C'est la même, rendue à son intelligence et à son humanité, qui résonne aujourd'hui dans cette salle plénière qui abrite le cœur battant d'une des démocraties les plus vivantes de l'Union européenne.

En ce 27 janvier, jour anniversaire de la libération du camp d'Auschwitz, l'Allemagne a, la première, pris l'initiative de commémorer la mémoire des victimes du nazisme. Depuis l'année dernière, l'Europe, par le truchement du Conseil de l'Europe, s'est engagée à la suivre dans cette voie.

Au moment où l'Union européenne se prépare à accueillir des pays que la domination soviétique sépara si longtemps du reste de l'Europe, une telle commémoration revêt une importance politique cruciale : de la place que cet événement occupera dans la conscience historique européenne dépend largement ce que sera l'Europe future.

Le chemin parcouru est saisissant. La date du 27 janvier est à elle seule une victoire remportée par le travail de mémoire. Le 27 janvier 1945, quand les premiers soldats soviétiques entrèrent dans le camp d'Auschwitz, ils n'y trouvèrent, incrédules et terrifiés, que quelques milliers de malades et de mourants qui avaient, par miracle, échappé aux nazis. Quelques jours auparavant les dizaines de milliers de détenus d'Auschwitz encore vivants que nous étions avaient été contraints, entraînés de force et sous la menace, de se rassembler et de prendre la route dans cette « marche de la mort ».

Contrairement à la libération de Paris, par exemple, dont nous célébrerons le soixantième anniversaire cette année, la libération des camps n'eut rien de festif. Pour les armées et les peuples en guerre, ce ne fut, sur le moment, pas même un événement.

Le camp libéré, cela voulait dire que les chambres à gaz ne tournaient plus, que les trains n'arrivaient plus, que les ordres implacables s'étaient enfin tus. La machine infernale s'arrêtait, elle qui avait tourné à plein régime les derniers mois, avec une cadence implacable ; d'autant plus implacable que les nazis, sentant tourner le vent de la guerre, voulaient parachever leur grande œuvre d'anéantissement du peuple juif avant que la défaite de leur armée ne les en empêche. Le camp cessait donc de fonctionner. Pour les milliers de déportés encore en vie, le risque vital paraissait suspendu.

Nous avons eu alors l'espoir, compte tenu de l'avancée rapide de l'Armée rouge, d'être très vite libérés, à moins que les SS n'aient le temps de nous exterminer auparavant. (...)

Nous, les rares rescapés, nous n'avions plus de famille, plus de parents, plus de foyer. Seuls, nous l'étions, d'autant plus que ce que nous avions vécu, personne ne voulait le savoir. Ce que nous avions vu, personne ne voulait l'entendre. Ce que nous avions à raconter, personne ne voulait en partager le fardeau. Nous ne devions pas vivre : la suprématie nazie était tellement écrasante que nous avions intériorisé jusqu'à l'inéluctabilité de notre condamnation à mort. Nous, les rescapés, nous, les témoins, n'avions survécu que pour être rendus au silence. « Qu'ils vivent, soit, mais qu'ils se taisent », semblait nous dire le monde hors du camp.

Tant d'autres problèmes retenaient alors l'attention. L'Histoire continuait sa marche implacable. La guerre n'était pas encore finie : après avoir fait de nombreuses victimes, elle allait bientôt s'achever mais pour laisser place à d'autres tensions. Les sociétés pansaient leurs plaies. Les prisonniers rentraient, mais une grande partie de l'Europe était détruite. Le bruit des armes cessait, mais l'Europe se déchirait en deux. Bientôt, de l'autre côté du mur, un autre totalitarisme allait priver de liberté la moitié du continent, rendant tout dialogue et toute communication impossibles.

Sur le moment, la libération des camps ne fut pas un événement pour le monde extérieur, ni le retour à la vie normale pour nous, d'ailleurs y sommes-nous jamais revenus ? Dans l'Europe libérée du nazisme, qui se souciait des survivants d'Auschwitz ? Pour l'Histoire qui commençait déjà à s'écrire, pour la mémoire blessée qui forgeait ses premiers mythes réparateurs, nous étions des témoins indésirables.

Cette commémoration du 27 janvier 1945 n'allait donc pas de soi. Le lent et difficile travail de mémoire qui s'est accompli depuis l'a arrachée à l'indifférence, comme il nous a rendu notre place, à nous, témoins de l'indicible. Après nous avoir ignorés, les historiens ont recueilli nos récits et les ont pris en compte. En France comme en Allemagne, la mémoire de la Shoah s'est invitée dans les écoles et s'est imposée dans la littérature et le cinéma.

Auschwitz est devenu le symbole du mal absolu, la Shoah le critère d'inhumanité auquel se réfère la conscience moderne, chaque fois qu'elle craint de s'égarer. La portée universelle du génocide juif a été retenue. Cette maturation était nécessaire : elle a bouleversé la réflexion sur la modernité, révolutionné la pensée politique jusque dans ses fondements, entraîné les progrès du droit international.

Mais l'excès menace ici l'intention initiale. Le paradigme du camp, sorti de son contexte historique, n'est parfois plus qu'un symbole moral universellement recyclable. Ce n'est pas sans danger. À présent que le temps des témoins touche à son terme avec la disparition progressive des derniers déportés, les leçons de la Shoah ont été si bien tirées que, de bonne ou de mauvaise foi, les amalgames menacent la Shoah de banalisation.

Pourtant, tous les génocides ne se ressemblent pas, tous les crimes ne se valent pas, et tout massacre n'est pas génocide. L'Europe s'égarerait à ne retenir des crimes nazis qu'un épisode de caractère exceptionnel coupé de toute compréhension historique. Il est plus que jamais nécessaire de donner à l'événement une juste place dans la conscience historique européenne. Cela suppose une réflexion globale sur la Seconde Guerre mondiale dans l'histoire européenne.

Le nazisme fut un cataclysme d'une ampleur inédite dans l'histoire humaine. Non seulement parce que l'accession historique d'Hitler au pouvoir a eu pour conséquence directe la destruction de dizaines de millions de vies, en quelques années, et l'anéantissement presque total des peuples juif et tsigane ; mais parce que ces horreurs se sont accomplies selon des processus inédits et dans le cadre d'un projet métaphysique et historique total. En ce sens, c'est également toute une civilisation, toute une humanité qui fut victime du nazisme.

Ce cataclysme s'inscrit aussi dans une série historique dont il représente, dans sa radicale et terrifiante nouveauté, le paroxysme. (...)

Les haines et les méfiances se transmettent naturellement de génération en génération. Le sang versé creuse entre les peuples les tranchées des guerres futures. Dans les années 1920 déjà, certains avaient imaginé de surmonter cette fatalité historique qui pesait sur l'Europe. Il faut relire *Le Monde d'hier. Souvenirs d'un Européen* de Stefan Zweig pour mesurer le désespoir qu'a pu susciter l'annonce du déclenchement de la Seconde Guerre mondiale. Je le cite « C'était de nouveau la guerre, une guerre plus terrible et plus étendue que jamais guerre ne l'avait été sur la terre. [...] Ma tâche la plus intime, à laquelle j'avais consacré pendant quarante ans toute la force de ma conviction, la fédération pacifique de l'Europe, était anéantie. [...] l'Europe, notre patrie, pour laquelle nous avions vécu, était détruite pour un temps qui s'étendrait bien au-delà de notre vie. » Ce désespoir du « plus jamais ça » qui recommence pourtant, et qui s'annonce pire encore que le passé, ce fut l'atroce déception qu'eurent les Européens de la première heure. Il faut se rappeler cela pour s'épargner des naïvetés coupables. Le « plus jamais ça » n'a jamais suffi à préserver les générations futures. Il faut davantage que des paroles, davantage que des résolutions, davantage que de bonnes intentions.

Cruciale est la responsabilité de la commémoration. Selon l'intention qui l'anime, elle alimente les haines et nourrit les guerres futures, ou fournit le socle pacifié d'une construction commune. Cela ne va pas de soi. Il n'est pas facile de prendre argument des souffrances et des morts, des deuils et des larmes, pour œuvrer à la réconciliation et rebâtir un lien entre des peuples ennemis qui se sont affrontés en tant d'occasions. Mais avec la Seconde

Guerre mondiale, avec les crimes commis par le nazisme, avec la Shoah et ses millions de morts sans sépulture, avec la tentative d'éradication du peuple juif que seule l'issue de la guerre avait empêché d'aboutir, nous avions franchi un seuil. La longue histoire de haines et de guerres fratricides avait atteint un point de non-retour. Sans un effort de réconciliation volontariste, si éprouvant qu'il puisse être pour nous les survivants qui avions en outre souvent perdu une grande partie de notre famille, les peuples d'Europe ne se remettraient pas de ce cataclysme. C'était pour moi une certitude même si nous paraissions oublier nos mots. De cette leçon de la souffrance date mon engagement en faveur de la réconciliation franco-allemande et pour la construction européenne, les deux objectifs s'épaulant l'un l'autre avec une cohérence, pour moi, évidente.

Avec le nazisme, c'était toute l'Europe qui avait sombré. On ne se relèverait qu'ensemble, prenant appui les uns sur les autres. (...)

Dès les premières initiatives concrètes, l'amitié est venue, plus vite encore que nous ne le pensions possible. Il me faut ici saluer le courage politique et la persévérance visionnaire de quelques grandes personnalités, notamment allemandes et françaises. Les pères fondateurs, Adenauer et Schuman, avaient commencé par le charbon et l'acier. Suivant les traces de ses grands ancêtres, le couple franco-allemand a toujours su oser des gestes forts, pour entraîner l'Europe en avant et lui faire surmonter ses doutes, transcendant les appartenances politiques. Après le traité de l'Élysée conclu en 1963 entre Konrad Adenauer et le général de Gaulle, ce furent Valéry Giscard d'Estaing et Helmut Schmidt, qui relancèrent l'intégration européenne, puis François Mitterrand et Helmut Kohl, qui accompagnèrent les progrès institutionnels du symbole totalement émouvant de la poignée de main de Verdun, et maintenant le président Jacques Chirac et vous, monsieur le chancelier Gerhard Schröder. Je n'ai moi-même eu de cesse, tant dans mes responsabilités politiques françaises que dans mes fonctions de première présidente du Parlement européen élu au suffrage universel, d'œuvrer à encourager ce rapprochement franco-allemand, convaincue qu'il devait être le pilier de l'Europe que nous souhaitions construire.

Cette Europe réconciliée, il fallait lui donner une assise durable, et pour cela la fonder sur deux exigences : transmission de la mémoire et démocratie. Deux exigences complémentaires, au service d'un avenir libre.

L'Europe se devait d'être exemplairement démocratique, exemplairement respectueuse des droits de l'homme. Tirant les leçons des expériences totalitaires de son passé de plomb, l'Europe devait offrir à tous ses citoyens le plus de liberté possible dans un souci de coexistence solidaire et pacifiée. Elle devait donc avoir des institutions justes, à la fois solides et souples, capables de résister aux bourrasques de l'Histoire comme aux tentations insidieuses qui forment le risque inhérent à la démocratie. Comme l'ont rappelé récemment les conditions posées à l'adhésion des nouveaux entrants, les droits des minorités nationales doivent être respectés, la liberté religieuse garantie, afin que toute menace de guerre civile et fratricide puisse être définitivement écartée.

Parce que la démocratie repose sur la confiance dans le peuple, sur la confiance dans les individus citoyens décidant ensemble de leur avenir commun, cette confiance doit être protégée par des valeurs propres à éclairer la prise de décision. Courage civique, tolérance, respect de l'autre, ces valeurs de l'Europe sont celles que l'histoire du nazisme a montré être les plus nécessaires aux heures les plus sombres. Ce sont elles qui, dans les cœurs et les esprits, dans les gestes et les actes de quelques-uns, ont sauvé l'honneur quand des nations entières sombraient. Sait-on ainsi que Berlin même, le fief des SS, ne fut jamais totalement *judenrein*, qu'ici même survécurent malgré tout à travers toute la guerre une petite poignée de Juifs cachés dans des conditions de danger extrêmes qui révèlent le courage et l'héroïsme de ceux qui les cachèrent ?

C'est aussi une leçon de l'expérience nazie : les institutions doivent être les plus fiables possible, la démocratie doit être garantie contre les passions par toutes sortes de mécanismes de protection et de contre-pouvoir, mais si ceux-ci viennent à faillir, il n'y a que le courage civique, le sens moral, la dignité des individus qui peuvent sauver la liberté collective.

Le deuxième pilier spirituel de l'Europe devait être la transmission. L'Europe devait connaître et assumer tout son passé commun, ses zones d'ombre et de lumière ; chaque État membre devait connaître et assumer ses failles et ses fautes, être au clair avec son propre passé pour l'être aussi avec ses voisins. Pour tout peuple, le travail de mémoire est exigeant, souvent difficile, parfois pénible. Mais il protège l'avenir des errements du passé, car c'est lui qui permet de reconstituer sur des bases saines l'unité nationale mise à mal par les trahisons antérieures ; c'est encore lui qui rend possible une réconciliation durable entre nations autrefois ennemies.

Sur ce terrain, l'ensemble des États européens n'ont pas avancé au même pas. La France et l'Allemagne, selon des processus différents, ont été toutes deux pionnières dans ce travail de mémoire. Même si toutes les victimes du nazisme n'ont pas tout de suite été prises en compte, l'Allemagne a su réagir en matière d'indemnisation et de réparation, pour prendre en charge ce qui pouvait l'être de la souffrance des rescapés et de leurs descendants. Conscient d'une partie de la « culpabilité allemande », Konrad Adenauer n'a pas hésité à aller à l'encontre de certains de ses propres partenaires politiques, pour répondre aux demandes légitimes du tout jeune État d'Israël qui venait de naître sur les ruines du judaïsme européen anéanti.

Ces mesures concrètes ont été accompagnées par des gestes symboliques très forts : comment ne pas rappeler ici l'agenouillement de Willy Brandt face au monument édifié en souvenir des victimes du ghetto de Varsovie ?

En France, il a fallu attendre les années 1990 pour que soit reconnue, de manière officielle, la responsabilité directe de l'État français dans les crimes commis sous le gouvernement de Vichy. Ainsi en 1995, Jacques Chirac a enfin trouvé les mots qu'on attendait : « reconnaître les fautes du passé et les fautes commises par l'État, ne rien occulter des heures sombres de notre Histoire, c'est tout simplement défendre une idée de l'homme, de sa liberté, de sa dignité. »

Tous les problèmes ne sont pas résolus, mais nos deux pays peuvent aujourd'hui regarder en face ces pages sombres de leur Histoire, car ces efforts leur ont permis de regagner l'honneur perdu.

Il nous faut à présent montrer la voie, à l'échelle de l'Europe, afin que chaque nation, chaque peuple accomplisse avec courage et dignité ce nécessaire travail sur son propre passé, condition d'une coexistence pacifiée et durable. Les choses n'avancent pas au même rythme partout. La Shoah n'est pas encore suffisamment reconnue dans un certain nombre de pays d'Europe de l'Est : manipulé par les régimes communistes longtemps au pouvoir, le souvenir des souffrances infligées par l'occupant nazi aux peuples occupés a oblitéré le souvenir des souffrances infligées aux Juifs, avec parfois la complicité de ces peuples. Cette réalité doit être reconnue. Dans les pays d'Europe de l'Est désormais libérés du joug communiste, d'autres souvenirs-écrans viennent à présent recouvrir le nécessaire travail de mémoire sur la Shoah : pour ces peuples soumis pendant presque un demi-siècle à la domination soviétique, les victimes du communisme ont effacé celles du nazisme. Plus grave, la mémoire et l'Histoire sont parfois manipulées au point de servir à justifier l'antisémitisme par la référence aux souffrances infligées par les Soviétiques. Au moment où l'Europe s'élargit à l'Est, il faut s'alarmer de ces dérives, car ces apparentes controverses historiques touchent en profondeur à l'identité de l'Europe future. Parce qu'elle a connu les deux totalitarismes, l'Allemagne à présent réunifiée peut sans doute aider les nouveaux États membres à résoudre sereinement cette asymétrie de la mémoire.

Démocratie et transmission, deux exigences complémentaires qui arriment l'Europe pacifiée à son passé déchiré. Double bouclier contre les passions mortifères toujours susceptibles de ressurgir ici ou là. Soixante ans après la Seconde Guerre mondiale et la Shoah, les Européens peuvent regarder en arrière et avec fierté le chemin accompli pour se réconcilier. Mais il reste encore du chemin à parcourir. Le succès nous impose à présent d'autres défis à relever : avec l'entrée dans l'Union des nouveaux membres issus de l'ex-bloc de l'Est, l'Europe devra apprendre à fonctionner à vingt-cinq. De nouvelles solutions institutionnelles seront à inventer au service d'une nouvelle architecture politique. Pour cela, l'Europe devra se donner une Constitution, indispensable cadre de fonctionnement de la démocratie dans une Union élargie qui sera à même de fixer, de garantir et de transmettre aux générations futures le socle des valeurs fondatrices de l'Europe, à commencer par son exigence toujours approfondie de démocratie et de respect de la personne humaine.

En effet, de nouveaux problèmes viennent défier nos capacités à défendre nos valeurs. Ainsi, comment ne pas être préoccupé par ces signes d'un antisémitisme résurgent en Europe ? En France, depuis le début de la seconde intifada, les actes antijuifs se sont multipliés, des incendies de synagogues aux brimades d'enfants juifs dans nos écoles publiques. Des phénomènes similaires ont lieu ailleurs en Europe. Il n'est pas tolérable que les nations d'Europe de l'Ouest, qui ont avec raison conditionné l'adhésion des nouveaux entrants au critère qu'est le respect du droit des minorités, laissent pareille gangrène se développer sur leur sol.

Il faut répéter que le contexte proche-oriental, la misère sociale, ou l'ignorance, ne sauraient constituer excuses ou circonstances atténuantes à pareils agissements. Quand on retourne la mémoire de la Shoah contre les Juifs, en osant des comparaisons indécentes entre camps d'extermination et camps de réfugiés, quand on banalise le génocide juif par toutes sortes d'amalgames ou qu'on exploite les clichés de la propagande antisémite au service du combat antisioniste, l'Europe a le devoir d'arrêter ces dévoiements, non seulement par respect pour les survivants de communautés décimées il y a soixante ans, mais aussi par souci de sa propre dignité. Se rappelle-t-on que dans les années 1930, de part et d'autre du Rhin, Juifs français et Juifs allemands ont sous-estimé le péril qui les menaçait parce qu'ils étaient trop patriotes pour douter de leurs pays respectifs ?

Aujourd'hui, la France et l'Allemagne comptent les deux plus grosses communautés juives d'Europe : cette confiance retrouvée, l'Europe a la responsabilité de ne pas l'ébranler. Nul ne saurait tolérer que soit remise en cause l'appartenance des Juifs au consensus européen, et l'Europe doit réagir avec une fermeté exemplaire pour dénoncer et combattre toute résurgence de l'antisémitisme, quelle que soit sa forme, quel que soit son prétexte. Il en va aussi de sa force et de son avenir, car, l'histoire nous l'enseigne, les poussées d'antisémitisme sont bien souvent le symptôme d'un malaise sociétal, d'une crise de vitalité démocratique. C'est dire combien le travail sur soi et l'exigence de vigilance sont toujours d'actualité pour l'Europe.

C'est dans la continuité assumée de son passé d'ombre et de lumière que l'Europe puise, depuis soixante ans, les ressources de son avenir. Tel est l'engagement tacite que la première génération d'Européens a pris envers les générations futures qui, le jour venu, en reconduiront à leur tour la promesse.

Je voudrais, pour conclure, m'adresser plus particulièrement aux jeunes lycéens allemands et français qui sont ici aujourd'hui : vous êtes le symbole concret et vivant de cette réconciliation mais vous êtes aussi le relais que nous vous passons avec confiance. Comme des milliers de lycéens européens, vous assumez ce devoir de mémoire. Je souhaite qu'avec vos professeurs, vous appreniez, vous compreniez ce que fut Auschwitz, afin que vous en méditiez les leçons. Vous serez demain les citoyens qui, à votre tour, auront la responsabilité de faire échec à tout ce qui pourrait conduire au même engrenage de la haine et de la violence, conduisant inéluctablement à la barbarie.

Mais la jeunesse d'aujourd'hui, plus ouverte à l'ensemble du monde, plus solidaire de ceux dont les droits sont bafoués, instruite des atrocités du passé, saura, je l'espère, tirer la leçon d'Auschwitz.

Je lui fais confiance. C'est à vous, jeunes Allemands, jeunes Européens qui êtes ici, que je m'adresse pour dire : n'oubliez pas le passé. C'est à vous désormais qu'appartient de faire l'Europe, une Europe des libertés, une Europe messagère de paix et de respect de la dignité humaine.

Bundestag, Berlin, 27 janvier 2004

« Nos pays ont payé trop cher le prix de la barbarie pour ne pas tirer une leçon des erreurs du passé »

Monsieur le maire,

Mesdames, Messieurs les élus,

Lorsque vous m'avez fait l'honneur de m'inviter à prononcer la conférence inaugurale de l'Université pour tous et m'avez proposé de parler de l'Europe, nous n'imaginions pas ni les uns ni les autres que nous nous trouverions en plein cœur de l'actualité, ou plutôt d'une polémique sur la portée du projet de Constitution européenne et plus particulièrement sur la réponse à apporter au cas où le président de la République déciderait de la soumettre à un référendum.

L'importance de ce débat et de la réponse qui sera faite par les Français ne peut échapper à personne. C'est en effet de l'avenir de l'Europe qu'il s'agit pour les décennies à venir, sachant que les résultats de ce référendum auront une influence décisive sur le sort réservé au projet de la Constitution européenne qui a, d'ores et déjà, été approuvé le 18 juin dernier à Bruxelles par les chefs d'État et de gouvernement des vingt-cinq pays qui, depuis le 1er mai, font partie de l'Union européenne. Le texte définitif ainsi adopté a pris pour base de travail le projet initial élaboré par la Convention sur l'avenir de l'Europe, présidée par Valéry Giscard d'Estaing.

Il est vrai que si cet accord a pu intervenir, c'est au prix d'un certain nombre de concessions, particulièrement à la demande du Royaume-Uni, notamment en renonçant au vote à la majorité qualifiée et imposant le vote à l'unanimité.

J'aurai l'occasion de revenir sur cet accord qualifié d'historique par certains participants, en raison des avancées qu'il comporte, même ainsi limitées. En France, d'ores et déjà, le débat a commencé : il est sain qu'il soit le plus ouvert possible pour un événement qui engage l'avenir non seulement de notre pays et ceux de tous les autres pays européens, mais également l'équilibre du monde.

Encore faut-il qu'en raison de la complexité du texte et des problèmes en cause, les prises de position des uns et des autres dans le débat soient l'occasion de faire le bilan de ce que l'Europe nous a apporté depuis les années 1950, par rapport aux ambitions et aussi aux craintes que nous pouvions avoir. Il s'agit avant tout d'éclairer les Français sur les enjeux en cause, en leur montrant non seulement les avancées mais aussi les insuffisances réelles qu'il comporte.

En ce qui me concerne, je suis tenue en raison de mes fonctions au Conseil constitutionnel à un devoir de réserve, qui ne me permet pas de prendre parti. En effet, cette institution sera amenée prochainement à se prononcer sur les éventuelles modifications à apporter, le cas échéant, à notre Constitution. C'est pourquoi aujourd'hui je ne me prononcerai pas.

Nul n'ignore mes convictions européennes. J'en ai souvent fait état. J'ai conduit à trois reprises en 1979, 1984 et 1989 une liste pour les élections au Parlement européen. J'ai, en 1979, quitté le gouvernement pour le présider après sa première élection au suffrage universel.

Les raisons fondamentales de cet engagement n'ont pas changé. Je dirais qu'au contraire le contexte actuel, les menaces qui pèsent sur notre sécurité et sur nos valeurs nécessitent dans ce monde dangereux que les Européens s'unissent davantage.

En tout état de cause, un nouveau traité s'impose, sauf à devoir mettre en œuvre les dispositions du traité de Nice, dont on sait combien certaines sont préjudiciables à la France, notamment en ce qui concerne la pondération des voix entre les différents pays au sein des institutions européennes.

Il est vrai par ailleurs que les élargissements successifs et l'évolution de l'équilibre des forces dans le monde ont bouleversé la donne par rapport à la conception initiale des pères fondateurs de l'Europe.

Depuis la déclaration Schuman du 9 mai 1950 et la signature du traité de Rome en 1957, le débat est ouvert. Cette déclaration traduit solennellement cette volonté de réconciliation, cette volonté de paix.

Si cette déclaration eut pour objectif concret la mise en commun de la production franco-allemande du charbon et de l'acier, il s'agissait avant tout de créer « des solidarités qui rendraient impossible la guerre entre nous, notamment entre la France et l'Allemagne ». Robert Schuman savait que pour cela, il fallait trouver un système dans lequel « nous n'engagerions pas seulement nos paroles, mais nos intérêts ».

Le document ainsi présenté n'était pas seulement déclamatoire. Quoique très bref, il allait bien au-delà d'une déclaration d'intention et d'une proposition qui était adressée aux principaux responsables des pays d'Europe de l'Ouest. En effet, définissant les institutions qui devraient être mises en place pour gérer ce pool du charbon et de l'acier, il prévoyait une Haute Autorité commune indépendante, une assemblée parlementaire, un conseil composé des représentants des gouvernements et une cour de justice qui préfiguraient déjà les institutions de l'Europe d'aujourd'hui. Ce document précisait également le rôle de chacune de ces institutions ainsi que les principes et les règles auxquels la question commune de cette production devrait satisfaire.

Le chancelier Konrad Adenauer, qui avait été informé de cette initiative française, donnait aussitôt son accord à cette proposition qui permettrait à la RFA de se retrouver en bonne place dans le concert des nations d'Europe de l'Ouest. L'Italie, les Pays-Bas, la Belgique et le Luxembourg ne tardaient pas à suivre l'exemple de l'Allemagne et à accepter les propositions de Robert Schuman. Je tiens ici à rendre hommage à ces premiers militants de l'Europe et de la paix, Alcide De Gasperi, Paul-Henri Spaak et Joseph Bech.

Pour les uns, la Communauté européenne n'était que l'amorce d'une véritable fédération qui devait se construire pas à pas. Pour d'autres, il s'agissait d'une confédération ou au mieux d'une fédération des États nations.

En fait, ce que je tiens à souligner c'est que, qu'il s'agisse de l'Europe des six (France, Allemagne, Italie, Belgique, Luxembourg, Pays-Bas) ou de celle de l'Union européenne d'aujourd'hui comprenant vingt-cinq pays, le rôle de la France a toujours été prédominant.

En évoquant la déclaration de Robert Schuman, acte fondateur de l'Europe des six, je ne peux passer sous silence le rôle déterminant de Jean Monnet, puisqu'il s'agit de l'inspirateur de cette déclaration. Depuis longtemps celui-ci avait perçu la nécessité de créer entre les Européens des instincts et des solidarités tels que la guerre deviendrait impossible. Dans son esprit, ces mécanismes et ce maillage juridique nécessaires à leur bon fonctionnement entraîneraient de facto la mise en place d'une autorité supranationale. C'était pour lui le véritable enjeu et c'était pour lui le prix de la paix. La déclaration de Robert Schuman du 9 mai 1950 traduit solennellement cette volonté de réconciliation et de paix.

En 1950, cinq années seulement se sont écoulées, cinq années jour pour jour, depuis la fin, du moins en Europe, de la guerre la plus effroyable que l'histoire de l'humanité ait connue. Tous les continents ont été concernés, directement ou indirectement.

Des dizaines de millions d'hommes, de femmes et d'enfants, militaires et civils, ont été tués dans les combats ou les bombardements, fusillés, assassinés, dont leurs familles portent encore le deuil.

L'Europe est en ruine : les villes et les usines commencent à peine à se reconstruire et les champs restent en friche par crainte d'obus non éclatés. Des centaines de millions d'hommes retenus en captivité ne sont pas encore rentrés chez eux.

La guerre froide entre les alliés de la veille menace à nouveau la paix : la guerre de Corée n'est pas loin avec la crainte d'une troisième guerre mondiale sur laquelle plane le risque d'une attaque nucléaire.

Dans l'Europe coupée en deux, plus que partout les haines demeurent. Comment pourrait-il en être autrement quand, pendant près de six ans, tout a été permis, tout a été possible pour se détruire les uns les autres ? Certes, le camp de la liberté a gagné contre le mal absolu du fascisme et de la haine raciste, mais à quel prix ?

L'idée d'unir les peuples ou les pays européens était loin d'être nouvelle. Le plus illustre de celui qui s'y est essayé est sans doute Charlemagne en l'an 800. D'autres rois et empereurs s'y sont employés pour tenter d'imposer leur propre domination ou l'hégémonie de leur pays. Ce furent des entreprises sans lendemain. Écrivains ou philosophes ont également rêvé d'une Europe qui trouverait, dans son unité, le moyen d'accroître son influence dans ce monde et de délivrer un message universel. Même si Victor Hugo avait déjà songé à ce que pourraient être les États-Unis d'Europe et à l'élection d'un Parlement européen au suffrage universel, tous ces projets n'ont guère dépassé le stade de l'utopie.

En 1950, pour la première fois, les ministres des Affaires étrangères de six pays se sont mis d'accord pour un projet, certes limité, mais précis et structuré. La CECA, comme à partir de 1957 la Communauté économique européenne sont nées de la volonté de réconciliation. Les mécanismes mis en place ont pour objet de créer le maximum de liens entre nos pays, pour susciter des intérêts communs et favoriser la paix.

Nos pays ont payé trop cher le prix de la barbarie pour ne pas tirer une leçon des erreurs du passé. Autant que la paix, la liberté et la démocratie, qui en sont les garants, sont le ferment, non négociable, de cette Europe en construction. Il allait de soi que son histoire devait s'inscrire dans le respect de nos valeurs communes et de la dignité humaine.

Pour ma part je ne pouvais que soutenir une telle démarche. Elle traduisait mes propres sentiments. Enfant, j'avais été élevée entre les deux guerres dans la haine des Allemands comme beaucoup de jeunes enfants français.

La déportation, les disparitions de mes parents et de mon frère, la barbarie extrême d'Auschwitz ne me portaient guère à la réconciliation. Mais j'avais conscience que pour éviter que les futures générations ne soient pas entraînées à leur tour dans une catastrophe qui pouvait être encore plus dramatique, il fallait tout faire pour se réconcilier.

Mon engagement en faveur de l'Europe reste fondé sur ce désir de paix, une paix fondée sur la réconciliation, la démocratie et le respect des valeurs fondamentales. La paix, au moins en Europe, semble désormais un acquis. Je dis bien semble, car toute paix est fragile surtout dans le monde de violence, de passion et d'intolérance qui est le nôtre.

Pour la première fois de leur histoire, les Européens ne se sont pas faits la guerre depuis plus de soixante ans. Je vous entends déjà. Et la Bosnie et le Kosovo ? C'est vrai que les Européens n'ont pas su prévenir ces conflits dramatiques nés de l'éclatement de l'ex-Yougoslavie. Ce n'est pas l'Europe qui a été défaillante, mais parce qu'il n'y avait pas assez d'Europe, faute d'une Europe politique, faute d'une force d'intervention européenne autonome. Nous avons su toutefois éviter le pire, nous mettre d'accord sur la conduite à tenir et éviter que pour la seconde fois Sarajevo soit à l'origine d'un conflit qui aurait pu enflammer toute la région.

Le rêve des Nations unies d'Europe que Winston Churchill avait formulé dès 1946 était sans doute à l'époque trop utopique pour être compris. La création en 1949 du Conseil de l'Europe qui s'en était inspiré, organisme symboliquement fort mais à l'époque de portée et de moyens limités, était loin de répondre à une pensée aussi visionnaire. La Convention européenne des droits de l'homme et la Cour qui en sanctionne les violations ont désormais une place importante dans le respect des droits de l'homme par tous les pays européens.

C'est Robert Schuman, avec ses propositions révolutionnaires, qui a posé les premières pierres d'une Europe unie dont il se gardait bien toutefois de définir la nature exacte. Robert Schuman était alors ministre des Affaires étrangères. Il prévoyait parfaitement les obstacles auxquels serait confrontée l'idée même d'éventuels transfert ou délégation de souveraineté à un organisme constitué de personnalités indépendantes appartenant à nos différents pays. Il ne fallait pas compromettre l'avenir mais laisser au temps le soin de s'y préparer et de faire évoluer les institutions et les mentalités.

Reconnaissons aujourd'hui, cinquante ans après, que l'approche d'une union économique n'a pas suffi à susciter l'union politique que certains attendaient. Le débat reste ouvert : les polémiques et les affrontements n'ont jamais cessé entre fédéralistes européens et souverainistes opposés à toute supranationalité.

Je n'entrerai pas dans ce débat : d'abord parce que les choses ont beaucoup changé avec les élargissements successifs et que ceux qui restent à venir nous obligent à modifier les institutions pour qu'elles puissent fonctionner.

Mais surtout, au-delà des positions de principe des uns et des autres, il faut bien voir que dès l'origine, la Haute Autorité et surtout la Cour de justice étaient d'inspiration fédérale, de même, depuis 1979, le Parlement européen que j'avais l'honneur de présider.

L'édifice européen, tel qu'il est devenu avec les traités successifs et notamment celui de Maastricht instaurant la monnaie unique, est en fait une construction originale, de caractère atypique, ce qui lui a peut-être, en dépit de ses insuffisances et de ses faiblesses, permis de survivre.

Il est vrai que longtemps la construction européenne a été une pomme de discorde entre les Français, entre les souverainistes et les européïstes, les uns refusant toute délégation de souveraineté, notamment en matière de défense et de politique étrangère, d'autres, cherchant au contraire à bousculer l'Histoire.

Pendant longtemps, les élargissements successifs ont eu la priorité sur l'approfondissement. On ne pouvait faire les deux à la fois.

Lorsqu'en 1958 le général de Gaulle est devenu président de la République, certains se sont demandé quelle serait sa position vis-à-vis du traité de Rome. Il a tenu les engagements pris et poursuivi par ailleurs la construction de l'Europe en signant le traité de l'Élysée avec l'Allemagne, consolidant ainsi avec le chancelier Adenauer la réconciliation entre les deux pays.

Comment ne pas souligner à cette occasion le rôle moteur ainsi joué par cette alliance privilégiée entre la France et l'Allemagne, largement fondée maintenant, depuis des décennies, sur l'amitié et la confiance entre les présidents français et les chanceliers successifs.

À cet égard les couples successifs de Gaulle-Adenauer, Giscard d'Estaing-Schmidt, puis Mitterrand et le chancelier Kohl, et d'une certaine façon Chirac, ont permis des avancées significatives alors qu'ils appartenaient à des majorités différentes.

S'agissant des premiers, je rappellerais la mise en place du Conseil européen, le SME et l'élection du Parlement européen au suffrage universel, s'agissant de Kohl et Mitterrand, je tiens à rappeler l'importance à mon sens exceptionnelle du soutien apporté en 1983 au chancelier Kohl pour l'implantation des Pershing et le geste hautement symbolique de leur visite commune à Verdun. Le traité de Maastricht avec la monnaie unique a traduit de façon très concrète la solidarité des liens ainsi instaurés entre nos deux pays et l'effet d'entraînement sur nos partenaires.

Auparavant la chute du mur de Berlin le 9 novembre 1989 avait très vite posé le problème de l'unification allemande, le président Mitterrand devait s'y rallier et en favoriser la réalisation. Le séisme provoqué par la chute du mur de Berlin, les révolutions de velours des différents pays soumis à l'hégémonisme soviétique et au communisme puis l'implosion de l'Union soviétique allaient soulever le problème de la place de tous ces pays dans la Communauté européenne.

À dire vrai, je ne suis pas très étonnée de la forte abstention enregistrée lors des récentes élections européennes. En premier lieu, parce que les institutions européennes, notamment en ce qui concerne les compétences et modes de décision, sont si complexes qu'il est difficile d'y intéresser les électeurs et même de les expliciter. Aussi faut-il espérer que le débat qui devrait précéder le référendum sera de matière à les éclairer.

Fondamentalement, les positions respectives des responsables de la plupart des partis politiques se sont, depuis ces dernières années, beaucoup rapprochées : d'une part parce que, de facto, les élargissements successifs, particulièrement le dernier, ainsi que l'évolution internationale depuis la chute du mur de Berlin et de l'implosion de l'Union soviétique, ont considérablement modifié la donne et rapproché les positions, en écartant celles qui étaient les plus extrêmes.

Les idées ont évolué parce que la situation est fondamentalement différente de ce qu'elle fut à l'origine.

Ainsi, pour ma part, j'ai pensé que l'Europe, celle que concevait Jean Monnet et les « pères fondateurs », n'est plus adaptée à la grande Europe qui est en train de se réaliser. Déjà parce que nous sommes trop nombreux et de cultures trop différentes. Également parce que la mondialisation ou globalisation a réveillé un besoin d'enracinement et d'affirmation d'identité nationale qu'il serait dangereux d'ignorer.

Dans le même temps, la même globalisation, les dangers nouveaux qu'entraînent le terrorisme, la criminalité internationale, l'hégémonisme américain du fait de l'effondrement de l'Union soviétique renforcent la conscience de la nécessité d'une Europe forte, capable de s'exprimer d'une seule voix et de se défendre tant sur le plan strictement militaire qu'en ce qui concerne sa sécurité intérieure. Les magistrats eux-mêmes ne déplorent-ils pas l'actuelle faiblesse de l'Europe en ce domaine, en dépit des avancées faites avec le troisième pilier lors du traité de Maastricht.

Tout cela explique sans doute, que lors des dernières élections présidentielles, les deux candidats potentiels pour le second tour de l'élection présidentielle n'aient pas affiché de divergence réelle sur les institutions européennes. Et ce n'est pas seulement la conséquence d'une longue cohabitation dont le président et le gouvernement ont dû s'accommoder.

Ainsi les clivages les plus marqués entre les formations politiques ont-ils largement disparu alors qu'en 1958, beaucoup se demandaient si le général de Gaulle dénoncerait ou non le traité de Rome ; il en a pleinement accepté les principes, sauf à imposer certaines interprétations (compromis de Luxembourg et chaise vide) ou à s'opposer à l'entrée de la Grande-Bretagne, ou encore, vainement, à tenter de mettre en œuvre « le plan Fouchet » (dont on a pu, par la suite, se demander s'il n'aurait pas été un premier pas en matière de politique étrangère). Mais les divergences qu'elles avaient sur l'Europe n'ont pas été suffisantes pour faire obstacle à des majorités de coalition fondées sur les clivages traditionnels droite-gauche entre RPR et UDF d'une part, socialistes et communistes d'autre part, et non sur des alliances sur l'Europe.

Au-delà d'une alliance technique au Parlement européen, en dépit des efforts de certains, c'est le même clivage qui suscite la plupart des votes plutôt que l'engagement plus ou moins européen.

Certains avaient bien espéré que le choc provoqué par l'unification de l'Allemagne et ses conséquences immédiates sur la Communauté économique européenne ainsi que l'implosion de l'Union soviétique libérant les pays d'Europe centrale seraient un coup fatal pour la construction européenne. Il n'en a rien été — au contraire. Dès le Conseil européen de Strasbourg en décembre 1989, puis à celui de Dublin quelques mois plus tard, tous les États membres se mettaient d'accord pour en accélérer le processus.

Cette évolution n'est pas propre à la France. Pour ne prendre que deux situations extrêmes, celle du Royaume-Uni et celle de l'Italie, que j'ai eu la possibilité de connaître de près pendant les treize ans où j'ai siégé au Parlement européen, j'observe que le premier a, à travers les différents traités, Maastricht, Amsterdam et Paris, accepté nombre de mesures qui allaient dans le sens d'une plus grande intégration, notamment le renforcement des pouvoirs du Parlement européen, la création d'une force d'intervention rapide, tandis que l'Italie, naguère championne du fédéralisme, est devenue avec son actuel Premier ministre beaucoup plus timide en la matière. S'ajoute à cela le poids de l'Espagne, des pays scandinaves et de l'Autriche qui, entrés plus tardivement dans la Communauté ou l'Union, n'ont pas été marqués par l'engagement des pays fondateurs essentiellement fondé sur leur volonté de réconciliation entre les ennemis de la veille.

Pour autant, le paysage européen, et les problèmes que pose son avenir, n'en est pas simplifié, car le jeu des alliances est en même temps plus difficile à décrypter et maîtriser dès lors que le couple franco-allemand qui fut pendant près de cinquante ans le moteur de l'Europe — quels que soient les responsables politiques de part et d'autre du Rhin — n'a plus autant de poids.

Enfin, avant d'en venir à la présente actualité, comment ne pas souligner l'évolution du processus institutionnel entraînant, grâce à des compromis certes parfois difficiles mais à l'unanimité du Conseil européen, des acquis qu'aucun des États membres ne semble chercher à remettre en cause.

À cet égard, je suis surprise des propos souvent très pessimistes tenus sur les difficultés et les freins auxquels se heurte actuellement la construction européenne, alors que depuis dix ans les avancées ont été bien plus importantes dans tous les domaines qu'elles ne l'avaient été pendant les trente années précédentes.

Pourtant et jusqu'en 1976, les États membres n'étaient que six, tous très motivés, et ces pays étaient en pleine croissance et dans un contexte géopolitique stabilisé par la guerre froide et le parapluie nucléaire. Sans doute ceci explique-t-il cela : il a fallu que nos pays se sentent plus vulnérables pour éprouver le besoin de s'unir davantage à travers une Europe plus forte et plus solidaire. À cet égard, l'impuissance de l'Europe face au drame de l'ex-Yougoslavie a été une dure leçon pour les politiques et un douloureux spectacle pour tous.

Aujourd'hui c'est la puissance politique et militaire des États-Unis et la force qu'ils en tirent pour imposer leurs vues qui nous inquiètent à juste titre, alors que, compte tenu de sa population et de son PNB, l'Europe devrait être en mesure de peser bien davantage. L'exemple du Moyen-Orient reste, à cet égard, éclairant puisque la Communauté contribue bien plus largement au développement de ces pays.

La prise de conscience manifestée par les douze États membres de la Communauté lors de la chute du mur de Berlin de la nécessité d'adapter la Communauté européenne à la situation nouvelle s'est traduite en 1992 par le traité de Maastricht, mettant en place l'union économique et monétaire dont l'euro a été l'aboutissement. Le principe de subsidiarité y est par ailleurs consacré. Par la suite en octobre 1997, le traité d'Amsterdam a permis d'autres avancées : une politique étrangère et de sécurité commune, y compris la définition d'une politique de défense commune, étayée, le cas échéant, par une coopération en matière d'armements et la création d'un secrétaire général du Conseil qui exerce la fonction de haut représentant pour la politique étrangère et la sécurité commune. Il prévoit également la coordination de l'action des États membres au sein d'organisations internationales, telle l'ONU, où ils défendent des positions communes.

Ont également été prévues des dispositions relatives à la coopération policière et judiciaire en matière pénale (aujourd'hui mandats d'arrêt européens acceptés par sept pays) : forces de police, autorités douanières, autorités judiciaires. Toutefois, s'agissant de ce troisième pilier, il s'agit d'une coopération intergouvernementale et non de politiques communes.

Enfin est intervenu le traité de Nice, dont on parle en ce moment comme d'une régression, en décembre 2000, à l'issue d'un Conseil européen qui avait pour objet de résoudre les problèmes sur lesquels les Quinze n'avaient pu se mettre d'accord à Amsterdam : le nombre de commissaires et la pondération des voix au sein du Conseil. Ce traité a été très critiqué comme n'ayant pu remplir le mandat qui lui avait été confié après l'échec d'Amsterdam. C'est vrai sur ces deux points, pourtant prioritaires en vue de l'élargissement : c'est pourquoi certains auraient souhaité qu'il ne fût pas ratifié.

Ce que je regrette davantage, c'est la décision prise sur la pondération des voix : il aurait été préférable, à mon sens, d'accepter d'augmenter le poids de l'Allemagne au sein du Conseil plutôt qu'au sein du Parlement européen où l'augmentation de l'influence des parlementaires européens allemands risque de poser de graves problèmes (il semble que l'on ait quelque peu oublié les conséquences du pouvoir de codécision du Parlement européen).

Le seul mérite du traité de Nice était de prendre des engagements fermes et précis pour un futur élargissement que l'on ne pouvait plus différer, ainsi que sur la possibilité de mise en œuvre de « coopérations renforcées ». Aux yeux de l'Histoire et pensant à la stabilité de l'Europe, l'élargissement était devenu une priorité.

Je voudrais sur ce point ouvrir une parenthèse. Convaincue dès 1990 de la nécessité d'accueillir sans tarder dans les instances démocratiques européennes les pays qui venaient de se libérer du totalitarisme pour nous rejoindre, et consciente des difficultés qu'il y aurait aussi bien pour eux que pour nous, j'avais pensé qu'un Conseil de l'Europe rénové, lié à la Communauté économique européenne notamment pour la coopération politique, pourrait provisoirement satisfaire leurs ambitions et leurs besoins prioritaires. Jacques Delors n'en voulait pas. Et le président Mitterrand tenait à son projet de confédération. Présenté à Prague à Vaclav Havel, ce projet fut rejeté par tous, sans ménagement. Invitée en 1992 par l'Académie des sciences morales et politiques, je n'avais pas renoncé à cette idée et je pense encore aujourd'hui qu'elle aurait pu être soutenue par nombre des États membres et aurait pu servir de transition avec les futurs élargissements. Il ne sert à rien de revenir sur le passé.

Le traité de Nice, s'il n'a pas résolu les problèmes posés par l'élargissement, a eu la sagesse de ne pas fermer la porte à une prochaine conférence intergouvernementale en 2004, chargée de restructurer les institutions. Cela impliquait une réflexion sur la répartition des compétences entre l'Union et les États membres, la clarification du statut juridique de la Charte européenne des droits de l'homme, la reconsidération du rôle des Parlements nationaux et la simplification des traités, tout au moins leur mise en ordre.

C'est sur cette base que l'idée d'une Constitution a été lancée par diverses personnalités à laquelle se sont ralliés Jacques Chirac et Gerhard Schröder, en reprenant le terme de Fédération d'États nations.

Cette expression recouvrait au demeurant des possibilités très diverses et de grandes ambiguïtés. Elle avait le mérite de laisser beaucoup de portes ouvertes, surtout lorsqu'on sait qu'en tout état de cause il faut créer une structure *sui generis* sans précédent. C'est ce caractère qui a fait l'originalité et le succès de la Communauté, même si elle n'est plus adaptée aux réalités d'aujourd'hui.

Donnant suite au traité de Nice, il a été décidé en 2001 de convoquer une convention chargée de préparer la prochaine Conférence intergouvernementale ayant pour président Valéry Giscard d'Estaing. Avec quel mandat ? Je cite : « La déclaration de Lacken et les perspectives qu'elle ouvre marquent pour le citoyen une étape décisive vers une version plus simple, plus forte dans la poursuite de ses objectifs et plus présente dans le monde. »

Parallèlement aux travaux de la Convention, un forum a permis de structurer et d'amplifier le débat public déjà engagé sur l'avenir de l'Union.

Ce nouveau rôle de l'Europe dans un environnement mondialisé tient compte du principe que la seule frontière que trace l'Union européenne est celle de la démocratie et des droits de l'homme.

L'Union n'est ouverte qu'aux pays qui respectent des valeurs fondamentales telles que des élections libres, le respect des minorités et l'État de droit. À elles seules les conditions posent déjà problème s'agissant de la Turquie.

Pour répondre aux attentes des citoyens, l'Union doit jouer un plus grand rôle dans les domaines de la justice et de la sécurité contre la criminalité transfrontière, de la maîtrise des flux migratoires, de l'accueil des demandeurs d'asile et des réfugiés. Une approche communautaire claire, transparente, efficace et menée de façon démocratique. Ce que le citoyen attend, c'est davantage de résultats, de meilleures réponses à des questions concrètes.

Les réformes institutionnelles proposées devraient s'attacher à définir une meilleure répartition et définition des compétences dans l'Union européenne, sans perdre de vue l'égalité et la solidarité entre les États membres, formuler une politique extérieure commune et une politique de défense plus cohérente, parvenir à une simplification des instruments de l'Union qui donne plus de place à la démocratie, à la transparence et à l'efficacité.

À ces fins, comment fallait-il désigner le président de la Commission ? Fallait-il par ailleurs renforcer le rôle du Parlement européen, celui du Conseil, celui des Parlements nationaux ?

Comment garantir l'équilibre et le contrôle mutuel entre les institutions ? Enfin, comment améliorer l'efficacité du processus décisionnel ? Plus de décisions à la majorité qualifiée ? Faut-il garder la rotation semestrielle de la présidence ? Et surtout faut-il intégrer la Charte des droits fondamentaux dans ce traité ou la simplification attendue ne doit-elle pas conduire à terme à l'adoption d'un texte constitutionnel ? Le mandat donné a donc été très large et très ouvert ?

Était-ce un pari impossible ?

Le choix de Valéry Giscard d'Estaing comme président s'est avéré excellent. Ceux qui auraient été tentés de le contester ont dû le reconnaître.

J'ai parlé de voies très ouvertes, mais en fait les contraintes liées aux nombreux pays concernés aux traditions et priorités nationales ont réduit sensiblement la portée des propositions, sauf à prendre le risque d'un échec.

La première possibilité, c'est sous couvert de réformes de plus ou moins grande ampleur de ne pas clarifier réellement ni le rôle respectif des institutions — qui propose, qui décide, qui légifère, qui exécute ? —, ni la compétence entre l'Union et les États membres. C'est un risque réel qu'il ne fallait pas sous-estimer — car c'est là le problème essentiel que depuis cinquante ans, ni la Communauté, ni l'Union n'ont su remédier. À cet égard, Jean Monnet s'était trompé. L'union économique, même monétaire, n'a pas entraîné l'union politique.

La seconde aurait été le retour au souverainisme. Cette voie était exclue par la déclaration de Lacken. Elle ne paraissait plus concevable.

Au-delà des principes, j'y voyais pour ma part des difficultés majeures : comment faire coexister deux ensembles aux vocations si différentes avec les mêmes institutions ? Il faudrait maintenir les institutions actuelles pour ceux qui se satisfont du système actuel en l'améliorant et créer d'autres institutions — commissions et Parlement — pour le noyau fédéral.

L'autre difficulté tient au fait que le Royaume-Uni serait exclu a priori du noyau fédéral, alors qu'il est un atout majeur pour une politique de défense. Un autre scénario, un peu similaire, regroupait une éventuelle avant-garde autour de l'euro en donnant la priorité au renforcement des politiques économiques, fiscales et sociales avant de parvenir à une Fédération d'États nations. La Commission aurait été considérablement renforcée. Certains imaginaient aussi que le couple franco-allemand pourrait servir de base à la formation d'un noyau dur autour de certaines priorités tant politiques qu'économiques.

Les Allemands n'étaient pas disposés à entrer dans un tel processus qui les isolerait des autres pays. Ils ont toujours été plus réticents que la France à afficher leur lien privilégié avec celle-ci, même s'il a été longtemps le moteur de l'Europe.

Enfin, on aurait pu imaginer un système très différent qui s'inspire plus ou moins de la Constitution française et qui prenne acte de ce qui a été déjà initié au sein de l'Union : ce serait la consécration du rôle de la Commission en matière économique et sociale en réservant à un Conseil rénové, siégeant en permanence à Bruxelles, tout ce qui ressortissait plus ou moins à la souveraineté des États et qui d'ores et déjà relève de la coopération intergouvernementale ou de situations spécifiques : monnaie, troisième pilier, défense, sécurité et politique étrangère.

Pour chacun de ces scénarios, il y avait lieu là évidemment de préciser le rôle du Parlement européen, des Parlements nationaux pour que le Conseil ne soit pas, comme il l'est trop souvent aujourd'hui, exclu de toute transparence et de tout contrôle démocratique, faute de publicité et de contrôle parlementaire.

La Convention a pris en compte la mission qui lui avait été confiée : un très large consensus avait pu être trouvé, certains estimant toutefois qu'elle n'allait pas assez loin dans la mise en place d'une véritable fédération telle qu'elle avait été imaginée par Jean Monnet et les europé̈istes d'origine.

Pour d'autres, au contraire, notamment la grande majorité des Anglais et encore davantage les derniers venus, le projet allait bien au-delà de ce qu'ils pouvaient accepter, notamment en ce qui concerne le vote à la majorité sur les questions sociales et fiscales. En revanche, les Britanniques ont dû accepter l'intégration de la Charte des droits fondamentaux dans le texte de la Constitution avec la même portée.

Le débat soulevé en France à propos du non ou du oui, tel qu'il a été récemment posé, ne concerne pas les institutions en tant que telles, mais les principes généraux qui devraient s'imposer dans les politiques mises en œuvre par la future Europe.

Le projet de Convention fut jugé d'inspiration trop libérale, ne prenant pas d'engagement sur le plan des politiques sociales. Témoin et même parfois acteur privilégié, je ne puis que constater que tous les pays ont dû, dès l'origine, faire des compromis, compte tenu de la diversité de nos propres institutions et de nos opinions.

Ce sont les ministres de nos pays, issus des élections nationales, qui constituent les différentes formations du Conseil, et le Premier ministre et le président de la République pour la France, qui constituent la diversité politique de l'Europe. Comme je l'ai précédemment souligné, la relation franco-allemande est loin d'avoir pâti de cette situation. Elle en a sans doute bénéficié et à travers elle, l'Europe elle-même.

Quant au Parlement européen, même s'il est amené à se diviser droite-gauche sur certaines questions, ses majorités changent selon les sujets, les libéraux votant souvent avec la gauche sur les questions de société et à droite sur les questions économiques.

Au demeurant, le comportement de ces groupes est changeant, ainsi que le positionnement politique des groupes nationaux au sein de ces groupes.

Mais on ne peut nier que de vrais problèmes se posent notamment en ce qui concerne les modifications éventuelles de la Constitution, qui exigent l'accord de tous les signataires. Mais le mieux est souvent l'ennemi du bien.

Université pour tous, Eaubonne 1er octobre 2004

Résumé des fondements de ma pensée sur la culture européenne dans le contexte qui est aujourd'hui celui de notre société et dans le monde

Née entre les deux guerres mondiales, mon enfance a été successivement marquée par les deuils et les souffrances de la guerre de 1914, puis à partir de 1933 par la peur d'un nouveau conflit provoqué par l'Allemagne nazie. Il a fallu la faiblesse de nos démocraties pour ne pas vouloir entendre tous ceux qui mettaient en garde contre ce péril, et notamment ceux qui avaient dû fuir l'Allemagne pour échapper aux persécutions et à la répression.

Ainsi l'Allemagne, jusque-là fière de ses intellectuels et artistes, n'hésitait pas à brûler les livres et les œuvres des écrivains et artistes juifs ou opposants politiques, leurs auteurs mis dans des camps ou condamnés à l'exil. Une fois de plus, il était ainsi démontré que la liberté de création et d'expression n'était pas compatible avec les dictatures.

De Socrate à nos jours, intellectuels et artistes ont toujours revendiqué le droit à la liberté de pensée et de création, quitte à être condamnés à mort ou bannis. Ainsi, la plupart d'entre eux ont-ils choisi de résister, de s'exiler, voire de se taire plutôt que de se soumettre au pouvoir politique.

Personnellement, j'ai été fortement marquée par le lâche soulagement des Français face aux accords de Munich et inquiète pour l'avenir. La défaite, l'Occupation, les mesures prises à l'encontre des Juifs, des francs-maçons, des étrangers, nombreux à Nice où j'habitais, m'ont profondément marquée.

Déportée en 1944 ainsi que tous mes proches, j'ai surmonté la haine et le désir de vengeance, ne serait-ce que parce que aucune vengeance n'était à la mesure de la monstrueuse barbarie de l'Holocauste. Rien ne me rendrait mes parents et mon frère morts en déportation. Ce fut d'ailleurs le cas pour la plupart des survivants qui se sont surtout attachés à ce qu'on n'oublie pas et qu'on en tire la leçon.

C'est pourquoi j'ai toujours pensé que seule la réconciliation pouvait mettre fin aux guerres fratricides, à condition d'être fondée sur des institutions communes et des valeurs humanistes. L'affirmation de ces valeurs, qui recouvrent un modèle de civilisation et de société, est le fondement de ma pensée sur la culture européenne et les exigences qui doivent être les siennes.

C'est dans cet esprit que j'ai quitté en 1979 le gouvernement pour siéger au Parlement européen, que j'ai pendant un temps présidé.

Qu'il s'agisse des États membres de l'Union européenne ou des candidats à l'adhésion, ils sont tenus par les traités eux-mêmes à des valeurs communes et à un modèle social fondé sur la solidarité collective qui leur est propre. Une politique culturelle, dont certains déplorent qu'elle ne figure pas plus expressément dans les traités et qu'elle ne soit prise en compte que sous certains aspects, ne saurait à elle seule constituer la culture européenne, alors que le respect de la diversité est source d'enrichissement pour tous.

Les Européens sont certes attachés à préserver leur patrimoine commun et à le développer, mais ils se sentent également des devoirs d'écoute et de solidarité vis-à-vis de tous les pays dans lesquels la misère, aggravée par le sida comme par de nombreux conflits ethniques, ne cesse de grandir.

Alors que d'autres grandes puissances, véritables États-continents, se tiennent volontairement à l'écart de cette coopération internationale, l'Europe a choisi d'assumer ses responsabilités. C'est pourquoi j'ai accepté depuis quelques années la responsabilité de présider le Fonds créé au profit des victimes des crimes contre l'humanité, qui siège auprès de la Cour pénale de La Haye.

Septembre 2005

D'un organe consultatif à une Assemblée supranationale unique au monde

Mesdames, Messieurs,

C'est en 1979 que, sur la proposition de Valéry Giscard d'Estaing, les parlementaires siégeant au Parlement européen (PE) ne sont plus des parlementaires nationaux désignés par leurs partis respectifs mais élus directement au suffrage universel.

Certes, il n'est pas interdit de cumuler cette fonction avec un mandat national, mais progressivement les membres du PE consacrent une grande partie de leurs activités à cette fonction.

En 1979, alors que j'étais alors ministre depuis cinq ans, le président de la République Valéry Giscard d'Estaing m'a demandé de conduire une liste pour le PE. Le président de la République savait mon attachement à la construction de l'Europe, fondement de la réconciliation entre nos pays. Il aime les symboles aussi, que ce soit une ancienne déportée, dont une grande partie de la famille a été victime de l'Allemagne nazie, qui milite pour la réconciliation et siège au Parlement européen, et en devienne si possible la première présidente, valorisait la mise en place du nouveau Parlement.

Pour ma part, je découvre que le Parlement de Strasbourg ne siège que peu à Strasbourg. À l'époque, il ne dispose pas d'hémicycle et utilise les locaux du Conseil de l'Europe. Le secrétariat étant à Luxembourg, les fonctionnaires sont réticents pour venir à Strasbourg et n'hésitent pas à se mettre en grève. D'autres habitent à Bruxelles où se tiennent les réunions des commissions.

Alors que les Français siègent ensemble au gouvernement, ils sont très divisés au PE, notamment sur la question de l'étrange « système du tourniquet » imposé à ceux qui sont sur la liste RPR. Opposition systématique de certains. (...)

Bien qu'il n'ait que des pouvoirs très limités, le PE se met en place.

À l'époque, le seul pouvoir du Parlement concernait le budget de la Communauté, sa marge d'intervention étant toutefois très limitée. Deux années de suite l'adoption du budget de la Communauté européenne fut l'objet d'un litige entre le gouvernement français et le PE. Celui-ci ayant très légèrement dépassé la marge financière dont il disposait. Le Parlement avait voté ces crédits pour lutter contre la faim dans le monde. En ma qualité de présidente, j'ai déclaré le budget adopté. En fait, le dépassement était minime mais le Premier ministre français en a fait une question de principe et a saisi la Cour de justice, ce qui a entraîné l'obligation d'avoir recours à des douzièmes provisoires.

Le Secrétariat général du PE était à Luxembourg et je m'y rendais fréquemment, où d'ailleurs un certain nombre de sessions continuaient à se tenir. Progressivement les parlementaires ont refusé de s'y rendre, estimant que ce n'était pas commode d'avoir plusieurs lieux de réunion. Dans le même temps à Strasbourg, le PE a utilisé les locaux du Conseil de l'Europe, tous les documents nécessaires aux sessions étant transférés de Luxembourg à Strasbourg. À l'initiative du maire de Strasbourg, un nouvel hémicycle fut construit ainsi qu'un bâtiment permettant à chaque parlementaire de bénéficier d'un bureau spacieux.

Si j'évoque ces questions, c'est qu'elles suscitaient des débats et des polémiques récurrentes. Cependant, même si le PE n'avait guère de pouvoirs, il n'était pas sans influence. Ainsi, les jeudis de session étaient-ils réservés à des débats qui portaient notamment sur les droits de l'homme, et qui donnaient lieu à des votes auxquels certains pays étaient très attentifs. En outre le PE était appelé à accepter ou refuser des protocoles financiers destinés à certains pays. En fait, les groupes politiques se sont mis d'accord pour ne pas ouvrir de débat pour les voter globalement.

Bien que le PE n'ait alors que peu de pouvoir, certains des débats et des résolutions adoptées avaient un réel retentissement dans les pays directement concernés. Les délégations de parlementaires se rendaient dans de nombreux pays, soit pour faire connaître notre institution, soit pour avoir des contacts avec des dirigeants, notamment en Amérique latine. En fait le PE, dès qu'il a été élu au suffrage universel, même s'il avait peu de pouvoir, s'est fait le porte-parole de l'Europe. J'ai été invitée dans de nombreux pays. Sans doute le fait d'être une femme amplifiait la curiosité vis-à-vis de cette institution nouvelle et sans précédent. Je profitais d'ailleurs de ces déplacements pour associer systématiquement les représentants de la Commission de Bruxelles dans les pays concernés, leur donnant ainsi l'occasion de rencontrer les chefs d'État ou de gouvernement.

Je n'ai guère parlé des groupes politiques tels qu'ils étaient à l'époque. Pour ma part, je me suis toujours considérée comme la représentante de l'ensemble du PE, à l'exception de l'extrême droite française, représentée par Jean-Marie Le Pen.

Le mur de Berlin n'était pas encore tombé, ce qui limitait en conséquence les relations avec certains pays de l'Europe de l'Est, même si nous en avions tout de même, notamment avec la Pologne. De même, certains parlementaires n'hésitaient pas à se rendre en Allemagne de l'Est. Ainsi, le chancelier Kohl m'a expliqué que pour les Allemands la priorité était la réunification, alors que les Français redoutaient cette éventualité. C'est dans ce contexte qu'au mois de janvier 1982, avant la fin de mon mandat, le président du groupe libéral m'a demandé de l'accompagner en Allemagne de l'Est. J'ai été effarée par la situation misérable de ce pays. Ayant eu par ailleurs l'occasion de me rendre à Berlin-Est, je n'ai pas été étonnée en entendant l'ambassadeur d'Allemagne m'expliquer que son activité avait pour priorité de préparer la réunification. À l'époque on n'osait guère y penser car les relations avec les pays de l'Est, sous domination communiste, paraissaient très éloignées.

Certains sont aujourd'hui sceptiques concernant l'Europe. Je ne suis pas de ceux-là. Au contraire, plus que jamais face aux difficultés auxquelles le monde entier est confronté, la montée de la Chine et de la Russie nous oblige à resserrer nos liens, non seulement sur le plan économique mais encore davantage pour défendre ses valeurs. L'Europe est aujourd'hui notre seule chance pour défendre non seulement les intérêts économiques mais aussi notre conception des droits de l'homme, notre attachement à des valeurs transcendantes et à la liberté. Dans les années qui ont suivi, les pouvoirs du PE se sont progressivement élargis.

Je ne méconnais pas les réticences des Irlandais qui se sont manifestées par le rejet du référendum. Le recours au référendum est toujours aléatoire et la situation des Irlandais est assez particulière. Je garde en mémoire le souvenir, sans doute le plus douloureux dont je me souvienne, alors que je présidais une séance du PE, d'une motion que nous avons votée en faveur de Bobby Sands, condamné à mort par les Anglais pour terrorisme. À l'époque, notre vote n'a servi à rien. Mais depuis, l'Europe a gagné puisqu'elle a permis aux deux pays concernés de faire la paix après des siècles d'oppression.

En cette période difficile, où la France préside actuellement l'Union européenne, la mise en œuvre du traité de Lisbonne est essentielle. Je tiens à souligner que le traité de Lisbonne prévoit que les pouvoirs au PE seront similaires à ceux de la Commission.

Le traité de Lisbonne, dont j'espère qu'il sera très prochainement adopté et mis en œuvre, marquera une étape importante pour tous les Européens. Il permettra de renforcer nos relations et de mettre en place une Assemblée internationale unique au monde.

Parlement européen du Luxembourg,
50e anniversaire du Parlement européen,
25 septembre 2008

« Une construction originale de caractère atypique »

Le 9 mai 1950, lorsque Robert Schuman a réuni à Paris les représentants des six pays pour présenter la déclaration, cinq années jour pour jour s'étaient écoulées depuis la fin, du moins en Europe, de la guerre la plus effroyable que l'histoire de l'humanité ait connue. (…)

Sans doute avait-il fallu que l'on soit allé jusqu'au bout de l'abîme pour que quelques-uns aient le courage et l'audace, l'intelligence et la générosité aussi, pour oser parler de réconciliation et même proposer un plan pour y parvenir.

La déclaration de Robert Schuman du 9 mai 1950 a traduit solennellement cette volonté de réconciliation, cette volonté de paix.

Cette déclaration avait pour objectif concret la mise en commun de la production franco-allemande du charbon et de l'acier, il s'agissait avant tout de créer « des solidarités qui rendraient impossible la guerre entre nous, notamment entre la France et l'Allemagne ». Il savait que pour cela, il fallait trouver un système dans lequel « nous n'engagerions pas seulement nos paroles, mais nos intérêts ». (…)

Jean Monnet, dans cette entreprise, était son inspirateur. Depuis longtemps, celui-ci avait perçu la nécessité de créer entre les Européens des intérêts et des solidarités tels que la guerre deviendrait impossible. Dans son esprit, ces mécanismes et ce maillage juridique nécessaires à leur bon fonctionnement entraîneraient spontanément la mise en place d'une autorité politique supranationale.

C'était là pour lui le véritable enjeu et c'était pour lui le prix de la paix.

L'édifice européen, tel qu'il est devenu avec les traités successifs et notamment la monnaie unique, est en fait une construction originale de caractère atypique, ce qui lui a peut-être, en dépit de ses insuffisances et de ses faiblesses, permis de survivre.

Après avoir ainsi évoqué la mémoire et l'esprit de Jean Monnet, un mot de Robert Schuman pour expliquer son engagement à tous ceux qui sont trop jeunes ou trop éloignés de l'Europe pour en connaître l'histoire.

Il était de ces hommes et de ces femmes qui en ont particulièrement subi les déchirements : c'était le cas pour beaucoup d'Alsaciens et de Mosellans, tantôt Français, tantôt Allemands au gré des victoires et des défaites, au gré des annexions, contraints parfois de porter un uniforme qui n'était pas celui de leur pays. La guerre, plus qu'à d'autres, leur a été particulièrement douloureuse et inacceptable. Ils ne sont pas les seuls en Europe à avoir vécu de telles épreuves.

Il me paraît opportun de le redire ici pour que l'on comprenne le sens profond d'une Europe qui en tout état de cause a su mettre un terme à de telles situations.

Tout était déjà en place pour permettre aux peuples européens de créer une communauté économique, ayant vocation à devenir une entité politique afin de leur garantir la paix, la liberté et la prospérité (...).

La démocratie et la liberté sont les gages essentiels de la paix. Accessibles aux seuls pays ayant des régimes démocratiques, la participation aux institutions européennes est de nature à conforter celles qui seraient menacées de dérives.

La protection des minorités dont on sait l'importance dans la prévention des conflits est efficacement garantie par un ensemble de conventions entre les États membres et de règles communautaires interdisant toute discrimination. La Cour de justice et la Cour européenne des droits de l'homme en assurent, par leur jurisprudence, un respect rigoureux.

La solidarité est elle aussi une des valeurs fondatrices de la Communauté. Livrée aux égoïsmes de chacun, sans pouvoir résister aux tentations d'hégémonisme des plus puissants, la Communauté n'y survivrait pas.

La solidarité concerne aussi le sort personnel des individus. Par tradition, nos pays sont attachés à la pérennisation de systèmes sociaux protecteurs des plus pauvres. C'est un aspect spécifique, je dirais culturel, de nos sociétés. À la différence d'autres pays développés, un système de protection sociale s'inspirant au moins pour une large partie des principes de solidarité plutôt que de l'assurance. Sans réaliser une harmonisation totale de notre protection sociale, on peut penser que les Européens préserveront peu ou prou un « modèle social européen ».

Il n'est ni supportable, ni acceptable que des centaines de millions d'hommes meurent, dans le total dénuement, de faim ou de maladies facilement guérissables, alors que d'autres ne savent que faire de leur richesse. Il y a là aussi source de conflits pour l'avenir si nous n'y portons pas remède.

Pour autant, l'Europe, que d'aucuns se plaisaient à décrire dans les années d'après-guerre comme déclinante ou marginalisée, ne joue pas aujourd'hui le rôle politique qui devrait être le sien au regard de sa capacité économique et technologique. Forte de sa vocation universelle, dont René Cassin s'est fait l'interprète en rédigeant la Déclaration des droits de l'homme, elle pourrait, si elle parlait, au moins en ce domaine, d'une seule voix, être mieux entendue et mieux écoutée.

Sur ce chemin, il lui restait et reste de grands défis à surmonter.

Le premier c'était celui de l'élargissement aux pays d'Europe centrale et de l'Est. On ne pouvait oublier qu'en se libérant de leurs chaînes, ils avaient en même temps œuvré pour notre liberté. Ils avaient mis leurs espoirs dans l'appartenance à notre Communauté.

Dans le paysage d'une Europe réunifiée qui a retrouvé, avec son histoire et sa culture, ses frontières géographiques, parler d'une seule voix et agir de concert constitue la meilleure des garanties en faveur de la paix.

Pour moi qui, plus que beaucoup, ai été victime de la barbarie nazie, mais qui ai, dès la fin de la guerre, pensé que seule la voie de la réconciliation, celle qui n'oublie pas mais ne cherche pas de revanche, permettrait d'en éviter le retour. Pour moi qui reste toujours étonnée du miracle que représente la paix instaurée en Europe, je ne peux en rendant hommage aux fondateurs de l'Europe, que souhaiter que leur œuvre soit poursuivie avec le même courage et la même détermination.

La crise actuelle a remis en question le traité de Lisbonne qui aurait constitué un progrès considérable pour l'Europe.

Certains de nos pays sont aujourd'hui conscients d'avoir tardé à accepter de nouveaux membres au sein de l'Europe. Je pense notamment à l'euro que certains pays n'ont pas souhaité adopter. Cette monnaie est aujourd'hui une garantie contre les conséquences de la crise financière actuelle qui bouleverse non seulement l'Europe mais également toute la planète. Ils sont ainsi touchés plus que les autres pays européens d'avoir choisi de rester en dehors de l'euro et d'être condamnés à faire appel au soutien de l'Europe.

Comment ne pas fustiger l'attitude de l'Irlande qui a tant reçu de l'Europe et qui aujourd'hui refuse de soutenir les mesures décidées par tous les autres partenaires, y compris la Grande-Bretagne, alors que la solidarité entre nous est la meilleure voie pour nous protéger d'une crise qui d'ores et déjà bouleverse nos économies et la stabilité de nos pays et qui risque d'être durable.

Ainsi ceux des pays qui avaient fait le choix de rester en dehors de l'Europe, je pense notamment à la Norvège, sont-ils tentés aujourd'hui de nous rejoindre.

Strasbourg, prix Europe,
Académie des Marches de l'Est, 29 novembre 2008

« L'importance du couple franco-allemand »

Monsieur le maire,

Monsieur le président,

Mesdames, Messieurs,

C'est un très grand honneur pour moi de recevoir aujourd'hui le prix Heinrich Heine, qui consacre mon engagement en faveur de l'Europe, et je tiens à exprimer ma profonde gratitude aux membres du jury, mais également à Hans-Gert Pöttering, qui a accepté de se rendre à Düsseldorf pour prononcer mon éloge, en dépit d'un agenda très chargé.

Comme tous les militants de la construction européenne, au nombre desquels je me range irréversiblement depuis plus de soixante ans, tout ce qui touche à l'unification de notre continent m'est précieux, et c'est une joie pour moi de pouvoir évoquer devant vous, à cette occasion, le thème majeur de la construction de l'Europe, et plus précisément l'amitié franco-allemande qui en est le fondement essentiel et que Hans-Gert Pöttering et moi symbolisons ici, à Düsseldorf, dans cette ville où Heinrich Heine a vu le jour en 1797.

Tout comme Victor Hugo, à cinq ans près son contemporain, Heinrich Heine aura été, au XIXe siècle, l'un des rares visionnaires prophétiques du rapprochement entre la France et l'Allemagne. Né dans une famille juive, ce qui lui vaudra d'être mis à l'index au temps du national-socialisme, il s'était très jeune converti au protestantisme, cette conversion, a-t-il lui-même précisé, étant pour lui « un billet d'accès à la civilisation européenne ».

Patriote, Heine a espéré un moment que l'Allemagne rendue à elle-même après les guerres napoléoniennes aurait progressé dans la voie de la démocratie. Éternel révolté, ne supportant pas ce qui contraint l'homme, il préféra quitter l'Allemagne, pays qu'il aimait pourtant d'un amour impossible. Poète lyrique ayant le goût du voyage et de la liberté, c'est en France qu'il trouva la possibilité de vivre plus près de ses idéaux. Il s'installe donc à Paris dès 1830, partageant son temps entre le *Morgenblatt*, journal allemand dont il est le correspondant, la poésie et la satire. Après une vie meublée de voyages, il ne quittera plus notre pays, puisqu'il a choisi d'être inhumé au cimetière de Montmartre, le 17 février 1856.

Poète romantique, qui conféra à la langue allemande une légèreté et une élégance stylistique rarement atteintes, Heinrich Heine est un des Allemands les plus révérés en France. C'est en 1956 que fut créé, à la mémoire de ce trait d'union qu'il a incarné entre nos deux pays, la Maison Heinrich Heine, foyer de rencontres internationales et centre culturel franco-allemand.

Quant au prix qui m'est attribué aujourd'hui, il a été créé en 1972 par la ville de Düsseldorf, à l'occasion du 175e anniversaire de la naissance du poète, au titre de son engagement politique et culturel en faveur des droits de l'homme, du progrès social et de l'entente des peuples, valeurs que Heinrich Heine a défendues toute sa vie. En me remettant cette distinction « pour avoir contribué à apporter une âme à l'Europe », vous m'offrez la chance d'évoquer mon parcours d'Européenne, convaincue et militante.

J'ai toujours été persuadée que l'unification européenne dépendait avant tout d'une réconciliation franco-allemande. Je repense à ma mère, morte à Bergen-Belsen, et que j'avais entendue, toute mon enfance, déplorer que Briand et Stresemann n'aient pas réussi à réconcilier nos deux pays. C'est pourquoi, dès mon retour d'Auschwitz, j'ai milité en faveur de cette convergence, dès lors que l'Allemagne nouvelle avait épousé les voies de la démocratie. Depuis la fin de la guerre, j'ai toujours considéré que la réconciliation n'effaçait pas la mémoire, l'une et l'autre indispensables pour éliminer tout esprit de revanche et éviter toute nouvelle dérive.

Deux tiers de siècle plus tard, je demeure émerveillée du miracle qu'a représenté la paix ainsi instaurée en Europe, à l'initiative des « pères fondateurs » de cette Europe devenue pour le monde entier un exemple de stabilité, de démocratie et, disons-le, de respect des droits de l'homme. Dès 1950, à l'initiative de Jean Monnet, Robert Schuman, Konrad Adenauer, Alcide De Gasperi, la première cohorte groupait six États. L'Union européenne comporte aujourd'hui vingt-sept États membres.

Après la disparition de Heinrich Heine, il aura ainsi fallu un siècle et trois guerres, dont deux conflits à l'échelle mondiale, pour que soit enfin conjurée une des pires fatalités de l'Histoire.

Lorsque l'on se remémore tout ce qui s'est passé depuis 1950, force est de constater que toutes les avancées de la construction européenne ont été portées sur les fonts baptismaux par le couple franco-allemand, qui a toujours été l'élément moteur d'une démarche bien entendu ouverte aux autres pays. Pour moi, la relation franco-allemande est ainsi un sujet fondamental et permanent de satisfaction, mais aussi de préoccupation.

La satisfaction, je la trouve dans cette réconciliation entre l'Allemagne et la France, qui a permis à l'Europe de progresser chaque fois que nos deux pays se sont trouvés en consensus. Il s'agit certes d'« amitié », mais bien plus encore de volonté, de la part d'hommes d'État chez lesquels le souci de l'unité européenne prévalait sur les réflexes nationalistes. La France et l'Allemagne ont ainsi constitué l'aile marchante, sans alternative, de la construction de l'Europe, la locomotive de tous les projets d'intégration.

La préoccupation, je la ressens en constatant une certaine tendance à la banalisation de cet axe franco-allemand. L'Europe connaissant la paix depuis plus de soixante ans, les jeunes générations ont un peu perdu de vue que les bonnes relations entre nos deux pays, condition d'une Europe forte et pérenne, nécessitent une mobilisation sans faille des opinions publiques dans les deux pays, ainsi que de nouveaux projets de convergence. Depuis l'élargissement de l'Union vers l'ancien bloc de l'Est, les priorités de nos gouvernants ont évolué. L'Allemagne a retrouvé sa zone d'influence naturelle en Europe centrale et orientale, tandis que la France s'est davantage tournée vers les pays méditerranéens. Il est temps de mettre un terme à cette dérive et de renouveler tous les efforts possibles de convergence entre nos deux pays.

C'est en ce sens que Hans-Gert Pöttering, ici présent, et moi-même, avons publié le 13 septembre dernier, sous nos deux signatures, une tribune parue simultanément en France et en Allemagne, dans les quotidiens *Le Monde* et dans le *Frankfurter Allgemeine Zeitung*. Dans cet appel, nous avons ensemble réaffirmé l'importance décisive du couple franco-allemand dans la relance de l'Europe, telle qu'elle s'impose aujourd'hui.

Avec la crise mondiale, et peut-être même à cause de cette crise mondiale, le couple franco-allemand doit retrouver un nouveau souffle dans le monde multipolaire dans lequel nous sommes entrés. Nous devons nous fixer une nouvelle feuille de route, qu'il s'agisse de la convergence fiscale, dont on se réjouira qu'elle vienne d'être mise à l'étude, de la régulation des activités financières, à défaut de laquelle l'économie de marché serait en grand danger, de la lutte contre le réchauffement de la planète, de l'indépendance énergétique, de la mise sur orbite de « champions industriels » sur notre continent, d'exploration concertée des technologies de l'avenir. Dans tous ces domaines, le couple franco-allemand peut et doit ouvrir à l'Europe les voies qui lui permettront de jouer, dans le monde qui s'esquisse, le rôle auquel ses talents et ses ressources lui permettent de prétendre. L'Allemagne et la France doivent aujourd'hui tout mettre en œuvre pour que l'Union s'affirme, sur le plan international notamment, par une politique de défense et de sécurité communes, par la mise en place d'une armée européenne, dont nos deux pays devraient prendre l'initiative, mais également par une relance de la coopération culturelle.

Permettez-moi, pour conclure, de remercier encore tout particulièrement monsieur Pöttering, qui m'a fait l'honneur d'accepter de me remettre cette distinction. Nous avons tous deux occupé les mêmes fonctions au sein du Parlement européen. Il y a maintenant plus de trente ans que j'ai présidé le premier Parlement européen élu au suffrage universel. Quant à vous, cher Hans-Gert, votre mandat de président a pris fin en mai 2009, et c'est avec beaucoup de satisfaction que j'ai constaté les importants changements qui ont eu lieu, depuis 1979, pour affirmer les prérogatives de notre institution.

En hommage au poète allemand Heinrich Heine et à la ville de Düsseldorf, je suis fière et heureuse de recevoir aujourd'hui le prix Heinrich Heine 2010.

Prix Heinrich Heine, 13 décembre 2010 à Düsseldorf

« Les compromis, à terme, constituent les ingrédients d'une politique commune »

Monsieur le maire,
Madame la présidente, chère Rita Süssmuth,
Monsieur le consul général,
Mesdames, Messieurs les membres du jury,
Chers amis,

Avant tout, je tiens à vous faire part de mon profond regret et de ma tristesse de ne pas être à vos côtés aujourd'hui pour recevoir le prix Schiller. À contrecœur, j'ai dû renoncer à ce voyage en raison d'un excès de fatigue.

Quoiqu'il en soit, j'ai été particulièrement touchée lorsque j'ai appris que la ville de Marbach am Neckar souhaitait me décerner le prix Schiller, distinction qui consacre mon engagement en faveur de la paix et d'une Europe démocratique. Je tiens à exprimer ma sincère gratitude aux membres du jury, à Rita Süssmuth, qui a accepté de venir à Marbach pour prononcer mon éloge, mais également à monsieur le consul général qui a bien voulu lire le propos que je souhaitais vous tenir et recevoir le prix en mon nom.

Chère Rita Süssmuth, nos chemins d'Européennes convaincues se sont très souvent croisés tout au long de ces dernières années et, bien que triste de ne pouvoir vous embrasser aujourd'hui, je suis très touchée par votre présence à Marbach.

Comme tous les militants de la construction européenne, au nombre desquels je me range irréversiblement depuis plus de soixante ans, tout ce qui touche à l'unification de notre continent m'est précieux, et plus particulièrement l'amitié franco-allemande, fondement essentiel de l'Europe. La paix en Europe, telle que nous pouvons l'apprécier jour après jour, n'aurait pas été possible sans la réconciliation entre la France et l'Allemagne. Ces deux pays, depuis plus d'un demi-siècle, ont constitué l'aile marchante de la construction de l'Europe et la boussole de tous les projets d'intégration. C'est le « moteur franco-allemand » qui a ouvert les voies de l'Europe, parce qu'il a fait en sorte d'être perçu comme à la pointe d'une démarche ouverte aux autres États membres.

Soixante plus tard, je demeure convaincue que seule la réconciliation entre la France et l'Allemagne a permis d'éviter de nouveaux conflits. À peine rentrée de déportation, je militais en faveur de celle-ci, dès lors que l'Allemagne était devenue une démocratie. Les priorités des premiers accords, signés en 1950, étaient d'établir une paix durable et de garantir la démocratie et la liberté. Aujourd'hui encore, je demeure étonnée du miracle qu'a été l'instauration de la paix en Europe, depuis plus de soixante maintenant.

Au fur et à mesure de la construction européenne, l'amitié franco-allemande s'est nourrie d'étapes essentielles comme la signature en 1963 du traité de l'Élysée par le général de Gaulle et le chancelier Adenauer. Depuis lors, on ne compte plus les initiatives de coopération qui ont été prises entre nos deux pays concernant les écoles, les universités, les entreprises, les villes ou les régions. En 1997, la signature de l'accord de Weimar, ville où notre héros, Friedrich von Schiller, a vécu ses dernières années, a permis à des étudiants de suivre des cursus bidiplômants ou à des chercheurs de mettre en commun leurs savoirs. Il me semble essentiel que de telles coopérations culturelles existent. Apprendre plus de l'autre et échanger davantage sur divers sujets sont des attentes qui se posent à chaque nouvelle génération. Le fondement de cette coopération culturelle, c'est que chacun apprenne la langue de l'autre. Dans ce domaine, il y a encore fort à faire et on observe, tant en Allemagne qu'en France, qu'il y a urgence à relancer les incitations à l'apprentissage de la langue du partenaire. Il faut également encourager la mobilité en Europe et faciliter la compréhension mutuelle de nos cultures respectives.

L'entente entre nos deux pays, telle qu'on la constate depuis la fin de la Seconde Guerre mondiale, avait, au fil des siècles précédents et dans un contexte d'affrontements, eu quelques précurseurs tels que Friedrich von Schiller ou Heinrich Heine, qui défendaient déjà les valeurs de l'entente des peuples et de la liberté. Heinrich Heine, poète tourmenté, écrivain inspiré, journaliste révolté, a été un prophète de la réconciliation et de la construction européenne. Schiller et lui-même ont, à l'époque, adhéré aux idéaux révolutionnaires français et aux principes de liberté. Heine a choisi de s'installer en France en 1830, Schiller, quant à lui, a été fait citoyen français par l'Assemblée législative en août 1792, pour ses écrits contre la tyrannie.

À bien des points de vue, la France et l'Allemagne sont marquées par des traditions et des héritages historiques différents. Cette diversité est une richesse. Les différences d'opinions conduisent en effet nécessairement à des compromis qui, à terme, constituent les ingrédients d'une politique commune. La crise financière que l'Europe traverse depuis 2008 en est l'exemple. Jusqu'à présent les décisions ont été prises de concert entre les États membres, sous la directive commune de l'Allemagne et de la France. Cette solidarité est porteuse d'un message d'union face à la crise qui ébranle notre monnaie. Il est intéressant de constater que face à une situation mondiale très perturbée, la France et l'Allemagne tendent à développer une sensibilité commune. De sommet en sommet, on observe qu'à défaut d'accord entre nos deux pays, une grande confusion en résulte, comme ce fut le cas pour le sommet de Nice en 2000. A contrario, les accords préalables conduisent en général à des positions communautaires positives. Le couple franco-allemand est absolument nécessaire au bon fonctionnement de l'Europe ; il a toujours été le moteur incontournable de la construction européenne et il le reste encore de nos jours, comme la triste actualité le montre. C'est ainsi que la création du Fonds européen de stabilité financière (FESF) en 2010, destiné à freiner et à endiguer la crise et la faillite de certains États membres, a procédé d'un consensus et d'une concertation entre la France et l'Allemagne.

Aujourd'hui, il serait vain de vous cacher mon inquiétude face à la situation dramatique que l'Europe connaît depuis quelques mois. Cette nouvelle phase de la crise, la monnaie, met en péril une institution forte et essentielle pour notre continent. J'ose espérer que, grâce à la détermination commune de nos dirigeants et aux efforts qu'ils déploient depuis des mois, une issue à la crise grecque sera rapidement trouvée. Je tiens à saluer le volontarisme d'Angela Merkel et de Nicolas Sarkozy, qui tentent d'endiguer coûte que coûte la contagion à d'autres États membres. Leur détermination commune est exemplaire, il n'y a pas d'autre solution pour la Grèce que de le comprendre.

Cette crise ébranle totalement les concepts européens et elle met en avant ses lacunes et ses défauts. Comment l'Europe et sa monnaie se remettront-elles de la crise ? Quelles sont les nouvelles étapes du développement de l'Europe ? Comment les aborder ensemble ? La démarche du couple franco-allemand doit prendre en compte les espérances et problématiques de tous les pays membres. Je pense que la relance de l'Europe, aujourd'hui indispensable, passera par une forte impulsion franco-allemande.

Comment ne pas s'arrêter ici quelques instants sur le héros du jour, Friedrich von Schiller. Contemporain et ami de Goethe, son génie créatif était diversifié, on le retrouve aussi bien dans la satire journalistique que dans le théâtre du genre dramatique. En même temps, il a largement contribué à l'avancée des idées sociales et politiques en abordant dans ses œuvres les problèmes politiques, éthiques ou tout simplement esthétiques. Friedrich von Schiller, écrivain classique et romantique, appartient ainsi à la littérature européenne. C'est un honneur pour moi de recevoir un prix qui porte son nom.

Je ne peux d'ailleurs résister au plaisir de citer quelques vers extraits de cette œuvre poétique de Schiller, « Ode à la joie », qui est connu comme final du quatrième et dernier mouvement de la 9e Symphonie de Beethoven, devenu l'hymne officiel de l'Union européenne. Le poète y célèbre l'idéal de l'unité et de la fraternité.

« Enlacez-vous, millions d'êtres !
Que ce baiser aille au monde entier,
Que notre livre de dettes soit détruit !
Le monde entier réconcilié.
Joie ! Belle étincelle des dieux
Fille de l'Élysée,
Nous entrons l'âme enivrée
Dans ton temple glorieux.
Tes charmes lient à nouveau
Ce que la mode en vain détruit ;
Tous les hommes deviennent frères
Là où tes douces ailes reposent. »

« Seid umschlungen, Millionen !
Diesen Kuss der ganzen Welt !
Unser Schuldbuch sei vernichtet !
Ausgesöhnt die ganze Welt !
Freude, schöner Götterfunken
Tochter aus Elysium,
Wir betreten feuertrunken,
Himmlische, dein Heiligtum !
Deine Zauber binden wieder
Was die Mode streng geteilt ;
Alle Menschen werden Brüder,
Wo dein sanfter Flügel weilt. »

Pour conclure, je tiens d'abord à remercier la ville de Marbach qui joint au prix Schiller la somme de 10 000 euros, dotation que je souhaite offrir au lycée Friedrich Schiller. En effet, j'ai eu connaissance d'un projet mis en place par cet établissement en 2003 et intitulé « Classes de rencontres internationales » (IFC). Ce programme consiste à favoriser les échanges scolaires au niveau international — ainsi, des élèves étrangers viennent chaque année étudier dans le lycée à Marbach et intègrent une classe internationale, qui est composée de neuf élèves étrangers et de dix-huit élèves allemands. Étant séduite par ce projet pédagogique et social, et souhaitant le soutenir, je propose que la dotation soit disponible sous la forme d'une bourse dédiée au IFC.

Je souhaite également adresser mes plus vifs remerciements à Rita Süssmuth pour sa présence ici et à Michel Charbonnier qui a bien voulu me représenter.

Prix Schiller, 10 novembre 2011

Au lendemain de sa nomination comme ministre de la Santé dans le gouvernement de Jacques Chirac, le 28 mai 1974, Simone Veil chez elle, Place Vauban, dans le VIIe arrondissement de Paris.

Le 26 novembre 1974, il est 13h30, Simone Veil déjeune au ministère de la Santé, avec son fils Pierre-François et ses conseillers. Dans deux heures, elle sera à la tribune de l'Assemblée nationale pour défendre son projet de loi sur l'avortement.

'endant le discours sur le projet de loi sur l'avortement. Après Simone Veil interviendront Hélène Missoffe (UDR), favorable au projet, Lucien Neuwirth (UDR), auteur de la loi sur la ontraception et Jean Foyer (UDR), ancien Garde des Sceaux, adversaire du projet.

Philippe Ledru

27 novembre 1974, au lendemain de la présentation du projet de loi sur l'avortement. Il es 8 heures du matin, les bancs de l'Assemblée sont vides, Simone Veil se frotte les yeux, mais ell ne pleure pas, comme beaucoup l'ont cru. Elle dira à l'auteur de cette photo : « Je n'ai pleur qu'une fois : à la mort de ma sœur, Milou. »

Deauville, 5 juin 1975. Simone Veil a présidé le IXe congrès de la Fédération intersyndicale des établissements d'hospitalisation privée, en tant que ministre de la Santé.

Philippe Ledru

Le 20 novembre 1975, Simone Veil, ministre de la Santé reçoit à Paris son homologue chinois Liu Hsiang Ping (en face d'elle, qui lui tend les bras).

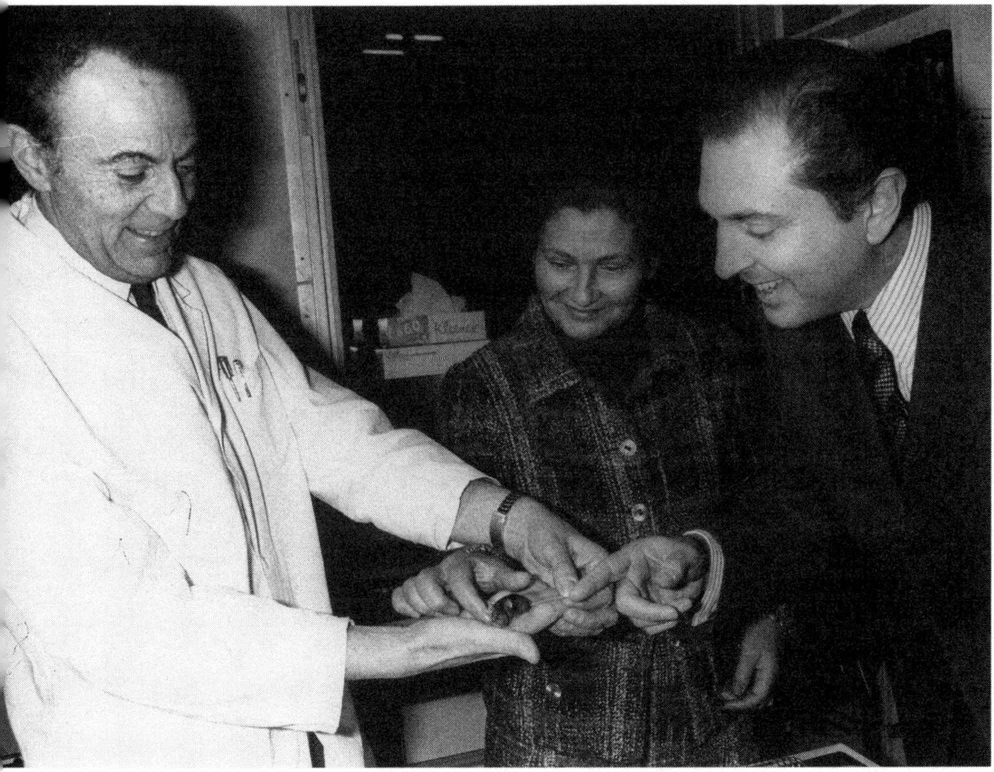

/isite à l'Institut Pasteur, avec le professeur Jacob (Prix Nobel de médecine en 1977), le
.3 décembre 1976. À droite, Michel d'Ornano (ministre de l'Industrie).

Philippe Ledru

Septembre 1978. Trois femmes du gouvernement Barre : Simone Veil, ministre de la Santé, Monique Pelletier, qui vient de recevoir la charge de « déléguée à la condition féminine » et Alice Saunier Seité, ministre des Universités sortent de l'Élysée.

Philippe Ledru

Simone Veil, avant son élection, à la chaire du président du Parlement européen, à Strasbourg, le 6 mars 1979.

Philippe Ledru

Le 10 juin 1979, Simone Veil, accompagnée de son fils Pierre-François, vient de voter dans le VIIe arrondissement et est repartie dans la petite Fiat 500 de son fils. Le 17 juillet, Simone Veil sera élue présidente du Parlement européen.

Philippe Ledru

Le 4 juillet 1979. Simone Veil, qui sera bientôt présidente du Parlement européen, vient de démissionner de son poste de ministre de la Santé ; le président Giscard d'Estaing l'accompagne sur le perron de l'Élysée.

Philippe Ledru

Cérémonie d'installation du Grand Rabbin de France, René Samuel Sirat à la Synagogue de Paris, le 5 avril 1981.

Philippe Ledru

Face-à-face télévisé Simone Veil - Pierre Bérégovoy, le 6 juillet 1983.

Philippe Ledru

Simone Veil avec Jacques Chirac, le 12 mars 1984, à l'opéra de Paris, lors d'une réception donnée pour la lutte contre le cancer.

III

Le combat pour l'émancipation des femmes

Projet de loi
sur l'interruption volontaire de la grossesse

Si j'interviens aujourd'hui à cette tribune, ministre de la Santé, femme et non-parlementaire, pour proposer aux élus de la nation une profonde modification de la législation sur l'avortement, croyez bien que c'est avec un profond sentiment de modestie devant la difficulté du problème comme devant l'ampleur des résonances qu'il suscite au plus intime de chacun des Français et des Françaises et en pleine conscience de la gravité des responsabilités que nous allons assumer ensemble.

Mais c'est aussi avec la plus grande conviction que je défendrai un projet longuement réfléchi et délibéré par l'ensemble du gouvernement, un projet qui, selon les termes du président de la République, a pour objet de « mettre fin à une situation de désordre et d'injustice et d'apporter une solution mesurée et humaine à un des problèmes les plus difficiles de notre temps ».

Si le gouvernement peut aujourd'hui vous présenter un tel projet, c'est grâce à tous ceux d'entre-vous — et ils sont nombreux et de tous horizons — qui, depuis plusieurs années, se sont efforcés de proposer une nouvelle législation, mieux adaptée au consensus social et à la situation de fait que connaît notre pays. C'est aussi parce que le gouvernement de M. Messmer a pris la responsabilité de vous soumettre un projet novateur et courageux : chacun d'entre nous garde en mémoire la très remarquable et émouvante présentation qu'en avait faite M. Jean Taittinger. C'est enfin parce que, au sein d'une commission spéciale présidée par M. Berger, nombreux sont les députés qui ont entendu, pendant de longues heures, les représentants de toutes les familles d'esprit, ainsi que les principales personnalités compétentes en la matière. Pourtant d'aucuns s'interrogent encore : une nouvelle loi est-elle vraiment nécessaire ? Pour quelques-uns, les choses sont simples : il existe une loi répressive, il n'y a qu'à l'appliquer. D'autres se demandent pourquoi le Parlement devrait trancher maintenant ces problèmes : nul n'ignore que depuis l'origine, et particulièrement depuis le début du siècle, la loi a toujours été rigoureuse, mais qu'elle n'a été que peu appliquée. En quoi les choses ont-elles donc changé, qui obligent à intervenir ? Pourquoi ne pas maintenir le principe et continuer à ne l'appliquer qu'à titre exceptionnel ? Pourquoi consacrer une pratique délictueuse et, ainsi risquer de l'encourager ? Pourquoi légiférer et couvrir ainsi le laxisme de notre société, favoriser les égoïsmes individuels au lieu de faire revivre une morale de civisme et de rigueur ? Pourquoi risquer d'aggraver un mouvement de dénatalité dangereusement amorcé au lieu de promouvoir une politique familiale généreuse et constructive qui permette à toutes les mères de mettre au monde et d'élever les enfants qu'elles ont conçus ?

Parce que tout nous montre que la question ne se pose pas en ces termes. Croyez-vous que ce gouvernement, et celui qui l'a précédé, se seraient résolus à élaborer un texte et à vous le proposer s'ils avaient pensé qu'une autre solution était encore possible ? Nous sommes arrivés à un point où, en ce domaine, les pouvoirs publics ne peuvent plus éluder leurs responsabilités. Tout le démontre : les études et les travaux menés depuis plusieurs années, les auditions de votre commission, l'expérience des autres pays européens. Et la plupart d'entre vous le sentent, qui savent qu'on ne peut empêcher les avortements clandestins et qu'on ne peut non plus appliquer la loi pénale à toutes les femmes qui seraient passibles de ses rigueurs.

Pourquoi donc ne pas continuer à fermer les yeux ? Parce que la situation actuelle est mauvaise. Je dirai qu'elle est déplorable et même dramatique. Elle est mauvaise parce que la loi est ouvertement bafouée, pire même, ridiculisée. Lorsque l'écart entre les infractions commises et celles qui sont poursuivies est tel qu'il n'y a plus à proprement parler de répression, c'est le respect des citoyens pour la loi et donc l'autorité de l'État qui sont mis en cause. Lorsque des médecins, dans leurs cabinets, enfreignent la loi et le font connaître publiquement, lorsque les parquets, avant de poursuivre, sont invités à en référer dans chaque cas au ministère de la Justice, lorsque des services sociaux d'organismes publics fournissent à des femmes en détresse les renseignements susceptibles de faciliter une interruption de grossesse, lorsque, aux mêmes fins, sont organisés ouvertement et même par charter des voyages à l'étranger, alors je dis que nous sommes dans une situation de désordre et d'anarchie qui ne peut plus continuer.

Mais, me direz-vous, pourquoi avoir laissé la situation se dégrader ainsi et pourquoi la tolérer ? Pourquoi ne pas faire respecter la loi ?

Parce que si des médecins, si des personnels sociaux, si même un certain nombre de citoyens participent à ces actions illégales, c'est bien qu'ils s'y sentent contraints. En opposition parfois avec leurs convictions personnelles, ils se trouvent confrontés à des situations de fait qu'ils ne peuvent méconnaître. Parce qu'en face d'une femme décidée à interrompre sa grossesse, ils savent qu'en refusant leur conseil et leur soutien ils la rejettent dans la solitude et l'angoisse d'un acte perpétré dans les pires conditions, qui risque de la laisser mutilée à jamais. Ils savent que la même femme, si elle a de l'argent, si elle sait s'informer, se rendra dans un pays voisin ou même dans certaines cliniques et pourra sans encourir aucun risque ni aucune pénalité mettre fin à sa grossesse. Et ces femmes, ce ne sont pas nécessairement les plus immorales ou les plus inconscientes : elles sont 300 000 chaque année, ce sont celles que nous cotoyons chaque jour et dont nous ignorons la plupart du temps la détresse et le drame.

C'est à ce désordre qu'il faut mettre fin. C'est cette injustice qu'il convient de faire cesser…

Mais comment y parvenir ?

Je le dis avec toute ma conviction : l'avortement doit rester l'exception, l'ultime recours pour des situations sans issue.

Mais comment le tolérer sans qu'il perde ce caractère d'exception, sans que la société paraisse l'encourager.

Je voudrais tout d'abord vous faire partager une conviction de femme ; je m'excuse de le faire devant cette Assemblée presque exclusivement composée d'hommes : aucune femme ne recourt de gaité de cœur à l'avortement ; il suffit d'écouter les femmes : c'est toujours un drame, cela restera toujours un drame.

C'est pourquoi si le projet qui vous est présenté tient compte de la situation de fait existante, s'il admet la possibilité d'une interruption de grossesse, c'est pour la contrôler et, autant que possible, en dissuader la femme.

En instituant des mesures de dissuasion, nous pensons répondre au désir conscient ou inconscient de toutes les femmes qui se trouvent dans cette situation d'angoisse, si bien décrite et analysée par certaines des personnalités que votre commission spéciale a entendu au cours de l'été 1973.

Actuellement, celles qui se trouvent dans cette situation de détresse, qui s'en préoccupe ? La loi les rejette non seulement dans l'opprobre, la honte et la solitude, mais aussi dans l'anonymat et l'angoisse des poursuites. Contraintes de cacher leur état, trop souvent elles ne trouvent personne pour les écouter, les éclairer et leur apporter un appui et une protection.

Parmi ceux qui combattent aujourd'hui une éventuelle modification de la loi répressive, combien sont-ils ceux qui se sont préoccupés d'aider ces femmes dans leur détresse ? Combien sont-ils ceux qui, au-delà de ce qu'ils jugent comme une faute, ont su manifester aux jeunes mères célibataires la compréhension et l'appui moral dont elles avaient un si grand besoin ?

Je sais qu'il en existe et je me garderai de généraliser. Je n'ignore pas l'action de ceux qui — profondément conscients de leurs responsabilités — font tout ce qui est à leur portée pour permettre à ces femmes d'assumer leur maternité. Nous aiderons leur entreprise ;

nous ferons appel à eux pour nous aider à assurer les consultations sociales prévues par la loi.

Mais la sollicitude et l'aide, lorsqu'elles existent, ne suffisent pas toujours à dissuader : certes les difficultés auxquelles sont confrontées les femmes sont parfois moins graves qu'elles ne les perçoivent. Certaines peuvent être dédramatisées et surmontées ; mais d'autres demeurent qui font que certaines femmes se sentent acculées à une situation sans autre issue que le suicide, la ruine de leur équilibre familial ou le malheur de leurs enfants.

C'est là, hélas, la plus fréquente des réalités, bien davantage que l'avortement dit « de convenance ». S'il n'en était pas ainsi, croyez-vous que tous les pays, les uns après les autres, auraient été conduits à réformer leur législation en la matière et à admettre que ce qui était hier sévèrement réprimé soit désormais légal.

Ainsi, conscient d'une situation intolérable pour l'État et injuste aux yeux de la plupart, le Gouvernement a renoncé à la voie de la facilité, celle qui aurait consisté à ne pas intervenir. C'eut été cela le laxisme. Assumant ses responsabilités, il vous soumet un projet de loi de nature à apporter à ce problème une solution à la fois réaliste, humaine et juste.

Certains penseront sans doute que notre seule préoccupation a été l'intérêt de la femme, que c'est un texte qui a été élaboré dans cette seule perspective. Il n'y est guère question, ni de la société ou plutôt de la nation, ni du père de l'enfant à naître et moins encore de cet enfant.

Je me garde bien de penser qu'il s'agit d'une affaire individuelle ne concernant que la femme et que la nation n'est pas en cause. Ce problème la concerne au premier chef, mais sous des angles différents et qui ne requièrent pas nécessairement les mêmes solutions.

L'intérêt de la nation, c'est assurément que la France soit jeune, que sa population soit en pleine croissance. Un tel projet, adopté après une loi libéralisant la contraception, ne risque-t-il pas d'entraîner une chute importante de notre taux de natalité qui amorce déjà une baisse inquiétante ?

Ce n'est là ni un fait nouveau, ni une évolution propre à la France : un mouvement de baisse assez régulier des taux de natalité et de fécondité est apparu depuis 1965 dans tous les pays européens ; quelle que soit leur législation en matière d'avortement ou de contraception.

Il serait hasardeux de chercher des causes simples à un phénomène aussi général ; aucune explication ne peut y être apportée au niveau national ; il s'agit d'un fait de civilisation révélateur de l'époque que nous vivons et qui obéit à des règles complexes que d'ailleurs nous connaissons mal.

Les observations faites, dans de nombreux pays étrangers, par les démographes ne permettent pas d'affirmer qu'il existe une corrélation démontrée entre une modification de la législation de l'avortement et l'évolution des taux de natalité et surtout de fécondité.

Il est vrai que l'exemple de la Roumanie semble démentir cette constatation puisque la décision prise par le gouvernement de ce pays, à la fin de l'année 1966, de revenir sur des dispositions non répressives adoptées en 1956 a été suivie d'une forte explosion de natalité ; cependant, ce qu'on omet de dire, c'est qu'une baisse non moins spectaculaire s'est produite ensuite et il est essentiel de remarquer que dans ce pays où n'existait aucune forme de contraception moderne, l'avortement a été le mode principal de limitation des naissances ; l'intervention brutale d'une législation restrictive explique bien dans ce contexte un phénomène qui demeure exceptionnel.

Tout laisse à penser que l'adoption du projet de loi n'aura que peu d'effets sur le niveau de la natalité en France, les avortements légaux remplaçant en fait les avortements clandestins, une fois passée une période d'éventuelles oscillations à court terme.

Il n'en reste pas moins que la baisse de notre natalité, si elle est indépendante de l'état de la législation sur l'avortement, est un phénomène inquiétant, à l'égard duquel les pouvoirs publics ont l'impérieux devoir de réagir.

Une des premières réunions du Conseil de planification que conduit le président de la République va être consacrée à un examen d'ensemble des problèmes de la démographie française et des moyens de mettre un frein à une évolution inquiétante pour l'avenir du pays.

Quant à la politique familiale, le gouvernement a estimé qu'il s'agissait d'un problème distinct de celui de la législation sur l'avortement et qu'il n'y avait pas lieu de lier ces deux problèmes dans la discussion législative…

Ce qui ne signifie pas qu'il n'y attache pas une extrême importance : dès vendredi, l'Assemblée aura à délibérer d'un projet de loi qui améliore très sensiblement les allocations servies en matière de frais de garde et les allocations dites d'orphelin, qui sont notamment destinées aux enfants des mères célibataires. Ce projet réforme en outre le régime de l'allocation maternité et les conditions d'attribution des prêts aux jeunes ménages. En ce qui me concerne, je m'apprête à proposer à l'Assemblée divers projets : l'un d'entre eux tend à favoriser l'action des travailleuses familiales et à améliorer les conditions de fonctionnement et de financement des Centres maternels, où pourraient être accueillies les jeunes mères en difficulté pendant leur grossesse et les premiers mois de la vie de leur enfant. J'ai l'intention de faire un effort particulier pour la lutte contre la stérilité, d'une part par la suppression du ticket modérateur pour toutes les consultations en cette matière, d'autre part en demandant à l'INSERM de lancer dès 1975 une action thématique de recherche sur ce problème qui désespère tant de couples.

Je me prépare, avec M. Le Garde des Sceaux, à tirer les conclusions du rapport que votre collègue, M. Rivierez, parlementaire en mission, vient de rédiger sur l'adoption. Répondant aux vœux de tant de personnes qui souhaitent adopter un enfant, j'ai décidé d'instituer un Conseil supérieur de l'adoption qui sera chargé de soumettre aux pouvoirs publics toutes suggestions utiles sur ce problème. Enfin, et surtout, le gouvernement s'est publiquement engagé, par la voix de M. Durafour, à entamer dès les toutes prochaines semaines avec les organisations familiales la négociation d'un contrat de progrès dont le contenu sera arrêté d'un commun accord avec les représentants des familles, sur la base de propositions qui seront soumises au Conseil consultatif de la famille que je préside.

En réalité, comme le soulignent tous les démographes, ce qui importe c'est de modifier l'image que se font les Français du nombre idéal d'enfants par couples. Cet objectif est infiniment complexe et la dissuasion de l'avortement ne saurait se limiter à des mesures financières nécessairement ponctuelles.

Le second absent dans ce projet pour certains d'entre vous sans doute, c'est le père. L'interruption d'une grossesse ne devrait pas, chacun le ressent, être prise par la femme mais aussi par son mari ou son compagnon. Je souhaite pour ma part que, dans les faits, il en soit toujours ainsi et j'approuve votre commission de nous avoir proposé une modification en ce sens, mais comme elle l'a fort bien compris, il n'est pas possible d'instituer en cette matière une obligation juridique.

Enfin, le troisième absent, n'est-ce pas cette promesse de vie que porte en elle la femme. Je me refuse à entrer dans les discussions scientifiques et philosophiques dont les auditions de votre commission ont montré qu'elles posaient un problème insoluble. Plus personne ne conteste maintenant que, sur un plan strictement médical, l'embryon porte en lui définitivement toutes les virtualités de l'être humain qu'il deviendra ; mais il n'est encore qu'un devenir, qui aura à surmonter bien des aléas avant de venir à terme, un fragile chaînon de la transmission de la vie : faut-il rappeler que selon les études de l'OMS, sur 100 conceptions, 45 s'interrompent au cours des deux premières semaines et que sur 100 grossesses au début de la troisième semaine, un quart n'arrive pas à terme, du seul fait de phénomènes naturels. La seule certitude sur laquelle nous puissions nous appuyer, c'est le fait qu'une femme ne prend pleine conscience qu'elle porte un être vivant qui sera un jour son enfant que lorsqu'elle ressent en elle les premières manifestations de cette vie. Et c'est, sauf pour les femmes qu'anime une profonde conviction religieuse, ce décalage entre ce qui n'est qu'un devenir pour lequel la femme n'éprouve pas encore de sentiment profond et ce qu'est l'enfant dès l'instant de sa naissance qui explique que certaines, qui repousseraient avec horreur l'éventualité monstrueuse de l'infanticide, se résignent à envisager la perspective de l'avortement. Combien parmi nous, devant le cas d'un être cher dont l'avenir serait irrémédiablement compromis, n'ont pas eu le sentiment que les principes devaient parfois céder le pas…

Il n'en serait pas de même, c'est évident, si cet acte était véritablement perçu comme un crime. Certains, parmi ceux qui sont les plus opposés au vote de ce projet, acceptent qu'en fait on n'exerce plus de poursuites et s'opposeraient même avec moins de vigueur au vote d'un texte qui se bornerait à prévoir la suspension des poursuites pénales. C'est donc qu'eux-mêmes perçoivent qu'il s'agit-là d'un acte d'une nature particulière, ou en tout cas d'un acte qui appelle une solution spécifique.

L'Assemblée ne m'en voudra pas d'avoir abordé longuement cette question. Vous sentez tous que c'est là un point essentiel, sans doute le fond même du débat. Il convenait de l'évoquer avant d'en venir à l'examen du contenu-même du projet.

En préparant le projet qu'il vous soumet aujourd'hui, le gouvernement s'est fixé un triple objectif :

- faire une loi réellement applicable ;
- faire une loi dissuasive ;
- faire une loi protectrice ;

Ce triple objectif explique l'économie du projet.

Une loi applicable tout d'abord.

Un examen rigoureux des modalités et des conséquences de la définition de cas dans lesquels serait autorisée l'interruption de grossesse révèle d'insurmontables contradictions.

Si ces conditions sont définies en termes précis, par exemple existence de graves menaces pour la santé physique ou mentale de la femme, appréciées par un médecin, par exemple cas de viol ou d'inceste vérifiés par un magistrat, il est clair que la modification de la législation n'atteint pas son but puisque la proportion des interruptions de grossesse ayant de tels motifs est faible ; si au contraire c'est une définition large qui est donnée — comme le risque pour la santé psychique ou l'équilibre psychologique ou comme la difficulté des conditions matérielles ou morales d'existence — il est certain qu'il y a place pour une appréciation subjective des situations indiquées par la loi, en général confiée à un ou deux médecins ou à une commission.

Dans de tels systèmes, l'autorisation de pratiquer l'avortement n'est donnée qu'en fonction des conceptions personnelles des médecins ou des commissions vis-à-vis de l'interruption de grossesse et ce sont les femmes les moins habiles à trouver le médecin le plus compréhensif ou la commission la plus indulgente qui se trouveront encore dans une situation sans issue.

Pour éviter cette injustice, l'autorisation est d'ailleurs donnée dans bien des pays de façon quasi automatique, ce qui rend le système inutile, tout en laissant à elles-mêmes un certain nombre de femmes qui ne veulent pas encourir l'humiliation de se présenter devant une instance qu'elles ressentent comme un tribunal.

Or, si le législateur est appelé à modifier les textes en vigueur, c'est pour mettre fin aux avortements clandestins qui sont le plus souvent le fait de celles qui, pour des raisons sociales, économiques ou psychologiques, se sentent dans une telle situation de détresse qu'elles sont décidées à mettre fin à leur grossesse dans n'importe quelles conditions. C'est pourquoi, renonçant à une formule plus ou moins ambiguë ou plus ou moins vague, le gouvernement a estimé préférable d'affronter la réalité et de reconnaître qu'en définitive, la décision ultime ne peut être prise que par la femme.

Remettre la décision à la femme, n'est-ce pas contradictoire avec l'objectif de dissuasion, le second des deux que s'assigne ce projet ?

Ce n'est pas un paradoxe, que de soutenir qu'une femme, sur laquelle pèse l'entière responsabilité de son geste hésitera davantage à l'accomplir que celle qui aurait le sentiment que la décision a été prise à sa place par d'autres.

Le gouvernement a choisi une solution marquant clairement la responsabilité de la femme parce qu'elle est plus dissuasive au fond qu'une autorisation émanant d'un tiers qui ne serait ou ne deviendrait vite qu'un faux-semblant.

Ce qu'il faut c'est que cette responsabilité, la femme ne l'exerce pas dans la solitude ou dans l'angoisse.

Tout en évitant d'instituer une procédure qui puisse la détourner d'y avoir recours, le projet prévoit donc diverses consultations qui doivent la conduire à mesurer toute la gravité de la décision qu'elle se propose de prendre.

Le médecin peut jouer ici un rôle capital, d'une part en informant complètement la femme des risques médicaux de l'interruption de grossesse qui sont maintenant bien connus et tout spécialement des risques de prématurité de ses enfants futurs et, d'autre part en la sensibilisant au problème de la contraception.

Cette tâche de dissuasion et de conseil revient au corps médical de façon privilégiée et je vais pouvoir compter sur l'expérience et le sens de l'humain des médecins pour qu'ils s'efforcent d'établir au cours de ce colloque singulier le dialogue humain et attentif que les femmes recherchent, parfois même inconsciemment.

Le projet prévoit ensuite une consultation auprès d'un organisme spécial qui aura pour mission d'écouter la femme, ou le couple lorsqu'il y en a un, de lui laisser exprimer sa détresse, de l'aider à obtenir des aides si cette détresse est financière, de lui faire prendre conscience de la réalité des obstacles qui s'opposent ou semblent s'opposer à l'accueil d'un enfant. Bien des femmes apprendront aussi à l'occasion de cette consultation qu'elles peuvent accoucher anonymement et gratuitement à l'hôpital et que l'adoption éventuelle de leur enfant peut constituer une solution.

Il va sans dire que nous souhaitons que ces consultations soient les plus diversifiées possibles et que, notamment, les organismes qui se sont spécialisés pour aider les jeunes femmes en difficulté puissent continuer à les accueillir et à leur apporter l'aide qui les incite à renoncer à leur projet. Tous ces entretiens auront naturellement lieu seule à seule, et il est bien évident que l'expérience et la psychologie des personnes appelées à accueillir les femmes en détresse pourront contribuer de façon non négligeable à leur apporter un soutien de nature à les faire changer d'avis. Ce sera, en outre, une nouvelle occasion d'évoquer avec la femme le problème de la contraception et la nécessité, dans l'avenir, d'utiliser des moyens contraceptifs pour ne plus jamais avoir à prendre la décision d'interrompre une grossesse. Cette information en matière de régulation des naissances — qui est la meilleure des dissuasions à l'avortement — nous paraît si essentielle que nous avons prévu d'en faire une obligation d'en fournir les moyens sous peine de fermeture administrative des établissements où se feraient les interruptions de grossesse.

Les deux entretiens qu'elle aura eus ainsi que le délai de réflexion de huit jours qui lui sera imposé ont paru indispensables pour faire prendre conscience à la femme de ce qu'il ne s'agit pas d'un acte normal ou banal, mais d'une décision grave qui ne peut être prise sans en avoir pesé les conséquences et qu'il convient d'éviter à tout prix. Ce n'est qu'après cette prise de conscience, et dans le cas où la femme n'aurait pas renoncé à sa décision, que l'interruption de grossesse pourrait avoir lieu. Cette intervention ne doit toutefois pas être pratiquée sans de strictes garanties médicales pour la femme elle-même et c'est le troisième objectif du projet de loi : protéger la femme.

Tout d'abord, l'interruption de grossesse ne peut être que précoce, parce que ses risques physiques et psychiques, qui ne sont jamais nuls, deviennent trop sérieux après la fin de la dixième semaine qui suit la conception pour que l'on permette aux femmes de s'y exposer.

Ensuite, l'interruption de grossesse ne peut-être pratiquée que par un médecin, comme c'est la règle dans tous les pays qui ont modifié leur législation dans ce domaine.

Enfin, pour donner plus de sécurité à la femme, l'intervention ne sera permise qu'en milieu hospitalier, public ou privé.

Il ne faut pas dissimuler que le respect de ces dispositions, que le gouvernement juge essentielles et qui restent sanctionnées par les pénalités prévues à l'article 317 du Code pénal, maintenues en vigueur à cet égard, implique une sérieuse remise en ordre que le gouvernement entend mener à bien. Il sera mis fin à des pratiques qui ont reçu récemment une fâcheuse publicité et qui ne pourront plus être tolérées dès lors que les femmes auront la possibilité de recourir légalement à des interventions accomplies dans de réelles conditions de sécurité.

De même, le gouvernement est décidé à appliquer fermement les dispositions nouvelles qui remplaceront celles de la loi de 1920 en matière de propagande et de publicité, contrairement à ce qui est dit ici ou là, le projet n'interdit pas de donner des informations sur la loi et sur l'avortement ; il interdit l'incitation à l'avortement par quelque moyen que ce soit car cette incitation reste inadmissible.

Cette fermeté, le gouvernement la montrera encore en ne permettant pas que l'interruption de grossesse donne lieu à des profits choquants ; les honoraires et les frais d'hospitalisation ne devront pas dépasser des plafonds fixés par décision administrative en vertu des pouvoirs que le gouvernement tient de la législation relative aux prix. Dans le même souci, et pour éviter de tomber dans les abus constatés dans certains pays, les étrangères devront justifier de conditions de résidence pour que leur grossesse puisse être interrompue.

Je voudrais enfin expliquer l'option prise par le gouvernement, qui a été vivement critiquée sur le non remboursement de l'interruption de grossesse par la Sécurité sociale.

Lorsque l'on sait que les soins dentaires, les vaccinations non obligatoires, les verres correcteurs ne sont pas ou sont encore très incomplètement remboursés par la Sécurité sociale, comment faire comprendre que l'interruption de grossesse puisse être remboursé par la Sécurité sociale ? Si l'on s'en tient aux principes généraux de la Sécurité, l'interruption de grossesse, lorsqu'elle n'est pas thérapeutique, n'a pas à être remboursée. Faut-il faire exception à ce principe ? Nous ne le pensons pas, car il nous paru nécessaire de souligner la gravité d'un acte qui doit rester exceptionnel, même s'il entraîne dans certains cas une charge financière pour les femmes. Ce qu'il faut c'est que l'absence de ressources ne puisse pas empêcher une femme de demander une interruption de grossesse ; c'est pourquoi l'aide médicale a été prévue pour les plus démunies.

Ce qu'il faut aussi, c'est bien marquer la différence entre la contraception, qui doit être encouragée par tous les moyens et dont le remboursement par la Sécurité sociale vient d'être décidé, et l'avortement que la société tolère mais qu'elle ne saurait ni prendre en charge ni encourager.

Rares sont les femmes qui ne désirent pas d'enfant ; la maternité fait partie de l'accomplissement de leur vie et celles qui n'ont pas connu ce bonheur souffrent profondément. Si l'enfant une fois né est rarement rejeté et donne à sa mère, avec son premier sourire, les plus grandes joies qu'elle puisse connaître, certaines femmes se sentent incapables, en raison des difficultés très graves qu'elles connaissent à un moment de leur existence, d'apporter à un enfant l'équilibre affectif et la sollicitude qu'elles lui doivent. À ce moment, elles feront tout pour l'éviter ou ne pas le garder. Et personne ne pourra les en empêcher. Mais les mêmes femmes, quelques mois plus tard, leur vie affective ou matérielle s'étant transformée, seront les premières à souhaiter un enfant et deviendront les mères les plus attentives. C'est pour celles-là que nous voulons mettre fin à l'avortement clandestin, auquel elles ne manqueraient pas de recourir, au risque de rester stériles ou atteintes au plus profond d'elles-mêmes.

J'en arrive au terme de mon exposé. Volontairement, j'ai préféré m'expliquer sur la philosophie générale du projet plutôt que sur le détail de ses dispositions que nous examinerons à loisir au cours de la discussion des articles.

Je sais qu'un certain nombre d'entre vous estimeront en conscience qu'ils ne peuvent voter ce texte pas davantage qu'aucune loi faisant sortir l'avortement de l'interdit et du clandestin.

Ceux-là, j'espère les avoir au moins convaincus que ce projet est le fruit d'une réflexion honnête et approfondie sur tous les aspects du problème et que si le gouvernement a pris la responsabilité de le soumettre au Parlement, ce n'est qu'après en avoir mesuré la portée immédiate aussi bien que les conséquences futures pour la nation.

Je ne leur en donnerai qu'une preuve, c'est qu'usant d'une procédure tout à fait exceptionnelle en matière législative, le gouvernement vous propose d'en limiter l'application à cinq années, afin que dans l'hypothèse où il apparaîtrait au cours de ce laps de temps que la loi que vous auriez votée ne serait plus adaptée à l'évolution démographique ou au progrès médical — en raison par exemple de l'évolution des techniques de la contraception — le Parlement ait à se prononcer à nouveau dans cinq ans en tenant compte de ces nouvelles données.

D'autres hésitent encore : ils sont conscients de la détresse de trop de femmes et souhaitent leur venir en aide ; ils craignent toutefois les effets et les conséquences de la loi. À ceux-ci je veux dire que si la loi est générale et donc abstraite, elle est faite pour s'appliquer à des situations individuelles souvent angoissantes ; que si elle n'interdit plus, elle ne crée aucun droit à l'avortement et que comme le disait Montesquieu « la nature des lois humaines est d'être soumise à tous les accidents qui arrivent et de varier à mesure que les volontés des hommes changent. Au contraire la nature des lois de la religion est de ne varier jamais. Les lois humaines statuent sur le bien, la religion sur le meilleur. »

C'est bien dans cet esprit que depuis une dizaine d'années, grâce au président de votre commission des lois, avec lequel j'ai eu l'honneur de collaborer lorsqu'il était garde des Sceaux, a été rajeuni et transformé notre prestigieux code civil. Certains ont craint alors qu'en prenant acte d'une nouvelle image de la famille, on ne contribue à la détériorer. Il n'en a rien été et notre pays peut s'honorer d'une législation civile désormais plus juste, plus humaine, mieux adaptée à la société dans laquelle nous vivons.

Je sais que le problème dont nous débattons aujourd'hui concerne des questions infiniment plus graves et qui troublent beaucoup plus la conscience de chacun. Mais en définitive il s'agit aussi d'un problème de société.

Je voudrais enfin vous dire ceci : demain, au cours de la discussion, je défendrai ce texte au nom du gouvernement sans arrière pensée et avec toute ma conviction, mais il est vrai que personne ne peut éprouver une satisfaction profonde à défendre un texte — le meilleur possible à mon avis — sur un tel sujet : personne n'a jamais contesté et le ministre de la Santé moins que quiconque — que l'avortement soit un échec quand il n'est pas un drame.

Mais nous ne pouvons plus fermer les yeux sur les 300 000 avortements qui chaque année mutilent les femmes de ce pays, qui bafouent nos lois et qui humilient ou traumatisent celles qui y ont recours.

Je ne suis pas de ceux et de celles qui redoutent l'avenir.

L'Histoire nous montre que les grands débats qui ont divisé un moment les Français apparaissent avec le recul du temps comme une étape nécessaire à la formation d'un nouveau consensus social, qui s'inscrit dans la tradition de tolérance et de mesure de notre pays.

Les jeunes générations nous surprennent parfois en ce qu'elles ont de différent de nous ; nous les avons nous-mêmes élevées de façon différente de celle dont nous l'avons été. Mais cette jeunesse est courageuse, capable d'enthousiasme et de sacrifices comme les autres. Sachons lui faire confiance pour conserver à la vie la valeur suprême qu'elle ne saurait perdre.

Discours devant l'Assemblée nationale,
Paris le 26 novembre 1974

« La femme française cherche à concilier famille et profession. La responsabilité des pouvoirs publics est de tenir compte de ce désir. »

Madame la présidente,
Mesdames,
Messieurs,

Je voudrais vous dire ma satisfaction d'avoir pu assister à cette séance des Entretiens de Bichat consacrée aux femmes médecins à laquelle, Madame la présidente, vous m'aviez aimablement conviée.

J'ai eu quelques hésitations sur le sujet que j'allais aborder devant vous puis j'ai décidé de vous parler à bâtons rompus de la condition féminine.

Ce choix pourra vous étonner venant d'un ministre de la Santé, mais je ne pense pas ce soit le cas puisque, de vous mêmes, vous avez pris l'initiative de cette séance où la présence féminine est particulièrement importante.

Sollicitée à de nombreuses reprises dans des associations ou des clubs de m'exprimer sur ce sujet, j'ai toujours refusé parce qu'il appartenait au secrétariat d'État chargé de cette question de le faire et parce que le caractère militant de certaines de ces réunions ne me convenait pas.

Mais, puisque vous êtes amenées à une réflexion sur la féminisation de la profession médicale, vous permettrez au membre féminin d'une autre profession que je suis d'élargir le débat.

Cette réflexion, je la ferai à bâtons rompus, vous disais-je, car je n'ai pas de doctrine dans ce domaine, pas de modèle de femme à vous proposer, pas de certitude non plus sur ce que doit être la femme dans notre société ou sur ce qu'elle sera dans les années à venir.

Ce que je sais, c'est que le problème de la condition féminine, chaque femme le vit, le ressent pour elle-même et pour les autres.

J'ai seulement, comme bien des femmes, des opinions très affectives, très personnelles, sur la façon dont je vis ma condition féminine.

Ce que je sais, c'est que parler de ce problème c'est évoquer une question fondamentale pour l'équilibre et l'avenir de notre société et non se soumettre à une sorte de mode.

Mon sentiment dans ce domaine est conforté par deux exemples très personnels.

Le premier est un entretien avec Madame Golda Meir, l'an dernier, au cours d'un voyage en Israël.

Je lui ai posé cette question : « Le fait d'être une femme a-t-il changé pour vous l'approche des problèmes politiques ou entraîné des difficultés particulières ? » Madame Golda Meir m'a répondu « non » assez sèchement, laissant entendre que ma question était assez futile et que ce problème ne la concernait pas.

Or, en lisant l'été dernier ses Mémoires, je me suis aperçue que tous les grands événements dont elle a été le témoin, parfois l'artisan, elle les analyse en fonction des difficultés que son action politique a entraîné dans ses rapports avec son mari, ses enfants, sa famille.

Si bien que son ouvrage est une extraordinaire confession de femme autant que le recueil des Mémoires d'un homme politique.

Le second exemple est une conversation que j'ai eue avec le ministre des Affaires étrangères d'un pays en voie de développement que je ne devais pas rencontrer en principe au cours de mon voyage.

« Je suis venu m'entretenir avec vous, m'a-t-il dit, non pas de politique extérieure mais de ces problèmes féminins auxquels nous allons être confrontés dans les années à venir. »

Et, il me confiait son inquiétude des bouleversements que pouvait apporter dans son pays le désir trop rapide d'évolution des femmes si les hommes ne savaient pas faire quelques concessions.

Le problème est donc posé partout et nous devons en prendre conscience.

En France, il s'est posé en fait au niveau de l'opinion comme à celui des pouvoirs publics par le biais de la politique familiale et de celle de l'emploi et nous ne pouvons plus l'ignorer.

Du fait de la participation féminine, le monde du travail a évolué. Certes, les femmes au travail sont proportionnellement moins nombreuses aujourd'hui qu'en 1900, mais leur activité professionnelle a pris des aspects nouveaux.

Mais en fait, au début du siècle, beaucoup de femmes travaillaient soit dans une entreprise artisanale, soit dans une entreprise agricole : elles restaient donc chez elles. Le problème actuel est qu'elles quittent désormais le foyer familial, la maison. L'amorce de cette évolution se situe au temps de la guerre de 1914, lorsque le pays dut compter sur l'apport de la main d'œuvre féminine. Les femmes participèrent ainsi à la vie civique et à la défense de la nation. Ce fut la première étape : celle où les usines, jusqu'alors réservées aux hommes ouvrirent leurs portes aux Françaises. Le mouvement se précisa en Grande-Bretagne à partir de 1939, les usines fonctionnèrent presque exclusivement avec des femmes.

Depuis 1965, 1 200 000 femmes ont augmenté la masse de la main d'œuvre féminine en France. Et plus de la moitié des femmes de 20 à 55 ans ont aujourd'hui une activité professionnelle. Le pourcentage dans la population active est récemment passé de 36 à 38 %. Les salariées sont de plus en plus nombreuses. Après le mariage et la naissance des enfants, beaucoup retrouvent leur profession antérieure, notamment chez les cadres supérieurs.

Certaines travaillent, même si le besoin financier ne s'en fait pas sentir. D'autres n'interrompent leur activité professionnelle qu'après le premier ou le deuxième enfant.

Notre environnement moderne en a été considérablement modifié.

La vie sociale et familiale est transformée ; si les femmes vivent dans des habitations éloignées de leur lieu de travail, elles doivent partir tôt le matin et rentrer tard le soir. Et se posent alors au couple, à la famille, non seulement des problèmes matériels, mais des problèmes psychologiques.

De même, le fait de suivre des études, d'avoir au cours de ces études un mode de vie comparable à celui des jeunes gens a amené des modifications dans les rapports parents-enfants.

Ce phénomène est d'importance, car la population scolaire et étudiante représente 40 % des femmes de 15 à 20 ans, les bachelières sont plus nombreuses que bacheliers, les femmes constituent la moitié des effectifs de l'enseignement supérieur.

Bien que jouant un rôle de plus en plus actif dans la société, la participation réelle des femmes aux fonctions de responsabilités reste néanmoins très limitée.

C'est vrai pour la France, ce l'est aussi pour le reste du monde, à l'exception peut-être de la Chine.

Prenons les postes de responsabilité : les cadres supérieurs, dans la fonction publique (université exclue), l'industrie, les professions libérales, comptent plus d'hommes que de femmes. La population active féminine y est de l'ordre de 3,7 % contre 8,3 % pour la population masculine.

Dans les grandes écoles, en dépit des possibilités d'accès pour les femmes, à l'École Polytechnique on ne compte que 6 % de femmes.

La proportion des jeunes filles dans le domaine technique est inversement proportionnelle au niveau de qualification exigé.

Dans la magistrature où les femmes sont entrées nombreuses depuis 1946, peut-être en raison d'une désaffection des hommes pour cette profession, très peu sont parvenues aux fonctions de haute responsabilité.

Vous avez souligné, Madame la présidente, le petit nombre de femmes chefs de service dans la profession médicale. Dans la magistrature, il en est de même et si le Tribunal à Paris est maintenant présidé par une femme, il y a très peu de femmes président ou procureur de Tribunal de grande instance, aucun premier président ou procureur général de Cour d'appel.

Regardons la vie politique ou syndicale.

Il y a 7 femmes au Sénat sur 282 sénateurs, 9 à l'Assemblée sur 490 députés. C'est donc moins qu'en 1946. Au gouvernement, 4 femmes sont présentes. C'est beaucoup plus que dans la plupart des gouvernements étrangers et cela provient d'une volonté délibérée du président de la République. Mais au niveau communal, les Françaises représentent 4 % des conseillers municipaux, 1,8 % des maires (soit 700 pour 37 000) et 2 % de conseillers généraux.

Et, encore, les 700 femmes maires n'ont-elles été élues que dans des communes de moins de 5 000 habitants.

Dans les instances responsables des partis politiques leur nombre est infime.

Au niveau des organisations syndicales et professionnelles, leur rôle se limite la plupart du temps aux questions féminines, elles sont très peu représentées dans les organes de direction.

La situation est la même dans les organismes qui influent directement sur la vie des femmes et des mères de famille. J'ai découvert avec étonnement qu'il y avait moins de 5 % de femmes dans les conseils d'administration de l'Union nationale des associations familiales et une proportion guère supérieure dans les associations de parents d'élèves.

Cette situation n'est certes pas propre à notre pays. Elle est encore moins satisfaisante aux USA. En Union Soviétique ou en Pologne, les femmes qui représentent 70 et 60 % du corps médical n'accèdent qu'en petit nombre à des postes de responsabilités, d'enseignement par exemple et, sur le plan politique, leur rôle semble tout à fait mineur. En Suède même, lorsque je m'y étais rendue au mois de mai dernier, une seule femme faisait partie du gouvernement comme secrétaire d'État.

Il me paraît essentiel pourtant que les femmes soient suffisamment entendues au niveau des instances politiques.

Car les pouvoirs publics ont la possibilité d'agir de façon importante sur les problèmes féminins dans le domaine du travail. Ils ne s'en sont pas fait faute d'ailleurs.

Lorsque dans les années 1960, on manquait de main-d'œuvre dans de nombreux pays, on a recherché les mesures propres à inciter les femmes à travailler. En revanche, on constate que dans les périodes économiquement plus difficiles et dans celles où la démographie est en baisse, on les invite à demeurer au foyer, soit par le jeu des prestations sociales, soit par le manque d'équipements sociaux.

On peut jouer ainsi sur l'activité féminine et le mode de vie féminin.

Je ne voudrais nullement prendre parti dans le débat souvent mal posé dans ces termes : les femmes doivent travailler ou elles doivent rester au foyer, émancipation ou non émancipation féminine, mais je pense que ce que les femmes peuvent et doivent espérer, c'est la liberté du choix. C'est-à-dire, en définitive, d'être entendues au niveau des instances de décision car c'est là que se crée le cadre de vie, l'environnement qui, par la suite, modèle le mode d'existence des femmes.

Je crois aussi qu'il appartient aux femmes d'exercer leur responsabilité personnelle dans ce domaine car l'épanouissement de leur personnalité est nécessaire à la vie du couple, à leurs enfants et que cet épanouissement peut, selon les cas, selon les moments de la vie, se trouver au foyer ou dans la profession.

L'an dernier, j'ai été amenée à étudier ces problèmes dans la perspective de définition d'une nouvelle politique familiale. Alors se sont affrontées des conceptions divergentes sur le travail féminin. Mais au travers de différentes enquêtes, nous avons pu apprécier à cette occasion combien la famille est en France une réalité très vivante.

Ce que souhaite cette famille française, c'est qu'on lui donne la possibilité de s'épanouir, et dans cet épanouissement, la satisfaction des aspirations profondes des femmes joue un rôle essentiel.

Quelles sont ces aspirations ?

Beaucoup de jeunes femmes souhaitent avoir une activité professionnelle mais pouvoir concilier cette activité avec leur vie familiale.

Cette position des jeunes femmes françaises est différente de celles des femmes d'autres pays où certaines disent « j'ai choisi ma vie professionnelle. Donc, je ne me marie pas et je n'aurai pas d'enfants ». Cette affirmation, je ne l'ai jamais entendue en France. La particularité de la femme française est de chercher à concilier famille et profession.

La responsabilité des pouvoirs publics est de tenir compte de ce désir et de rechercher dans l'aménagement du temps de travail, dans celui des prestations sociales, le moyen de réaliser l'équilibre souhaité.

Nous avons la possibilité d'agir efficacement dans ce domaine.

C'est ainsi, par exemple, que dans le projet de refonte des prestations sociales qui sera présenté au Parlement au printemps prochain, nous avons adopté un principe de neutralité vis-à-vis de la femme au travail en aidant les jeunes femmes — qu'elles travaillent ou non — lorsqu'elles ont de jeunes enfants. Le problème, en effet, pour elles, est celui des enfants au dessous de 3 ans. Nous avons estimé que ces réformes correspondent à la sociologie actuelle de la famille française, à une neutralité nécessaire pour laisser les femmes libres de travailler ou de ne pas travailler.

De même d'ailleurs, il convient, je crois, de développer des horaires mieux adaptés, de définir une série de mesures permettant aux femmes de pouvoir travailler tout en remplissant leurs obligations maternelles.

Ainsi s'établira un équilibre satisfaisant. Il restera encore des progrès à accomplir, notamment dans le domaine des responsabilités politiques et sociales. Il y a là pour les femmes un objectif important quelle que soit l'école de pensée à laquelle elles adhèrent, ou les intérêts qu'elles peuvent défendre.

Je sais bien que si les femmes ne participent pas à l'action politique, c'est souvent parce que celles qui souhaiteraient se lancer dans cette action travaillent et que leur vie de mères, d'épouses ou de femmes au foyer rend très très difficiles des activités non lucratives complémentaires.

En conclusion, je pense sincèrement que notre pays a trouvé dans ce domaine un équilibre relativement harmonieux pour les intéressées elles-mêmes, même si les jeunes connaissent peut-être plus de difficultés que leurs aînées.

Dans ma génération, comme dans les générations précédentes, les femmes savaient qu'elles devaient passer par beaucoup de compromis pour réussir à faire entendre leur voix. Je ne suis pas sûre que les jeunes en aient conscience et qu'il n'y ait pas, de ce fait, certains tiraillements, même si les hommes prennent désormais part aux tâches familiales dévolues auparavant aux femmes. Je crains que certaines jeunes soient quelquefois déçues par l'impossibilité de se décharger du « fardeau » de la maison.

Mais je pense aussi que cet équilibre est harmonieux pour notre société. Car les femmes peuvent lui apporter quelque chose de nouveau, de différent. Je ne suis pas du tout du nombre de celles qui proclament : « il y a une égalité totale entre les sexes », je crois que les hommes et les femmes ont été créés différents et vivent différemment. L'équilibre de notre société veut que les uns et les autres participent. Je fais ici référence à Mao. Il disait : « les femmes sont la moitié du ciel. » Cette moitié ne doit pas se laisser oublier. L'intérêt même de la société est que les femmes apportent une vue différente peut-être moins formaliste, une approche plus quotidienne des problèmes, plus humaine, plus concrète, plus objective, plus proche de ces petits détails qui font la vie de chacun. Sans doute les femmes françaises ont-elles conscience qu'un certain nombre de leurs joies provient de leur situation de femmes. Et c'est pourquoi elles ne sont pas prêtes à y renoncer et à, délibérément, formuler des revendications d'égalitarisme qui, je crois, ne s'intégreraient pas dans notre société.

Je suis frappée de voir à quel point les mouvements féministes français ont su conserver un équilibre entre une voie trop traditionnelle et dépassée et l'idée d'une révolution qui conduirait les femmes à tout perdre.

Car les femmes se méfient des trop grandes innovations. Dans ce domaine, très souvent, certaines de ces dernières sont plus apparentes que réelles. Je prendrai pour exemple les congés de grossesse accordés aussi bien au père qu'à la mère en Suède qui, en fait, ne sont pris que par la mère. Je pense aussi à la condition de la femme américaine. On nous a dit souvent que les femmes américaines sont très émancipées. Je ne suis pas sûre qu'elles en aient toujours le sentiment et qu'elles puissent réellement organiser une existence plus en fonction de leurs aspirations.

Je crois que la condition féminine, c'est pour nous Françaises, la recherche de l'harmonie du bonheur du couple, de la famille, de l'épanouissement de la vie personnelle qui puisse permettre en définitive de trouver et de maintenir un équilibre idéal.

En terminant, je voudrais évoquer l'attitude des femmes irlandaises ces dernières semaines. Je crois qu'il est intéressant d'observer qu'un mouvement de femmes a essayé de s'opposer à la violence qui agitait leur pays dans son ensemble par une solidarité du sexe. L'exemple des femmes irlandaises peut être médité car il est, peut être un grand encouragement à ce que les femmes puissent réussir — et je le souhaite profondément — à diminuer « l'angoisse de l'avenir » qui affecte nos sociétés.

Colloque de la femme médecin, mardi 28 septembre 1976

Réflexions sur l'évolution de la condition féminine

Ma conviction profonde est que ce problème ne doit pas être traité superficiellement pour sacrifier à une mode passagère. La façon dont évoluera la condition féminine dans la prochaine décennie aura, en effet, des répercussions fondamentales, non seulement sur l'avenir et l'équilibre des femmes elles-mêmes mais sur ceux de la société tout entière et en particulier de la cellule familiale, qui en constitue la base essentielle.

Chacun peut constater que la situation de la femme s'est notablement et parfois spectaculairement transformée en moins d'un demi-siècle. Cela n'est pas dû, comme on le croit parfois, à l'accroissement du nombre de femmes occupant un emploi. Le pourcentage des femmes au travail n'a pas sensiblement augmenté depuis le début du siècle. Mais les conditions dans lesquelles elles exercent leur profession sont très différentes : autrefois la plupart des femmes travaillaient dans des entreprises agricoles ou artisanales et, en tout cas, à proximité de leur foyer.

L'emploi massif de la main-d'œuvre féminine dans les mines — favorisé par les besoins nés des deux dernières guerres — a totalement modifié les conditions de travail et, par voie de conséquence, la vie familiale et sociale. L'éloignement des lieux de travail rend plus difficile la vie du couple et lui pose de délicats problèmes, d'ordre matériel mais aussi psychologique, dès lors que ce couple veut, comme il est normal et souhaitable, avoir des enfants.

Parallèlement, l'élévation du niveau d'éducation, l'ouverture sur le monde extérieur que facilite l'exercice d'une profession, le rôle de plus en plus actif que les femmes sont appelées à jouer dans la société créent de leur part une aspiration à plus d'égalité et à une meilleure promotion professionnelle et sociale.

Les pouvoirs publics peuvent jouer un rôle important à cet égard ; d'abord pour assurer aux femmes les droits et l'accès aux responsabilités auxquelles elles peuvent légitimement prétendre.

Sur ce point, les réformes nécessaires ont été réalisées — au moins dans les textes : toute discrimination entre hommes et femmes a été abolie en ce qui concerne les droits civiques. Le droit de la famille a été profondément modifié pour associer la femme à l'exercice de l'autorité parentale, à la gestion des biens communs et aussi pour lui permettre d'assumer, lorsqu'elle est seule, l'ensemble des responsabilités familiale. Enfin, plus récemment, ont été supprimées les dernières entraves, d'ordre juridique ou administratif, qui interdisaient aux femmes l'accès à certaines fonctions ou professions. Mais dans les faits, le succès de ces mesures est encore très limité. Le pourcentage des femmes occupant des postes de haut niveau demeure très inférieur à celui des hommes, qu'il s'agisse de la fonction publique, des entreprises privées ou des professions libérales. La même constatation peut être faite en ce qui concerne les responsabilités politiques ou syndicales : il y a actuellement sept femmes sénateurs et sept femmes députés — moins qu'en 1946. Dans la plupart des pays étrangers, la situation est identique.

Pour qu'il y ait un changement dans les faits, il faut que les femmes elles-mêmes prennent conscience de l'importance du rôle qu'elles peuvent jouer, en prenant des responsabilités dans la cité, pour améliorer le cadre de vie et créer les conditions qui permettent à chacune de réaliser son épanouissement personnel sans sacrifier celui de son foyer et de ses enfants. Ceci me paraît essentiel.

La présence de quatre femmes au gouvernement — sans prétendre qu'elle suffira à résoudre par elle-même les problèmes posés — peut avoir une valeur incitative. J'observe, à l'occasion de la préparation des élections municipales, que l'on a fait cette fois davantage appel aux femmes pour la constitution des listes.

Les pouvoirs publics peuvent aussi agir pour faciliter l'application dans les faits des réformes réalisées dans les textes. Ces mesures ne doivent pas, à mon avis, se limiter à des prestations financières. Il ne peut s'agir que d'une politique globale visant aussi bien l'amélioration de l'environnement quotidien — logements, transports, etc… — que le développement de modes de garde, la répartition des congés scolaires, l'organisation des loisirs, la formation professionnelle. C'est dans cette voie que nous nous orientons, en particulier pour la détermination de la politique familiale.

En revanche, je ne crois pas que l'État ait à prendre parti dans l'option « mère au foyer » ou « mère travaillant à l'extérieur ». Il me paraît préférable que la femme, lorsqu'elle en a la possibilité, puisse choisir le mode d'activité qui corresponde le mieux à ses aspirations et aussi à la situation familiale du moment. Telle est bien l'orientation retenue par le gouvernement pour la détermination du complément familial « destiné à se substituer aux actuelles prestations. » Le complément sera versé, quelle que soit la situation de la femme, en considération des ressources globales du ménage — avec sans doute des plafonds légèrement différents pour tenir compte des frais de garde des enfants lorsque la femme travaille.

Ces orientations me paraissent répondre aux préoccupations actuelles de femmes de notre pays. J'ai pu constater que la majorité d'entre elles étaient peu sensibles aux revendications strictement égalitaristes, qu'elles se méfiaient dans ce domaine des innovations spectaculaires qui ont souvent des effets purement formels — quand ils ne sont pas négatifs.

Je crois que pour nous, Françaises, être femme en 1977 c'est assumer sa condition féminine, prendre conscience de son droit à la différence et rechercher un nouvel équilibre de vie qui permette de concilier aspirations professionnelles et épanouissement familial.

22 janvier 1977

« Il faut rester mobilisés, toujours chercher de nouvelles voies pour que la situation concrète des femmes soit prise en compte »

Madame la ministre,

Madame la présidente,

et à toutes celles qui sont ici réunies, je voudrais dire combien je me réjouis d'être aujourd'hui avec vous, même si malheureusement ce n'est que pour un moment très bref.

Il y a déjà plusieurs mois que madame de La Garanderie m'avait fait part de son projet de création d'une Association des femmes juristes et je n'ai pu que me réjouir de cette initiative. Cette association répond en effet à un véritable besoin, à un moment important du combat que mènent les femmes pour l'égalité des droits.

Par un concours de circonstances, que ce soit comme magistrat, ministre ou président du Parlement européen, j'ai eu le privilège de pouvoir, en maintes occasions, traduire mon engagement en faveur de l'égalité des droits de la femme et de sa promotion, parfois de façon très concrète.

Ainsi, magistrat à l'administration pénitentiaire de 1957 à 1964, j'ai observé dès mon affectation que les femmes détenues étaient beaucoup moins nombreuses que les hommes et, comme elles ne posaient guère de problèmes sur le plan disciplinaire, l'Administration centrale ne se préoccupait guère de leurs conditions de détention.

Il faut dire qu'à l'époque, alors que la plupart des prisons étaient dans une situation de vétusté inimaginable, les conditions matérielles de ces femmes étaient plutôt meilleures. En revanche, le règlement, notamment à la maison centrale de Rennes où se trouvaient toutes les détenues condamnées pour de longues peines, était appliqué avec une rigidité qui ne pouvait que les déshumaniser encore davantage. Il fallait faire admettre par l'encadrement, qui croyait en ces méthodes, qu'elles allaient à l'encontre d'une chance de réinsertion. Mais surtout, après une inspection des prisons en Algérie, j'ai été amenée à préconiser le transfert en France des condamnés à de très longues peines, notamment des femmes qui avaient appartenu au FLN, afin qu'elles soient regroupées dans une maison d'arrêt en France jusqu'à la fin du conflit. Elles ont été autorisées à faire des études et à bénéficier d'un régime prenant en compte l'espoir d'une négociation.

Affectée ensuite à la direction des Affaires civiles, j'ai eu la chance de participer aux grandes réformes du droit de la famille qui étaient alors en chantier, dont la plupart avaient pour objet de prendre en compte les droits de la femme mariée, tant en ce qui concerne l'autorité parentale que ses droits personnels et patrimoniaux. Dans le même temps, je siégeais au Comité du travail féminin, instance mise en place pour réfléchir aux aménagements à apporter aux conditions de travail des femmes afin de leur permettre de mieux concilier leurs différentes activités.

À propos de cette instance — la première du genre sans doute, avant beaucoup d'autres —, il est intéressant de souligner qu'à l'époque le gouvernement souhaitait inciter les femmes à travailler car on était encore en période de pleine expansion. Les immigrés ne pouvaient répondre à certains types d'activités et on cherchait à y attirer une main-d'œuvre féminine. C'est intéressant de souligner qu'au sein de ce comité, on a longuement discuté de savoir s'il serait opportun, dans cette perspective, de favoriser le temps partiel. Les unes y étaient, par principe, tout à fait hostiles mais le débat s'est plus particulièrement centré sur le fait de savoir si la souplesse du travail à temps partiel aurait pour conséquence d'inciter plus de femmes à travailler ou au contraire d'encourager le temps partiel pour celles qui travaillaient à temps plein. Ce débat traduisait parfaitement le fait que les femmes, comme les immigrés, sont considérées comme une main-d'œuvre d'appoint à laquelle on peut faire appel ou qu'on peut renvoyer selon les besoins de l'économie.

Il est vrai que les questions liées au temps et aux horaires de travail jouent un rôle particulièrement important pour les femmes, car il leur faut pouvoir concilier leurs activités professionnelles et leur rôle au sein de la famille. Toutes les femmes qui ont des enfants sont à un moment quelconque confrontées à ce problème. Certains font valoir que ce sont aussi les femmes qui, plus que les hommes, sont amenées à s'occuper des parents ou beaux-parents lorsqu'ils vieillissent. De plus en plus, ce sera une charge supplémentaire pour les femmes. La question d'aménagement et d'assouplissement du temps de travail est donc à prendre en compte si l'on veut faciliter l'activité professionnelle des femmes. En 1974, lorsque je suis devenue ministre de la Santé, les hôpitaux étaient confrontés à une grande pénurie d'infirmiers. À titre exceptionnel, on les avait autorisées à travailler à trois quarts de temps. Cette possibilité avait rencontré un grand succès et incité des infirmières à revenir travailler dans les hôpitaux.

Dans le même esprit, c'est au ministère de la Santé et des Affaires sociales que l'on a, pour la première fois, instauré la possibilité pour les femmes de ne pas travailler le mercredi afin de pouvoir s'occuper de leurs enfants, pour lesquels c'est souvent un jour sans école, ni solution de remplacement.

Je regrette pour ma part que les syndicats, du moins au niveau des grandes centrales, ne se soient pas durablement intéressés à ces questions, par crainte de pénaliser le travail des femmes.

J'évoque une expérience personnelle liée au passé mais, concrètement, les choses n'ont guère changé, à regarder les jeunes femmes d'aujourd'hui qui sont confrontées aux mêmes difficultés.

En fait, il faut rester mobilisées, toujours chercher de nouvelles voies, s'engager et se battre pour que la situation concrète des femmes soit prise en compte. À cet égard, à lire les enquêtes qui ont été faites sur l'application des 35 heures, il ne semble pas qu'elles aient toujours apporté aux femmes la souplesse qu'elles souhaitaient.

C'est pourquoi je rends hommage à votre démarche dont je me réjouis qu'elle s'inscrive dans la dimension de l'Union européenne. L'Europe, et surtout dans le passé la Communauté européenne, a largement contribué à faire progresser les droits de la femme, en imposant l'égalité des droits entre les femmes et les hommes dans tous les domaines relevant du droit du travail et de la Sécurité sociale, à travers des directions spécifiques s'imposant à tous nos pays.

La Commission de Bruxelles ainsi que le Parlement européen, notamment sa commission des droits de la femme, ont, en la matière, joué un rôle majeur. La Cour de justice de Luxembourg, de son côté, s'est attachée au respect très strict de ce principe d'égalité, ce qui l'a conduite, au demeurant, à interdire des mesures de discrimination positive prises en faveur des femmes, mesures pourtant destinées à corriger des inégalités de fait. En effet, il faut bien constater que l'égalité des droits est loin de suffire pour supprimer les discriminations de fait dont les femmes sont encore très souvent victimes, tant en ce qui concerne l'embauche, les promotions et surtout les salaires.

Théoriquement, toutes les professions sont accessibles aux femmes. En pratique, certains secteurs d'activité restent réservés aux hommes — du moins aux postes de responsabilité. Quant aux salaires des femmes, ils sont, à travail égal, en moyenne 10 à 15 % inférieurs, sans qu'il soit toujours possible pour les intéressés d'en apporter la preuve.

À cet égard, je tiens à souligner à l'attention de madame de La Garanderie l'importance que revêt la solidarité entre les femmes.

Il est coutume de dénoncer leur parcours solitaire et leur tendance à se « tirer dans les pattes » plutôt que de se soutenir entre elles. Ayant eu l'occasion au cours de plus de quarante ans de vie professionnelle de travailler avec des femmes dans des contextes très différents, j'ai pu observer que les femmes étaient entre elles souvent beaucoup plus solidaires que les hommes et que, notamment, elles étaient attentives, lorsque leurs fonctions s'y prêtaient, à favoriser la nomination et la promotion d'autres femmes. Je suis même parfois étonnée de la connivence, voire de la complicité qui s'instaure entre elles lorsqu'elles sont peu nombreuses au sein d'une instance très majoritairement masculine.

Cette solidarité est particulièrement marquée sur le plan international. C'est le combat incessant des femmes qui a permis que dans certains pays en développement soit reconnue une certaine égalité des droits et donné l'accès à des responsabilités, parfois même très importantes, et aussi de se mobiliser pour lutter contre des pratiques odieuses à leur encontre, comme celle de l'excision. La conférence du Caire en 1993 et celle de Pékin en 1995 ont été, à cet égard, exemplaires. Elles ont permis à l'ensemble des femmes qui y étaient réunies de prendre position sur les questions les plus importantes propres à favoriser la promotion des femmes, la défense de leurs droits et leur protection contre toutes les atteintes portées à leur personne et à leur dignité.

D'ailleurs, comment ne pas souligner que ce sont quasi exclusivement les femmes, à titre personnel ou dans le cadre de mouvements féminins, qui se mobilisent pour défendre les femmes victimes de régimes dont le système politique ou les traditions religieuses entraînent des situations particulièrement discriminatoires, pour ne pas dire odieuses, à leur encontre.

Si nous, les Européennes, sommes privilégiées par rapport à la plupart des femmes des autres continents, exception faite de l'Amérique du Nord, il nous faut constater qu'il reste encore de difficiles combats à mener.

Il est en effet plus facile de modifier les textes que les traditions liées à l'héritage sociologique et culturel de chacun de nos pays. On a souvent tendance à penser que les pays scandinaves ou anglo-saxons sont en cela beaucoup plus avancés que les pays de tradition latine et méditerranéenne. À voir de près, les choses ne sont pas si simples.

De nombreux facteurs sont à prendre en compte pour apprécier plus précisément les situations respectives. Ainsi, des études faites il y a quelques années par la Commission de Bruxelles montraient que c'est en Allemagne et au Luxembourg que certaines résistances vis-à-vis du travail des femmes étaient les plus marquées. Sans doute, pour ce qui concerne l'Allemagne, l'horaire scolaire des enfants, limité à la matinée, rend-il encore plus difficile le travail des femmes.

Pour ma part, je me suis toujours demandé, notamment lorsque je siégeais au Parlement européen, les raisons pour lesquelles, en France, la participation des femmes dans la vie politique était si faible par rapport aux autres pays européens : la France était alors la « lanterne rouge » de l'Europe. La loi sur la parité n'a pas jusqu'ici fondamentalement modifié la situation. En revanche, j'avais pu observer, concernant les responsabilités dans les entreprises privées, que la situation était assez différente. Ainsi, contrairement à ce qu'on pense souvent, les femmes sont très peu présentes — quasi absentes — dans les fonctions de direction des grandes entreprises industrielles et dans le secteur financier, aussi bien dans certains pays scandinaves qu'aux Pays-Bas.

Ce constat s'est trouvé confirmé par une enquête publiée il y a quelques mois dans la presse.

M'étant interrogée sur ces différences, je les ai interprétées comme traduisant l'image et l'importance que l'on attache dans chacun de nos pays à ces différentes activités.

Dans les pays latins, notamment la France, c'est le milieu politique qui incarne le pouvoir, ne serait-ce qu'en raison de la présence prépondérante de l'État dans la vie de la nation. Il n'en va pas de même dans les pays, où, au contraire, c'est le secteur économique qui prédomine.

Dans la réalité des faits, c'est au sein des instances auxquelles on accorde du pouvoir et du prestige que les résistances à la présence des femmes sont les plus fortes.

Sans vouloir être trop pessimiste, je ne fais que souligner les difficultés à faire « bouger les choses » lorsqu'il s'agit de modifier les comportements liés à des usages et traditions qui ont modelé nos sociétés depuis des siècles et se traduisent dans tous les aspects de la vie publique et privée.

L'unification progressive de l'Europe, la référence à des valeurs communes, la liberté de circulation atténuent ces différences. Mais il faudra du temps. J'observe, au demeurant, que les femmes elles-mêmes ne sont pas toujours disposées à accepter de renoncer au droit à la différence. Ce qu'elles souhaitent, me semble-t-il, c'est que l'exercice de leurs droits leur permette d'assumer ces différences. Le modèle scandinave, notamment suédois, que l'on cite souvent en ce qui concerne le rôle des pères, n'est pas aussi clair et probant qu'on le décrit. Ainsi le nombre des pères qui prennent un congé parental prolongé, comme on le prétend souvent, est resté en fait très minoritaire.

Partout, l'augmentation du nombre de familles monoparentales touche beaucoup plus les femmes que les hommes. Si certaines femmes en font le choix, beaucoup en sont les victimes et les hommes qui ont reconstitué une autre famille ne sont pas toujours disposés ou en mesure d'assumer leurs responsabilités vis-à-vis des autres enfants — quelles que puissent être les lois qui leur en font l'obligation. C'est pourquoi je ne peux m'empêcher d'exprimer certaines réserves vis-à-vis de la récente loi sur le divorce privilégiant le recours à la garde alternée des enfants. Je me demande si, dans bien des cas, pour certaines familles ce ne sera pas très difficile à mettre en œuvre et ne pénalisera pas les mères dont la vie est souvent déjà difficile.

La loi ne peut ignorer les réalités sociales et les réalités psychologiques, que l'on ne peut changer d'un trait de plume. Au demeurant, dans la majorité de nos pays, la législation reste une œuvre essentiellement masculine et ne prend pas toujours en compte la situation des femmes, qui sont pourtant plus nombreuses. C'est la raison pour laquelle il me semble important que les femmes soient plus nombreuses à exercer des responsabilités dans la vie politique.

C'est à travers l'éducation, celle des garçons comme celle des filles, que, petit à petit, les mentalités changeront.

C'est par là qu'il faut commencer, ne serait-ce qu'en ce qui concerne l'éducation sexuelle au sens le plus large du terme, y compris le comportement des garçons et des filles vis-à-vis des autres. Le respect qu'ils se doivent les uns aux autres.

J'ai toujours pensé que l'éducation des garçons pouvait éviter les incidents et les drames suite auxquels, trop souvent, les adolescentes restent pour toujours traumatisées. Quant aux filles, il faut leur donner confiance en elles en leur montrant le chemin qui a été parcouru en quelques décennies par leurs aînées. Il faut les aider en leur faisant comprendre qu'elles seront mieux armées dans la vie si, à force de volonté et de travail, elles font des études qui leur permettent d'exercer un vrai métier.

Car pour les femmes, encore plus que pour les hommes, l'indépendance, c'est avant tout l'indépendance économique et l'indépendance psychologique.

J'ai précédemment évoqué la parité. Dans le groupe de femmes qui ont préparé le « Manifeste pour la parité », nous étions dix, toutes anciens ministres, différentes les unes des autres, en tout cas politiquement, moitié de la majorité, moitié de l'opposition. Parlant entre nous de ce qui nous avait motivées, nous avons constaté, toutes, que c'était nos mères qui nous avaient expliqué que nous devions faire en sorte d'être indépendantes et, pour cela, avoir un vrai métier qui nous intéressait suffisamment pour faire les sacrifices nécessaires. Il ne s'agit pas seulement d'un discours. Je crois qu'il faut rechercher tout ce qui peut aider les filles, nos filles, à se préparer à leur vie de femme. On parle beaucoup des images stéréotypées données par les jouets ou les livres de classe qui seraient à l'origine des discriminations entre les filles et les garçons. Sans doute ces images contribuent-elles à accroître les distinctions, surtout lorsqu'il s'agit des rôles respectifs des filles et des garçons dans la société. Mais je crois que, contrairement aux féministes qui ont dû se battre pour obtenir en priorité l'égalité des droits, les femmes d'aujourd'hui tiennent à certaines de leurs différences. Les petites filles d'aujourd'hui sont beaucoup plus sûres d'elles qu'autrefois, elles n'ont plus le sentiment d'être inférieures aux garçons, elles n'ont plus de complexes vis-à-vis d'eux. Je me demande même parfois si ce ne sont pas les hommes et même les adolescents qui envient aux femmes leur capacité d'enfanter. Mais encore faut-il que nous ne soyons pas les seules à nous sentir libérées, que la société assume cette évolution.

Je vous remercie.

Congrès européen de l'Association française des femmes juristes, 20-21 septembre 2002

Les droits de la femme

Mesdames,

Messieurs,

chères amies,

Avant de donner la parole à madame Laurence Klejman, qui parlera de la conquête des droits, vous me permettrez de vous faire part de quelques réflexions personnelles car je ne vois pas comment je pourrais présenter, même succinctement, les différents thèmes de cette rencontre, alors que nous sommes toutes, à l'avance, très intéressées d'entendre les intervenantes elles-mêmes.

Du fait de mes activités professionnelles, je me suis en effet souvent trouvée, par hasard ou volontairement, amenée à m'occuper de femmes confrontées à des problèmes spécifiques liés à la condition féminine.

Tout d'abord comme magistrat au ministère de la Justice où j'avais été nommée et affectée à l'administration pénitentiaire, tout de suite après le concours de la magistrature, l'École nationale de la magistrature n'existant pas encore. Une seule collègue m'y avait précédée, mais n'y était pas restée longtemps. En ce qui me concerne, j'ai appris ultérieurement que dans certains services, lors de ma nomination, il y avait eu une consigne de ne pas m'adresser la parole. Mais cela n'a pas duré et très vite mes relations avec mes collègues ont été très amicales. Après avoir subi des discriminations systématiques, j'ai bénéficié d'une totale confiance.

Il fallait donc tenir un minimum de temps pour pouvoir faire la preuve que, même dans les relations avec les directeurs de prison, une femme avait autant d'autorité qu'un homme. Acceptée dans cette administration, j'ai pu me rendre compte que la situation des femmes détenues ne préoccupait guère les services. Comme actuellement, les femmes détenues étaient très peu nombreuses par rapport aux hommes. Toutes celles qui étaient condamnées à de longues peines étaient, à l'époque, regroupées à la maison centrale d'Haguenau, établissement particulièrement vétuste.

Le directeur de l'établissement, car aucune femme parmi le personnel pénitentiaire n'avait le grade de directrice, ne s'occupait que des questions administratives, une sous-directrice étant chargée de tout ce qui concernait les conditions de détention. La criminalité des femmes est très différente de celle des hommes : il s'agit fréquemment de crimes de sang, de caractère familial ou de voisinage, particulièrement odieux. Les condamnées étaient souvent considérées comme de grandes perverses plus ou moins irrécupérables. En prison, elles devaient « payer » jusqu'à ce qu'elles acceptent leur condamnation et manifestent un réel repentir. La maison centrale d'Haguenau ayant été fermée, toutes les condamnées ont été transférées à la maison centrale de Rennes qui était beaucoup plus moderne, la discipline y étant tout aussi rigoureuse.

Les cellules de cet établissement, un ancien couvent modernisé, étaient en fait de petites chambres, ce qui à l'époque choquait les « bonnes âmes », qui parlaient volontiers de prison « quatre étoiles ». La plupart de ces femmes avaient été condamnées à perpétuité, quelquefois même condamnées à mort avant que leur peine fût commuée en travaux forcés à perpétuité. Elles n'avaient pas le droit, sauf autorisation, de parler entre elles, ni dans la cour ni pendant les repas qu'elles prenaient par petites tables. J'avais observé que, quand l'une n'utilisait pas le morceau de sucre distribué en même temps que du café, il lui était interdit de le donner à sa voisine de table car immédiatement on soupçonnait des relations trop affectives entre elles. Telle était l'ambiance dans cette prison où les femmes étaient là pour très longtemps, en permanence sous la menace de sanctions à la moindre infraction au règlement. On pouvait dans ces conditions être inquiet sur les possibilités de réinsertion à la sortie. Au ministère, l'administration centrale à l'époque était débordée, même s'il y avait beaucoup moins de détenus qu'aujourd'hui, du fait de la scandaleuse vétusté des prisons et des problèmes posés par les détenus du FLN.

Dans ce contexte, les femmes étaient complètement oubliées, puisqu'elles ne posaient pas de problèmes disciplinaires.

À l'époque, j'ai été amenée à m'occuper des femmes algériennes condamnées et détenues pour des crimes liés aux événements d'Algérie. Certaines avaient été blessées, d'autres torturées et leurs conditions de détention étaient particulièrement mauvaises. Après une inspection des prisons algériennes en 1959, mission dont j'avais été chargée par Edmond Michelet, alors garde des Sceaux, j'avais conseillé de les transférer en France en même temps que les Algériens du FLN, condamnés à de très lourdes peines. Elles y ont été regroupées dans une petite maison d'arrêt où elles ont pu bénéficier de certaines facilités, notamment pour faire des études, avant d'être transférées à Rennes où elles ont eu droit au « régime spécial » instauré en faveur des détenus condamnés pour des faits liés aux événements d'Algérie.

Dans un tout autre domaine, alors que j'étais encore au ministère de la Justice, j'ai participé aux travaux du « Comité de liaison pour le travail féminin », mis en place pour réfléchir aux mesures qui pourraient être prises pour inciter les femmes à avoir une activité professionnelle. Il est intéressant de préciser que la mission de ce comité ne portait pas du tout sur l'égalité des droits de la femme, mais avait uniquement pour objet, en cette période de forte croissance, de proposer des mesures susceptibles d'inciter les femmes à travailler ou retravailler. L'immigration étrangère pourtant importante, faute de formation spécialisée, ne répondait pas à certains besoins, notamment dans le secteur social et sanitaire.

Cet exemple est la démonstration parfaite de la façon dont est perçu le travail des femmes. Lorsque l'activité économique a besoin de main-d'œuvre, les femmes sont incitées à travailler pour faire face à la pénurie (garderies, crèches, assouplissement d'horaires…), alors qu'en période de chômage on cherche à les décourager pour qu'elles retournent à la maison. Comme les travailleurs immigrés, elles sont un facteur d'ajustement de la main-d'œuvre nécessaire aux besoins du marché du travail. En temps de guerre, les femmes sont embauchées dans les usines pour remplacer les ouvriers qui sont mobilisés. Il est alors normal que les femmes contribuent à l'effort national, avec toute leur énergie et leurs capacités. Mais les guerres terminées, le plus souvent elles ne conservent pas les emplois et les responsabilités qu'elles ont assumées, et on les renvoie à leurs tâches domestiques.

Je me permettrais d'ajouter encore quelques réflexions sur l'histoire des femmes, telle que j'ai perçu son évolution. J'appartiens à cette génération dont l'éventuel féminisme est lié à leur éducation, plus particulièrement à l'influence de leur mère. Entre les deux guerres celles-ci avaient souvent fait des études mais nombre d'entre elles n'avaient pas osé exercer un métier parce que c'était contraire à la tradition. Au surplus, le régime matrimonial des époux et l'organisation de la vie familiale ne s'y prêtaient guère. Même dans ma génération, parmi les femmes ayant suivi des études supérieures, peu d'entre elles ont fait carrière, ne serait-ce que parce que nombre de professions ne leur ont été accessibles que progressivement, notamment dans la fonction publique. La publication du *Deuxième Sexe* de Simone de Beauvoir a été pour beaucoup une révélation. Nous avons découvert une conception très élaborée du féminisme : un féminisme qui non seulement prônait l'égalité totale des droits, mais un féminisme qui niait toute différence de nature entre les hommes et les femmes. Seule l'éducation donnée aux filles dès leur plus jeune âge et l'image véhiculée par tous les « poncifs » sur la spécificité du rôle de la femme seraient à l'origine de ces différences entre les deux sexes.

C'est d'ailleurs très intéressant de voir qu'aujourd'hui, si l'on évoque la citation de Simone de Beauvoir « on ne naît pas femme, on le devient », cette formule est interprétée en lui donnant un sens tout à fait inverse.

Il me semble qu'actuellement, féministe ou non, nombre de femmes non seulement assument leurs différences mais revendiquent un droit à la différence. Elles souhaitent que l'humanité comprenant moitié d'hommes et de femmes et même un peu plus de femmes, la société prenne en compte les aspirations et les besoins des uns et des autres sans privilégier le point de vue masculin ni porter atteinte à l'égalité des droits.

Du fait de l'absence de participation des femmes dans les instances de décision, quels que soient les domaines concernés, leurs attentes légitimes ont été largement ignorées, même pour ce qui les concernait plus particulièrement. Ainsi les femmes ayant été, jusqu'il y a peu, écartées tant de l'architecture que de l'équipement des maisons, elles ne pouvaient que déplorer de n'être pas consultées même pour les choses les plus courantes comme la hauteur des éviers ou des étagères qu'elles étaient pourtant seules à utiliser.

De même dans les transports en commun, notamment les avions, les sièges, généralement dessinés par des hommes, étaient beaucoup mieux adaptés à leur confort qu'à celui des femmes. Il s'agit là d'exemples concrets concernant la vie quotidienne, mais l'absence de prise en compte de la réalité des femmes et de leurs besoins est infiniment plus préjudiciable et injuste lorsqu'il s'agit de questions qui touchent à l'éducation des enfants, à l'autorité parentale, à la gestion des biens de la femme ; les hommes, en tant que pères et maris, avaient tous les droits, jusqu'aux réformes du code civil dans les années 1970.

Ce que revendiquent les femmes, c'est de participer effectivement à toutes les prises de décision. J'ai toujours pensé que c'est bien ce qui, en 1974, a inspiré Valéry Giscard d'Estaing quand il a pris l'engagement, au cours de la campagne présidentielle, de nommer des femmes dans son gouvernement. Conscient du rôle que les femmes tenaient désormais dans la société et de l'incongruité que cela représentait qu'elles soient encore pratiquement exclues de la vie politique, il a estimé qu'elles apporteraient à son gouvernement des capacités et des idées nouvelles.

Je crois que ce que ressentait, à l'époque, Valéry Giscard d'Estaing est lié au fait qu'il était de ces hommes qui, ayant porté beaucoup d'admiration et de respect à leur mère, sont plus disposés à prendre en compte ce que les femmes représentent. On peut enfin penser qu'une telle démarche allait pour lui dans le sens de la modernité.

Pour ma part, je suis convaincue que cette attitude traduisait quelque chose d'important pour lui et qu'il tenait à marquer ainsi le premier gouvernement de son septennat, comme il a tenu à promouvoir certaines réformes de société comme l'abaissement de l'âge de la majorité, le divorce ou l'IVG.

Contrairement à ce qu'on a pu dire alors, je reste convaincue qu'il ne s'agissait pas seulement d'un symbole, encore moins d'une simple démarche électoraliste.

À l'époque la nomination des femmes ne s'imposait pas comme une évidence ; il y avait moins de femmes parlementaires qu'en 1946 et, d'ailleurs, les femmes qui ont été nommées venaient de la société civile. Ce n'était qu'un début que ses successeurs n'ont pas pu ne pas suivre. Si l'on regarde les fonctions qu'elles ont occupées par la suite, il y a eu de sérieux progrès, même si certains ministères paraissent leur être résolument fermés. En outre, les nominations apparaissent un peu comme le fait du prince qui, comme dans le cas des « jupettes », peut les renvoyer en bloc, sans explication, du jour au lendemain.

Cette évolution n'est pas propre à la France. Elle était même beaucoup plus avancée dans les pays scandinaves et en Angleterre, où madame Thatcher a tenu fermement en main les rênes du gouvernement pendant des années.

Dans le même temps, grâce à l'impulsion de la Communauté européenne, l'égalité des droits entre les hommes et les femmes a été juridiquement consacrée par des directives précises concernant tous les aspects de la vie professionnelle. Toute discrimination tombe sous le coup de la jurisprudence, très rigoureuse en la matière, de la Cour du Luxembourg.

Toutefois en dépit de la possibilité de recours individuels à l'occasion de cas d'espèce, il reste beaucoup à faire sur le terrain pour que l'égalité devienne une réalité.

À cet égard, je voudrais souligner ce qui a été évoqué ce matin par madame Gautier : le retard très important de la France en ce qui a trait au pourcentage du nombre de femmes dans la vie politique. Le rappel des chiffres, lui seul, est significatif.

Madame Gautier a ainsi précisé qu'en ce qui concerne le pourcentage des femmes parlementaires, la France était au 63e rang dans le monde. J'en étais restée au 65e. Nous aurions donc récemment gagné deux places !

À l'échelle de l'Europe, elle a été longtemps la lanterne rouge.

À ce propos, il me paraît intéressant de faire état de considérations que j'ai eues au Parlement européen avec des femmes d'autres pays. Elles m'ont fait observer que s'il y avait en France particulièrement peu de femmes dans la vie politique — notamment par rapport aux pays scandinaves et aux Pays-Bas où leur nombre atteint la parité et où elles exercent de hautes responsabilités —, en revanche elles sont encore très largement absentes de la vie économique, aussi bien dans les conseils d'administration qu'aux fonctions de direction dans les grandes entreprises.

J'avais eu personnellement l'occasion de le constater aux Pays-Bas où j'avais été invitée par le président de Siemens à prononcer une conférence sur l'Europe devant un parterre de présidents et directeurs généraux des plus grandes sociétés privées. Dans la salle il n'y avait pratiquement que des hommes, les quelques femmes présentes étaient ministres ou parlementaires.

Ayant cherché une explication à cette différence de présence des femmes dans la vie politique et dans le monde de l'entreprise selon les pays, nous avons pris conscience du fait que la plus ou moins grande participation des femmes aux postes de responsabilités est directement liée à la perception que l'on a du pouvoir. Dans les pays du Nord, pays protestants, de tendance plus libérale, c'est le pouvoir économique qui est prédominant, contrairement aux pays latins où c'est le pouvoir politique qui incarne le véritable pouvoir, le plus prestigieux en raison du rôle prédominant de l'État.

Les conclusions sont évidentes : les hommes s'approprient le pouvoir là où il est vécu et reconnu. Ils n'en concèdent une part plus ou moins grande aux femmes que dans les domaines où, selon les pays, le pouvoir n'apparaît pas comme un enjeu majeur.

Forts des statistiques européennes soulignant l'importance des disparités de la représentation des femmes dans les parlements nationaux, la Commission de Bruxelles et le Parlement européen ont pris l'initiative d'un colloque dont les conclusions, résumées dans la charte d'Athènes, ont préconisé l'adoption dans tous les pays de l'Union du système électoral imposant la parité. En France, depuis la censure par le Conseil constitutionnel de la loi votée en 1982 instaurant des quotas, de nombreux mouvements féministes, avec en leur sein des personnalités politiques comme Gisèle Halimi, n'avaient pas renoncé à leur combat pour faire bouger les choses, même s'il fallait, pour y parvenir, modifier la Constitution.

L'affaire des « jupettes » a remobilisé les femmes. Certaines d'entre elles, qui s'étaient retrouvées peu après avoir été évincées du gouvernement sur un plateau de télévision, ont alors décidé de réagir en constituant un Comité pour la parité composé de dix femmes, cinq de la majorité et cinq de l'opposition, toutes ayant appartenu à un gouvernement.

Nous nous sommes réunies régulièrement pendant un an dans une ambiance très amicale pour réfléchir à de nombreuses questions concernant les droits de la femme, plus particulièrement en matière électorale. En juin 1996, nous avons adopté un Manifeste pour la parité qui a été publié par *L'Express* peu avant les élections législatives, afin d'obliger les partis à prendre position en faveur d'une réforme.

Après modification de la Constitution, la loi sur la parité votée en mai 2000 a été validée par le Conseil constitutionnel. Toutefois la portée de cette réforme s'avère limitée pour les élections législatives : compte tenu du mode de scrutin, elle ne peut pas s'appliquer pour l'élection des députés et n'est applicable que dans quelques circonscriptions pour les élections sénatoriales ; et encore faut-il que les sénateurs ne multiplient pas les candidatures pour éviter d'avoir à faire élire des femmes.

Il faut espérer que la reconnaissance des capacités que les femmes auront acquises leur permettra d'imposer leur candidature pour des mandats parlementaires.

Je ne m'étendrai pas davantage sur cette question. Je voulais seulement montrer que, sans la mobilisation des femmes, elles ne peuvent espérer faire progresser leurs droits. En revanche, solidaires entre elles, prêtes à mener les mêmes combats, même si sur bien des questions leurs opinions politiques divergent, leur engagement, leur ténacité pendant des années, voire des décennies, finissent par aboutir.

Je tiens à les remercier toutes, les associations comme les personnalités et aussi les journalistes de la presse féminine. Je ne peux les citer toutes ; il y aurait d'ailleurs beaucoup de pionnières, aujourd'hui disparues, à saluer.

Je tiens cependant à rendre hommage à Gisèle Halimi, pour ses différents combats menés avec obstination mais de façon pragmatique en même temps que symbolique, qu'il s'agisse de l'avortement ou de la parité.

Ici au Sénat, je tiens également à rappeler que Lucien Neuwirth eut le courage, je dis bien le courage, de déposer et de défendre une proposition de loi sur la contraception, en dépit des tabous et des vives oppositions auxquelles il s'est heurté. C'était la première étape d'un parcours difficile.

Enfin, si madame Hélène Missoffe avait été présente aujourd'hui, je l'aurais également remerciée pour l'aide que, dans cette maison, elle m'a apportée lors des débats sur la loi Bioéthique, au cours desquels certains ont essayé à nouveau de remettre en cause ce que nous avions difficilement conquis. Sa parole et son courage ont été fort utiles parce qu'elle a su faire preuve d'émotion et d'humanité, la personnalité de cette mère de huit enfants ne permettant à personne de remettre en cause sa respectabilité.

Toutes les femmes, qu'elles soient de droite ou de gauche, quelle que soit leur philosophie personnelle, sont capables de faire bouger les choses lorsqu'elles sont solidaires. Pour ma part, je me sens très libre pour parler, je n'attends plus rien, j'ai été comblée. J'ai des scrupules parfois à parler des discriminations et des difficultés auxquelles se heurtent les femmes puisque, pour ma part, je n'ai été ministre que parce que j'étais une femme et qu'à d'autres occasions le fait d'être une femme m'a sans doute aidée.

Je reste pourtant très attentive aux discriminations et difficultés particulières dont les femmes sont victimes. Aussi, sans pouvoir prendre la parole sur les suggestions que vous pourrez faire pour y porter remède, en raison du devoir de réserve auquel je suis tenue comme membre du Conseil constitutionnel, croyez bien que c'est avec le plus grand intérêt que je vous écouterai.

Merci à toutes.

Comité d'histoire parlementaire, Sénat, mars 2004

Femmes face à la loi juive dans la société contemporaine

Chères amies,

Permettez-moi de m'adresser à vous de façon aussi familière — je n'ai pas trouvé d'autres termes pour exprimer ce que je ressens ce soir, en ouvrant ces journées de réflexion.

Je tiens tout d'abord à vous avouer qu'il a fallu toute la force de conviction de Laurence Sigal pour vaincre mes réticences et que j'accepte de prendre la parole devant vous.

Je suis en effet particulièrement peu qualifiée pour le faire en raison du thème choisi pour cette rencontre. Je dois en effet vous dire que je n'ai aucune culture religieuse et qu'il m'est en conséquence très difficile, pour ne pas dire impossible, de faire référence à la loi juive dans la société contemporaine. Je n'en connais les prescriptions qu'à travers certaines traditions et à leurs conséquences auxquelles il est fait couramment référence. En outre, je suis profondément laïque. Par ma naissance, j'appartiens à une de ces familles dans laquelle, si l'appartenance au judaïsme était une réalité non contestée qui a sans nul doute marqué culturellement mon éducation, toute pratique ou réflexion d'inspiration religieuse était absente, pour ne pas dire volontairement exclue.

Certes, l'intérêt que je porte depuis des années — pour être précise depuis mon retour de déportation — à tout ce qui touche à la vie juive m'a amenée à y consacrer une large part de mes lectures. Mais c'est bien davantage à l'histoire et au destin des familles et communautés aujourd'hui disparues ainsi qu'à leur vie quotidienne, certes empreinte de principes et de règles liés à une foi vivante et profonde, que je me suis intéressée.

Pourtant je n'hésite pas à dire que je me sens juive du seul fait de l'éducation donnée par mes parents, une éducation faisant ouvertement référence à la culture et à la morale juives, même si la religion en était absente.

Mes parents qui ont été tous deux victimes de la Shoah m'avaient transmis cet héritage. Tous deux profondément français et laïcs, mais sans aucun militantisme ; en outre, ils assumaient sans complexe leur judaïté. Je n'en donnerai qu'un exemple : alors que j'avais 15 ans, c'était pendant la guerre, j'ai posé un jour à mon père la question de savoir s'il accepterait que je me marie avec un non-Juif, ce qui prouve que pour lui ça n'allait pas de soi. Il m'a répondu que le mariage était un choix personnel vis-à-vis duquel les parents n'avaient pas à intervenir, mais que lui n'aurait jamais épousé qu'une juive ou une aristocrate parce que seules ces familles disposaient d'une véritable culture depuis des siècles.

Pour ma part, je reste convaincue que l'un et l'autre m'ont transmis, consciemment ou non, les valeurs qui pour eux étaient essentielles ; pour mon père c'était en priorité la culture, pour ma mère la morale.

Lorsque j'ai fait part à Laurence Sigal de mes scrupules et hésitations à vous rejoindre ce soir, elle s'est bornée à me dire que c'était à la femme juive que j'étais qu'elle s'était adressée, même si j'étais totalement ignorante et éloignée du fait religieux.

J'espère simplement ne pas vous décevoir et encore moins choquer, sans le vouloir, certaines d'entre vous. Sans doute d'ailleurs ne suis-je pas la seule ici à n'avoir avec le judaïsme qu'une fidélité dont nous savons qu'elle est parfois difficile à expliquer. Je dirais même qu'aujourd'hui, la renaissance de tels sentiments et même de la pratique religieuse chez les jeunes de la troisième génération après la Shoah donnent matière à réflexion. Pour ma part, cette fidélité au judaïsme que la Shoah, la déportation et le souvenir de mes parents disparus dans les camps n'ont fait que renforcer marque profondément toute mon existence. Ma vie personnelle comme mes activités professionnelles et mon action politique s'inscrivent tout autant dans les valeurs transmises par mes parents que dans ce douloureux passé. Nous savons en effet, nous les survivants, qu'il nous appartient plus qu'à d'autres de transmettre la mémoire et d'en tirer la leçon.

C'est d'ailleurs, sans doute, le cas pour beaucoup de Juifs en France aussi bien que dans le reste de la diaspora.

Je ne parlerai pas d'Israël où, même s'il n'y a pas de séparation entre la religion et l'État, la société est très largement laïque ou plutôt non religieuse. Phénomène, paradoxalement sans doute, plus marqué qu'aux États-Unis.

Les Juifs sont donc partout confrontés à la problématique telle qu'elle est posée par nos journées de réflexion.

En effet, comment ignorer les changements radicaux intervenus dans les démocraties occidentales depuis quelques décennies, particulièrement en ce qui concerne la situation des femmes et les questions que pose cette évolution ou plutôt cette révolution ?

Dès la fin du XIXe siècle, l'industrialisation et l'urbanisation ont commencé à amenener les femmes à travailler hors du domicile. L'accès des filles à la même éducation que les garçons a entraîné un début d'émancipation et de revendication et conduit à l'égalité des droits, notamment sur le plan politique. Les guerres successives et les responsabilités qu'elles ont été amenées à assumer ont accéléré ce processus. Au demeurant, comment ne pas s'étonner que, dans ces conditions, le droit de vote n'ait été accordé aux femmes, en France, qu'après la Seconde Guerre mondiale ?

À partir des années 1950, *Le Deuxième Sexe* de Simone de Beauvoir devait marquer profondément les femmes et soutenir leur combat pour une égalité des droits.

Après mai 1968 et l'esprit qu'il incarne, certains mouvements féministes ne revendiquent plus seulement cette égalité des droits, mais aussi le droit à la différence, prenant en compte la singularité des femmes. Par ailleurs, depuis quelques années déjà, le code civil, resté quasi inchangé depuis 1804, particulièrement en ce qui concerne le statut de la femme mariée, tant sur le plan patrimonial que personnel, a été totalement réformé.

Ne disposant jusque-là que de peu de possibilités d'agir sans l'autorisation de son mari, la femme acquiert enfin l'égalité des droits, notamment pour ce qui concerne les enfants du couple.

Les années 1970 sont, elles, marquées par la véritable révolution qu'entraîne la mise en œuvre des lois autorisant la contraception puis l'interruption volontaire de grossesse. C'est à la femme qu'appartient désormais la maîtrise de la procréation ; les textes bouleversent des traditions millénaires, religieuses ou non, ayant pour objet de tenir les femmes éloignées de tout contact avec d'autres hommes que leur mari, dussent-elles le partager avec d'autres femmes. Dans le même temps, en application du principe de non-discrimination entre les hommes et les femmes, consacré par le traité de Rome, les pays de la Communauté européenne sont tenus d'introduire dans leur législation du travail, qu'il s'agisse de l'embauche, des salaires ou des promotions, l'égalité des droits.

Quelles que soient les pratiques souvent très strictes dans les milieux juifs les plus religieux, on ne les a guère entendus contester ces réformes. Je ne suis pas en mesure d'expliquer ce silence, s'agit-il du respect du principe de séparation de l'Église et de l'État ou d'une forme de tolérance, laissant à chacun selon ses croyances le soin de décider des règles et des disciplines qu'il s'impose. C'est un simple constat que je fais, tout en observant que nombreuses par ailleurs ont été les femmes juives qui ont milité en faveur des droits de la femme, qu'il s'agisse de l'égalité des droits comme Élisabeth Badinter et d'autres, ou de la contraception et de l'IVG comme mesdames Weill-Hallé, Joëlle Kauffmann ou Gisèle Halimi.

Je dirais seulement que, aussi bien dans les pays où les Juifs sont très minoritaires qu'en Israël, pays où l'ascendance juive est le critère de la nationalité, la laïcité non seulement n'est pas mise en cause, mais reconnue par beaucoup comme une valeur porteuse de tolérance au sein de la société.

Musée du Judaïsme, 13 mars 2004

Femmes dans l'histoire

Monsieur le député maire de Paris,
Mesdames, Messieurs les élus,
Mesdames, Messieurs,
Chers amis,

Je tiens tout d'abord à remercier monsieur Jean Noël Jeanneney, président du conseil scientifique des Rendez-vous de l'histoire de m'avoir fait l'honneur de me demander de présider le Festival de la septième édition des Rendez-vous de l'histoire et d'y prendre la parole.

L'honneur parce que je sais qu'en six années, les *Rendez-vous de l'histoire* sont devenus un moment fort où se retrouvent universitaires, chercheurs, enseignants, journalistes, penseurs, responsables politiques qui tous souhaitent réfléchir, pour en débattre, aux grandes questions qui ont agité l'Histoire ou qui font l'actualité d'aujourd'hui.

Je ne suis pas historienne, l'Histoire est pourtant pour moi la matrice de la vie politique. On ne peut appréhender la société dans laquelle nous vivons et prendre des décisions de caractère politique qui s'imposent, sans référence à l'Histoire.

Pour ma part, je regrette que l'Histoire ne soit pas plus présente dans l'éducation scolaire ou en tout cas que son enseignement laisse si peu de trace. En maintes occasions, l'Histoire est bonne conseillère si l'on sait en tirer les leçons.

Certes l'Histoire, ou plutôt le regard qu'on lui porte, est changeante. Ainsi les souvenirs que je conserve des ouvrages Mallet et Isaac de mon enfance me paraissent bien différents de ce que j'entends aujourd'hui. Si les faits sont les mêmes, leur interprétation est souvent tout autre. Les travaux récents des historiens l'expliquent pour partie, mais aussi les idéologies sous-jacentes ou le politiquement correct. Ce qui me frappe par ailleurs, c'est à quel point la mémoire collective de tel ou tel groupe de population reste marquée par les événements vécus par ses aïeux.

Ainsi les guerres de Religion ont-elles profondément marquée non seulement les protestants qui en furent en France les principales victimes, mais l'ensemble de la population des régions dans lesquelles les affrontements entre les deux camps ont été les plus graves. Alors que des siècles se sont écoulés, les mentalités en restent encore profondément marquées et peuvent expliquer des comportements spécifiques par rapport au pouvoir : ce n'est pas un hasard si la population du Chambon et celle de la région environnante ont fait preuve d'autant de courage vis-à-vis des Juifs pendant la guerre. De même en Vendée, le souvenir des guerres entre Chouans et révolutionnaires a laissé des traces profondes. Aussi ne faut-il pas s'étonner que le souvenir de la Shoah soit si présent pour les Juifs et qu'ils tiennent à ce que l'histoire en soit enseignée.

J'aurais souhaité pouvoir être présente dès le début de cette rencontre pour entendre celles et ceux qui, depuis quelques jours, se sont exprimés à travers les nombreux débats et conférences.

À dire vrai, en regardant la diversité et la richesse des manifestations prévues, il me serait impossible d'en faire la synthèse, ni même de vous parler d'un thème original qui n'ait été traité par une personnalité plus qualifiée que moi pour le faire. C'est pourquoi je n'ai pas souhaité cibler mon intervention sur un aspect plus particulier de l'histoire des femmes, mais vous faire part de quelques réflexions personnelles au regard de mes propres engagements et de mon expérience.

Certes, je serai ainsi amenée à revenir sur des questions déjà évoquées, même si tout a été dit et très bien dit. Je m'en excuse par avance auprès de vous.

J'avais un moment songé à imaginer ce que sera le destin des femmes dans les décennies à venir. Mais les changements, les progrès, qui nous paraissent souvent si lents en ce qui concerne la situation des femmes, vont en réalité si vite au regard des siècles, voire des millénaires écoulés et de façon si peu cohérente, que j'ai craint d'être amenée à me laisser aller à trop d'imagination ou au contraire de n'être pas suffisamment visionnaire, bref de me tromper.

Je me bornerai en conséquence à parler des femmes telles que je les vois aujourd'hui dans le bonheur et le malheur, avec leurs espoirs et leurs déceptions, leurs conquêtes et les combats qu'il leur reste à mener.

Si je n'ai ni le talent ni la science de celles qui se sont exprimées, j'ai par rapport à la plupart d'entre vous le privilège de l'âge, si l'on peut parler d'un privilège en la matière. Si je parle d'un privilège, c'est simplement parce que j'appartiens à une génération charnière, dont la jeunesse a été fortement marquée par une éducation, des traditions totalement différentes de celles qui ont marqué les générations qui nous ont succédé.

Née entre les deux guerres mondiales, j'appartiens à cette génération de femmes dont les mères, du moins dans la classe moyenne, n'avaient pour la plupart pas d'activité professionnelle. Nos mères étaient des « femmes au foyer », ne divorçaient pas et n'avaient pour la plupart aucune indépendance économique, même lorsqu'elles avaient des ressources personnelles. Celles-ci étaient gérées par leur mari. Sauf en cas de régime de séparation de biens, elles ne pouvaient en disposer à leur guise.

Pendant la guerre du moins, après avoir remplacé les hommes mobilisés dans les activités les plus diverses qui leur étaient fermées jusque-là comme n'étant pas compatibles avec leur sexe, nombre d'entre elles, dès les hommes revenus, ont été renvoyées dans leur foyer.

C'est en réaction à cette situation qu'a été fondé aux États-Unis le mouvement Zonta international, destiné essentiellement aux femmes ayant des responsabilités professionnelles, pour « l'amélioration du statut légal, politique et professionnel des femmes ».

Évoquant ce type d'associations, je m'étonne toujours qu'à la plupart d'entre elles, qui ont pour objet une solidarité professionnelle en même temps qu'une vocation caritative, les femmes n'aient pas accès, du moins c'était le cas il y a encore peu de temps.

Une situation un peu similaire s'est reproduite à Paris avec le Rotary, il y a quelques années. Là, en dépit de ma demande, les épouses n'avaient pas été conviées.

À plusieurs reprises, j'ai été invitée, invitation parfois transmise par un préfet, pour faire des « causeries » pour des épouses de congressistes. En somme, je remplaçais les promenades ou défilés de mode généralement destinés aux épouses.

Tout cela est très réjouissant, surtout si l'on observe que les hommes apparemment les mieux élevés n'ont en rien conscience de leur muflerie.

Vous m'excuserez cette parenthèse, à mon sens très significative ; je reviens à mon enfance qui ressemble sans doute à celle de beaucoup de petites filles de ma génération. Ma mère, exceptionnellement belle, était dotée de toutes les qualités et pourtant si soumise à un mari que je trouvais tyrannique vis-à-vis d'elle. Elle avait poursuivi des études de chimie et regrettait de les avoir interrompues pour se marier. Totalement dépendante financièrement de son mari, elle devait faire ses comptes au sou prêt. C'était un cauchemar pour elle, elle les truquait lorsqu'elle voulait me gâter. À ses trois filles, elle a légué l'idée qu'elles devraient avoir une formation leur permettant d'exercer un métier intéressant et de gagner leur vie.

À nos yeux, les femmes libres étaient incarnées par les professeurs. Elles étaient souvent célibataires ou veuves, leurs fiancés ou leurs maris étant morts à la guerre. L'absence de mixité ne nous gênait pas ; la question à l'époque ne se posait même pas. Nous étions plus sensibles aux différences de programme ou de discipline qu'il pouvait y avoir entre les garçons et les filles. Ainsi, en classe de première, nous n'avions pu étudier *Phèdre*, pièce considérée trop osée pour les filles. Il est vrai que l'innocence de certaines d'entre nous était extraordinaire : elles étaient plus ignorantes sur le sexe et la naissance que les enfants de 5 ans aujourd'hui !

Pour les hommes, tout paraissait possible, pour les femmes beaucoup moins. Toute mon enfance et mon adolescence, j'ai regretté de ne pas être un garçon. Je ne crois pas que ce soit le sentiment général des filles aujourd'hui. J'ai même tendance à penser que les complexes freudiens dont les femmes seraient victimes concernent davantage des hommes, frustrés de ne pouvoir mettre des enfants au monde.

À bien des égards, la situation des femmes en France est quelque peu paradoxale. Alors que tout au long de l'histoire de notre pays, des femmes — en petit nombre il est vrai — sont arrivées à s'imposer par leur force de caractère ou leur talent, tant sur le plan politique, je pense aussi bien à Jeanne d'Arc, à madame de Maintenon, en passant par Catherine de Médicis, que grâce à leur influence personnelle — en tenant « salon » —, ce n'est que très tardivement, en comparaison avec la plupart des autres pays démocratiques, que des droits leur ont été juridiquement reconnus. Il a fallu les années 1960 pour que le code civil de 1804, dit Code Napoléon, qui privait la femme mariée de tout droit tant en matière patrimoniale que de droits personnels ou en rapport à ses enfants mineurs, soit profondément réformé. C'est à l'initiative de Jean Foyer, alors garde des Sceaux, que le code civil, prenant en compte l'évolution de la société, fut réformé.

En ce qui concerne l'égalité des droits des femmes sur le plan professionnel, ce sont les directives européennes qui, dans les années 1970, l'ont imposée notamment en matière de recrutement, de salaires et de promotion. Toutefois, comme le montrent les statistiques, il subsiste de grandes différences bien que toute discrimination puisse être en principe sanctionnée ; l'égalité est encore loin d'être réalisée en la matière, comme dans la plupart des autres pays européens.

Comment surtout ne pas souligner qu'en France les femmes, qui avaient obtenu le droit de vote pendant quelques années dans la période révolutionnaire, en ont été très vite privées. Il a fallu attendre 1944 pour que le droit de vote leur soit enfin accordé alors que dans pratiquement tous les pays démocratiques, il y a longtemps que c'était chose faite. Toutefois il faut bien constater que soixante ans ont passé et que le nombre de femmes élues est le plus faible de tous les pays européens : ainsi à l'Assemblée nationale où le pourcentage des élues est sensiblement le même que lors des premières élections, au lendemain de la Libération. La France occupe à cet égard le 63e rang dans le monde.

Son retard en ce domaine est attesté par les statistiques européennes ; certains mouvements féministes — Mouvement pour la parité ; Choisir — se sont mobilisés en faveur des quotas réservés aux femmes ou de l'instauration de la parité, solution préconisée par la charte adoptée à l'initiative de la Commission de Bruxelles et des parlementaires européens. En 1982, à l'initiative du gouvernement Mauroy, une loi instituant des quotas a été votée mais elle a été censurée par le Conseil constitutionnel comme portant atteinte au principe constitutionnel d'égalité.

En 1995, l'affaire des « jupettes » a mobilisé les femmes, un « Comité pour la parité » a fait paraître dans *L'Express* un manifeste pour la parité peu avant les élections législatives, afin d'obliger les partis politiques à prendre position en faveur d'une réforme.

En mai 2000, la Constitution ayant été préalablement modifiée, la loi sur la parité a été votée et validée par le Conseil constitutionnel. En l'état, les effets de cette réforme, au demeurant très contestée, y compris par certaines femmes, ont été, il faut en convenir, assez décevants, particulièrement en ce qui concerne le nombre de femmes élues à l'Assemblée nationale, en raison du mode de scrutin des députés. En revanche, le nombre des élues, tant dans les conseils municipaux que régionaux, a sensiblement augmenté et a permis l'élection de femmes comme maires de plusieurs grandes villes. Enfin, les dernières élections sénatoriales ont été marquées par une augmentation significative du pourcentage de femmes sénatrices : plus de 25 %, en dépit des listes dissidentes, constituées pour échapper aux contraintes de la loi sur la parité.

Il n'est pas sans intérêt de se poser la question de savoir pourquoi il y a en France si peu de femmes dans la vie politique par rapport à nos voisins européens, notamment dans les pays scandinaves et les Pays-Bas où le nombre de femmes est proche de la parité et où elles exercent de hautes responsabilités dans la vie politique. Pourtant, elles sont encore très largement absentes dans les conseils d'administration et les fonctions de direction dans les grandes entreprises.

Après en avoir parlé avec des femmes d'autres pays, j'ai le sentiment que cette situation s'explique très largement par la perception que l'on a du pouvoir. Dans les pays du Nord, pays protestants, de tendance plus libérale, c'est le pouvoir économique qui prévaut, contrairement aux pays latins où c'est le pouvoir politique qui incarne le véritable pouvoir, le plus prestigieux en raison du rôle prédominant de l'État.

Les conclusions sont évidentes : les hommes s'approprient le pouvoir là où il est reconnu comme tel. Ils n'en concèdent une part plus ou moins grande aux femmes que dans les domaines où, selon les pays, le pouvoir n'apparaît pas comme un enjeu majeur. Cette question de la présence des femmes dans les instances politiques n'est pas seulement une question de principe quant à l'égalité des droits. C'est aussi, et peut être encore davantage, l'aboutissement d'une réflexion sur ce que les femmes représentent dans la société et ce qu'elles peuvent y apporter.

Comme pour beaucoup de femmes de ma génération, la lecture du *Deuxième Sexe* a été un choc. L'engagement de Simone de Beauvoir en faveur de l'égalité entre les hommes et les femmes y était fondé sur le fait qu'il n'y aurait aucune différence de nature entre les hommes et les femmes. C'est à l'éducation donnée aux filles dès leur plus jeune âge et à l'image véhiculée par tous les stéréotypes sur la spécificité du rôle de la femme qu'elle imputait les différences de comportement entre les deux sexes.

Actuellement, féministes ou non, nombreuses sont les femmes qui non seulement assument leurs différences mais revendiquent un droit à la différence. Elles estiment que l'humanité, comprenant moitié d'hommes et de femmes et même un peu plus de femmes, il conviendrait que la société prenne en compte les aspirations et les besoins des unes et des autres sans privilégier le point de vue masculin.

Du fait de l'absence de participation des femmes dans les instances de décision quels que soient les domaines concernés, leurs attentes légitimes ont été largement ignorées, même pour ce qui les concernait plus particulièrement, notamment dans la vie de tous les jours.

Tous les aspects de la vie en société sont liés à la définition du « modèle féminin » et à la place de la femme dans la société : vie sexuelle, relations parentales, équilibre du couple, garde des enfants, indépendance économique de la femme, comportement masculin à l'égard des femmes, violences conjugales ou sexuelles (les tournantes) ou dans la vie professionnelle ne sont que quelques-uns des domaines directement affectés par la condition de la femme et son évolution.

Cela explique l'importance des débats que ces questions suscitent depuis des années et la passion que certains y mêlent. Pour ma part, je n'hésite pas à dire combien je me sens concernée. Au-delà des dispositions juridiques, des problèmes de formation et d'éducation, au-delà des considérations politiques et économiques, c'est la vie même de chacun qui est en cause, faite d'affectivité, de sentiments, de morale, d'affirmation de soi et du respect de l'autre.

Point de convergence de données multiples et complexes qui résultent de l'évolution de la société autant qu'elles la provoquent, ce problème de la place des femmes dans la société est aujourd'hui essentiel et grave. Je me réjouis donc particulièrement que vous lui ayez réservé un espace dans le cadre scientifique des *Rendez-vous de l'histoire.*

Pour certains, ce problème serait dépassé : les discriminations auraient disparu et l'égalité serait acquise. Ils en voient la preuve dans la présence effective de quelques femmes aux plus hautes responsabilités politiques. C'est aux femmes qu'il appartiendrait désormais d'avancer sur des voies qui leur seraient largement ouvertes.

Lorsqu'il y a maintenant trente ans le président de la République française a désigné une femme comme ministre pour s'occuper de la condition féminine, il a été suivi dans un certain nombre de pays, répartis quasiment sur tous les continents.

Préoccupations électorales, diront les esprits chagrins. Certes, peut-être, mais c'est donc que le problème existait ou que tout au moins nombre de femmes le ressentaient comme tel.

Je voudrais à cet égard rappeler une anecdote personnelle. Me trouvant en 1975 en Algérie comme ministre de la Santé, le ministre des Affaires étrangères de ce pays, monsieur Bouteflika, a souhaité me rencontrer. Notre entretien, qui dura près de deux heures, fut entièrement consacré aux problèmes posés par l'évolution de la condition féminine ; mon interlocuteur voulait connaître mon sentiment sur ces questions, étant lui-même fort préoccupé des conséquences sociales et, de ce fait, politiques, que pourrait entraîner une mutation trop rapide de la situation des femmes dans certains pays traditionnels, en raison de la distorsion entre les aspirations des femmes et ce que l'environnement en Algérie permettait de leur concéder.

C'était il y a trente ans. Rien n'avait bougé depuis. Mais il vient d'annoncer une réforme de portée significative en faveur des femmes. Mais déjà les changements annoncés se heurtent à une forte résistance.

Je compléterai cette anecdote par une observation également tirée de mon expérience personnelle. Au cours des nombreux voyages que j'ai effectués comme ministre ou présidente du Parlement européen ou dans mes fonctions actuelles, il n'est pas rare que plus ou moins encouragés officiellement, mais également à titre plus officieux, se soient organisés des rencontres, débats, interviews au cours desquels s'expriment des préoccupations et des revendications qui, pour être différentes d'un pays à l'autre compte tenu de l'environnement socio-économique, ne relèvent pas moins d'un même esprit et d'une même démarche.

Si les responsables politiques ont accordé une attention toute particulière à la situation de la femme et cherché à canaliser ou satisfaire certaines aspirations, c'est bien que cela répond à une demande suffisamment massive, clairement exprimée, de celles qui sont les enjeux de cette attitude, je dirais, de cette politique : les femmes elles-mêmes.

Aussi est-ce bien à elles que je pensais lorsque je disais que le dossier ne pouvait être encore refermé : ce ne sont pas quatre ou cinq femmes chefs de gouvernement, quelques ministres occupant plutôt des ministères sociaux, voire aussi l'Éducation, que des portefeuilles considérés comme les plus sérieux, les Affaires étrangères, les Finances et les Affaires économiques, qui peuvent compenser l'inégalité résultant du faible pourcentage de femmes élues dans les assemblées parlementaires, plus particulièrement en France.

De façon plus générale, l'absence quasi totale aux plus hautes fonctions économiques privées ou publiques, et surtout les injustices et inégalités fondamentales, aggravent la situation de millions de femmes dans les pays industrialisés et plus encore dans les pays en développement. Ces discriminations ont fait l'objet de maints rapports et maints documents. Je ne citerais, pour mémoire, que les différences de rémunération, le nombre particulièrement élevé de chômeuses, le pourcentage de femmes dans les emplois les plus fastidieux et les moins rémunérateurs, les fatigues et charges supplémentaires provenant du cumul entre l'activité professionnelle, l'éducation des enfants et les travaux ménagers.

Or, toutes les enquêtes encore récemment faites montrent que pour des raisons tant économiques que sociologiques, le taux d'activité des femmes tend à être de plus en plus élevé. Cette évolution qui va de pair avec celle d'une demande de participation plus intense à la vie politique et sociale est irréversible. En conséquence, les problèmes ainsi posés seront de plus en plus aigus.

On ne peut plus passer sous silence la situation des femmes qui se consacrent, pour un temps au moins, à l'éducation de leurs enfants et à leur foyer, et qui ont parfois le sentiment d'être marginalisées parce que la vie sociale n'est plus ce qu'elle était. Or elles se heurtent à de réelles difficultés pour reprendre, le cas échéant, une activité professionnelle lorsque les enfants ont grandi.

Il serait d'ailleurs vain de croire qu'il s'agit d'un luxe de pays riches. Si la situation des femmes des pays en développement est bien évidemment liée aux problèmes du développement en général, il ne faut pas croire que leurs problèmes spécifiques ne soient pas tout aussi importants. Il faut savoir par exemple qu'insuffisamment protégées sur le plan patrimonial lorsqu'elles travaillent aux champs, nombreuses sont les femmes dans certains pays africains qui préfèrent abandonner leur milieu rural d'origine pour trouver une activité salariée qui leur apportera quelques ressources personnelles. Cela n'est qu'un exemple parmi d'autres des conséquences que peut avoir le statut civil de la femme, et de la prise de conscience des intéressées quant aux responsabilités et sujétions particulières qui pèsent sur elles.

Alors peuvent tergiverser ceux qui se sentent menacés par l'irruption des femmes dans le monde du travail, par les revendications de celles qui s'estiment aussi plus aptes que les hommes à conduire les affaires ; les femmes sont prêtes ou contraintes à jouer un rôle différent de celui que la tradition leur assignait.

Je le dis et redis, contrairement à ce qui paraît à certains, ces questions conservent toute leur importance, même dans un monde secoué par les conflits plus ou moins localisés, même lorsque le chômage menace et même dans un monde dont le tiers de la population a faim.

Je me félicite qu'un tel problème continue à être perçu comme important malgré les malheurs, l'angoisse et la misère. C'est un progrès des sociétés modernes de chercher à prendre en compte les aspirations de chacun en tant qu'individu. La Déclaration universelle des droits de l'homme comme la Convention européenne reconnaissent la primauté de ce principe, même si nous sommes encore loin de sa réalisation effective.

En réalité, dans les périodes les plus sombres de l'Histoire, les femmes et les hommes continuent à vivre, à créer, à aimer, et c'est sans doute ce qui leur permet de supporter les événements.

Bien des analyses ou des ouvrages de prospective alignent des chiffres, élaborent des schémas fondés sur des théories économiques ou des progrès technologiques pour décrire la société de demain, mais ont parfois tendance à oublier que nos sociétés, quelles qu'elles soient, sont constituées de femmes et d'hommes qui ont leur mot à dire mais dont les aspirations seront sans doute différentes de ce qu'elles sont aujourd'hui, les prévisions faisant abstraction des réalités humaines.

Depuis les origines de l'histoire humaine, la transmission de la vie, la procréation, posent à l'homme en tant qu'individu aussi bien qu'aux sociétés la question essentielle de la continuité et en même temps de la survie de l'espèce.

L'histoire de l'homme, c'est l'histoire de sa lutte pour survivre, lutte contre la nature, contre les cataclysmes naturels, lutte aussi des hommes entre eux et lutte enfin de chacun contre la maladie et la mort. Cette lutte, l'embryon la mène dès la conception et l'on sait aujourd'hui qu'une sélection naturelle s'opère, qui fait que bien des œufs fécondés n'ont qu'une brève existence. Cette puissance de la vie, je dirais même cette nécessité de survivre et d'assurer sa descendance, c'est celle qui fait que la procréation soit au centre des préoccupations sociales sous-jacentes à toute pensée religieuse ou morale.

Il n'y a pas lieu de s'étonner en conséquence que toute religion, dans l'Antiquité comme aujourd'hui, ait assigné aux hommes et aux femmes des rôles différents respectivement définis en fonction de l'importance attachée au rôle de la femme ou à celui de l'homme dans la procréation.

Quoi qu'on en dise parfois, ce n'est pas la faiblesse physique de la femme qui a entraîné des discriminations et sa protection, car les femmes sont en réalité plus résistantes et cela, semble-t-il, dès la conception. C'est en réalité le souci de la tenir en dehors des contacts avec le monde, ce qui pourrait entraîner l'introduction d'un « étranger » dans la famille, qui sous-tend les règles, notamment religieuses, les obligeant à se soustraire à tout regard et à toute relation autre que conjugale avec des hommes dès la puberté.

C'est bien une des raisons essentielles qui font que la maîtrise de la procréation, à côté des conséquences démographiques, économiques, politiques mêmes qu'elle entraîne, suscite tant de passion et de polémiques. Féministes et conservateurs ne s'y trompent pas, cette maîtrise assumée de façon sûre et facile entraîne un véritable bouleversement des relations entre les femmes et les hommes qui dépasse largement les motifs souvent invoqués.

Qu'il s'agisse de la limitation préventive des naissances, de l'interruption volontaire d'une grossesse, ce sont là des préoccupations constantes et des pratiques auxquelles, tout au cours de l'Histoire, certains groupes sociaux ont eu recours spontanément.

Ce n'est pas le niveau des connaissances anatomiques ou médicamenteuses qui conduit à ces comportements, on a toujours eu recours aux remèdes de « bonnes femmes ». Ce sont des motivations d'ordre sociologique profondes entraînant des comportements certes volontaires au niveau individuel, mais émergeant au plan social comme une attitude collective et quasi inconsciente.

L'emprise religieuse, le mythe de la puissance virile symbolisée par le nombre d'enfants, la richesse que représente l'enfant, surtout le mâle, constituent parfois une barrière puissante contre de telles pratiques, surtout lorsque la multiplicité des naissances est compensée par une forte mortalité infantile. Mais ces arguments ne sont pas toujours suffisants : ainsi, si le machisme constitue encore aujourd'hui un frein puissant au développement de la contraception dans certains pays latino-américains, en revanche la limitation des naissances par les méthodes dites naturelles était à l'évidence une pratique généralisée en France entre les deux guerres mondiales, à en juger par le faible taux de natalité, et cela bien que l'influence religieuse n'y soit pas contestable.

Dans certains pays, en Afrique notamment, les pratiques de limitation des naissances auraient subsisté par réflexe de la mémoire collective remontant à l'esclavage. Dans le même temps, l'évolution des mœurs a conduit à une approche beaucoup plus ouverte de l'ensemble des problèmes sexuels.

Les préoccupations des responsables politiques ont donc tout naturellement rejoint celles des chercheurs qui se trouvent, par la nature même de leurs travaux, associés à tous les aspects que posent les phénomènes de reproduction. Ainsi, au moment même où se généralisaient les méthodes contraceptives, des voies nouvelles se sont ouvertes dans la lutte contre la stérilité : je pense ici à l'insémination artificielle et aussi à la fécondation artificielle, qu'il s'agisse d'une fécondation en laboratoire ou de la réimplantation d'un œuf normalement fécondé dans un autre utérus.

Les perspectives ouvertes par ces méthodes posent cependant, par leurs conséquences, des problèmes éthiques et juridiques sur lesquels je voudrais encore m'arrêter. Sans avoir suscité de débats aussi passionnés que ceux sur la loi de 1975, je peux dire qu'en 1994, le vote de la loi Bioéthique s'est heurté également à de fortes résistances

Il n'est pas utile que je m'étende sur l'opposition absolue de la plupart des autorités religieuses à toutes méthodes de limitation des naissances au nom du droit à la vie, y compris la contraception, alors que la conception d'un enfant n'est encore que virtuelle. Ce que je crois utile de souligner, en revanche, ce sont les réactions observées lors des combats successifs que j'ai dû mener en 1974 pour le vote de l'aménagement de la loi Neuwirth, puis de la loi sur l'IVG.

Il m'est apparu en effet que, pour un certain nombre de parlementaires, notamment au Sénat, les débats traduisaient un rejet personnel beaucoup plus profond, beaucoup plus intime que l'avortement. Il ressortait clairement de certaines interventions masculines que le recours éventuel aux nouvelles méthodes contraceptives, conférant à la femme la maîtrise de la contraception sans qu'ils soient consultés ni même informés, leur donnait le sentiment d'être dépossédés de leur virilité et surtout de la possibilité de contrôler la vie sexuelle de leur femme. Désormais, c'est à elle qu'il appartenait de décider de la naissance éventuelle au sein du couple ; cette situation était vécue non seulement comme une dépossession, mais aussi comme une liberté menant largement à la débauche, voire à la luxure.

En fait, ce que les hommes ont bien ressenti, c'est que la liberté de la femme c'est bien la contraception, alors que l'IVG reste traumatisante pour beaucoup d'entre elles.

Au-delà des interdits religieux, on ne peut ignorer les appréhensions ou les réactions de rejet que provoquent certains réflexes liés aux traditions dans un domaine qui touche à l'intimité du couple et à ce que chacun perçoit comme ses droits ou sa dignité.

Les campagnes menées particulièrement par des médecins, sur la nocivité de la pilule accusée de provoquer le cancer ou simplement de faire grossir, n'ont pas été sans conséquence sur le nombre d'IVG, même si ces mises en garde, non fondées, ont été scientifiquement démenties.

En revanche, on ne peut qu'être frappé par l'importance que cette question revêt dans l'actuelle campagne présidentielle aux États-Unis. Il y a quelques années, des médecins ont non seulement été directement menacés mais victimes d'assassinats. Il y a bien eu en France dans les années qui ont suivi le vote de la loi de 1975 des commandos, une dizaine de personnes, souvent les mêmes, tentant de faire obstacle de façon plus ou moins agressive et violente à la pratique des IVG. Les sanctions prises à leur encontre les ont découragés.

En Europe même, l'Irlande et le Portugal, et d'autres pays parmi les plus récemment entrés dans l'Union européenne, restent résolument hostiles à l'idée de réformer leur législation contre l'avortement, qui reste très répressive.

On peut penser que si la Cour européenne des droits de l'homme était amenée à se prononcer, elle estimerait qu'il s'agit là d'une question relevant des lois nationales, comme elle l'a fait lorsqu'elle a été saisie d'un recours contre un arrêt de la Cour de cassation française concernant la nature de l'embryon.

Il faut être conscient des difficultés à modifier les comportements et à imposer des lois qui touchent à l'intimité des personnes, à leurs croyances et à leurs traditions. Dans les pays démocratiques, c'est à la représentation nationale qu'il revient d'intervenir par la loi. Dans tous nos pays, ces questions ont fait l'objet de longs combats en même temps que de fortes résistances. En France, les réformes longtemps attendues n'auraient pu être votées s'il n'y avait eu auparavant une mobilisation de certaines personnalités. Je pense notamment à Gisèle Halimi et à des mouvements féministes soutenus par des magazines féminins. Mais les opposants à toute réforme étaient loin d'être dépourvus de moyens et n'ont pas hésité à utiliser toutes les méthodes possibles de pression et d'intimidation.

Les parlementaires qui ont voté la loi ne s'y sont pas trompés : une majorité du pays était derrière eux sans qu'ils en aient été auparavant conscients.

Pour beaucoup de pays la question ne se pose pas, en raison de la montée du fondamentalisme et de l'intégrisme ; je ne pense pas seulement à l'islamisme, qui réduit progressivement les quelques libertés et droits que les femmes avaient difficilement acquis. Hormis quelques pays d'Afrique subsaharienne ou du Maghreb, comme le Maroc ou l'Algérie, où des progrès plus ou moins marqués se dessinent, dans la plupart des autres la situation tend à s'aggraver.

En France la vigilance de certains médecins ne suffit pas, en dépit des lois en vigueur, à protéger les femmes, surtout les adolescentes, des contraintes et des violences exercées dans leur milieu familial. L'excision est encore pratiquée en dépit des poursuites et des sanctions.

Ayant parlé du poids de la religion et des traditions qui pèsent sur les femmes, je ne puis, après avoir récemment passé quelques jours en Chine, ne pas évoquer la situation de la natalité. Dans ce pays où la population atteint un milliard 400 millions d'habitants, des mesures très répressives ont été prises depuis des années pour limiter les naissances. Sous peine de sanction (séparation des époux), vous n'avez droit qu'à un enfant. Un garçon étant par tradition toujours préféré à une fille : c'est en effet lui qui, à la mort de ses parents, se voit confier la charge du culte des ancêtres. Récemment encore, c'est à la naissance que les filles étaient supprimées ou abandonnées. Désormais, compte tenu des possibilités de connaître le sexe de l'enfant avant la naissance, il est procédé à des amniocentèses, le cas échéant à des avortements tardifs ; cette élimination des filles conduira à un grave déséquilibre et des millions d'hommes ne trouveront plus d'épouses.

Au-delà de ce problème, dans cette Chine dynamique, entreprenante, où le libéralisme économique est quasi flamboyant alors que le totalitarisme politique n'a pas disparu, les atteintes portées à la liberté de procréer sont pour les Chinois particulièrement douloureuses. On peut se demander s'ils accepteront longtemps de voir ainsi l'État s'approprier leur vie affective et sexuelle.

Les femmes, quels que soient leur philosophie personnelle et leur engagement politique, sont capables de faire bouger les choses lorsqu'elles sont solidaires. Pour ma part, je me sens très libre pour parler, je n'attends plus rien, j'ai été comblée. J'ai des scrupules parfois à parler des discriminations et des difficultés auxquelles se heurtent les femmes puisque, pour ma part, je n'ai été ministre que parce que j'étais une femme et qu'à d'autres occasions le fait d'être une femme m'a certainement favorisée.

De plus en plus les femmes ressentent cette nécessité de dialogue entre elles, de se soutenir les unes les autres. Elles y trouvent du plaisir, se retrouvant sur ce qui leur paraît essentiel et dont elles osent parler entre elles au-delà de leurs différences et de leurs divergences, faisant ainsi preuve de la plus grande tolérance, source de paix et de démocratie.

Merci à toutes.

Les Rendez-vous de l'histoire, Blois, 17 octobre 2004

« Le handicap doit nous inciter à découvrir chez des êtres humains qui nous paraissent à certains égards si étrangers des richesses exceptionnelles »

Monsieur le maire,

Je ne saurais commencer mon propos sans auparavant vous avoir remercié pour l'accueil qu'une fois de plus vous m'avez réservé. Pour être venue à diverses reprises dans votre mairie, je sais le prix que vous attachez à recevoir dans ce magnifique cadre et dans un esprit de tolérance, des associations de toutes sortes pour des rencontres ou des colloques.

Madame la présidente,

Je tiens à vous dire combien j'ai été sensible à votre invitation et à la proposition que vous m'aviez faite d'être la marraine de cette manifestation organisée par votre mouvement « Femmes pour le dire, Femmes pour agir ». Certains m'ont demandé les raisons de ma présence ici ce matin et de ce parrainage, je tiens à vous préciser que c'est sans hésiter que j'ai fait le choix d'être parmi vous, de préférence à d'autres obligations.

En premier lieu parce que lorsque j'ai été nommée ministre de la Santé, en 1974, la réforme de la législation concernant les handicaps était en cours d'élaboration et que je me suis aussitôt impliquée dans ce dossier avant de faire voter le projet de loi par le Parlement en 1975.

Sans être concernée à titre personnel, comment ne pas s'investir pleinement dans des problèmes aussi graves que ceux qui sont posés par la prise en charge du handicap afin de tenter d'apporter des solutions susceptibles de répondre de la meilleure façon aux situations très diverses des intéressés.

Je dois dire qu'à l'époque j'ai plus particulièrement été en relation avec les familles des handicapés eux-mêmes, l'UNAPEI s'étant particulièrement investie dans les problèmes des handicapés les plus lourds, ne permettant pas aux personnes directement concernées d'exprimer eux-mêmes leur attente et leur avis. Je suis d'ailleurs restée depuis en relation avec certaines de ces associations et j'ai eu l'occasion de renforcer ces liens en 1993 lorsque je suis redevenue ministre, notamment en ce qui concerne les autistes, dont les modalités de prise en charge donnaient alors lieu à débat.

Votre association « Femmes pour le dire, Femme pour agir », et le forum de ce matin qui succède à celui que vous aviez organisé en 2003, qui ont l'un et l'autre réuni un très grand nombre de femmes sans exclure les hommes, m'ouvre une vision et une approche du handicap totalement différentes : d'abord parce que la plupart d'entre vous sont directement concernés et se prennent eux-mêmes en charge, mais surtout parce que le soutien et la protection des parents vis-à-vis de leurs enfants handicapés sont, évidemment, totalement différents de votre démarche volontariste d'autonomie et de responsabilité personnelle.

Ainsi, je viens d'écouter avec beaucoup d'intérêt madame Briard parler sans aucun tabou du problème que se posent certaines d'entre vous lorsque leur handicap est lié à une maladie génétique par rapport à une éventuelle grossesse, voire au recours à une IVG. Il y a quelques semaines, à l'occasion d'un congrès de gynécologie sur la périnatalité, où j'avais été invitée, ont été abordés les problèmes douloureux que peut poser l'avortement thérapeutique intervenant très tardivement par rapport aux IVG pratiquées dans les conditions légales par les femmes qui en ont pris la décision. Certains des médecins présents ont exprimé la gravité d'avoir à prendre eux-mêmes de telles décisions difficiles à assumer. Il est donc important que vous puissiez aborder ouvertement ces questions, je ne dirais pas collectivement, car ce terme ne convient guère à cette rencontre entre des femmes qui se sentent responsables de leur vie et de leurs actes, qui veulent réfléchir et agir en citoyennes.

C'est bien dans cette perspective que vous posez vos propres dilemmes en évoquant avec courage et lucidité ce que vous ressentez personnellement quant aux conséquences de votre handicap.

Il n'est pas toujours facile de se mettre à la place des autres, d'être consciente des difficultés spécifiques que vous pouvez rencontrer et je ne peux m'empêcher de penser que certaines de nos habitudes sont devenues si machinales que l'on ne prend pas garde à vos propres difficultés et à votre sensibilité.

Vous avez évoqué les propos de Lucie Aubrac, lors de votre précédent forum en 2003, qu'elle parrainait. Elle y a parlé de la faim, du froid, des difficultés de survivre dans de telles conditions conçues pour humilier les déportés. Pour ma part, quand je pense à mon passé de déportée, j'ai oublié les souffrances physiques car, une fois passées, il est difficile de les imaginer. En revanche, ce que l'on garde toujours aussi vivace, c'est le sentiment d'humiliation, de la perte de dignité. Pour vous, il n'y a pas de possibilité d'oubli des difficultés et souffrances liées à votre handicap, elles sont le plus souvent sans guérison possible.

Mais parce que vous vous soutenez les unes les autres, quel que soit votre handicap, vous avez toutes la volonté de maîtriser pleinement les conséquences de votre handicap.

La volonté d'agir et de réagir vous conduit dans des voies qui ne sont pas celles des plaintes et des revendications, mais de l'action citoyenne, responsable, pour trouver toute votre place dans la société.

Cette démarche volontariste n'induit pas seulement un certain type de comportement, mais il traduit une véritable philosophie, une volonté de rester maître de votre propre destin, dans les limites du possible. Bref, il me semble que ce que vous revendiquez avant tout, c'est la reconnaissance de votre personnalité, de vos capacités et de votre sensibilité.

Parlant de sensibilité, je tiens à souligner combien elle est présente et je dirai même parfois surdimensionnée chez des personnes qui, du fait d'un handicap mental grave, paraissent absentes, cloîtrées, comme emmurées dans un total isolement, alors que souvent il n'en est rien. On découvre au contraire, chez certaines, une capacité d'émotion et de sentiments susceptibles de se manifester de façons diverses, parfois déconcertantes, mais qui obligent à n'avoir aucun a priori, et à prendre en compte cette capacité d'émotion, d'amour ou parfois de violence. C'est le cas notamment pour certains autistes, qui nouent parfois des liens très forts avec leurs parents ou les éducateurs qui les prennent en charge.

Il s'agit, il est vrai, d'un handicap bien particulier, dont on ignore encore les causes et les remèdes, mais j'ai tenu à en parler car cet exemple doit nous inciter à découvrir ainsi chez des êtres humains qui nous paraissent à certains égards si étrangers des richesses exceptionnelles qui nous conduisent à ne jamais désespérer ou mépriser, mais au contraire à respecter les autres, y compris dans leurs différences et leur étrangeté.

Nous avons tous, à un moment ou à un autre, la légèreté de ne pas prendre en compte l'autre, voire de l'humilier sans même en avoir conscience. Il convient de faire un effort pour surmonter de telles inclinations. Si j'ai cru pouvoir conduire mon intervention par ces propos, c'est simplement parce que j'ai le sentiment que pour vous, « Femmes pour le dire, Femmes pour agir », qui luttez ensemble afin d'être reconnues comme des citoyennes à part entière, le respect de l'autre est devenu une réalité depuis longtemps.

Forum « Femmes pour le dire, Femmes pour agir »,
16 novembre 2005

« Comment je me suis trouvée, quelques jours après ma nomination comme ministre de la Santé, à élaborer puis défendre les textes des lois sur la contraception et l'IVG devant le Parlement »

Les problèmes concernant l'élaboration des lois sur la contraception et l'IVG ayant été parfaitement exposés par madame Mossuz-Lavau, je ne vais pas revenir sur ces questions proprement juridiques et parlerai du contexte dans lequel je me suis trouvée dès le mois de juillet 1974, quelques jours après ma nomination comme ministre de la Santé, à avoir à élaborer puis défendre ces textes devant le Parlement.

En premier lieu, je tiens à rappeler que j'avais été nommée depuis quelques jours au gouvernement, alors que je n'étais pas parlementaire et que je n'appartenais à aucun parti politique. Bref, j'appartenais à cette catégorie particulière des ministres venant de la société civile dont on parle avec une certaine méfiance. Comment expliquer encore aujourd'hui ce choix du président de la République de me nommer ministre de la Santé, ayant très vraisemblablement l'idée que j'aurai en charge ce dossier puisque au cours même de sa campagne en vue des élections présidentielles, il avait pris l'engagement de modifier la loi de 1920 afin d'autoriser l'avortement, sans d'ailleurs donner aucune précision sur les modalités. Certainement le fait que je sois magistrat en fonction au ministère de la Justice, et notamment à la direction des Affaires civiles et du Sceau depuis 1964, n'était-il pas étranger à cette nomination.

En effet, entre 1964 et 1970, j'avais eu à travailler sur les grandes réformes du droit de la famille dont monsieur Jean Foyer, alors garde des Sceaux, avait chargé le professeur Carbonnier — la plupart de ces réformes avaient pour objet de modifier le statut des femmes mariées qui avait été très peu touché depuis le Code Napoléon, code qui la plaçait largement sous la tutelle de son mari. Sauf en cas de séparation des biens, c'est le mari qui gérait les biens communs ainsi que ceux de son épouse. En outre, au moins théoriquement, c'est le mari qui exerçait seul la puissance paternelle sur les enfants du couple.

Par ailleurs, le professeur Carbonnier étant hostile à l'adoption, estimant que le régime de tutelle permettait à ceux qui avaient recueilli un enfant d'exercer les droits de puissance paternelle sans que l'enfant sorte de sa famille d'origine, Jean Foyer m'avait chargée de préparer une nouvelle loi qui s'avérait nécessaire pour éviter les drames qui pouvaient entraîner un litige entre parents par le sang et parents adoptifs. L'affaire Novack avait profondément émue l'opinion et notamment les parents adoptifs, lorsque après douze années de procédure, un enfant adoptif avait été remis à ses parents par le sang qu'il ne connaissait pas.

Accompagnant le garde des Sceaux au Parlement lorsqu'il présentait ces réformes, tant en commission qu'en séances, j'avais rencontré beaucoup de parlementaires et acquis une expérience du débat parlementaire.

Par ailleurs, sans être une féministe déclarée, lorsque j'étais affectée à l'administration pénitentiaire, je m'étais déjà plus particulièrement intéressée à la condition des femmes détenues, au demeurant très peu nombreuses. Comme elles ne posaient pas de problèmes de discipline, l'administration centrale ne s'occupait guère de leur situation, alors que de grandes criminelles étaient détenues très longtemps à la maison centrale de Rennes où le régime était particulièrement strict. Par ailleurs, à partir de la fin des années 1950, un certain nombre de femmes algériennes qui étaient détenues en Algérie pour des actes de terrorisme ont été transférées en métropole après une inspection que j'avais faite en Algérie, leur sécurité ne paraissant pas assurée en cas d'incidents.

Mon féminisme était certainement moins engagé qu'il ne l'est devenu mais je me suis toujours sentie solidaire des femmes confrontées à des problèmes spécifiques et victimes de discrimination. À l'époque, on avait l'espoir que les réformes intervenues modifiant le statut des femmes mariées et les différents textes adoptés imposeraient l'égalité des droits entre les hommes et les femmes, mettraient fin aux discriminations, notamment sur le plan professionnel. Or, il n'en a rien été, au contraire, la crise économique et le chômage les pénalisant encore davantage que les hommes.

À la fin des années 1960, alors que l'on était encore dans ce qu'on a pu appeler les Trente Glorieuses, j'avais été appelée à représenter le ministre de la Justice dans un groupe de travail, dirigé par Jean Fourastié, afin de réfléchir aux mesures qui pourraient être prises pour inciter les femmes à travailler ou retravailler, car dans nombre d'activités on manquait de salariés. L'immigration ne permettait pas de satisfaire tous les besoins.

Quelques années après, en 1973, avec la première crise pétrolière, la situation s'inversait, qui a amené les gouvernements successifs à prendre des mesures pour les encourager à rester à la maison. En fait, le travail des femmes est considéré comme celui des immigrés, comme un facteur d'ajustement qui ne tient compte ni de leur situation personnelle, ni de leurs besoins et pas davantage des études qu'elles ont pu faire alors qu'en cas de séparation, ce sont elles qui ont le plus souvent la charge des enfants. Cela explique que leur taux de chômage est particulièrement élevé et que les familles monoparentales sont très défavorisées.

J'appartiens à une génération dont les mères, souvent, ne travaillaient pas, et lorsqu'elles travaillaient avec leur mari (agriculteur, artisan, commerçant), elles ne bénéficiaient d'aucun statut, le mari estimant inutile de les déclarer.

Comme beaucoup d'autres, ma mère était ce qu'on appelle une femme au foyer : elle avait abandonné ses études pour se marier et, n'ayant pas de fortune personnelle, elle a toujours été très dépendante économiquement de son mari. Aussi n'a-t-elle cessé de mettre en garde ses filles sur les conséquences d'une telle situation et de nous conseiller de faire des études donnant accès à un vrai métier et de l'exercer.

Dès mon retour de déportation en 1945, j'ai tenu à faire des études avec la volonté d'avoir une activité professionnelle. C'est ainsi que je suis devenue magistrat, mon mari ayant refusé mon désir d'être avocate. Je n'ai d'ailleurs jamais regretté, la magistrature m'ayant procuré des satisfactions et des possibilités que je n'aurais sans doute pas eues comme avocate. Étant magistrat, on ne pouvait pas ne pas être interpellé par certains dysfonctionnements de la société, notamment sur le plan du fonctionnement de la justice. Toutefois le devoir de réserve auquel on se sentait alors tenus nous empêchait de critiquer ouvertement les lois. Il y avait pourtant une question dont on débattait au moins entre nous, c'était la répression particulièrement rigoureuse à l'encontre de l'avortement : les médecins éventuellement concernés étaient l'objet de sanctions très lourdes auxquelles s'ajoutait l'interdiction d'exercer la médecine prononcée par le Conseil de l'Ordre. Certains juges d'instruction se vantaient volontiers des poursuites qu'ils menaient à leur encontre sur la base de dénonciations.

C'était pourtant une chance pour les femmes concernées d'éviter ainsi d'avoir recours à d'autres femmes tout à fait inexpérimentées dont les interventions entraînaient dans de nombreux cas un recours d'urgence à l'hôpital pour les opérer.

Si la plupart de nos collègues masculins étaient peu sensibles à ces problèmes, les femmes, beaucoup plus mobilisées, faisaient campagne à l'hôpital pour une réforme, qui dépendait alors du ministère de la Justice. L'engagement de plus en plus militant du planning familial avec madame Iff, les prises de positions de certains magazines féminins ou du mouvement « Choisir », dont la présidente, Gisèle Halimi, avocate, avait obtenu en 1971 l'acquittement d'une très jeune femme poursuivie pour s'être fait avorter, ne permettaient plus de nier la situation. En 1973, le garde des Sceaux de l'époque, Jean Taittinger, présenta devant l'Assemblée un projet, certes de portée très limitée, qui fut aussitôt renvoyé en commission. Ce renvoi a permis à la commission de procéder à de très nombreuses auditions rassemblées dans un livre blanc dont la diffusion a été fort utile aux débats de 1974.

En fait la France avait en ce domaine, comme dans bien d'autres concernant la situation de la femme, un grand retard par rapport à certains pays voisins. Aussi depuis des années, les Françaises qui étaient bien informées et en avaient les moyens se rendaient à l'étranger pour se faire avorter, comme elles l'avaient fait précédemment pour avoir accès à une contraception efficace.

Le fait que les femmes siégeant au Parlement aient été si peu nombreuses explique pour partie cette situation. Comment ne pas rappeler à cet égard que les Françaises n'ont obtenu le droit de vote qu'en 1944 alors que, dans la plupart des pays démocratiques, elles votaient depuis des décennies.

Il est fort intéressant par ailleurs de relire les comptes-rendus des débats à l'Assemblée nationale et au Sénat concernant la proposition de loi de monsieur Lucien Neuwirth sur la contraception. Ce débat sur l'autorisation des méthodes modernes de contraception traduit en effet le machisme de la plupart des intervenants hostiles à ces méthodes, n'hésitant pas à l'accuser d'ouvrir la porte à tous les vices et à la luxure et d'inciter les femmes à l'adultère.

Il est vrai que la contraception confère à la femme la maîtrise de la procréation, sans avoir à en référer à son partenaire, et lui permet de le laisser dans l'ignorance de ses intentions. Ce changement, qui pour les femmes est vécu comme un considérable progrès, a été alors plus ou moins consciemment très mal vécu par les hommes, qui se sont sentis dépossédés. En revanche, ils sont conscients que l'avortement est toujours pénalisant pour les femmes, une décision souvent difficile à prendre, mais qui très souvent ne les concerne guère.

En 1974, lors du débat sur l'avortement, j'ai entendu bien des hommes, y compris des hautes personnalités, s'étonner qu'il faille une loi alors que c'était une affaire de « bonnes femmes » dont elles s'étaient toujours débrouillées entre elles. Alors à quoi bon légiférer ?

Cette indifférence, ou cette désinvolture, au moins apparente, vis-à-vis d'un problème aussi douloureux pour bien des femmes, j'en ai eu longtemps le témoignage — lorsqu'ils s'adressaient à moi en me disant « ma femme a tellement d'admiration pour vous », je traduisais aussitôt : « moi, l'avortement c'est pas mon problème, mais je vous transmets ce qu'en pense ma femme. »

Puisque je parle du contexte et de l'ambiance du débat, je ne peux m'empêcher d'évoquer l'hypocrisie de certains, qui ont tenu des propos orduriers à mon endroit et dont on venait me rapporter que leur propre attitude en la matière était loin d'être cohérente avec l'hostilité ainsi manifestée. Je n'avais d'ailleurs guère d'illusions en la matière.

En revanche, je tiens à souligner le courage et l'humanité dont ont fait preuve des parlementaires, je pense notamment à Eugène Claudius-Petit, qui a manifesté son soutien dans un magnifique discours en dépit de ses convictions personnelles, mais par compassion vis-à-vis des femmes confrontées à des situations dramatiques.

Au lendemain de ma nomination au ministère, je m'étais demandé si j'aurais ou non la responsabilité d'élaborer et de présenter le projet devant le Parlement, puisque c'est le garde des Sceaux qui traditionnellement était compétent en la matière. Ainsi, l'année précédente, c'est Jean Taittinger qui avait présenté un projet de loi tendant à autoriser l'avortement sous certaines conditions. Dès la passation de pouvoir, mon prédécesseur au ministère de la Santé, Michel Poniatowski, m'a alertée sur l'urgence qu'il y avait à légiférer, compte-tenu du fait que certaines associations, notamment le

MLAC, cherchaient à provoquer le gouvernement afin de l'obliger à dépénaliser l'avortement.

Quant à la compétence éventuelle du ministre de la Santé plutôt que celle du garde des Sceaux, elle s'expliquait d'emblée par le choix qui paraissait s'imposer d'une loi à caractère médical, des pénalités n'étant prévues que dans le cas où les conditions posées ne seraient pas respectées. Très rapidement aussi, il s'est avéré que le cabinet du président de la République s'impliquerait directement dans les orientations de la réforme à venir. Quant au garde des Sceaux, Jean Lecanuet, il n'y serait qu'associé.

À cet égard, je tiens à souligner que contrairement à ce qui a pu être dit, il n'était pas hostile à une réforme de la loi de 1920, même s'il aurait peut-être préféré un texte plus proche de celui qui avait été présenté un an plutôt par le garde des Sceaux. Il m'a semblé qu'il regrettait surtout de ne pas en avoir eu la responsabilité, mais en, tout état de cause, le soutien qu'il m'a apporté était précieux vis-à-vis de ses amis politiques, et plus encore sa présence à mes côtés au banc du gouvernement lors du débat au Sénat.

Mais, avant même de faire voter cette réforme dont on mesurait déjà les critiques qu'elle susciterait de la part de la majorité, il a paru opportun de faire voter un nouveau texte rendant plus facile l'accès à la contraception, les décrets d'application de la loi Neuwirth pris à l'époque par Robert Boulin ayant limité au maximum la portée de la loi, notamment pour les mineurs.

Ce que l'on peut en tout état de cause regretter, c'est le fait que l'autorisation légale de la contraception avait été particulièrement tardive et restreinte dans notre pays, et qu'en conséquence les progrès qu'elle représentait n'avaient pas été réellement perçus ni suffisamment utilisés par la plupart des femmes qui souhaitaient planifier les naissances de leurs enfants.

Si la réforme de la loi Neuwirth ne posait en fait pas de problème particulier, il n'en était pas de même pour le projet de loi sur l'IVG pour lequel rien n'était encore arrêté. Il était évident qu'il n'était pas question de reprendre le projet très restrictif de 1973, qui avait été renvoyé en commission après une simple présentation du texte par le garde des Sceaux, mais tout était encore à étudier et décider avant même de rédiger le projet de loi.

Au sein même de mon cabinet, madame Colette Meme, conseiller d'État, et madame Ezratty ont été plus particulièrement chargées de ce dossier en relation avec le cabinet du président de la République, afin de trouver des points de convergence sur les principes fondamentaux à retenir dans le cadre du projet de loi. Une fois écartée l'idée de limiter l'avortement à des situations précises, il a été facile de se mettre d'accord sur le principe que c'était à la femme elle-même de prendre une décision, sans avoir à en référer à une quelconque autorisation d'une commission ou même d'un médecin, à l'exception des mineures pour lesquelles l'autorisation du père ou de la mère paraissait s'imposer.

Il convenait toutefois que la femme puisse invoquer un motif justifiant sa décision même si elle n'avait pas à en apporter la preuve. C'est ainsi qu'après mûre réflexion le mot de détresse, état qu'il appartenait à la femme d'apprécier et d'invoquer, était le plus adéquat.

Pour autant, il restait encore à définir des conditions tendant à s'assurer que la décision prise par la femme est libre et réfléchie, en imposant un délai de réflexion et la consultation d'un médecin et d'un service social pour que l'intervention intervienne dans des conditions sanitaires les meilleures possible, et en exigeant notamment qu'il ait lieu en milieu hospitalier et qu'il y soit procédé dans un délai de dix semaines. Les médecins estimaient qu'il y avait un intérêt à ce qu'il soit le plus court possible.

À propos de l'attitude de médecins, et notamment des obstétriciens, je dois dire que je suis très étonnée de voir combien leur attitude a changé en ce domaine. Certes, il y avait un certain nombre de jeunes gynécologues et notamment des internes qui, directement confrontés aux femmes arrivant mourantes à l'hôpital et qu'ils ne pouvaient pas sauver, approuvaient totalement la loi et avaient même milité en faveur d'une réforme, mais pour ce qui concerne les médecins plus âgés, les chefs de service universitaires, ou encore les gynécologues dont la clientèle aisée trouvait toujours une solution en se rendant à l'étranger ou trouvant même la possibilité de le faire en France, à condition de pouvoir payer, j'ai été confrontée à une opposition très vive, notamment celle du conseil de l'Ordre des médecins.

Au cours de trente années écoulées, après la reconduction imposée par la loi de 1975 alors que madame Pelletier était ministre chargée des Droits de la femme, puis divers assouplissements, notamment l'allongement du délai d'une semaine, voire la suppression de certaines conditions par madame Aubry et madame Guigou, la loi n'a suscité que peu de polémique — exception faite de l'opposition haineuse de « Laissez-les vivre » —, les critiques s'attachant davantage aux difficultés tenant à l'impossibilité ou au refus des services hospitaliers de répondre aux besoins.

C'est pourquoi j'ai été extrêmement surprise de l'intérêt qu'a suscité le trentième anniversaire de la loi qui a donné lieu à une véritable commémoration de la part de certaines associations, dont un grand nombre d'universitaires, de gynécologues, qui ont organisé des colloques pour commémorer ce trentième anniversaire et qui m'y ont invitée pour me rendre hommage.

Ils tenaient en effet à souligner combien la loi de 1975 avait changé leur vie professionnelle en leur épargnant, lorsqu'ils étaient de garde comme internes, d'avoir à tenter de sauver, vainement, des femmes victimes d'avortements pratiqués dans les pires conditions. Même parmi les anciens grands patrons qui ne voulaient pas entendre parler de l'IVG, certains n'hésitent pas à dire qu'ils ont changé d'avis et acceptent la loi de 1975.

Ce que l'on peut regretter, c'est que le nombre d'avortements soit aussi important et que les femmes n'aient pas davantage recours à la contraception. À cela, il y a de nombreuses raisons. En premier lieu, il faut souligner que si l'on compare le nombre actuel des

IVG avec celui des avortements avant la loi de 1975 — au reste très imprécis et sans doute sous-estimé —, il convient de souligner que la population concernée a augmenté et qu'un nombre non négligeable de femmes se rendaient à l'étranger, notamment en Angleterre et aux Pays-Bas. Par ailleurs, parmi les femmes concernées, entre autres les plus jeunes, beaucoup sont très mal informées, particulièrement dans certains milieux où il leur est très difficile de se rendre seule chez un médecin.

Enfin, les méthodes de contraception sont très contraignantes, supposent la plus grande régularité et une discipline qui ne sont pas faciles à respecter. Enfin il y a un nombre de situations imprévues et aucunes précautions n'avaient été envisagées.

On peut donc déplorer que les campagnes d'information, notamment à la télévision, aient totalement disparu.

« Grand témoin », juin 2006

Il faut plus de femmes dans la vie politique

Je suis très impressionnée de prendre la parole devant vous, parce que, même si j'ai le sentiment d'avoir partagé le combat des femmes, j'ai en même temps celui d'avoir été une privilégiée, dans la mesure où ma carrière n'a été possible que parce que j'étais une femme.

En effet, j'étais magistrat et très intéressée par tout ce qui concernait les femmes, mais ne songeais pas du tout à faire de la politique. J'ai été longtemps dans l'administration pénitentiaire et j'ai constaté que les femmes, très peu nombreuses en prison, y étaient particulièrement mal traitées. Personne, dans l'administration, ne se souciait d'elles, car elles ne posaient pas de problème disciplinaire. Comme jeune femme magistrat, j'ai eu moi-même une expérience particulièrement désagréable à l'occasion d'une mission à Poitiers en 1957 ou 1958, où je devais représenter mon directeur : le magistrat qui organisait cette réunion refusait de me recevoir parce que femme et juive. Mais, plus tard, en 1974, je suis entrée au gouvernement uniquement parce que j'étais une femme, alors que Valéry Giscard d'Estaing s'était engagé, en tant que candidat à la présidence de la République, à faire participer des femmes au gouvernement.

Je n'avais pas du tout l'intention de faire de la politique, j'aimais beaucoup ce que je faisais au ministère de la Justice à ce moment-là puisque j'étais étroitement associée aux grandes réformes des années 1970 sur le droit de la famille, qui ont été particulièrement importantes pour les femmes. La France avait beaucoup de retard à rattraper en ce domaine, le Code Napoléon étant encore largement en vigueur. Je me suis toujours sentie très féministe, sans être une militante.

J'appartiens à cette génération dont les mères, bien souvent, n'avaient pas d'activité professionnelle. Outre celles qui, mères de famille, ne travaillaient pas, il y en avait aussi beaucoup qui travaillaient sans être reconnues. Ainsi nombre d'épouses d'artisans, de commerçants ou d'agriculteurs en réalité travaillaient beaucoup, s'occupaient de l'entreprise familiale, et avaient en même temps toutes les tâches ménagères qui pesaient sur leur dos. Je me suis rendu compte, quand j'ai été ministre, que ces femmes pour la plupart n'avaient pas de retraite. Elles n'avaient pas été déclarées par leur mari, elles étaient considérées comme sans profession, et comme elles n'avaient pas cotisé, elles n'avaient droit à rien, sinon à une retraite de réversion extrêmement faible.

Ma mère qui avait fait des études de chimie avant de se marier n'avait pu terminer ses études et, en tout état de cause, mon père n'aurait pas accepté qu'elle travaille. Mais elle m'a enseigné, comme à ses deux autres filles, qu'il fallait non seulement travailler, mais avoir aussi un vrai métier. Nous avons toutes été déportées. Ni ma mère ni mon père ne sont rentrés. Nous, les trois filles, quand nous sommes rentrées, nous étions épuisées, nous avions besoin de souffler, mais, malgré tout, nous avons tout de suite commencé des études et nous avons toutes les trois travaillé parce que c'était ce que Maman nous avait transmis. Nous nous rendions compte que notre liberté, notre indépendance ne seraient assurées que si nous avions un vrai métier, une profession qui nous apporte également des satisfactions intellectuelles.

Je me suis mariée très jeune, à peine un an après mon retour de déportation, et ce n'était pas tellement facile de faire des études en même temps, mais j'y tenais beaucoup. Je pensais et je pense toujours à ce que Maman m'a enseigné. Notamment quand nous avons constitué ce « Comité de liaison pour le travail féminin », où nous disions, toutes les femmes qui y participaient, que nos mères nous avaient transmis notre attachement au travail. Souvent des mères qui n'avaient pas travaillé mais qui en avaient souffert parce qu'elles étaient dépendantes économiquement, parce que même quand elles avaient eu des dots, c'était le mari qui gérait la fortune, qui demandait des comptes ; elles ne pouvaient rien faire. Elles ressentaient aussi le besoin de se valoriser par rapport à leurs enfants. Quand les enfants grandissaient, s'éloignaient un peu de la famille, ils n'avaient plus autant de liens avec leur mère qu'avec leur père parce qu'il n'y avait pas ce lien d'activité professionnelle. Pour moi, donc, la priorité, c'était d'avoir un vrai métier. Depuis peu de temps, le concours de la magistrature était ouvert aux femmes, j'ai été reçue et je suis devenue magistrat.

C'est à travers mon métier que j'ai eu beaucoup d'occasions de m'occuper des femmes sans pour autant participer à des mouvements féministes.

Lorsque j'étais dans l'administration pénitentiaire, je me suis partiellement occupée des femmes détenues. Elles étaient peu nombreuses pour des longues peines, mais étaient souvent de grandes criminelles. À un moment, elles ont été transférées à Rennes, dans une prison moderne, mais à la discipline extrêmement dure. J'ai été beaucoup choquée par le fait que la sous-directrice avait la hantise qu'il puisse y avoir des liens affectifs entre les femmes. Immédiatement, on les soupçonnait d'être lesbiennes et de mettre la pagaille dans l'organisation. Si une femme ne prenait pas de sucre dans son café, elle n'avait pas le droit de donner de sucre à sa copine.

À la prison de la Roquette, à Paris, il y avait encore à l'époque des religieuses comme surveillantes, elles étaient beaucoup plus ouvertes que les surveillantes de l'Administration. Je les ai même soupçonnées d'avoir été complices d'une évasion de femmes détenues pour avoir soutenu la guerre d'Algérie. L'Administration n'a pas réellement cherché quels étaient les complices de cette évasion.

Puis j'ai eu l'occasion, à plusieurs reprises, d'aller en Algérie visiter les prisons où des femmes ayant participé à des attentats étaient condamnées à de très longues peines. Elles étaient particulièrement pénalisées d'être des femmes jusqu'au moment où on les a ramenées en France et où l'on a pu organiser pour elles la possibilité de suivre des cours, de rester ensemble et d'avoir un régime moins rigoureux qu'en Algérie.

Des années auparavant, dans les années 1960, alors que j'étais magistrat au ministère de la Justice, j'avais fait partie d'un Comité de liaison pour le travail féminin, qui avait été mis en place à l'initiative de Jean Fourastié, économiste et philosophe, qui avait été chargé de mettre en place ce groupe de travail pour savoir comment on pouvait inciter les femmes à travailler.

C'était alors l'époque des Trente Glorieuses et nombre de femmes, infirmières, professeures, institutrices, aides-soignantes et bien d'autres, arrêtaient de travailler, leurs maris ayant des situations satisfaisantes. Ainsi, quand elles avaient des enfants, elles arrêtaient aussi de travailler. Il faut dire qu'à l'époque il y avait beaucoup moins de femmes élevant seules leurs enfants qu'aujourd'hui. Mais ce qui m'avait frappé, c'est que les femmes, quelles que soient leurs origines, étaient traitées comme l'étaient et le sont encore les travailleurs émigrés. C'était considéré comme un travail d'appoint. On en a besoin, on fait appel à elles, et dès qu'on n'a plus besoin d'elles, on les exclut du travail ; ainsi elles sont au chômage beaucoup plus que les hommes, et le moindre prétexte est bon pour les licencier en premier. C'est avec elles qu'on ajuste la situation.

Mais, naturellement, c'est quand je suis devenue ministre de la Santé en 1974 et que j'ai fait voter la loi sur l'IVG que j'ai beaucoup travaillé avec les diverses associations impliquées depuis longtemps dans ce combat en faveur de l'avortement. Au Parlement cependant, où elles étaient d'ailleurs fort peu nombreuses, la plupart m'ont soutenue. La loi a été votée dans des conditions abominables, certains parlementaires étant particulièrement agressifs et grossiers, ce qui traduisait leur machisme.

Un an plus tard, mes fonctions ayant été étendues à la Sécurité sociale, j'ai tenu à éliminer les discriminations qui subsistaient vis-à-vis des femmes. L'une d'elles m'avait touchée personnellement. Ainsi, comme la plupart des mères, je payais le médecin et les médicaments et c'était toujours mon mari qui était remboursé.

Maintenant, j'en viens aux réalités d'aujourd'hui, inquiétantes parce que la situation a plutôt empiré ces dernières années. Lorsque j'ai été la présidente du premier Parlement européen élu au suffrage universel, en 1979, le bureau était essentiellement constitué d'hommes qui siégeaient dans l'ancienne Assemblée. Quand j'ai proposé qu'il fallait mettre en place une commission des droits de la femme, je me suis heurtée à de fortes résistances. Yvette Roudy en a été la présidente, et les femmes qui y ont siégé ont travaillé ensemble, quelle que soit leur appartenance politique.

C'est à cette époque que des directives sur l'égalité entre les hommes et les femmes ont été appliquées à tous les pays faisant partie de la Communauté européenne. La législation française était particulièrement en retard dans ce domaine et il reste encore bien des discriminations de fait. La Commission de Bruxelles, le Parlement, avec la commission des droits de la femme et le rôle qu'ont joué les femmes — très présentes dans ce Parlement, même si elles y étaient moins nombreuses que les hommes —, ont fait avancer les choses.

Il en est de même pour la parité hommes-femmes, enfin instaurée dans les instances politiques après avoir modifié la Constitution. Les nouvelles dispositions ont eu quelques effets positifs au Sénat, mais compte-tenu du mode de scrutin à l'Assemblée nationale, il n'a pas été possible de l'imposer, les partis préférant payer des amendes plutôt que de respecter la parité. La France est lanterne rouge en ce qui concerne le nombre de femmes en politique. Pour les futures élections, on nous annonce de véritables progrès. Mais, jusqu'à maintenant, à l'exception des Verts, les autres partis préfèrent payer des sommes importantes plutôt que de faire appel à des femmes, à l'exception des circonscriptions où elles ont très peu de chances d'être élues. En ce domaine, comparée à tous les autres pays du monde, la France est particulièrement mal placée. Même en Afghanistan les femmes sont plus nombreuses au Parlement, sans beaucoup de pouvoir, il est vrai.

Il me paraît intéressant de faire état de considérations que j'ai eues au Parlement européen avec des femmes d'autres pays. Elles m'ont fait observer que s'il y a en France particulièrement peu de femmes dans la vie politique, notamment par rapport aux pays scandinaves et aux Pays-Bas, en revanche, en ce qui concerne les responsabilités dans les entreprises, la situation en France est proche de celle qui existe dans les autres pays. J'en ai tiré la conclusion que dans les pays du Nord, le vrai pouvoir, c'est le pouvoir économique. Les hommes le réservent pour eux et le partagent très difficilement avec les femmes. En France, le vrai pouvoir, c'est le pouvoir politique : c'est la chasse gardée des hommes où les femmes ont encore bien des difficultés à pénétrer.

D'une façon générale, je suis assez pessimiste sur le temps qu'il faudra pour que l'égalité entre les femmes et les hommes devienne une réalité. Il y a beaucoup plus de femmes au chômage. Elles ont moins de formation scientifique et, quand il s'agit de recruter, les postes proposés exigent une formation scientifique qu'elles n'ont pas toujours parce qu'elles ont été mal orientées. On met également en cause l'absence de solidarité entre les femmes. Je constate le contraire, mais les femmes ne disposent pas de véritables réseaux comme ceux qui existent entre les hommes, ne serait-ce parce qu'elles n'ont que peu de temps disponible. Souvenez-vous dans quel état d'esprit nous avons travaillé, et comme c'était sympathique. Nous sommes toutes restées liées ensuite, avec la volonté de faire progresser les choses. Mais tous les textes sont appréhendés *a minima*, on essaye de donner le moins de portée possible à tout ce qui prévoit l'égalité entre les hommes et les femmes.

Nous sommes actuellement, et depuis peu de temps, trois femmes sur neuf membres au Conseil constitutionnel. Les trois ont été nommées par le président du Sénat, et nous sommes très solidaires entre nous. Mais lorsqu'une d'entre nous pose la question : « Quand va-t-on passer à quatre, au moins ? », on nous répond : « Pour qu'il y ait une femme de plus, comme on nomme les membres du Conseil par trois, il faudrait qu'on en nomme deux. » Oui, pourquoi pas ? Nos collègues masculins sont alors stupéfaits, avec l'air de penser que vous avez dit la plus grande des incongruités.

L'Europe a permis aux femmes de faire de grandes avancées et il faut continuer. Un mouvement comme le vôtre et votre action touchent davantage les milieux intellectuels. Il faut vraiment se rencontrer entre nous, voir ce qu'on peut faire. Chaque avancée, même mineure, est importante. Je n'ai pas participé aux mouvements féministes, mais je les ai toujours soutenus. Par tempérament je ne suis pas une militante. Si je suis aussi attachée à ce qu'il y ait des femmes dans la vie politique, c'est parce que je pense que les femmes sont très différentes. J'appartiens à cette génération pour qui *Le Deuxième Sexe* de Simone de Beauvoir a été une révélation et une grande avancée : parler de l'égalité des droits, c'était vraiment une avancée formidable. Quand j'étais enfant, je regrettais beaucoup de ne pas être un garçon et je ressentais ma féminité comme un handicap. Aujourd'hui, comme beaucoup de femmes, je veux pouvoir m'affirmer comme femme. Les femmes sont très différentes des hommes et on a besoin des deux. Nous sommes complémentaires et c'est ce que nous devons faire comprendre. Vouloir nous éjecter du système, ne plus nous y accepter, c'est une perte pour la société. C'est en politique que c'est le plus important. Le Parlement vote la loi, organise notre société. Et s'il n'y a pas de femmes à côté des hommes pour faire les lois, les lois sont pensées pour ce que sont les hommes et beaucoup moins pour ce que sont les femmes. Sur beaucoup de questions, plus ou moins importantes, nous n'avons pas la même vision.

Aujourd'hui, comment affronter cette société très chamboulée, avec des problèmes douloureux, que faire pour qu'il y ait davantage de civilité, davantage de fraternité, davantage d'attention aux autres et davantage de prise de conscience de l'état d'une société qui va mal ? S'il y avait plus de femmes dans la vie politique... je pense qu'elles accorderaient plus d'importance à ces problèmes affectifs. Il y a heureusement beaucoup de femmes maires, beaucoup d'élues locales, mais c'est encore insuffisant. Si les hommes et les femmes étaient semblables, il faudrait faire avec. Mais nous sommes différentes, et si parfois ce qui devrait être fait ne l'est pas, c'est qu'il n'y a pas suffisamment de femmes. Alors je me réjouis qu'il y ait des militantes comme vous pour faire ce que je n'ai pas fait.

9 juin 2007

Tarquimpole, en Moselle, le 15 juin 1984. C'est le dernier meeting de Simone Veil dans la campagne pour l'élection des députés européens. Son mari est présent.

Philippe Ledru

17 juin 1984, Simone Veil et son mari suivent le résultat des élections européennes, à sa permanence, rue Saint-Honoré, à Paris. La liste de Simone Veil va l'emporter largement avec 43 % des voix.

Cambremer, en Normandie, dans la maison familiale.

Philippe Ledru

Sainte-Maxime, été 1984, avec Antoine, son mari et son fils Jean.

Philippe Ledru

Au 41e festival de Cannes. Mai 1988.

P A Archives / Roger-Viollet

Avec Élisabeth II, à Arromanches, juin 1994.

DR

Le photographe, Philippe Ledru, avec Simone Veil, au début des années 1980.

Archives familiales

Simone Veil, été 1946.

IV

Le combat éthique et social

Les progrès récents dans l'évaluation des effets de la pollution de l'environnement sur la santé

Monsieur le président,
Mesdames, Messieurs,

Les dégradations subies par l'environnement du fait des transformations du monde moderne et les risques que cette situation fait encourir à la santé des populations constituent l'un des principaux sujets de préoccupation de notre époque.

Depuis le début du siècle, les pouvoirs publics avaient orienté de manière prioritaire leur action vers les aspects bactériologiques de la pollution du milieu naturel, et poursuivi notamment la lutte contre les grandes endémies, telles que le choléra ou la fièvre typhoïde. À cet égard, du fait du développement de la vaccination et de l'hygiène, ainsi que des mesures d'assainissement prises contre les vecteurs des maladies, rongeurs ou insectes, des progrès considérables ont pu être réalisés, même si, depuis peu, de nouvelles inquiétudes se font jour, en raison de facteurs récents tels que la résistance accrue de certains microbes aux antibiotiques ou le développement des voyages intercontinentaux.

Or, depuis à peu près une trentaine d'années, la pollution de l'environnement ne cesse de s'accroître dans les sociétés industrialisées et cet état de fait constitue pour la santé des êtres humains une menace de plus en plus redoutable. Il est dès à présent certain, en effet, que nombreux et graves sont les troubles qui sont liés à la dégradation du milieu, qu'il s'agisse de la pollution de l'air, de l'eau, des produits alimentaires ou encore de l'effet du bruit ou de l'action des micro-polluants rencontrés dans les différents milieux.

Les raisons de cette situation sont à présent bien connues et font déjà l'objet de larges discussions dans l'opinion publique. Elles tiennent essentiellement à cinq grandes causes : le rejet d'énormes quantités de substances toxiques par certaines industries, l'utilisation massive en agriculture de multiples produits chimiques, et notamment des engrais et des pesticides, le surpeuplement de quelques grands centres urbains dans lesquels se trouvent concentrées des centaines de milliers de personnes, la circulation intensive des véhicules individuels dans les villes et enfin l'innovation technologique qui fait apparaître sur le marché, chaque année, 400 à 500 substances chimiques nouvelles dont il est rarement possible de prévoir toutes les conséquences éventuelles sur la santé de la population.

Deux tentations, dès lors, se font jour. Celle de l'immobilisme, qui tendrait à entraver systématiquement tout nouveau progrès technique de peur de nouvelles nuisances, et celle, au contraire, du fatalisme, qui inciterait à s'en remettre à la providence ou aux découvertes futures de la médecine du soin de compenser toutes les conséquences négatives pour la santé publique des transformations de notre société.

Ces deux attitudes sont également excessives. La première aurait conduit, au milieu du siècle dernier, à ne jamais creuser un tunnel de chemin de fer pour éviter aux voyageurs le risque de périr étouffés. La seconde, conjuguée avec une confiance aveugle dans la technique, peut mener à certains désastres tels que ceux de Minamata ou de la Thalidomide.

Or, l'état d'esprit qui doit animer les milieux scientifiques et les responsables politiques des divers pays est tout autre. Il s'agit en effet, à présent, de considérer avec objectivité et réalisme, et en substituant la rigueur et la précision scientifique à l'irrationalité des impressions et des angoisses, ce problème majeur des risques pour la santé du fait de l'environnement. La réunion de votre symposium manifeste avec tout l'éclat désirable notre volonté commune d'aboutir à ce résultat.

Incontestablement, la situation en matière de maladies et de troubles dus à la dégradation du milieu naturel est préoccupante.

La pollution de l'air, provoquée par l'action conjuguée de l'industrie, du chauffage en milieu urbain, des rejets de substances toxiques par les véhicules automobiles et de l'incinération des déchets, entraîne dans certaines ères géographiques une agression pulmonaire dont les conséquences peuvent être particulièrement redoutables. Il semble en effet qu'il y ait une corrélation étroite entre la pollution atmosphérique et certaines maladies des bronches, et en particulier l'emphysème pulmonaire et le cancer du poumon. Chacun se souvient, par exemple, du smog de Londres de 1958 qui a provoqué près de 5 000 décès en une semaine du fait de l'aggravation subite de maladies cardiaques et respiratoires.

La pollution de l'eau est à peine moins redoutable. Provoquée aussi bien par l'excessive concentration urbaine que par le rejet de déchets industriels, elle peut entraîner des intoxications aiguës et des maladies chroniques du fait de certains éléments micro-polluants, tels que les hydrocarbures, les pesticides ou les détergents, dont les effets peuvent ne s'avérer toxiques qu'après plusieurs années d'absorption d'eau polluée.

Cependant, la dégradation de la qualité de l'air et de l'eau ne sont pas les seuls sujets de préoccupation en matière de santé publique. Certaines substances, répandues dans tout notre environnement — l'eau, l'air et les aliments — constituent également un péril redoutable, qu'il s'agisse de l'amiante, du plomb, du mercure, du cadmium, du dioxyde de soufre ou des pesticides organophosphorés dont la toxicité peut se trouver multipliée par l'effet de phénomènes de synergie encore mal connus. À ces divers éléments de pollution, d'autres facteurs viennent s'ajouter, notamment le bruit qui, dans certaines circonstances, peut diminuer l'acuité auditive et atteindre l'équilibre nerveux de l'homme, c'est-à-dire le diminuer et le dégrader.

C'est pourquoi, après une longue période où il semblait que les découvertes de la médecine n'allaient plus cesser de faire progresser l'espérance de vie des hommes, l'inquiétude à nouveau grandit.

La tâche à laquelle seront consacrés les travaux de votre symposium est donc d'une importance capitale. Elle est aussi, nous le savons tous, d'une extrême difficulté.

L'incidence nocive de la pollution de l'environnement sur la santé humaine est à présent incontestable. Particulièrement significatif est à cet égard ce passage d'une communication de savants américains de l'université de Cleveland qui déclarent « il y a maintenant peu de doute que beaucoup de maladies chroniques, jusqu'à présent considérées comme spontanées, et en particulier le cancer, sont provoquées par des polluants de l'environnement ». Mais si, globalement, la toxicité de la pollution est indéniable, il s'agit d'un phénomène tellement impalpable dans la multiplicité de ses manifestations, aussi bien en ce qui concerne les agents polluants que les personnes atteintes dans leur santé, que les problèmes posés aux autorités scientifiques sont d'une complexité à peine imaginable. Pour ne prendre que le seul exemple de l'eau, combien de difficultés à résoudre, qu'il s'agisse de la détection rapide de pollutions accidentelles, de la contamination des eaux souterraines, du conditionnement des eaux de table ou du développement de certaines maladies comme l'hépatite virale…

Cette tâche gigantesque, vous l'accomplissez, dans vos spécialités respectives, par les méthodes scientifiques les plus variées, de la recherche fondamentale à la recherche appliquée, de l'envergure des enquêtes en matière d'épidémiologie à la poursuite de l'infiniment petit pour la détection des substances les plus fines, du questionnaire à l'examen somatique, et des expériences réalisées sur les animaux aux études consacrées, notamment en milieu hospitalier, à l'étiologie probable des divers troubles affectant les malades. Ce symposium doit permettre à présent d'opérer une confrontation générale du résultat de toutes ces recherches.

Je crois, à cet égard, important de souligner tout l'intérêt qui s'attache à une harmonisation plus complète des données scientifiques en matière de pollution et de répercussion sur la santé. Qu'il s'agisse notamment des protocoles opératoires des enquêtes épidémiologiques, des méthodes de mesure des paramètres de la pollution ou du choix des types de population retenus pour l'étude d'un phénomène, il est en effet essentiel que tous les milieux scientifiques intéressés s'accordent à utiliser les mêmes définitions et les mêmes instruments de mesure afin que leurs travaux puissent aboutir à des résultats parfaitement clairs et non contestés.

L'objectif suprême de toutes ces études si diversifiées consiste évidemment dans la possibilité de déterminer en toute connaissance de cause des normes précises pour réglementer l'utilisation des substances polluantes, détecter les accidents ou les abus possibles, et les sanctionner s'il y a lieu.

Il y a bien longtemps que les pouvoirs publics se préoccupent de ces problèmes puisqu'en matière de pollution de l'eau et de l'air, les premières mesures importantes sur le plan juridique remontent en France au tout début du siècle et que nombreux sont les textes législatifs et réglementaires qui sont intervenus, surtout depuis une quinzaine d'années, dans le domaine de la protection de l'environnement. Mais il faut aller encore beaucoup plus loin, et notamment améliorer l'étendue, la fiabilité et l'automatisation des réseaux de contrôle pour aboutir aux réseaux de surveillance globale de l'environnement recommandés par la conférence des Nations unies tenue en 1972 à Stockholm. C'est en ce sens que s'orientent les pouvoirs publics français qui ont mis en œuvre à Rouen un réseau continu de mesure de la pollution atmosphérique qui va être également installé à Fos-sur-Mer, en vue de déclencher une éventuelle alerte.

On conçoit aisément que l'ensemble de cette réglementation pose un nombre considérable de problèmes techniques, notamment en ce qui concerne la constatation du caractère polluant de certains produits et leur détection dans le milieu ambiant. Et de problèmes juridiques, dans la mesure où il faut fixer des normes et les sanctionner, et aussi de problèmes économiques, puisqu'aussi bien la mise en place de dispositifs antipolluants peut dans bien des cas grever plus ou moins lourdement le coût de certains produits. Toutes ces difficultés ne peuvent être résolues qu'au prix d'une collaboration étroite entre les milieux de la recherche scientifique, les administrations et professions touchant au domaine de la santé, plusieurs départements ministériels, et en particulier l'Environnement, l'Industrie et l'Agriculture, et aussi, et plus encore peut-être, la population dans son ensemble.

Dans ce domaine capital du choix entre, d'une part, l'accélération sans limite du progrès technologique — avec ses conséquences bénéfiques sur la progression du niveau de vie de l'ensemble des citoyens et ses « retombées » néfastes pour leur santé — et, d'autre part, le contrôle ainsi que, le cas échéant, la limitation de cette évolution dans un souci de prudence, il est essentiel que l'opinion soit complètement informée de tous les éléments du problème et décide du genre de solution qui lui paraît le plus opportun. L'éducation, l'information, la discussion, la persuasion me paraissent en effet des arguments beaucoup plus décisifs que la contrainte. Si l'hygiène corporelle, par exemple, est un facteur essentiel de la santé d'une population, mieux vaut évidemment en persuader l'ensemble des citoyens que de vouloir en ce domaine contrôler tout un chacun et sanctionner la carence des plus négligents…

Les autorités de santé publique ont, pour leur part, un rôle primordial à remplir dans l'élaboration et la mise en œuvre d'un programme rationnel de lutte contre les nouvelles agressions du monde moderne. Les données médicales, dans la mesure où elles sont susceptibles de protéger la santé de l'être humain contre les agressions multiples de l'environnement, doivent en effet prendre le pas sur toutes les autres considérations.

Dans la définition d'une politique de sauvegarde de l'environnement, les autorités sanitaires constituent certainement « l'interlocuteur privilégié » des services mis en place pour assurer la coordination des actions entreprises en ce domaine. C'est dans cette optique que le ministère français de la Santé a entrepris, conformément aux indications de l'Organisation mondiale de la santé, de restructurer ses services d'hygiène publique. En outre, l'Institut national de la santé et de la recherche médicale consacre une part importante de ses activités à des études sur les conséquences de la dégradation de l'environnement sur la santé.

Telles sont, Monsieur le président, Mesdames, Messieurs, quelques-unes des observations que je tenais à présenter à l'ouverture de ce symposium en ma qualité de ministre français de la Santé. Je ne doute pas qu'il ne contribue puissamment à faire plus de lumière sur des problèmes que nous avons encore beaucoup de peine à appréhender dans toute l'étendue de leur complexité. Plus tard, sans doute sera-t-il possible d'évaluer de manière plus précise le coût économique de la lutte à mener sur tous les fronts contre la pollution du milieu naturel et aussi de déterminer au terme de débats publics particulièrement approfondis une notion de risque acceptable en matière d'environnement, comparable à celle qui est déjà retenue, au moins de manière implicite, en matière de vaccination obligatoire.

Aussi les préoccupations qui sont les nôtres ne doivent-elles en aucun cas nous inciter au pessimisme. À partir du moment, en effet, où l'ensemble de la population prend conscience du péril que représente pour elle la dégradation du milieu ambiant, cette évolution des esprits autorise les plus grands espoirs. Ainsi, déjà, dans notre pays, des rivières totalement polluées ont-elles pu permettre à nouveau le retour de la vie animale et végétale, les produits non bio-dégradables ont-ils été presque totalement interdits dans les détergents, et des réglementations plus protectrices sont en cours d'élaboration dans plusieurs domaines importants relevant de la santé publique et de l'environnement.

Dans cette gigantesque bataille engagée pour la protection de l'être humain contre les menaces multiples de son cadre de vie, vos travaux vont apporter une contribution de tout premier plan. Car beaucoup, nous le savons tous, reste à faire, pour que la planète terre, qui constitue — avec sa mince couche d'humus et son fragile vernis de civilisation — notre seule chance de survie, ne soit plus considérée comme une immense carrière ouverte à toutes les convoitises, mais qu'elle devienne enfin, pleinement et définitivement, la terre des hommes.

Symposium international sur les progrès récents
dans l'évaluation des effets de la pollution de l'environnement
sur la santé, UNESCO, 24 juin 1974

Seule une planification consentie peut éviter au système de santé français de perdre sa liberté et sa qualité

Aucun ministre d'aucun pays ne détient actuellement les solutions permettant de freiner les dépenses de santé. Aussi voudrais-je simplement exprimer ce que pourraient être les orientations à l'égard de ce problème fondamental. Quelques chiffres sont indispensables pour savoir exactement ce dont on parle et pour apprécier pleinement les problèmes tels qu'ils se posent. Ces chiffres définissent l'équilibre des forces en présence.

On pourrait penser que poser le problème du prix de la santé va à l'encontre de toutes les idées reçues. En effet, pour tout le monde, depuis des générations « la santé n'a pas de prix » ou plutôt : la santé n'a qu'un prix, celui du bonheur. Tous les sondages qui ont pu être faits en France ou dans d'autres pays démontrent, que pour chacun d'entre nous, la santé est au premier plan de nos préoccupations : avant les problèmes professionnels, avant même l'amitié, je dirais même avant l'amour. Chacun ressent fondamentalement ce besoin essentiel qui est la condition même de l'épanouissement de l'homme, de sa personnalité. Et pourtant, ce problème du prix de la santé se pose chaque jour, dans des conditions identiques pour tous les pays. Pour tous les ministres de la Santé, l'augmentation des dépenses constitue le problème fondamental, même pour ceux qui — comme moi — ne sont pas responsables de la Sécurité sociale.

En effet, il y a des choix à faire, des choix qui, s'ils ne sont pas effectués par les ministres responsables de la santé, risquent d'être décidés selon des considérations économiques qui n'intègrent pas pleinement les préoccupations de santé. Il faut donc que nous collaborions totalement avec les ministres responsables de la Sécurité sociale pour élaborer ensemble une politique de santé. Sinon, nous risquons d'aboutir à des choix qui ne seront pas les meilleurs. Voilà pourquoi je crois pouvoir parler du prix de la santé en tant que ministre se sentant à la fois responsable des deniers de la collectivité et responsable de la santé, et donc du bonheur des Français.

Ces préoccupations sont identiques dans tous les pays. Même aux États-Unis, où une part seulement des dépenses de santé est à la charge de l'État, l'augmentation de ces dépenses est un problème très préoccupant. Dans les autres pays, où très souvent les dépenses de santé sont totalement prises en charge soit par des systèmes de caisses, soit par l'État, on en arrive — qu'il s'agisse des pays en voie de développement ou des pays industrialisés, des pays socialistes ou de sociétés libérales — à être obligé de faire ces choix car, partout, l'augmentation des dépenses de santé est sensiblement la même que dans notre pays.

En France, les dépenses de santé s'élevaient à 98 milliards en 1975. Je voudrais rappeler qu'au regard de la Sécurité sociale, la répartition de ces dépenses est la suivante :

- 55 % des dépenses remboursées par l'Assurance Maladie du Régime général sont des dépenses hospitalières ;
- 12 % des dépenses concernent l'activité des médecins de ville ;
- 4 % des dépenses concernent les chirurgiens-dentistes ;
- 18 % des dépenses concernent la pharmacie ;
- 11 % des dépenses concernent la biologie et les auxiliaires médicaux.

Les indemnités journalières, elles, représentent 7 milliards : environ 12 % de l'ensemble des prestations de la branche maladie du Régime général. Lorsqu'on dit que ces indemnités journalières représentent une part de plus en plus importante et qu'elles constituent l'un des gouffres de la Sécurité sociale, on oublie que le phénomène est le même dans tous les autres pays et qu'il n'y a pas en ce domaine d'accroissement plus grand que dans d'autres secteurs. Il faut donc chercher ailleurs la cause de l'augmentation des dépenses.

Cette augmentation s'apprécie non seulement en volume, mais aussi par rapport à la consommation des ménages : 9,5 % en 1970, 11 % en 1975. De même, par rapport au produit national brut, l'évolution des dépenses de santé est passée de 6,4 % en 1970 à 7,7 % en 1975.

Quelle est la cause de cette augmentation ? Le plus souvent on répond : c'est la gabegie, ce sont les médecins... Je crois qu'il faut analyser de façon presque scientifique les causes de cet accroissement. Tout d'abord, l'augmentation du nombre des personnes âgées qui provoque des dépenses plus importantes. Chaque année, 300 000 personnes s'ajoutent à la catégorie d'âge au-dessus de 65 ans.

Par ailleurs, la demande de soins est de plus en plus forte du fait d'une meilleure information des Français sur la médecine. Dans les jours qui suivent certaines émissions télévisées ou la publication de certains articles de presse, on enregistre des pointes importantes dans certains actes médicaux ou on constate que l'attention appelée sur des risques que peut encourir la population incite à certains examens médicaux.

L'élévation du niveau de sensibilité, la recherche du confort entraînent elles aussi, une augmentation des dépenses de santé. Enfin, l'accroissement général du niveau culturel et l'urbanisation de plus en plus poussée sont aussi des facteurs d'augmentation des dépenses. L'ensemble de la consommation médicale varie du simple au double selon ces facteurs socio-économiques. Au total, il est bien évident que la consommation médicale est sans doute moins inégalitaire que la consommation de culture, de loisir, ou même que la consommation d'habillement. Mais elle est beaucoup plus inégalitaire que la consommation d'alimentation.

C'est ainsi que la personne qui n'a aucun diplôme, l'ouvrier agricole, le salarié au S.M.I.C., consomme moins de soins qu'un titulaire du baccalauréat par exemple, qui dépense en soins de généralistes 22 % de plus, 144 % de plus en soins dentaires, 198 % de plus en soins de spécialistes. Au total, une consommation médicale de 180 % supérieure à celle des catégories précitées.

Il est donc tout à fait évident que l'élévation du niveau de vie et l'urbanisation accroissent la consommation médicale des Français.

Enfin, il faut souligner que la couverture sociale des dépenses de santé s'est constamment améliorée depuis 1946. La part de la Sécurité sociale est passée de 44 % à 70 % des dépenses de santé entre 1950 et 1975. 53 % des Français étaient couverts en 1975. Actuellement, 98 % le sont et l'on sait que la Sécurité sociale sera généralisée d'ici à 1978.

En 1945, quatre maladies graves et coûteuses étaient prises en charge à 100 % par la Sécurité sociale. 25 le sont actuellement. On pourrait donner quantité d'autres exemples de prestations qui n'étaient pas couvertes par la Sécurité sociale et qui le sont aujourd'hui.

Mais le plus important des facteurs d'augmentation des dépenses de santé, c'est la médecine elle-même. La médecine de 1976 n'a plus aucun rapport avec celle de 1945. Si l'on prend tout d'abord l'exemple de la médecine de ville, elle devient de plus en plus technicienne.

En 1945, l'examen médical d'un généraliste était la plupart du temps limité à une prescription pharmaceutique. Aujourd'hui, pour une consultation de 38 francs, le malade se voit prescrire 11 francs d'analyses de laboratoire, 12 francs de services d'auxiliaires médicaux, 70 francs de pharmacie.

C'est surtout à l'hôpital qu'on peut constater et mesurer l'évolution de la médecine. La mise au point des techniques de réanimation et la création d'unités de soins intensifs entraînent des dépenses considérables. La pratique de la chirurgie à cœur ouvert qui est devenue une pratique courante entraîne par exemple des dépenses très importantes : un double pontage coronarien coûte de 20 à 30 000 francs. Les transplantations rénales et l'hémodialyse qui n'existaient pas il y a vingt ans entraînent également des dépenses très importantes. Ainsi, un hémodialysé à l'hôpital coûte chaque année 144 000 francs. Et les dépenses de la Sécurité sociale pour les 4 050 hémodialysés représentent 550 millions. La micro-chirurgie qui permet les greffes de nerfs, les réimplantations... provoquent des dépenses qu'on n'aurait même pas osé envisager. Les accouchements dans les maternités modernes, qui ont permis d'aboutir à une protection de la femme et de son bébé bien supérieure à ce qu'elle était, coûte de 2 000 à 5 000 francs. Enfin, un accidenté de la route ou de ski, s'il reste pendant trente jours en soins intensifs, puis ensuite dans un établissement de rééducation pendant un an, coûte à la collectivité 170 000 francs.

Dernier facteur de dépense parmi les plus importants : l'amélioration du confort des malades dans les hôpitaux. L'humanisation par transformation des locaux, suppression des salles communes, meilleur environnement médical et hospitalier, a été l'un des programmes prioritaires adopté par le gouvernement sur proposition de la commission du Plan. Elle suppose que toutes les salles communes soient supprimées d'ici à 1980-1981. Mais il faut bien dire que cette humanisation conduit à un accroissement des coûts hospitaliers de 15 à 25 %.

Cette énumération montre quelle peut être l'augmentation des dépenses de santé. De cette augmentation nous sommes tous responsables, et nous en bénéficions tous. Il ne sert à rien de dénoncer la responsabilité de telle profession ou de tel groupe de la population. Nous sommes tous concernés. Il y a donc là nécessité d'une prise de conscience, non seulement des professions, des organisations, mais de la collectivité dans son ensemble et donc du gouvernement.

Il ne faut pas culpabiliser les professions de santé, ni les pouvoirs publics, parce que les dépenses de santé augmentent. Il s'agit là non seulement d'un phénomène normal, mais d'un facteur de progrès. Nous devons simplement savoir ce qu'il en coûte et aussi savoir que ce progrès ne peut se poursuivre que si nous rendons les dépenses plus efficaces en opérant des choix nous permettant de maîtriser les coûts.

Il est à mon sens erroné de considérer les dépenses de santé comme totalement improductives. Dans toutes les classifications économiques on voit que tel salarié de l'industrie, tel commerçant est considéré comme productif alors que les infirmières, par exemple, sont classées comme improductives. D'une façon générale, c'est ainsi que l'on considère les dépenses de santé. Or, ces dépenses, très importantes, doivent être acceptées comme productives : des malades en invalidité pendant plusieurs mois, voire même pendant un an dans le cas de grands handicapés, peuvent être ensuite — grâce à la médecine — récupérés pour la vie économique du pays.

On parle trop peu souvent de cet aspect des dépenses de santé qui permettent de réintroduire dans le circuit économique des travailleurs qui, sans le progrès de la technologie, seraient morts ou seraient restés invalides pendant toute leur vie.

Il y a encore quelques années, dans un service de cardiologie de Tours, 35 % des malades atteints d'infarctus mouraient dans les jours suivant leur admission. Ce n'est plus vrai aujourd'hui que pour 6 %. En outre, la plupart de ceux qui survivent sont capables de reprendre leur vie normale et de redevenir des travailleurs. Sans doute cet aspect économique devrait-il entrer en ligne de compte dans toutes les statistiques des dépenses de santé qui, dès lors, paraîtraient moins lourdes qu'on ne le croit.

C'est d'ailleurs l'honneur d'un pays et l'une des finalités de la collectivité que de consacrer des moyens importants à la santé de la population. Mais il est essentiel que ces dépenses recherchent le maximum d'efficacité de façon à servir cette collectivité.

Apparemment, on pourrait penser qu'il n'y a jamais eu de choix en matière de politique de santé et que les dépenses ont été assumées au fur et à mesure par les individus et par la collectivité. En réalité, même pour le passé, cette image est fausse. Les vaccinations obligatoires — pour ne citer que cet exemple — procèdent d'un choix des pouvoirs publics. De même, certaines maladies ont toujours fait l'objet d'une protection particulière : c'est le cas de la tuberculose.

Aujourd'hui, les choix deviennent encore plus nécessaires compte tenu des sommes qui sont mises en cause.

Dans le domaine hospitalier par exemple, on remarque que 55 % des dépenses de Sécurité sociale sont des dépenses d'hospitalisation. Or, on constate que 65 à 70 % de ces dépenses correspondent aux charges de personnel.

Si l'on parvenait à ralentir de 2 % la progression des coûts hospitaliers, cela permettrait d'améliorer considérablement, dans un autre secteur, le remboursement des soins dentaires qui est actuellement insuffisant.

De même, on se demande actuellement s'il est utile de maintenir ou non l'obligation de la vaccination anti-variolique. Indépendamment du problème purement sanitaire, cette mesure permettrait sur le plan économique de consacrer les fonds ainsi dégagés au dépistage de certains cancers guérissables.

Autre exemple : si l'on plafonnait à son niveau actuel la consommation pharmaceutique, ce plafonnement permettrait de dégager en deux ans deux milliards de francs qui pourraient être consacrés à une politique familiale plus active.

Notre société est une société de responsabilité. Elle doit prendre conscience de la nécessité de ces choix, les confirmer si ce sont les bons, les faire évoluer si cela lui paraît nécessaire.

La part la plus importante de ces responsabilités revient bien sûr aux pouvoirs publics. Ce sont eux qui peuvent infléchir les structures, prendre les réglementations qui en définitive orientent les choix. Ainsi, en matière hospitalière, on peut, comme aux États-Unis, considérer que la seule inflexion possible des coûts est la limitation du nombre des lits. Nous avons maintenant suffisamment de lits d'hôpitaux en France. Il faut moderniser ceux qui existent et je crois que c'est à travers des modifications de structures que l'on peut parvenir à diminuer les coûts : n'utiliser les lits de soins intensifs que pour les malades graves, limiter les lits de réadaptation ou de cure dans lesquels il peut être nécessaire de rester quinze jours, mais pas obligatoirement un mois. On a dit que c'était la tarification hospitalière qui entraînait les dépenses. Ce n'est pas exact.

Dès lors qu'un lit d'hôpital existe, il coûte à la Sécurité sociale, car toutes les normes hospitalières sont calculées à partir du nombre de lits qui existent.

Pour l'équipement lourd : la neuro-chirurgie, la chirurgie cardiaque sont des services qui coûtent très cher. S'ils sont mal utilisés, on aboutit à des dépenses inutiles, à des gaspillages, mais également à des risques menaçant la qualité même des soins.

Toujours à propos de la nécessité de planifier les équipements lourds — le scanner par exemple qui vient d'être introduit sur le marché —, signalons que toute prolifération entraînerait une augmentation considérable des dépenses.

En ce qui concerne la pharmacie, on a parlé de surconsommation des médicaments. Il y a à ce niveau, bien sûr, responsabilité de chacun, qu'il s'agisse des usagers ou des prescripteurs. Mais on peut prévoir aussi tout un ensemble de mesures qui devront être prises : l'éducation sanitaire du public, le contrôle de la publicité... On s'est étonné par exemple des limitations rigoureuses prises en matière d'échantillons.

Je voudrais indiquer que le volume de ces échantillons représentait souvent plus de 3 % de l'ensemble de la production pharmaceutique.

Ce sont aussi des mesures réglementaires qui peuvent par exemple limiter le gaspillage par un meilleur conditionnement...

Enfin, sur le plan de la démographie médicale, nous ne devons pas oublier que dans dix ans le nombre des médecins aura doublé en France. Ce qui, forcément, entraînera des dépenses supplémentaires qui peuvent ne pas être toujours justifiées. Il faudra donc prendre là encore la responsabilité de planifier le nombre des médecins et d'aider à leur implantation pour aboutir à un meilleur équilibre de la répartition.

Ces exemples montrent bien comment on peut agir sur les dépenses de santé sans toucher, d'aucune manière, à la qualité des soins. Je crois au contraire que cette planification peut améliorer la situation. Bien sûr ces dispositions impliquent la responsabilité des Pouvoirs publics. Mais si chacun n'est pas conscient, à tous les niveaux — tout particulièrement celui des professions de santé — de la nécessité de soutenir cette action, celle-ci sera vaine.

On risquera alors de voir une bureaucratie de plus en plus lourde, une contrainte de plus en plus sévère, peser sur le système de santé qui risquerait dès lors de perdre à la fois sa liberté et sa qualité. Or, on peut vraiment affirmer — comme je le fais moi-même après avoir visité de nombreux pays, rencontré de nombreux professionnels de la santé dans diverses nations — que notre système de santé est sans doute un des meilleurs du monde, aussi bien quant à la prise en charge des malades qu'en ce qui concerne la qualité de notre médecine.

Synthèse et documents, 21 octobre 1976

« Les progrès de la médecine pénitentiaire »

Madame la présidente,
Mesdames, Messieurs,

Les paroles si chaleureuses, les mots — trop élogieux à mon gré — que vous avez eu pour moi, Madame la présidente et chère amie, me touchent profondément.

Puis-je vous dire à mon tour que si je suis ici aujourd'hui pour assister à la clôture de ce premier congrès international de médecine pénitentiaire, c'est non seulement en raison de l'intérêt particulier que je porte à ces questions mais aussi et surtout parce que l'occasion m'est ainsi donnée de rendre publiquement hommage à votre action persévérante et efficace en faveur du service médical en milieu pénitentiaire. C'est surtout pour moi l'occasion de rendre hommage à Georges Fully, qui fut en France le premier médecin inspecteur de l'administration pénitentiaire et qui, dans une période particulièrement difficile, avec l'obstination et le courage que tous ceux qui l'ont connu admiraient, mit en place les bases de l'organisation sanitaire des prisons, a lutté contre les inerties et routines de l'administration, parfois la méfiance du personnel, toujours les craintes et les préjugés du public, sa conception du service de santé l'incitant à une prise en charge global des détenus de façon à améliorer la condition pénitentiaire.

Vous avez décrit tout à l'heure vos efforts pour assurer aux détenus des soins de qualité et pour développer les possibilités de prévention et de détection précoce de certaines maladies qui, telle la tuberculose, se rencontrent plus fréquemment parmi les détenus que dans la population prise dans sa globalité.

Mais la relation que vous avez faite des réalisations accomplies et des projets en cours permet aussi de mesurer des difficultés de toutes sortes qu'il a fallu surmonter, des initiatives qu'il a fallu prendre ou encourager, des concours qu'il a fallu susciter, vous avez été cette initiatrice, cet artisan patient et résolu de l'œuvre dont nous pouvons aujourd'hui apprécier les résultats.

Ces résultats se traduisent tout d'abord par l'amélioration du dispositif médical en faveur des détenus, en particulier par le développement des consultations de médecine générale ou spécialisée dans les maisons d'arrêts et les maisons centrales, ainsi que par la modernisation des infirmeries et des services hospitaliers pénitentiaires.

Il peut être rappelé qu'au seul titre du dépistage, en 1976, 63 100 examens ont été pratiqués pour la détection de la tuberculose, 66 500 pour celle des maladies vénériennes et 21 800 en ce qui concerne les maladies mentales.

Si les structures administratives et les modalités de prise en charge financière ne permettent pas d'assurer, comme vous l'auriez souhaité, un « décloisonnement » plus complet de la médecine pénitentiaire dans le domaine des soins généraux. Je rappellerai cependant que les centres hospitaliers généraux et spécialisés ont toujours accueilli et continuent d'accueillir les détenus dont le traitement ne peut être assuré dans l'institution pénitentiaire. De son côté, l'administration pénitentiaire fait appel dans de nombreux établissements à des médecins, des chirurgiens-dentistes, des kinésithérapeutes et autres membres des professions médicales ou para-médicales, qui ont par ailleurs une activité d'exercice libéral ou en secteur hospitalier. On peut ainsi constater que si la médecine pénitentiaire a ses problèmes spécifiques, elle ne s'exerce pas « en vase clos ».

Comme l'a souligné Madame le professeur Troisier, c'est dans le domaine de la psychiatrie que la liaison entre l'administration pénitentiaire et le secteur hospitalier s'est en quelque sorte institutionnalisée par la création des centres médico-psychologiques régionaux dont la mise en place se réalise progressivement.

Il convient de rappeler que pour les détenus présentant des troubles mentaux, les possibilités de traitement à l'intérieur de l'institution pénitentiaire étaient, il y a peu d'années encore, très réduites. L'on n'avait parfois le choix qu'entre une incarcération dans l'un des deux établissements pénitentiaires pour psychopathes de Château-Thierry et d'Hagenau et le transfert en hôpital psychiatrique avec les difficultés de tous ordres que cela impliquait.

Le développement des consultations d'hygiène mentale dans les prisons, avec l'aide des médecins des services publics et de psychiatres du secteur privé, a permis une amélioration notable du dépistage et des possibilités de traitement sur place. Mais l'expérience démontre que ce mode classique de prise en charge des problèmes psychopathologiques des détenus ne répond pas à tous les besoins, en particulier lorsqu'il est nécessaire de réaliser une observation approfondie ou d'assurer une surveillance continue.

La réflexion qui s'est engagée depuis quelques années entre les ministères de la Justice et de la Santé a abouti à l'élaboration d'une structure nouvelle venant, selon les cas, compléter ou renforcer le dispositif existant.

Le principe consiste à créer, dans chaque région pénitentiaire, un ou plusieurs centres médico-psychologiques régionaux (C.M.P.R.). Ces centres, installés dans un quartier distinct d'un établissement pénitentiaire, constituent le ou les services psychiatriques — d'une vingtaine ou d'une trentaine de lits environ chacun — des différents établissements pénitentiaires de la région.

Le rôle du centre médico-psychologique régional est double :

Il assure d'une part une mission générale de prévention des maladies mentales en milieu carcéral qui s'exerce notamment par le dépistage mental des entrants dans l'établissement où est implanté le centre.

D'autre part, il assure l'observation, la surveillance médicale et le traitement des détenus — écroués, initialement ou non, dans l'établissement où est implanté le centre — qui présentent soit au moment de l'écrou, soit au cours de leur incarcération, des troubles psychiques, à condition toutefois que leur degré de gravité n'implique pas un placement dans un hôpital psychiatrique.

La mise en place d'une telle structure, tout en assurant dans les meilleures conditions le traitement des intéressés, permet d'éviter au maximum le transfert des détenus dans des hôpitaux spécialisés — maintenant très ouverts et dans lesquels il est devenu difficile d'assurer la garde de sujets ayant à purger des peines privatives de liberté.

Le ministère de la Santé et la direction départementale des Affaires sanitaires et sociales mettent à la disposition du centre médico-psychologique une équipe médicale, para-médicale et sociale. Cette équipe est dirigée par un psychiatre chef assisté, en fonction des besoins, par d'autres psychiatres et internes en psychiatrie ; par des psychologues, des infirmiers psychiatriques, une assistante sociale et une secrétaire médicale. Les traitements de ces personnels sont pris en charge par le budget départemental, au titre des dépenses obligatoires, dont le ministère de la Santé assume le remboursement pour la plus grande part.

Je voudrais aussi souligner que les règlements type établis en commun par les deux ministères veillent à préserver l'indépendance technique de l'équipe et le respect du secret médical, tout en permettant d'assurer la sécurité indispensable au bon fonctionnement de l'institution pénitentiaire.

Il convient d'ajouter que le centre médico-psychologique régional, étant assimilé à un secteur psychiatrique à vocation pénitentiaire spécifique, s'intègre dans le cadre de l'organisation départementale de lutte contre les maladies mentales et qu'à ce titre, en tant que de besoin, il est en liaison avec les secteurs de psychiatrie générale pour assurer la continuité des soins.

C'est ainsi qu'une étroite collaboration entre les ministères de la Justice et de la Santé contribue à une meilleure prise en charge des détenus dont l'équilibre est perturbé.

Cet effort vient utilement compléter les réalisations déjà entreprises par le ministère de la Justice pour donner à la médecine pénitentiaire, que son caractère particulier tendait à singulariser, de plus larges dimensions.

Ce souci d'approfondissement et d'élargissement ne se traduit pas seulement au niveau des réalisations « sur le terrain ». Il se manifeste aussi par la place accordée à la formation des personnels et à l'enseignement de la médecine pénitentiaire.

Le congrès qui s'achève aujourd'hui témoigne tout à la fois de la vitalité de cette discipline et de l'attention croissante que lui portent, non seulement ceux — médecin et membres de l'administration — qui se trouvent indirectement concernés, mais aussi tous ceux qui, à des titres divers, s'intéressent aux problèmes de la santé à travers l'institution pénitentiaire.

La présence de nombreux participants venus de l'étranger montre que l'intérêt suscité par la médecine en milieu carcéral n'est pas limité à la France et je me de constater que ces journées ont permis des échanges de vue fructueux.

C'est donc avec confiance que j'entrevois l'avenir de la médecine pénitentiaire et de son développement et qu' ainsi sera favorisée la réinsertion sociale des délinquants.

Premier congrès international de médecine pénitentiaire,
25 novembre 1978

« Quelle est la place de l'enfant dans notre vie sociale ? »

Monsieur le président,
Madame et Messieurs les ministres,
Mesdames, Messieurs

Je vous remercie de m'avoir conviée à ouvrir ce Congrès consacré aux responsabilités de la famille dans la formation de l'enfant. Cette conférence constitue un carrefour à un double titre : par sa date, tout d'abord, puisqu'elle se situe au tout début de l'Année internationale de l'enfant ; par son thème, ensuite, puisqu'elle met l'accent sur une exigence que ressentent toutes les familles : celle d'assumer pleinement leurs propres responsabilités dans la formation de leurs enfants pour leur donner les meilleures chances d'avenir. Encore faut-il remarquer que le terme français de « formation » renvoie trop strictement, dans nos façons de penser, à la scolarité alors que le champ couvert par ce colloque est beaucoup plus vaste et concerne en réalité la fonction qui consiste comme nous le disons en français à « élever » des enfants, ce qu'évoquent de façon plus précise les termes anglais (*Upbringing*) et allemand (*Bildung*).

Ce colloque cherche donc à répondre à une question fondamentale pour les familles et pour la société : quelle est la place de l'enfant dans notre vie sociale ? Quel équilibre faut-il maintenir entre ses parents et les institutions sociales qui viennent compléter leur action ou qui viennent s'y substituer.

Malgré l'incontestable diversité de nos sociétés, ce problème présente des caractères communs dans les pays en voie de développement comme dans les pays industrialisés.

Certes, pour les premiers, l'ardente obligation de nourrir les enfants, de les soigner, de leur assurer une éducation, de parvenir à une égalité véritable entre les garçons et les filles est ressentie d'une façon de plus en plus forte et angoissante. La pression continue et cumulative de la natalité donne à cette exigence une ampleur historique sans précédent. La diffusion des modèles de consommation des sociétés industrielles, celle de la communication sociale et de la réflexion sur l'éducation et les besoins des familles expliquent le caractère de plus en plus profond et angoissant des questions que posent les besoins de l'enfant.

Certes, de leur côté, les pays industrialisés dont je vous parlerai surtout ce matin connaissent une prise en charge par la collectivité sans précédent dans l'Histoire et un niveau de vie globalement très élevé. Pourtant la baisse de la natalité et l'anxiété diffuse des parents traduisent le sentiment profond que la société accueille mal l'enfant et ne répond pas avec une efficacité et une chaleur affective suffisantes à l'attente de ses parents. Ainsi, un récent sondage montre que 57 % des Français estiment que la société, dans son organisation actuelle, ne tient pas compte des vrais besoins des enfants.

En réalité, au delà de cette distinction, le problème de la place de l'enfant dans les sociétés modernes revêt une unité profonde qui légitime l'Année internationale de l'enfant.

Cette unité, c'est la notion d'exigence : exigence pour un enfant désormais sujet de droit ; exigence pour sa famille, qu'il s'agisse de devoirs qui lui incombent et qu'elle entend assumer ou des droits qu'elle entend voir reconnaître.

L'ensemble des réflexions actuellement menées dans nos pays met ainsi l'accent sur la crise, crise de la natalité ou désarroi des parents.

Pourtant cette attention angoissée portée dans nos sociétés à l'avenir des enfants et l'appel à une politique plus dynamique des États pourraient surprendre.

Au premier abord, on pourrait ainsi être perplexe devant le paradoxe que peut sembler constituer l'annonce d'une année internationale de l'enfant alors que, dans nos sociétés, celui-ci fait l'objet d'un intérêt matériel, affectif et idéologique sans précédent. Lorsque l'O.N.U. a décidé de consacrer une année à la condition féminine, tout le monde en a senti la nécessité et le caractère novateur, car il s'agissait à l'évidence de rompre avec des siècles de domination et d'offrir de nouvelles perspectives à la moitié de l'humanité. Mais l'enfant ?

La perplexité pourrait aussi venir de ce qu'on veuille faire de l'enfant l'objet d'une politique spécifique ; car l'enfant, du moins dans nos sociétés libérales, semble appartenir au domaine privatif de la famille. Malgré la portée ambiguë que lui donnait son auteur, la phrase de Gide reste toujours actuelle, qui souligne l'intégration si intime de l'enfant dans son foyer : « Au soir je regardais dans d'inconnus villages les foyers, dispersés durant le jour, se reformer. Le père rentrait, las du travail ; les enfants revenaient de l'école. La porte de la maison s'entrouvait un instant sur un accueil de lumière, de chaleur et de rires et puis se refermait sur la nuit, foyer clos, portes refermées, possession jalouse du bonheur. »

La perplexité pourrait ensuite venir du sentiment qu'il y a un paradoxe à vouloir développer une politique active en faveur de l'enfance alors que nos enfants sont déjà l'objet d'un investissement massif.

Investissement sentimental tout d'abord. La maîtrise de la conception en fait de plus en plus l'enfant souhaité ; l'effacement de la famille comme unité de production place au premier rang la dimension affective qui le réunit à ses parents. L'enfant prolonge le choix qui a réuni ses parents et vient consolider la réalité familiale. En témoigne dans nos pays occidentaux la baisse du nombre des couples qui ne souhaitent pas d'enfants ; de près de 20 % avant la guerre de 1940, ils ne représentent maintenant que moins de 10 %.

Investissement idéologique ensuite. L'enfant se détache des hasards de la vie ; il apparaît sujet de droit, comme en témoignent les législations qui entendent le protéger, fût-ce contre ses parents ou la revendication des enfants et des éducateurs de voir les adolescents accéder à une plus grande autonomie. Avec le développement des sciences humaines nous sommes parvenus à une perception de plus en plus attentive de l'individualité de l'enfant. Cet enfant n'est plus ainsi celui qui, selon l'étymologie latine, « ne parle pas ». Bien au contraire, il parle et il est écouté. On peut même affirmer que l'essentiel de la vie familiale est bien ce dialogue de plus en plus égalitaire et ouvert entre les enfants et leurs parents, entre les enfants et le monde. Le même sondage que j'évoquais traduit cette nouvelle réalité : 49 % des Français estiment ainsi que les parents ne tiennent pas encore assez compte de l'avis de leurs enfants.

Investissement matériel enfin, puisque nos pays tendent ou sont parvenus à une protection sanitaire générale des enfants, à une prise en charge gratuite et de plus en plus longue de leur scolarisation et à un système de transferts financiers qui compense assez largement le coût de leur éducation.

Sans doute, et j'y reviendrai, les familles rencontrent-elles des problèmes matériels ; sans doute ne faut-il pas minimiser les contradictions qui peuvent exister entre la présence des enfants et les aspirations des parents quant à leur mode de vie. Mais ces faits semblent secondaires par rapport à cette évidence caractéristique des sociétés développées du XXe siècle, que l'enfant est l'objet d'un investissement individuel, familial et social jamais égalé.

À tout prendre, ce paradoxe n'est peut être qu'apparent. Les raisons mêmes qui ont poussé à cet investissement expliquent l'exigence croissante des familles. Et le problème de nos gouvernements, problème social et démographique, est donc d'analyser les raisons et la nature de cette exigence pour parvenir à une société mieux accueillante.

Quelles sont donc les grandes tendances qui expliquent aujourd'hui la situation de l'enfant dans nos pays et la perception que nous avons de son avenir, ainsi que du nôtre en tant que parents ?

L'enfant appartient tout d'abord à un monde en pleine mutation. La façon dont ses parents imaginent ce que seront sa vie d'enfant et son avenir ne peut que lourdement peser sur leurs choix.

Toutes les études confirment à cet égard que l'amélioration matérielle que nous avons connue — élévation de niveau de vie, accès plus large à l'éducation — ne prévaut pas sur le sentiment que le monde offert à nos enfants est un monde difficile et que leur avenir n'est pas assez rassurant. L'enquête menée en 1975 par l'Institut national d'études démographiques est ainsi parfaitement éclairante. Le sentiment dominant est que le niveau de vie des Français s'élève (66 % le jugent meilleur qu'il y a une dizaine d'années). Comparant la situation actuelle avec celle qui prévalait il y a dix ou vingt ans, les Français estiment que les jeunes peuvent faire de meilleures études et acquérir une meilleure formation. Mais ils pensent qu'il est tout aussi difficile d'élever des enfants actuellement et, finalement, que l'avenir d'un enfant qui vient au monde aujourd'hui est plutôt moins bon que celui d'un enfant né dix ou vingt ans plus tôt.

Ainsi il n'y aurait pas de politique spécifique de l'enfance ; ou plus exactement elle trouve rapidement ses limites. L'enfant vient finalement symboliser, dans le choix qui est fait de le procréer et le sentiment plus ou moins optimiste et sécuritaire de pouvoir le rendre heureux, la perception globale que nous avons de notre avenir.

L'élévation de la qualité de la vie à laquelle nos pays peuvent maintenant prétendre, compte tenu de leur haut niveau de développement économique et technologique, reste ainsi le garant fondamental d'un renouveau d'espérance collective et de bonheur familial.

Le rôle que joue cette vision de l'avenir est d'autant plus fort que l'enfant est désormais de plus en plus le résultat d'un choix. Ni les hasards de la fécondité naturelle ni les nécessités de l'économie familiale ne viennent plus exercer de pression vers une haute natalité. La programmation de la venue des enfants permise par la contraception est un fait irréversible. Dans le même temps, la valeur productive d'une nombreuse descendance s'efface, qu'il s'agisse de participation des enfants à l'entreprise artisanale ou agricole ou qu'il s'agisse pour eux d'aider leurs parents dans leurs vieux jours, maintenant que les retraites font l'objet d'une redistribution collective. Bien au contraire, le coût de l'enfant pour la famille s'accroît. Comme tel, il apparaît presque comme un objet de luxe qui doit être préservé des hasards de la vie. Il faut assurer son avenir et sa maladie, sa détresse ou sa mort apparaissent inadmissibles. On est bien loin de cette acceptation des hasards de la vie qu'on connaissait dans les temps anciens et nous restons surpris de ce dialogue que rapporte Emmanuel Le Roy Ladurie mettant en scène les paysans du petit village occitan de Montaillou : « Ma commère Alanaïs Munier, raconte Gauillaume Austatz, bayle d'Ornolac, était triste ; en peu de temps, elle avait perdu ses quatre fils. La voyant affligée, je lui en demandais la cause : « – et comment ne serais-je pas dolente, me répondit-elle, d'avoir perdu, en un si bref intervalle, quatre beaux enfants ? – Commère, ne t'en fais pas, lui dis-je, tu les retrouveras. » – Oui, au paradis ! – « Non, tu les retrouveras en ce bas monde, bel et bien. Car tu es encore jeune. Tu seras de nouveau enceinte. L'âme d'un de tes enfants décédés se réincorporera au nouveau foetus. Et ainsi de suite ! »

Ce souci du bonheur de l'enfant roi concentre nos efforts sur deux aspects : son niveau de vie et de son éducation.

L'enfant s'affirme tout d'abord comme un consommateur à part entière. L'enrichissement de nos sociétés a accru considérablement son coût. L'enfant est soumis à la pression du système marchand et l'enfance représente désormais dans nos sociétés un marché commercial de première importance.

L'enfant se situe comme concurrent de ses parents ou de ses frères et sœurs dans le budget familial.

L'enfant doit ensuite être formé ; il reste à la charge de sa famille sur une période qui s'allonge constamment. L'âpreté de la concurrence pour l'emploi et le désir maintenant généralisé d'une promotion monétaire et professionnelle font que les problèmes scolaires se situent désormais au premier rang des préoccupations des parents. Au demeurant, l'école reste un monde relativement clos ; les parents se sentent étrangers à ses procédures et désemparés devant ses exigences. Si bien que l'angoisse devant la réussite scolaire est un trait dominant de nos sociétés développées.

Dans ce long et inquiétant apprentissage l'enfant est évidemment à la charge de sa famille. Sans doute des institutions collectives, et l'école au premier rang, se multiplient-elles pour assurer son éducation, sa santé, ses loisirs. Mais l'essentiel de son éducation est bien le fait de ses parents — Or, dans le même temps, ces parents sont de plus en plus isolés dans leur mission éducatrice ; la généralisation du modèle d'une famille réduite au couple des parents et à un ou deux enfants, la mobilité géographique, l'affaiblissement du voisinage contribuent à laisser les parents désemparés devant leur mission éducatrice.

Lorsque auparavant les générations s'emboîtaient, lorsque cohabitaient les grands-parents et une famille nombreuse très étalée dans le temps, les savoir-faire se communiquaient de mère en fille sans solution de continuité, le voisinage prenait d'ailleurs le relais dans cet apprentissage de la vie et l'enfant était accueilli par l'ensemble de la communauté villageoise. Il y avait ainsi une imbrication étroite de multiples communautés auxquelles l'enfant participait pleinement. Jusqu'au XVIIe siècle d'ailleurs, la famille, comme l'indique son étymologie, puisque le mot vient du terme latin *famulus*, le serviteur, englobe l'ensemble des parents et serviteurs. Et c'est dans ce sens qu'en parle La Fontaine lorsqu'il écrit : « il déjeune très bien, ainsi fait sa famille, chiens, chevaux et valets, tous gens bien endentés. »

Ce milieu dense et complexe se caractérisait ainsi par la multiplicité et la cohérence des références éducatives, pour les parents comme pour les enfants.

Au contraire, les parents jeunes sont souvent aujourd'hui isolés et ont à faire face à un rôle éducatif infiniment plus complexe. Dans le même temps d'ailleurs, les grands moyens d'information et les professionnels qui gravitent autour de l'enfant assaillent ses parents de messages toujours impérieux, mais rarement cohérents. Loin de toujours contribuer à un soutien éducatif réel, ils exacerbent l'inquiétude des parents, les somment d'assurer à leurs enfants une éducation orthodoxe et les interpellent constamment sur leur comportement.

À cette famille souvent isolée, la société n'offre pas encore un cadre de vie adapté aux besoins de ses enfants. L'urbanisation rapide ne s'est pas accompagnée d'un effort suffisant pour ménager des espaces pour les enfants et développer des équipements collectifs. Si bien que l'enfant est écartelé entre un logement souvent petit et mal adapté à ses besoins et un environnement extérieur où aucune de ses activités traditionnelles de jeux, d'exercice physique ou de culture n'a été vraiment prévu.

L'augmentation du travail salarié des femmes qui les éloigne de leur foyer pendant toute la journée ne s'est pas toujours accompagnée d'un développement coordonné d'équipements ou de services de garde et d'éducation des enfants. Par ailleurs, nous n'avons pas sû encore régler les problèmes d'aménagement de la durée du travail des parents qui ont des enfants à leur charge, notamment petits : l'amplitude de la journée de travail reste élevée, compte tenu du fréquent éloignement entre le foyer et le lieu de travail ; de même, nos systèmes d'emploi et de protection sociale ont été organisés autour de la notion d'une carrière continue, alors qu'un schéma faisant alterner les périodes d'activité professionnelle à temps plein, des périodes de travail à temps partiel et des périodes consacrées à l'éducation de l'enfant au foyer semble correspondre plus exactement aux souhaits des parents, notamment lorsque leurs enfants sont petits.

Enfin, même si les moyens de communication ou les institutions de conseil se sont multipliés, les parents ne trouvent pas toujours auprès d'eux l'accueil réel à leurs questions, voire à leur inquiétude, puisque ces moyens, loin d'être intégrés à la vie quotidienne et au quartier, forment un ensemble extérieur qui, paradoxalement, peut en venir à diminuer encore l'autonomie réelle des familles.

Dans le même temps que les parents jugent difficile l'éducation de leurs enfants, ils revendiquent avec beaucoup plus de force le droit à leur propre épanouissement personnel ; les adultes ne sont pas prêts, semble-t-il, à renoncer au type de vie auquel ils sont habitués et pour lequel l'enfant apparaît souvent comme un obstacle.

Si l'enquête faite en France en 1975 a souligné l'importance des obstacles financiers et matériels que les parents invoquent pour expliquer leur réticence devant la venue d'un nouvel enfant, on ne peut qu'être frappé par la fréquence des réponses qui situent l'enfant plus comme une gêne quotidienne que comme une charge financière excessive. L'enfant semble menacer l'indépendance de la femme dans sa vie professionnelle, la disponibilité des parents pour voyager ou pratiquer les activités culturelles ou des loisirs de leur choix.

Le bien-être du couple — rubrique sous laquelle on a regroupé des réponses invoquant l'égoïsme, l'indépendance, la tranquillité, la volonté d'éviter les contrariétés, les soucis, les responsabilités, la volonté délibérée de ne pas avoir d'enfants — est la première raison qui explique selon les Français le refus du deuxième enfant. Elle est située au premier rang par 49 % de personnes interrogées alors que le manque de ressources n'est classé à ce rang que par 22 % des gens et l'insuffisance du logement par 1 %.

Ces pourcentages sont certes modifiés lorsqu'il s'agit d'expliquer le refus du troisième enfant ; le manque de ressources passe au premier rang pour 37 % des gens, mais le bien être du couple est encore situé comme facteur prépondérant par 22 % des personnes interrogées.

*

* *

Cet ensemble d'évolutions explique largement, semble-t-il, les contradictions du statut de la famille dans nos sociétés occidentales. L'enfant est plus qu'à toute autre époque une richesse et un bonheur, mais le contexte social et les exigences des parents poussent à considérer de façon relativement malthusienne la charge qu'il représente.

Comment dans ces conditions situer l'action politique de nos gouvernements et des mouvements familiaux ?

Ma conviction profonde est que nous devons accepter dans ses grandes lignes l'évolution que nous avons connue ; il serait vain de vouloir revenir à des schémas qui contrarient les aspirations profondes des jeunes.

Il y a au demeurant beaucoup de force dans cette exigence nouvelle des parents. Il est normal qu'ils entendent profiter du développement de nos sociétés et qu'ils revendiquent que leur niveau et leur genre de vie ne soient pas affectés de façon abusive par la présence de leurs enfants ; leur ambition de promotion pour leurs enfants est la conséquence logique de la mobilité sociale et professionnelle, du renouvellement rapide des technologies et des savoirs de nos sociétés ; leur goût du bonheur, leur réticence devant une politique démographique autoritaire, leur souci d'être efficacement aidés dans leur fonction d'éducation, mais de ne pas s'en remettre aveuglément entre les mains d'un État omniprésent, sont indissociables des libertés publiques.

Notre ambition doit donc être d'intégrer pleinement ces exigences dans notre politique et les accepter comme pleinement légitimes.

L'affirmation du travail féminin, la liberté de prévoir la venue des enfants, le désir de leur assurer une promotion sociale et professionnelle, le désir aussi qu'ils n'entravent pas de façon abusive le genre de vie souhaité par leurs parents me semblent des phénomènes irréversibles.

Notre effort doit dans ces conditions se situer dans deux directions.

La première est de procéder à un réaménagement en profondeur de notre vie sociale pour ne pas aller à l'encontre des aspirations des jeunes couples.

À ce titre, trois efforts me semblent prioritaires :

Il faut tout d'abord repenser le cadre de vie urbain qui n'est pas adapté aux besoins des enfants : le logement certes, mais plus encore les équipements de quartier.

Notre deuxième effort doit concerner le calendrier de travail des parents, et dans une première étape celui de la mère de famille : le développement du travail à temps partiel, les aménagements d'horaires ou des formules de congé d'éducation accordés aux parents lorsque l'enfant est petit constituent déjà des aménagements qu'il convient de généraliser. Mais, à plus long terme, le problème de la durée hebdomadaire du travail devra revêtir, dans les grands choix de la société, une importance croissante et devrait à mon sens être considérée comme prioritaire par rapport à un abaissement systématique et de grande ampleur de l'âge de la retraite.

Le troisième axe de la politique familiale de nos pays doit être de maintenir, voire de développer le système des transferts financiers directs et indirects en faveur des familles, dans la mesure où les modèles de vie et de consommation commandent la façon dont les parents envisagent la venue et l'éducation des enfants. Sans doute est-il utopique d'espérer couvrir intégralement le coût de l'enfant ; ceci conduirait à des transferts sociaux difficilement envisageables puisque, dans le même temps, les dépenses de retraites des personnes âgées et la croissance des dépenses de santé alourdissent de façon considérable les comptes de nos régimes sociaux ; mais on ne peut non plus renoncer à une correction financière destinée à atténuer de façon substantielle la diminution du niveau de vie avec la taille de la famille.

Cet effort — dont l'État et les collectivités locales sont au premier chef responsables — resterait cependant limité dans ses effets si, parallèlement, les familles ne ressentaient pas de façon plus nette ce que les enfants apportent de richesse et de vie.

Les enfants constitueront toujours une charge matérielle et morale, quelles que soient les améliorations de leur statut dans la société. Le hasard de la vie et une relative inégalité des destins ne pourront être éliminés ; les situations — il est vrai marginales dans nos pays — de détresse ou d'incapacité subsisteront. Les prises en charge financières resteront limitées. Mais nos pays sont arrivés ou peuvent prétendre à des niveaux de sécurité matérielle et de meilleure égalité des chances qui permettent un épanouissement réel des familles.

L'État, du moins un État libéral, ne peut à lui seul faire évoluer les comportements et les mentalités. Mais il peut débloquer des verrous qui freinent cette évolution. La plupart traduisent une participation insuffisante des familles à la gestion de leur avenir.

J'en citerai deux qui me semblent particulièrement critiques : la vie quotidienne au niveau local et l'organisation scolaire. Ce sont là deux éléments essentiels du cadre de vie des familles. Or elles en sont trop souvent absentes.

Il nous faut réexaminer les réglementations qui régissent nos équipements et services. Trop souvent, ne sont-elles pas surtout conçues pour faciliter la tâche de ceux qui les financent ou en assurent la tutelle et des professionnels qui les gèrent ? si les familles avaient mieux prise sur leur définition et leur gestion, les choses pourraient sans doute changer. Il faut que le renouveau de la vie associative — qui ne doit pas être conçu comme l'abandon par l'État de ses missions de service public — rende au tissu social plus de densité et plus de richesse.

C'est à travers cette participation qu'on peut espérer voir s'affirmer, de façon collective, la responsabilité des familles dans l'éducation de leurs enfants. Moins isolés, plus critiques devant les contraintes du système marchand, plus écoutés dans leurs revendications d'une meilleure organisation sociale, les parents trouveraient ainsi une disponibilité plus grande pour accepter les hasards et les contraintes de la vie de leurs enfants.

Telles sont, Mesdames, Messieurs, les inquiétudes et les raisons d'espérer qui me semblent caractériser nos pays industriels. Sans doute pourront-elles paraître n'être pas à l'échelle des problèmes que connaissent encore beaucoup de pays déchirés par la guerre, soumis à la pression d'une croissance démographique souvent supérieure au taux de leur développement économique et, comme tels, confrontés aux urgences les plus immédiates : la lutte contre la faim, la mise en place des soins primaires ou les contraintes de l'alphabétisation et de la scolarisation.

Mais peut-être les mouvements familiaux de nos pays sont-ils les mieux placés parmi nous pour ressentir la communauté qui lie, au delà des frontières, l'ensemble des enfants et des familles : l'exigence de bonheur qu'ils formulent pour leurs enfants, la joie de les voir se développer et aussi la douleur de leur souffrance les mettent immédiatement en sympathie avec les familles des autres continents. Et ce n'est pas un hasard si l'UNICEF a été l'une des institutions internationales qui s'est affirmée le plus vite dans l'opinion mondiale. Les résultats obtenus dans la coopération internationale ne règlent pas — loin s'en faut — les problèmes posés : leur solution au demeurant ne peut être le fait que de la politique menée par les différents États. Mais ils témoignent de la communauté réelle qui nous réunit à travers le monde pour le bonheur de nos enfants. Je souhaite que ce colloque, et, au-delà, l'Année internationale de l'enfant contribuent à cette prise de conscience et au développement de la solidarité internationale.

Conférence internationale de la famille à l'UNESCO,
Paris, 8 janvier 1979

Résistance

Mesdames, Messieurs,

Je voudrais d'abord vous dire combien je me sens un peu déplacée à cette tribune. Je me sens déplacée car je n'ai aucun des titres de ceux qui m'entourent à être là. Ils ont pour titre d'avoir résisté à l'oppression dans leur pays, d'en avoir été chassés, et de continuer aujourd'hui le combat malgré les difficultés. Mais, comme ils m'ont demandé d'être là, je ne pouvais pas refuser cet honneur, et je l'assume pleinement : c'est un engagement pour moi, d'ailleurs, à les aider autant que je le pourrai pour poursuivre leur lutte.

On a évoqué tout à l'heure le problème de l'information. On a dit qu'on ne parlait plus de l'Afghanistan et du Cambodge. Et je dirai que c'est la première raison, pour moi, qui justifie le soutien que l'on doit donner à ce mouvement de « Résistance internationale ». Parce que l'information, aujourd'hui, ne permet plus aux citoyens de nos différents pays de savoir qu'il y a dans de très nombreux pays des gens qui n'ont pas oublié que leur pays est soumis au totalitarisme. Ce totalitarisme submerge le monde, et nous ne voulons pas le savoir. C'est un totalitarisme de gauche, comme un totalitarisme de droite, si l'on peut, en matière de totalitarisme, distinguer la gauche de la droite ; je crois que ces qualificatifs sont galvaudés et inexacts. Il n'empêche qu'ils sont assumés par certains qui, dans ces conditions, passent totalement sous silence ce qui se passe dans certains pays. Il suffit, s'agissant de l'information sous toutes ses formes, telle qu'elle résulte de notre environnement, du cinéma, de la presse écrite ou parlée, de ne faire état que de certains pays pour qu'en fait il y ait désinformation, pour qu'il n'y ait plus d'information. À cela s'ajoute, il faut le dire, une difficulté concrète dont le public n'a pas suffisamment conscience et qu'au moins, je crois, on devrait mettre en valeur : du fait que sur certains pays l'on ne sache rien ou peu de choses, il est bien plus simple de ne pas en parler. J'ai eu l'occasion, l'autre jour, de souligner dans une interview qu'alors qu'il se passait des événements très graves en Afghanistan, seuls certains journaux les évoquaient en quelques lignes alors que, dans le même temps, France Inter diffusait des informations datant de plusieurs mois sur le Liban, sans dire un mot sur ce qui se passait le même jour en Afghanistan.

Il y a donc nécessité que l'on s'organise, que l'on se groupe pour faire une véritable information. Mais de l'information sur *tous* les totalitarismes, et je crois que le mouvement dont nous voyons aujourd'hui la naissance, n'aura de crédibilité que s'il a le courage, et je dis bien le *courage*, car ce n'est pas facile, de dénoncer le totalitarisme, d'où qu'il vienne. Aujourd'hui, on voit très bien que tout le monde est enclin à dénoncer certains totalitarismes. Selon ses engagements, selon ses opinions politiques, on dénonce ceux de l'Est ou bien ceux d'Amérique du Sud. Je dis que ce sont *tous* les totalitarismes qu'il faut dénoncer si l'on veut être crédible. Ce n'est pas facile, et il faut aujourd'hui dénoncer l'imposture qui a consisté, et que l'on commence maintenant, mais maintenant seulement, à percevoir en France, à dire : dénoncer les totalitarismes de l'Est, c'est donner des armes à la droite. Il n'y a pas si longtemps, on entendait telle ou telle personnalité expliquer qu'elle savait très bien ce qui se passait en Union soviétique, mais qu'elle acceptait d'y aller, qu'elle acceptait de prononcer même des paroles plutôt favorable à l'égard de ces régimes, en disant : « oui, mais sinon nous donnerions des armes à la droite. » Et on entend encore de tels propos : « oui, en définitive, nous savons bien que ce n'est pas une liberté totale, mais le bilan est positif, globalement. » Pour d'autres, entre la liberté formelle, qui peut-être n'existe pas, et puis la liberté liée à l'argent que nous avons dans nos démocraties, eh bien, tout est à mettre dans le même sac. Et nous entendons couramment ce genre de raisonnement, ou nous le voyons en images.

Il faut le dénoncer, car tous les totalitarismes sont des totalitarismes, et il n'y a pas à distinguer selon qu'en définitive leur bilan serait peut-être sur le plan social ou économique, positif. Il suffit d'ailleurs d'aller dans certains de ces pays pour voir que, même sur ce plan, ce n'est pas exact. Mais je crois que c'est le principe même de démocratie et de liberté qui est en cause. D'autres disent : « oui, mais soutenir certains régimes en Amérique du Sud, c'est en fait arrêter le raz-de-marée communiste. » Et je dis que là aussi, il faut avoir le courage, pour être crédible, quand on défend la liberté, d'accepter la liberté pour tous. Et donc accepter que, même s'il y a des risques, il faudra à ce moment-là, si ces risques se réalisent, lutter contre les empiètements sur les libertés, lutter pour la démocratie, mais avoir le courage de dire que, même lorsque derrière, certains mouvements révolutionnaires il y a des risques réels de prise en main, eh bien il faut tout de même, dans ces cas-là, à l'égard des pays qui sont en cause, lutter pour la démocratie et pour la liberté ; nous en avons un exemple éclatant, actuellement, qui est l'exemple du Chili. Et bien sûr, pour certains, il peut y avoir la tentation de dire : derrière les mouvements révolutionnaires, c'est Cuba ! Il s'agit tout de même de rétablir la démocratie, il y a peut-être une chance pour que la démocratie soit rétablie au Chili ; il faut toujours courir cette chance, sinon la démocratie n'a pas de raison de se battre, elle n'a pas de raison de vouloir gagner.

Je donnerai encore un exemple : lorsqu'on se bat pour les Juifs d'URSS, eh bien, il faut faire attention : il faut se battre pour toutes les personnes qui, en Union Soviétique, et pas seulement les Juifs, sont victimes de l'oppression soviétique, je crois que là il y a un combat mené par les judéo-soviétiques qui risque d'occulter le véritable combat qui est un combat pour *toutes* les libertés. Je dis cela parce que j'ai été récemment à Jérusalem et que lorsque j'ai parlé à certaines personnalités qui organisaient le colloque « La troisième conférence mondiale », elles m'ont dit : « mais parmi les gens qui s'opposent au régime en Union Soviétique, il y a des Ukrainiens qui sont fascistes. » Je dis qu'il faut, lorsqu'on se bat pour la liberté de certains en Union Soviétique, se battre pour la liberté de tous ; car, sinon, on risque de ne voir qu'un problème qui est un problème spécifique, même si c'est un problème grave. Il faut voir que le régime d'Union Soviétique est un régime d'oppression en général, et non seulement pour certaines catégories en particulier.

Lutter pour tous, et, en même temps, ne pas faire de confusion avec ce qui se passe dans les pays démocratiques. On voit actuellement se développer certains mouvements qui, pour occulter les mouvements totalitaires qu'il y a dans le monde entier, tendent à dire : « mais regardez dans nos pays, il y a aussi des mouvements qui ne peuvent pas s'exprimer librement comme ils le souhaitent, il y a aussi des oppressions, il y a aussi des atteintes aux droits de l'homme, il y a aussi des gens qui sont en prison pour leurs opinions politiques ou, en tous cas, pour avoir agi pour leurs opinions politiques. » Lorsqu'on voit ce que l'on nous présente comme atteintes aux droits de l'homme dans nos pays, il y a là une confusion dangereuse. Même s'il y a certains combats à mener dans nos pays, dans certains cas, qui peuvent être des cas individuels, dans lesquels on peut penser qu'effectivement nos mécanismes n'ont pas fonctionné comme ils auraient du fonctionner, que la législation peut-être n'a pas été suffisamment protectrice de certains droits, ne confondons pas les pays démocratiques dans lesquels il y a une liberté de presse, dans lesquels il y a le droit de vote, dans lesquels il y a la possibilité de manifestation et le droit de grève, dans lesquels les citoyens peuvent s'exprimer par tous ces moyens autres que la violence, autres que la clandestinité, autres que la résistance ; ne confondons surtout pas ! Car, en fait, c'est une offense faite à tous les vrais mouvements de résistance, dans les pays où les citoyens ne peuvent pas s'exprimer, dans les pays où ils sont obligés de se cacher, dans les pays qu'ils sont obligés de quitter ; c'est une offense qui leur est faite quand nous comparons nos situations aux leurs.

Bien sûr, il reste dans nos pays à approfondir la démocratie, à chercher de plus en plus à ce qu'elles soient des démocraties parfaites ; mais surtout, surtout, ne banalisons pas, ne disons pas que dans nos pays, pour telle ou telle raison, il n'y a pas de liberté, il n'y a pas de démocratie ; ne disons pas que parce que tel mouvement, et je n'ai pas honte de le dire, tel mouvement d'objecteurs de conscience — je dis ça parce que, moi-même, je me suis battue au, Parlement européen pour un statut des objecteurs de conscience —, ne disons pas que parce que leurs droits ne sont pas reconnus autant qu'ils le souhaiteraient, que nous ne sommes pas dans un pays démocratique ou que nous sommes dans un pays qui pourrait être comparé à ceux dont le totalitarisme vient d'être évoqué.

Il y a là aussi un risque auquel il faut être attentif car ce serait là une façon de dire qu'en définitive ceux qui se battent pour la démocratie, ceux qui se battent pour les libertés dans les pays où elles n'existent pas, n'ont plus de raison de se battre puisqu'elles n'existent nulle part. Or nous savons, tout de même, que dans nos pays, cette liberté, cette démocratie, avec sans doute ses défauts, existe, et que l'obligation, que le devoir que nous avons vis-à-vis de ceux qui viennent de former ce mouvement « Résistance internationale », c'est de les aider, non pas à avoir un régime comme le nôtre — nous ne sommes pas des modèles exclusifs — mais nous avons quelque chose par laquelle nous pouvons les aider : la liberté et la démocratie.

Conférence de presse de Résistance internationale,
le 16 mai 1983

« La France fut et demeure une terre d'asile pour les persécutés »

L'attachement que l'on porte à la France et le souci que la plupart des Français éprouvent, au-delà des oppositions politiques et des difficultés quotidiennes, de vivre dans un environnement convivial et consensuel imposent de réfléchir, de façon aussi sereine que possible, au problème du racisme et de l'immigration.

Ce problème complexe, aux conséquences qui peuvent être douloureuses et graves, doit être abordé sans manichéisme, sans esprit de système et même sans arrière pensée politique, si l'on veut en mesurer la réalité et faire obstacle à son développement.

Il ne me paraît pas inutile de faire observer que si racisme et xénophobie vont souvent de pair, il s'agit de phénomènes distincts, qui se nourrissent l'un l'autre, mais que l'on ne peut totalement confondre. C'est la raison pour laquelle certains mouvements, comme le Front national, croient pouvoir se défendre contre toute accusation de racisme en mettant en avant la présence en leur sein de tel Juif ou Français d'origine maghrébine. C'est bien en effet sur le thème de l'immigration que ce parti connaît les succès électoraux que l'on sait. 11 % aux élections européennes et cantonales, et plus de 25 % dans certains départements, mais en laissant en même temps planer la plus grande ambiguïté sur les bases idéologiques du mouvement, les slogans racistes étant pourtant monnaie courante dans les meetings qu'il tient.

Il n'est pas contestable en effet que l'extrême-droite a toujours trouvé dans le racisme et la xénophobie ses thèmes favoris, autour desquels se mobilisait traditionnellement 3 à 5 % de l'électorat. Si depuis quarante ans, la législation antiraciste a fait obstacle à des prises de position trop sonores, les sous-entendus et propos allusifs sont transparents.

Quoi qu'il en soit de ces ambiguïtés et des sentiments des Françaises et des Français qui ont apporté leurs suffrages au Front national ou qui éprouvent sympathie ou indulgence pour les idées qu'il exprime, on ne peut pas ne pas être attentif aux conséquences de ce phénomène et au malaise dont il est la traduction.

L'enjeu politique est à lui seul considérable : il serait grave qu'en mars 1986, le destin de la France puisse se jouer sur le crédit accordé à des responsables politiques essentiellement préoccupés de mettre les étrangers à la porte. Mais au-delà de cet enjeu politique, il n'est pas sain de voir une part non négligeable des Françaises et des Français, issue de toutes les classes sociales aussi bien que des différentes tendances politiques, être à ce point perturbée par la présence de travailleurs immigrés qu'ils deviennent disponibles pour la propagande électorale la plus démagogique qui soit, couvrant plus ou moins ouvertement des idées que l'on croyait à tout jamais proscrites.

Comment ne pas s'inquiéter également à considérer l'attitude des partis politiques qui, loin de stigmatiser le phénomène pour tenter d'y répondre et de le réduire, cherchent en fait à en tirer profit par des stratégies ambiguës. La majorité n'a pas hésité à favoriser le développement d'un phénomène dont elle est largement responsable par l'exaspération ou le désarroi qu'à suscité sa politique : tout en criant au loup, le gouvernement escompte bien le succès du Front national pour limiter celui de l'opposition républicaine. Quant à cette dernière, elle a bien longtemps hésité avant de prendre ses distances.

Il est dangereux de tirer argument politique dans un sens ou dans l'autre de sentiments irrationnels provoqués par une situation qui, en tout état de cause, ne comporte pas de solution miracle. Il convient au contraire, à mon sens, de rechercher avec prudence et modestie les moyens d'apaiser les tensions et les passions et pour cela, en premier lieu, de situer de façon aussi précise que possible le problème des travailleurs immigrés tel qu'il se pose aujourd'hui dans la société française.

L'immigration n'est ni un phénomène récent, ni un phénomène propre à notre pays. Depuis plus d'un siècle, la France, plus que ses voisins, a accueilli de nombreux étrangers. On comprend aisément que ce pays merveilleux, symbole à la fois de bonheur de vivre et de liberté, ait toujours attiré ceux que le malheur — politique ou économique — contraint à quitter leur sol natal.

La France fut et demeure une terre d'asile pour les persécutés et les bannis. Il faut s'en féliciter. À certains pays qui se posent volontiers en modèles, en invoquant les droits qu'ils accorderaient aux immigrés, il ne faut pas craindre de répondre par des comparaisons portant sur le nombre effectif des réfugiés politiques et travailleurs migrants — Chiliens et Cambodgiens, aussi bien que Polonais ou Romains, ont trouvé en France un accueil plus ouvert, que n'importe où ailleurs.

À ce désir spontané pour bien des étrangers de trouver une seconde patrie en France a pendant longtemps correspondu le souhait des autorités françaises — pour des raisons démographiques —. L'hémorragie de la Guerre de 14, la faible natalité de l'entre-deux guerres n'ont pu être compensés sur le plan de l'économie du pays que par un apport important de travailleurs étrangers, notamment italiens et polonais dont la plupart se sont fixés définitivement en France et parfaitement intégrés.

Au lendemain de la Seconde Guerre mondiale, le baby-boom n'a commencé à produire ses effets qu'au cours de la décennie 60. Auparavant, il a bien fallu reconstruire le pays et répondre aux besoins en population active, créés par l'expansion. L'immigration étrangère était indispensable. La présence de ces travailleurs fut d'autant moins contestée que l'on ne voit pas comment, jusqu'en 1962, on aurait interdit aux Français originaires des départements d'Algérie de venir travailler en France. Dès cette époque le mouvement était amorcé et, jusqu'à ces dernières années, cela arrangeait tout le monde : les employeurs qui disposaient ainsi d'une main d'œuvre acceptant les travaux les plus ingrats dans des conditions que n'acceptaient pas les Français, la population en général qui bénéficiait globalement de leur activité, les responsables politiques préoccupés du faible taux de la population active, et les pays dont ces travailleurs étaient originaires parce que bénéficiaires de transferts financiers relativement importants.

La montée du chômage a mis fin à cette volonté de ne pas voir les problèmes que pouvait poser une immigration insuffisamment contrôlée et insuffisamment prise en compte sur le plan social et culturel.

Qui s'est réellement soucié de ces problèmes, hormis quelques personnalités ou services sociaux spécialisés qui se sont alors préoccupés de mettre fin aux abus parfois scandaleux perpétués par certains employeurs et logeurs, et se sont alarmés des ghettos culturels et sociaux qui se constituaient ; dans le même temps, par démagogie ou utopie, certains préconisaient la liberté totale de l'immigration au nom de la justice et de la solidarité entre le Nord et le Sud, en prétendant vouloir assurer à tous des conditions d'existence décentes.

Dans ce contexte, on était bien mal préparé à assumer les réalités politiques, économiques et humaines qui sont en cause.

Les réalités sont, il est vrai, complexes et contradictoires.

La réalité, c'est que pour des raisons tant politiques qu'humanitaires, il est impossible de renvoyer en masse les immigrés dans leur pays. Les Allemands ont consacré des sommes importantes à une politique d'invitation au retour à l'égard des Turcs sans obtenir des résultats significatifs.

La réalité, c'est aussi qu'aucun pays, y compris les États-Unis ou l'Australie dans les périodes les plus fastes, n'a pratiqué de politique d'immigration sans procéder à des choix sélectifs et des contrôles, et que c'est faire preuve d'irresponsabilité aussi bien à l'égard de la nation que des étrangers que l'on accueille que de prétendre le contraire.

La réalité, c'est que la plupart des pays européens qui, pour les mêmes raisons que la France, ont ouvert largement leurs frontières au cours des dernières décennies connaissent les mêmes problèmes que nous et recherchent les solutions propres à concilier les intérêts en présence. Aucun jusqu'ici ne semble pouvoir servir de modèle bien concluant. À cet égard, l'honnêteté conduit à souligner que si les Pays-Bas ou le Danemark ont accordé le droit de vote aux étrangers, il n'est guère possible d'en tirer des conclusions : aux Pays-Bas, leur participation à la vie civique est restée infime ; quant au Danemark, le pourcentage de population immigrée est trop faible pour que ce cas ait valeur d'exemple.

Enfin surtout, ce dont, à mon sens, il faut se garder lorsque l'on parle de travailleurs immigrés c'est de procéder à de hâtives généralisations et de vouloir systématiser les solutions. Le pays d'origine, la religion, la situation de famille, le niveau socio-culturel, le nombre d'années passées en France et, plus encore, l'attitude des intéressés à l'égard de notre pays, autant d'éléments qui les différencient et requièrent en conséquence des politiques diversifiées.

Aide au retour, intégration, naturalisation, respect des différences culturelles et ethniques, ces différentes politiques ne s'excluent pas mais se complètent et doivent être mises en œuvre à l'intention de telle ou telle catégorie.

Le succès de ces politiques, jugé aux conséquences sur la cohésion nationale, requiert avant tout l'adhésion des Françaises et des Français. Aussi est-il indispensable de mieux les informer au delà des mythes et des slogans dont ils sont le plus souvent abreuvés.

Il faut en premier lieu que nous apprenions à vivre avec les autres, à faire preuve de tolérance et accepter les différences. On sait bien le succès obtenu par les autorités américaines grâce aux efforts faits à travers les médias pour atténuer le racisme à l'égard des Noirs. Ce n'est pas seulement un problème d'éducation mais, plus général, de responsabilité de tous ceux qui exercent un rôle d'autorité ou d'information.

Mais il convient aussi d'affirmer clairement certains principes et certains faits qui s'imposent à la politique en ce domaine.

• Premièrement que beaucoup de travailleurs immigrés ne partiront pas parce qu'ils sont devenus français, que leurs enfants le sont ou qu'ils sont depuis si longtemps en France qu'ils n'ont plus de liens avec leur pays d'origine.

Deuxièmement qu'à l'exclusion des ressortissants de la Communauté Européenne qui circulent désormais librement en son sein ou encore des réfugiés politiques, l'immigration est stoppée pour les années qui viennent tout au moins.

• Troisièmement, faire en sorte que les immigrés qui ont l'intention de vivre définitivement en France se sentent partie intégrante de la nation, apprennent notre langue, participent à nos joies et à nos peines. C'est le partage du rire et des larmes plus que celui du travail souvent mal ressenti qui crée le sentiment national.

Pour autant, pourquoi renonceraient-ils à leurs spécificités religieuses ou culturelles ? Le respect de la différence ne s'est-il pas affirmé au cours des dernières décennies comme un élément de démocratie ? Ce faisant, il convient de prendre garde de ne pas favoriser la constitution de groupes ethniques ou religieux refermés sur eux-mêmes et consacrés par des mesures discriminatoires. Les exemples sont nombreux, de par le monde, de telles minorités : leur destin n'incite guère à l'optimisme. Enjeux politiques ou boucs émissaires, ces minorités subissent tous les aléas des événements qui affectent les pays où elles vivent.

À cet égard le problème de l'école est particulièrement important et l'on ne peut oublier que c'est dès l'enfance, à l'école, que l'on apprend le mieux à se connaître et se comprendre.

Quant à ceux qui ne sont venus en France que pour y trouver provisoirement travail et moyen d'existence, on peut en ce qui concerne les plus proches de nous, les Portugais par exemple, regretter qu'on ne les incite davantage à demeurer définitivement parmi nous. Quant aux autres, aidons les à vivre ici ou à partir dans le respect de leur dignité et de la nôtre. Car il y va aussi de l'image de notre pays.

La tolérance que la vie démocratique implique doit permettre de trouver un équilibre qui permette dans un esprit d'évolution progressive de vivre ensemble en évitant les tensions majeures. On ne peut ignorer que ces tensions proviennent le plus souvent du sentiment d'insécurité, justifié ou non, que la confrontation des différences de mentalités et de modes de vie exacerbe.

Le discours sécuritaire répond à l'angoisse sans pour autant l'apaiser. C'est par des actions de prévention, notamment à l'égard des jeunes immigrés comme d'ailleurs à l'égard de beaucoup de jeunes Français, que l'on évitera une situation d'agressivité et de marginalité. C'est également par un dialogue plus ouvert entre les différentes communautés, permettant une meilleure compréhension des autres. C'est enfin par l'adaptation des moyens et des méthodes de police à la réalité sociologique, permettant ainsi aux uns et aux autres de se sentir protégés.

Il est bon enfin de se rappeler lorsque l'on parle des étrangers que beaucoup d'entre eux n'ont pas attendu d'avoir de longues lignées dans notre pays pour servir la France et contribuer à sa gloire.

Convergences et institutions, *1985*

Droits humains et santé

Après avoir connu les plus grandes barbaries, le vingtième siècle serait-il devenu en fin de parcours celui de la défense des droits de l'homme ?

Nul doute en effet que les débats suscités par la protection des droits de la personne soient aujourd'hui au cœur de la plupart des problèmes de société et même en train de se substituer au débat politique.

Même si, dans de nombreux pays, ces questions restent totalement ignorées, les Nations unies en ont fait le centre d'intérêt de tous les sommets qui se sont tenus ces dernières années sur des thèmes spécifiques : l'environnement à Rio, la population au Caire, la cohésion sociale à Copenhague, les femmes à Pékin ou l'urbanisme et la ville à Istanbul.

La prévalence ainsi accordée aux droits de l'homme dans le discours et le militantisme pourrait même faire oublier que des institutions démocratiques peuvent seules garantir un environnement favorable au respect des droits de l'homme.

Sans doute faut-il voir une réponse concrète aux exactions perpétrées au nom d'idéologies extrêmes fondées sur la haine et le mépris de l'autre. La démocratie reste en effet une idée trop abstraite qui ne permet pas d'appréhender toutes les situations et donner à chaque individu la possibilité de se défendre contre les menaces de toutes sortes qui pèsent sur sa liberté et sa dignité.

Le souci de se placer du point de vue de la personne en tant qu'individu explique que les ONG exercent un rôle prédominant. En effet, il s'agit le plus souvent de regrouper ou d'exprimer des intérêts insuffisamment organisés et représentés, face aux instances traditionnelles ou officielles.

C'est aux droits de l'homme dits de la première génération, essentiellement des droits civils et politiques, que l'on s'est attaché en priorité à donner un contenu concret.

Alors que la Déclaration universelle des droits de l'Homme donne une large définition des droits humains, c'est aux droits civils et politiques que l'on a donné longtemps la priorité. Les démocraties occidentales ont ainsi imposé leur propre conception inspirée du libéralisme politique du XIXe siècle.

L'inclusion des droits socio-économiques, notamment droits à la santé, au travail, au logement, a permis d'élargir le concept et le contenu des droits humains et de répondre à des situations nouvelles auxquelles certaines catégories de population sont plus particulièrement confrontées.

Plus que tout autre, les droits en matière de santé revêtent une importance particulière, qui ne cesse d'ailleurs de grandir. Il n'y a pas lieu de s'en étonner, la santé, la sienne propre et celle de ses proches, étant pour chacun le bien le plus précieux.

Le serment d'Hippocrate auquel se réfèrent encore les médecins traduit l'idée que le médecin a des obligations particulières vis à vis de ses malades, leur reconnaissant ainsi des droits spécifiques, je pense notamment à ceux qui découlent du secret professionnel auquel sont tenus les médecins dans la plupart des pays.

Témoignage également de l'attention portée aux malades, le fait que traditionnellement ils bénéficient d'un minimum d'assistance et de soins alors que les pauvres ne peuvent que faire appel à la charité.

Cette disparité s'affirme encore davantage aujourd'hui puisqu'il est généralement admis, du moins en Europe, que les malades privés de ressources non seulement ont droit mais qu'ils ne doivent pas être victimes de discrimination en la matière. Paradoxalement, les mêmes, après avoir bénéficié de soins très coûteux, seront abandonnés à eux-mêmes, parfois même sans domicile en sortant de l'hôpital.

J'observe également qu'en France la seule exception en faveur des étrangers sans papiers pour échapper à une éventuelle expulsion concerne les malades dont l'état nécessite des soins qu'ils ne pourraient recevoir dans leur pays.

Les progrès de la médecine et le coût qu'elle entraîne, loin de freiner cette approche, l'a, au contraire, confortée. En effet, il est d'autant moins acceptable de priver certains de la possibilité de se soigner que les possibilités offertes par la médecine en terme d'espérance de vie sont plus importantes et que le coût en est si élevé qu'en tout état de cause les particuliers doivent nécessairement être couverts par des systèmes d'assurance publique ou privée.

Les années 70 ont été l'âge d'or de la médecine. En quelques années elle avait progressé plus que dans les millénaires passés. Elle paraissait avoir maîtrisé, du moins dans les pays industrialisés, les plus graves problèmes de santé ou être en voie d'y parvenir.

Certes, l'augmentation des dépenses d'une médecine de plus en plus sophistiquée et les obstacles encore énormes du Tiers Monde pour triompher des grandes endémies et réaliser l'objectif fixé à Alma Ata de « Santé pour tous » en l'an 2000 tempéraient cet optimisme.

Mais c'est l'apparition du Sida qui a subitement remis en cause toutes les certitudes. Elle a fait revivre toutes les grandes peurs que suscitaient jadis la peste, le choléra ou la tuberculose.

En cette fin du XXe siècle, certains ont commencé à réagir comme en plein Moyen-Âge.

Il a fallu des outrages, des humiliations vis à vis des malades pour que les malades eux-mêmes et les associations de malades, ceux qui les prenaient en charge, médecins, infirmières, travailleurs sociaux, fassent appel à la raison et la générosité pour que ces attitudes soient dénoncées.

Il a fallu que les droits fondamentaux de ces malades soient menacés pour que se pose avec autant d'acuité le problème de leur protection.

L'existence d'éventuelles contradictions entre, d'une part, les exigences de la santé publique destinées à protéger la collectivité plus que les malades à titre individuel et, d'autre part, le respect des droits et libertés individuelles, n'est pas une situation nouvelle propre au Sida. Mais pour la première sans doute en matière de santé publique, l'environnement particulier du Sida a conduit les malades et les médecins à être particulièrement attentifs au respect des droits individuels des malades.

Dans le même temps, le recours à certaines thérapeutiques soulevait pour les médecins des problèmes éthiques que les décideurs politiques ne pouvaient plus ignorer : qu'il s'agisse de l'utilisation médicale des données informatiques des greffes d'organe, des conditions de prélèvement sur les donneurs ou d'attribution aux receveurs, de la procréation médicale, de la médecine prédictive, voire des conséquences de l'acharnement thérapeutique, autant de problèmes qui mettent en cause les droits de la personne et le respect de leur dignité.

Certaines de ces questions restent encore des tabous ou leur gravité volontairement sous-estimée. Je pense notamment aux conséquences de la médecine prédictive.

Mais d'ores et déjà l'on peut espérer que la démarche initiée par un Institut comme le vôtre, tendant à associer la protection des droits de l'homme à toute initiative en matière de santé, a porté ses fruits.

Plus généralement, l'approfondissement du concept des droits humains conduit à appréhender et protéger les droits de la personne, trop longtemps méconnus parce que relégués dans la sphère de la vie privée. Pour progresser dans cette voie, les uns se fondent sur la reconnaissance des droits économiques et sociaux comme facteur de développement, pour d'autres il s'agit avant tout d'une transformation féministe des droits de l'homme afin de tenir compte également des droits de la femme.

Quelles qu'elles soient, les approches ouvrent de nouvelles perspectives riches de possibilités pour mieux protéger les droits humains liés à la santé.

Certes, la maternité en tant que telle fait l'objet de mesures spécifiques, mais davantage pour protéger l'enfant à naître, pour assurer la continuité des générations que pour la mère elle-même. La notion même des droits de la femme reste dans la plupart des pays totalement ignorée.

Placées sous l'autorité du père puis du mari, les femmes ne disposent d'aucun droit même lorsqu'il s'agit de leur propre corps. Le poids des traditions culturelles et des croyances religieuses leur impose des sévices et des contraintes, admises non seulement dans les pays concernés mais par la communauté internationale. Avant même la naissance, grâce à l'amniocentèse, où, dès la naissance, les petites filles, jugées en surnombre, sont condamnées, notamment en Chine.

Dans beaucoup de pays africains, l'excision, qui mutile les femmes pour la vie, a toujours cours. Très jeunes, mariées de force, elles doivent subir contre leur gré des relations sexuelles sans aucune protection contre les maladies sexuellement transmissibles, y compris le sida. Privées d'accès à la contraception et l'avortement, la maternité leur est imposée, sauf à recourir aux avortements clandestins, un million de femmes en meurent chaque année.

Dans nos propres sociétés, le choix de la maternité reste un privilège. Par ailleurs, ce n'est que depuis peu que l'on commence à lutter contre les violences de toutes sortes dont les femmes font l'objet : violences conjugales, viols, incestes. Encore faut-il que les femmes concernées osent se plaindre, ce qu'elles hésitent toujours à faire.

Il est vrai que les jeunes garçons ne sont pas à l'abri de telles violences auxquelles la communauté internationale semble maintenant vouloir s'attaquer. Il s'agit en l'espèce de protéger l'intégrité corporelle des plus faibles et des plus démunis, mais également leur état mental et leur dignité. En effet, autant que leur corps, c'est leur psychisme et leur faculté d'aimer et de vivre normalement qui sont brisées.

Dans ce bref exposé, j'ai été amenée à faire un choix parmi les nombreuses questions que j'aurais souhaiter évoquer. J'ai seulement voulu montrer l'étendue des problèmes posés par la problématique « santé et droits humains » qui reste encore très largement à découvrir.

Comme je l'ai souligné, le sida, les personnes atteintes et leurs proches nous ont obligés à avoir un autre regard et d'autres pratiques. Leur souffrance et leur combat, les victoires qu'ils ont d'ores et déjà remportées, sont des acquis pour tous.

Ce n'est plus seulement la maladie qui est prise en compte, mais la personne, la femme, l'homme ou l'enfant concerné dans la plénitude de ses droits dont nous avons conscience que la société doit se sentir responsable.

Il reste encore beaucoup à faire pour que l'idée en soit admise, encore plus pour qu'elle soit consacrée dans les faits.

J'ai d'ailleurs conscience en disant cela que pour des milliards d'êtres humains tout reste à faire.

Boston, 2 octobre 1996

« L'adoption et l'enfance délaissée »

Mesdames, Messieurs,

Je tiens tout d'abord à remercier les organisateurs de ce colloque d'avoir bien voulu m'inviter à y prendre la parole. J'ai été très sensible à cette invitation même si j'éprouve quelques difficultés à m'adresser à des spécialistes de l'adoption et, de façon plus large, de l'enfance délaissée.

En effet, votre ambition ne se borne pas à améliorer les modalités de l'adoption, en ce qui concerne les conditions de l'abandon et du choix éventuel des adoptants, mais également à rechercher, sans préjugés ni parti pris, ce qui peut et devrait être fait pour que l'enfant délaissé trouve les meilleures chances d'épanouissement pour le présent et l'avenir.

Si pour ma part, depuis des décennies, je me suis intéressée à ces questions, c'est d'abord parce que comme mère et comme toute femme, je n'ai pu rester insensible à ces questions lorsque, de par mes fonctions, j'y ai été directement confrontée.

Tout d'abord comme jeune magistrat affectée à l'administration pénitentiaire où j'ai eu à connaître la situation de jeunes enfants dont la mère était détenue. La question se posait alors de savoir jusqu'à quel âge de jeunes enfants pouvaient rester avec leurs mères lorsque celles-ci étaient en prison. S'agissant de très jeunes enfants dont la peine de la mère était légère et dès lors que les faits retenus à son encontre ne mettaient pas l'enfant en péril, le problème ne se posait guère de l'autoriser, le cas échéant, à garder son enfant avec elle. Mais lorsqu'elle était condamnée à une longue peine, le problème se posait et les avis divergeaient sur l'âge auquel il convenait de confier l'enfant à une personne de la famille susceptible de l'accueillir ou, le cas échéant, de procéder à son placement. De fortes pressions s'exerçaient sur l'Administration pour laisser les enfants le plus longtemps possible alors que, le plus souvent, les conditions matérielles et psychologiques de détention ne semblaient guère favorables à un enfant et que la séparation d'avec la mère risquait d'être de plus en plus douloureuse.

Cette question n'a pas été définitivement tranchée, c'était un peu du cas par cas. J'ai ensuite quitté l'administration pénitentiaire pour la direction des Affaires civiles afin d'assurer le secrétariat de deux commissions de réforme, l'une sur l'adoption, l'autre sur les incapables majeurs.

À l'époque, la commission des lois de l'Assemblée nationale ainsi que le garde des Sceaux avaient estimé qu'il était indispensable et urgent de réformer la législation suite à l'affaire Novack. Il s'agissait d'une longue et douloureuse affaire dans laquelle, après plus de dix années de procédure, la mère adoptive, madame Novack, avait été condamnée à rendre son fils adoptif.

Le jeune couple concerné s'était séparé avant même la naissance de l'enfant. La jeune mère a alors abandonné l'enfant sous une forme définitive et l'enfant a été confié pour légitimation adoptive, décision confirmée par jugement. Quelque temps après, le père ayant appris la naissance, a refait surface et le couple revécu ensemble et tous deux ont revendiqué l'enfant. Les jugements et les arrêts de Cour d'appel et de Cour de cassation se sont multipliés en se contredisant : les uns optent pour les parents biologiques, les autres pour les parents adoptifs. Commencent les procédures… pour aboutir à un dernier arrêt de cassation en assemblée plénière qui confie définitivement l'enfant au couple par le sang. Madame Novack, bien qu'elle n'ait plus de possibilité de recours, refuse de rendre l'enfant qu'elle a élevé pendant douze années. La situation est dramatique.

Très médiatisée, elle émeut la France entière.

Une réforme s'imposait afin qu'un tel drame, pour l'enfant lui-même mais aussi pour la mère adoptive et les parents par le sang, ne puisse se reproduire.

C'est dans ce contexte que la commission des lois de l'Assemblée nationale avait décidé de constituer une commission d'étude pour une réforme de l'adoption présidée par son président René Pleven, dont j'ai été la secrétaire. C'était l'époque où, de son côté, le garde des Sceaux de l'époque, Jean Foyer, avait décidé de moderniser le code civil, notamment le droit de la famille. Il avait confié cette mission au doyen Carbonnier en lui recommandant de le rénover dans un esprit « le plus novateur possible », mais ce grand juriste ne souhaitait pas s'occuper de la réforme de l'adoption.

L'intérêt de l'enfant devait être prioritaire et en conséquence lui assurer une stabilité affective. À l'époque, lorsque l'enfant était, confié à l'ASE, beaucoup d'enfants ne pouvaient être adoptés en raison de l'attitude de la mère qui tantôt laissait son enfant, tantôt le reprenait. Ces allers et retours de la mère prise entre son désir de s'occuper de l'enfant et la difficulté de mener sa vie mettaient la situation de l'enfant en péril.

La situation a changé. Le contexte aussi. Les réalités concrètes sont différentes aujourd'hui. Alors que la vie des familles devrait être plus facile, c'est loin d'être le cas. Les familles étaient plus stables. La société s'est urbanisée avec un fort taux de chômage et des quartiers où la violence est sans cesse présente. Le nombre de familles monoparentales ne cesse d'augmenter. Alors qu'on aurait pu espérer que certains problèmes d'abandon de l'enfant ne se posent plus, la réalité est tout autre.

La possibilité pour les femmes d'avoir accès à la contraception, la loi de 1975 sur l'IVG ont théoriquement permis aux femmes d'avoir les enfants qu'elles souhaitent, mais nombre de femmes sont très mal informées en matière de contraception dont la pratique reste d'ailleurs peu accessible pour certaines. Aussi les enfants délaissés sont-ils encore très nombreux ; même s'il y a beaucoup moins de pupilles de l'État qu'autrefois, notamment parce que peu d'enfants sont abandonnés à la naissance et que les placements sont considérés comme provisoires. Beaucoup d'enfants se retrouvent ainsi ballottés dans des situations instables et affectivement démunis sans savoir ce qu'ils seraient en droit de recevoir.

Entre les deux guerres, il n'était par rare que des couples choisissent de ne pas avoir d'enfants ; en raison du climat politique et des difficultés économiques l'avenir paraissait mal assuré. Les atrocités de la guerre de 1914 les avaient profondément marqués et ensuite la crise. Aujourd'hui, tout couple aussi bien que les personnes seules estiment avoir *droit à un enfant*. Pour les femmes sans enfant, la procréation médicale assistée est un grand espoir et elles se résignent mal à un échec. Quant à ceux qui adoptent un enfant ; ils le veulent parfait, conforme à leur désir, un bébé blond aux yeux bleus… ou qui leur ressemble, du moins lorsqu'ils commencent les démarches. Il faut ensuite leur faire comprendre qu'il y a surtout des enfants qui ont besoin d'une famille et de bonheur. Les candidats à l'adoption se découvrent alors comme « des parents admirables » acceptant d'assumer des parcours difficiles. Ces candidats à l'adoption se mettent en quête d'un pays où ils pourront adopter et, dans cette perspective, sont prêts à surmonter beaucoup d'obstacles. Ils acceptent d'adopter un enfant qui ne leur ressemblera pas. Alors que les orphelinats de certains pays sont surpeuplés, les candidats à l'adoption sont facilement soupçonnés de vouloir acheter les enfants et d'être prêts à tous les trafics. Une convention internationale a mis en place des procédures rigoureuses pour contrôler les conditions dans lesquelles les enfants ont été abandonnés et confiés aux adoptants.

En 1965, quand la commission a eu terminé ses travaux, il a fallu rédiger un texte. Le professeur Carbonnier étant hostile à l'adoption, pensant que le régime de tutelle tel qu'il existe dans le code civil est parfaitement adapté à la situation et ne comprenant pas qu'un enfant puisse, à travers un jugement, changer de famille, n'a pas en conséquence souhaité rédiger le projet de loi tel qu'envisagé.

Monsieur Foyer, alors garde des Sceaux, m'a donc demandé de prendre en charge le dossier et de rédiger un projet sur la base des conclusions de la commission parlementaire qui soulignaient la nécessité de prévoir une procédure qui permette d'éviter tout contentieux entre la famille par le sang et les adoptants, afin qu'une situation comme celle de l'affaire Novack ne puisse se reproduire. J'ai beaucoup travaillé sur cette question. Pour cela il fallait qu'une loi ne puisse pas être remise en cause par les parents par le sang, pour éviter le risque que l'enfant soit retiré de sa famille adoptive des années après. C'est donc le placement en vue de l'adoption qui devait entraîner la séparation d'avec le ou les parents par le sang. C'est dans cet esprit que l'article 350 du code civil concernant la déclaration d'abandon a été rédigé. On peut cependant regretter que les juges et les services de l'ASE aient eu tendance à relancer la mère lorsqu'elle ne s'était pas manifestée et même à rechercher si le père n'avait pas reconnu l'enfant ou souhaitait le faire. La mère, convoquée devant le tribunal, expliquait qu'elle avait eu des soucis, n'avait pas pu se manifester mais ne souhaitait pas l'abandonner... La décision était ainsi chaque fois reportée. En 1996, la loi a été modifiée afin d'en faciliter l'application.

Étant au gouvernement en 1974, j'avais voulu savoir comment la loi était appliquée et j'étais allée dans les DASS pour avoir des contacts directs avec les responsables de l'ASE. On voyait bien que, selon les départements, la loi n'était pas appliquée dans le même esprit. Certains privilégiaient l'intérêt de l'enfant et avaient le souci d'éviter qu'il ne reste indéfiniment dans les services, d'autres estimaient qu'il fallait faire le maximum pour maintenir des liens entre la mère et l'enfant, même si ces liens étaient très ténus.

Avant la rédaction du projet de loi, nous avions particulièrement réfléchi à la question des délais laissés à la mère par le sang pour que son consentement soit définitif — une année est apparue comme un délai raisonnable, mais il fallait ensuite, dans l'intérêt de l'enfant, pouvoir prendre une décision de placement — ainsi que sur les conditions à imposer aux candidats à l'adoption. Lors du débat parlementaire, l'Assemblée nationale et le Sénat ont très peu modifié le projet. L'association des parents adoptifs avait également été consultée.

En conclusion, on peut dire que la loi de 1966 a répondu aux objectifs du législateur dans la mesure où elle a permis d'éviter les demandes de restitution de l'enfant après son placement en vue de l'adoption, donc de donner un statut définitif à l'enfant. Dans des cas très rares de contentieux, les procédures n'ont pas abouti. Le problème aujourd'hui résulte du fait qu'il y a très peu d'abandons à la naissance, dans le même temps on peut penser qu'en dépit des difficultés de leurs parents, le placement des enfants à l'ASE pourrait être évité lorsqu'il est intervenu à la suite du non-paiement des loyers qui a entraîné leur expulsion du logement.

Enfin, à tous ces problèmes s'ajoute le fait que l'attitude des pères est souvent ambiguë. Il est là sans être là. Juridiquement il a reconnu l'enfant, ce qui empêche de prendre une décision pour l'avenir de l'enfant, même si le père s'en désintéresse totalement. Outre les difficultés matérielles, l'éclatement de la famille pèse sur la situation des enfants, souvent il n'y a plus de grands-parents pour prendre le relais. Les conditions d'adoptabilité, lorsqu'elles sont réunies tardivement, sont préjudiciables pour tous. La loi de 1966 ne peut pas toujours répondre à des situations de plus en plus complexes alors qu'il y a de plus en plus, de couples désireux d'adopter un enfant. De plus en plus, ils placent leur espoir dans certains pays étrangers où ils se heurtent à d'autres difficultés.

Il y a là matière à beaucoup de réflexions et de suggestions pour vos débats.

Colloque sur l'adoption, août 2004

« Tout ce qui conduit à la connaissance de l'autre doit être encouragé »

Monsieur l'ambassadeur,
Messieurs le rabbin Michel Serfaty, Dalil Boubakeur,
Mesdames, Messieurs,
Chers amis,

Je tiens d'abord à vous dire combien je suis heureuse d'être parmi vous pour conclure ce premier colloque destiné à renforcer les relations entre juifs et musulmans de France.

Je remercie tous ceux qui sont à l'origine de cette rencontre, monsieur Boubakeur, directeur de la Mosquée de Paris, ainsi que monsieur le rabbin Michel Serfaty.

Pour la laïque que je suis, vous pouvez vous interroger, comme je l'ai fait moi-même lorsque monsieur le rabbin Serfaty m'a demandé de présider, avec monsieur l'ambassadeur Stétié, cette rencontre de l'Association nouvelle d'amitié judéo-musulmane, sur ma légitimité à accepter sa proposition et à être aujourd'hui parmi vous.

Si j'ai accepté, c'est d'abord parce que je pense que tout ce qui est fait pour rassembler des hommes et des femmes de bonne volonté doit être encouragé, particulièrement en ces temps où les esprits sont troublés et que des violences les plus graves ne cessent de se développer partout dans le monde.

Mais c'est aussi parce que si les représentants des religions ont un rôle à jouer tant dans la lutte contre l'antisémitisme et le racisme que contre les nombreuses discriminations et violences dont sont victimes les musulmans, il demeure que ces problèmes ne doivent pas être considérés comme des questions intercommunautaires ou, pire, comme inter-communautaristes, mais qu'ils doivent être traités aux niveaux politique et national. Les Français, qu'ils soient musulmans, juifs ou chrétiens, sont d'abord des citoyens français qui ne se définissent pas, ou certainement pas seulement et majoritairement en fonction de leur confession religieuse particulière et privée. J'estime cependant que les identités individuelles telles qu'elles se cristallisent en fonction de l'éducation, du milieu social, de la relation à la mère, au père, au pays d'origine et à son histoire, lorsqu'il s'agit de générations récemment immigrées, ne peuvent être ignorées.

C'est ensuite parce que, en France, depuis trop longtemps, les discours de haine raciste et d'exclusion se banalisent, que les actes et agressions antisémites se sont multipliés et banalisés et qu'il convient en conséquence de les analyser pour pouvoir les prévenir. En outre, je déplore, comme beaucoup, que de jeunes musulmans, religieux ou non, le plus souvent français, parfois depuis plusieurs générations, soient victimes de discrimination et même d'actes islamophobes d'une réelle gravité.

C'est enfin parce que je suis toujours attentive aux leçons du réel et des faits, plus qu'aux discours idéologiques.

Or, que nous enseigne le réel ?

Même si nous souhaitons que soit et reste respectée la séparation entre l'Église et l'État, selon l'expression consacrée par la loi française, nous savons combien la réalité est différente.

Le récent débat français sur la laïcité, celui sur la Constitution européenne, les guerres d'intérêts ethniques, tribales, économiques ou territoriales que l'on transforme en « croisades », les intégrismes et fanatismes religieux qui affermissent le poing des terroristes ou développent des réactions d'intolérance, constituent suffisamment d'exemples pour que les politiques se mêlent aussi du religieux.

A priori, j'aurais tendance à penser que la réalité est autre. Elle est d'ailleurs complexe et contradictoire. Si le politique et la religion sont parfois mêlés, j'observe dans le même temps que les initiatives prises par de fortes et éminentes personnalités religieuses permettent de tisser des liens solides qui sont de nature à apaiser les passions, mettre fin aux tensions et rapprocher les uns et les autres. La fraternité aussi bien que la théologie y contribuent.

Ainsi, monsieur le grand rabbin nous a démontré avec une grande force de persuasion et son intelligence subtile ce que le religieux peut nous apporter.

Comme membre du Conseil constitutionnel, il ne m'a pas été possible de m'exprimer sur la question des signes religieux à l'école. Ce que je puis dire néanmoins aujourd'hui, c'est que ce débat a montré clairement et légitimement la prééminence, dans notre société républicaine et démocratique, des valeurs communes et fondatrices de la paix sociale et de l'égalité de la femme et de l'homme. Or l'« habit », en l'occurrence le « voile », pouvait aussi pour ces jeunes filles être le signe d'une volonté de rébellion ou de rupture par rapport à des valeurs qui leur semblaient imposées.

À la société civile, à chacun d'entre nous, aux enseignants, aux proviseurs de leur montrer la richesse de notre société. À condition, toutefois, de ne pas tomber non plus dans une laïcité militante, également d'exclusion, qui peut cacher, nous l'avons récemment vu, des relents immondes d'une extrême droite xénophobe, raciste, antisémite, révisionniste ou tout autant un altermondialisme en réalité également raciste et antisémite, sous le couvert d'antisionisme.

Pour revenir au cœur du débat, chacun doit donc jouer son rôle et remplir sa mission, celle des hommes de foi religieuse est évidemment essentielle… essentielle quand la foi en l'homme, en la vie et en la fraternité des hommes l'emporte sur toute autre conviction.

Vous voyez donc pourquoi, messieurs les représentants des cultes musulman et juif, mesdames et messieurs, je pense que cette rencontre fraternelle est bienvenue et je vous remercie de m'y avoir conviée.

Mon passé comme ministre de la Ville puis à la présidence du Haut Conseil à l'intégration et l'intérêt que j'ai toujours porté à ces questions y sont sans doute aussi pour quelque chose, comme l'attention particulière qui a été la mienne à la situation des femmes algériennes lorsque j'étais auparavant magistrat à l'administration pénitentiaire et, depuis, à travers les relations amicales que j'entretiens avec beaucoup d'entre elles. J'en profite à cette occasion pour dire à Kahalidja Klali combien j'ai du plaisir à la retrouver aujourd'hui.

Mais avant tout, c'est mon passé d'ancienne déportée, alors que je n'étais encore qu'une adolescente, qui me conduit à me révolter contre tout ce qui stigmatise, exclut, persécute et même assassine pour une raison ou plutôt un prétexte lié à la naissance.

Permettez-moi donc d'ajouter encore quelques réflexions complémentaires que m'inspirent ce colloque et le rôle de votre association, au regard des questions qui nous réunissent aujourd'hui.

Je pense d'abord qu'il est essentiel de combattre l'ignorance et les fantasmes qui s'ensuivent, d'où qu'ils viennent : ils forment le terreau de la violence et de la barbarie.

Tout ce qui conduit donc à la connaissance de l'autre et met l'accent sur ce qu'ont en commun les grandes religions du Livre et du monothéisme doit être encouragé. L'école est, en principe, ce lieu de la connaissance et de l'apprentissage du vivre ensemble. Mais elle ne suffit pas et c'est aussi la mission des associations, comme celle du scoutisme juif, chrétien ou musulman, de renforcer ce dialogue entre ces jeunes générations, au moment précisément où celles-ci apprennent le sens de la responsabilité et de l'engagement, alors qu'elles sont par ailleurs soumises à des pressions très fortes de leur environnement.

Mais il faut aussi cesser de diaboliser les Juifs et ne plus avoir peur de l'islam.

Nombreuses sont les études aujourd'hui qui ont analysé les causes de cette violence mais rares sont encore les propositions de solutions… Il est toujours plus facile de mettre le feu que d'éteindre l'incendie.

Ce que je sais, pour ma part, c'est qu'il faut d'abord du courage et d'abord du courage intellectuel pour répondre à cette violence. Et ce courage intellectuel commence par l'examen de son propre héritage, par l'affirmation de la liberté de chacun de remettre en cause sa propre tradition et d'en expurger ce qui est la négation de l'autre, le mépris de l'autre.

Oser affronter dans nos textes fondateurs les discours qui reflètent et inspirent ce déni et ce mépris d'autrui pour privilégier ce qui, au contraire, conduit vers la fraternité. Cet *aggiornamento* auquel la majorité des Français, quelle que soit leur religion, aspire est, j'en suis convaincue, la seule voie à suivre. C'est bien la démarche empruntée peu après la fin de la Seconde Guerre mondiale par d'éminentes personnalités juives et catholiques, devançant ainsi Vatican II et la prise de position de l'Église qui, en renonçant à l'accusation jusque-là formulée contre les Juifs d'être un peuple déicide, ouvrait la voie à un véritable dialogue et privait l'antisémitisme de son fondement religieux. À cet égard, je ne puis que déplorer profondément que le film de Mel Gibson sur la passion du Christ ait recueilli, du moins aux États-Unis, un tel succès et le soutien de l'Église. Il tente à nouveau cette thèse qui est à l'origine durant des siècles de l'antisémitisme le plus virulent.

Je suis heureuse que le débat politique en France ait enfin compris l'importance d'accompagner concrètement la mise en œuvre de ce dialogue.

Mais rien de solide ne se construira si l'on ne commence pas par refuser les non-dits, les compromis, les omissions et les mensonges ou encore les rumeurs, méthodes que l'on croyait appartenir au passé et dont on voit aujourd'hui encore la malfaisance et les conséquences ; je le dis clairement, elle finit toujours par se retourner contre ceux qui la répandent.

Comment pourrions-nous oublier et ne pas mettre en garde sur les processus et mécanismes qui, si l'on n'y prend garde, conduisent aux génocides...

Je sais que ceux qui ont accompagné le Père Shoufani à Auschwitz ont compris que la Shoah ne pouvait être comparée à rien de semblable et que ce paroxysme de l'antisémitisme dépassait, hélas, toutes les barbaries humaines jusqu'ici connues.

Le dire, ce n'est pas nier la souffrance des autres. Le reconnaître, ce n'est pas renoncer à sa propre histoire. C'est simplement affronter la vérité.

Mais en ce qui nous concerne, il nous faut aussi résister à la tentation de ne voir dans l'islam qu'un lieu d'enfermement communautaire, facteur de radicalisation, de violence et de haine. Au contraire, comme nous le dit le sociologue Michel Wiewiorka, « dans bien des cas, certains de ces lieux de culte apparaissent comme des lieux de socialisation, ils apportent alors à des jeunes l'apaisement et la force morale qui leur évitent de dériver vers la délinquance, ou vers l'islamisme radical. Ils offrent alors à ceux qui les fréquentent des ressources, notamment religieuses, qui les aident à continuer d'exister dans une société difficile, à faire face au racisme, à la discrimination, au chômage, à la précarité, à la pauvreté, à se maintenir dans la modernité. »

C'est en renforçant les courants les plus ouverts, et je sais que vous les représentez ici, que nous parviendrons à endiguer la haine.

Et c'est pourquoi, mesdames et messieurs, je pense que les hommes de foi peuvent apporter leur pierre à ce dialogue.

Toutefois, je le redis pour conclure, dans les tensions qui sont les nôtres aujourd'hui mais qu'il convient ne pas exagérer et de ne pas attiser, le rôle de l'État ne saurait être oublié. Avant d'être juifs, chrétiens, musulmans ou sikhs, nous sommes, je le répète, avant tout des citoyens français et des Européens.

L'un des facteurs d'intégration des Juifs dans la société française a été notre capacité à faire émerger une réflexion et une philosophie, nourries aux sources de la tradition religieuse certes, mais qui se sont tournées vers les problèmes de la société laïque et de la modernité. Cette pensée humaniste du judaïsme et les processus qui l'y ont conduit font aujourd'hui l'objet, je le sais, de réflexions communes parmi les intellectuels musulmans, juifs et chrétiens. Il convient assurément de les encourager.

Permettez-moi, pour terminer, de citer Lévinas qui écrivait dans *Difficile liberté* que « le judaïsme ne se définit pas par opposition au christianisme, pas plus qu'il ne se définit comme anti-bouddhisme ou anti-islam ; il consiste plutôt à vouloir l'entente avec tous les hommes qui se rattachent à la morale. Il veut cette entente en premier avec les chrétiens et les musulmans, nos compagnons en civilisation. Mais les bases de cette civilisation, c'est la Raison, que les philosophes grecs ont révélée au monde. »

Je souhaite que votre association poursuive dans la voie qu'elle s'est tracée. Mais sans doute ce dialogue devra-t-il se poursuivre bientôt, aussi, avec non seulement les chrétiens mais aussi avec les incroyants ou les laïques qui, au nom de la Raison, se sont parfois trop détournés des hommes de foi au lieu de réfléchir ensemble, chacun à sa façon, à retrouver les valeurs du respect d'autrui, du bon sens et de la générosité.

Je suis enfin heureuse que la Fondation pour la mémoire de la Shoah que j'ai l'honneur de présider ait pu contribuer à réunir ces « compagnons en civilisation ».

Journée de l'amitié judéo-musulmane de France
21 novembre 2004

« À bien des égards les femmes sont traitées comme le sont les travailleurs immigrés »

Je tiens tout d'abord à vous remercier de m'avoir invitée, connaissant votre engagement en faveur des droits de la femme. Je voudrais tout de suite exprimer mes regrets de ne pouvoir rester avec vous toute la journée, ayant des obligations que je n'ai pu décommander.

Je voudrais aussi vous dire que je ne limiterai pas mon propos à la loi sur l'IVG, souhaitant évoquer également celle sur la contraception afin de rendre hommage à Lucien Neuwirth qui, en 1967, a pris l'initiative d'une proposition de loi en ce domaine. J'aimerais enfin vous parler des droits des femmes pour lesquels il reste encore tant à faire. À cet égard, je constate que le combat des femmes se poursuit. Je m'en sens pleinement solidaire et je tiens, autant que me le permet le devoir de réserve auquel je suis tenue comme membre du Conseil constitutionnel, à en rester une actrice.

Avant tout discours, je souhaite rendre hommage aux femmes. Jamais la loi de 1967 et surtout la loi de 1975 sur l'IVG n'auraient été adoptées sans la mobilisation des femmes. Naturellement, cet hommage s'adresse en premier lieu aux pionnières de cette lutte, notamment à madame Weill-Hallé, à madame Iff, à l'action du docteur Joëlle Brunerie-Kauffmann, dont je salue la présence dans la salle. Cet engagement fort de la plupart des mouvements de femmes a en effet préparé l'opinion. Individuellement, bien des femmes connaissaient le problème mais n'osaient pas en parler. Pour elles, il s'agissait de questions personnelles que, le plus souvent, elles ne pouvaient partager avec leurs proches et encore moins avec leur médecin puisque, au regard de la loi de 1920, ce dernier était tenu de rester sourd à leurs éventuelles demandes d'information, qu'il s'agisse de la contraception et surtout de l'avortement en cas de grossesse non désirée. Ce n'est donc qu'entre elles qu'elles évoquaient ces sujets, qui restaient néanmoins totalement tabous. Cette situation entraînait de nombreuses tragédies, faute de réponses tenant compte des réalités. Seules les plus privilégiées avaient la possibilité et les moyens de se rendre à l'étranger, en Angleterre, aux Pays-Bas ou en Suisse, afin d'obtenir la délivrance de contraceptifs et surtout pour se faire avorter dans des conditions de sécurité satisfaisantes. En conséquence, merci à toutes et à tous ces mouvements qui ont milité pour une réforme législative. Merci aussi aux journalistes des médias féminins qui ont très largement relayé ce combat et préparé l'opinion en informant leurs lectrices et parfois aussi leurs lecteurs. Il arrive en effet que quelques hommes s'intéressent aussi aux problèmes des femmes. Ce combat a donc été l'aboutissement d'une lutte collective.

J'aimerais expliquer maintenant comment je suis parvenue à mener à bien ce combat, ce qui me conduit à évoquer mon adolescence et l'éducation que j'ai reçue.

Ma mère était d'une génération dans laquelle beaucoup de femmes ne travaillaient pas mais en éprouvaient souvent de grands regrets. Avant sa mort, en déportation, elle nous parlait à mes sœurs aînées et moi, de notre avenir. Le message qu'elle tenait à nous transmettre était que nous devions avoir un vrai métier et l'exercer. Elle tenait à nous convaincre qu'une femme qui n'est pas en mesure d'exercer un métier lui permettant de gagner sa vie est totalement dépendante de son mari, économiquement et intellectuellement. L'éducation des enfants, la richesse de sa vie personnelle, l'affectivité au sein de son couple n'ont pas la même réalité lorsqu'elle trouve son propre épanouissement dans une activité qu'elle a pu choisir.

Dès mon retour de déportation, j'ai donc décidé de faire des études de droit avec l'idée de devenir avocate. Très vite, je me suis mariée avec un camarade de faculté, mais nous avons poursuivi nos études ensemble et lorsqu'elles ont été terminées il aurait souhaité que je renonce à travailler. C'était pour moi inacceptable. J'avais déjà trois enfants, mais j'ai transigé en acceptant de renoncer à la profession d'avocate et de passer le concours de la magistrature, l'École de la magistrature n'existant pas encore. Lorsque j'ai été nommée magistrat, j'ai été affectée au ministère de la Justice, à l'administration pénitentiaire, où j'ai d'ailleurs été très mal accueillie. La consigne avait été donnée de ne pas m'adresser la parole, avec l'espoir de m'inciter à demander une autre affectation. Je dois dire que cette situation n'a pas duré et que très vite j'ai été tout à fait acceptée. À l'époque, en charge du service des libérations conditionnelles, j'avais plus ou moins sous mon autorité une dizaine de secrétaires dont la plupart étaient des surveillantes de prison détachées au ministère. J'ai été frappée par la solidarité qu'il y avait entre elles et la confiance qu'elles me manifestaient. Certaines d'entre elles avaient été surveillantes à la prison de la Roquette lorsqu'en 1942, une femme a été exécutée pour avoir procédé à des avortements. Elles en étaient très marquées et en parlaient avec horreur et incompréhension. La situation des femmes détenues n'intéressait guère l'administration centrale, parce qu'elles posaient relativement peu de problèmes, ne serait-ce parce qu'elles étaient très peu nombreuses condamnées à de longues peines. Pour ma part, j'avais constaté que la discipline qui leur était imposée était d'une grande rigueur, au motif qu'il fallait leur faire comprendre et expier la gravité de leurs crimes. Cela s'illustrait notamment par l'interdiction de toute marque d'amitié vis-à-vis des autres détenues ; elles n'avaient le droit de parler entre elles qu'à de rares moments. Ce système de répression ne pouvait que les durcir et les rendre irrécupérables. Il s'agissait pour la plupart de grandes criminelles, détenues à la maison centrale de Rennes, condamnées à de très longues peines, souvent pour des crimes de sang particulièrement odieux.

J'ai eu par ailleurs à m'occuper des femmes d'origine algérienne qui avaient été condamnées pour des attentats terroristes pendant la guerre d'Algérie. À la suite d'une inspection que j'avais faite dans les prisons algériennes, elles ont été transférées en France et réunies dans le même établissement où elles ont pu, si elles le souhaitaient, faire des études.

En 1964, j'ai été affectée à la direction des Affaires civiles où j'ai eu la chance d'être associée aux grandes réformes du code civil concernant le droit de la famille, qui n'avait guère changé depuis le Code Napoléon, devenu totalement obsolète.

La femme mariée était soumise en bien des domaines à la tutelle de son mari, notamment en ce qui concerne la gestion de ses biens et, légalement, c'était le père, seul, qui exerçait la puissance parentale. Tant en ce qui concerne les questions patrimoniales que l'autorité parentale, la femme a enfin obtenu, non sans difficulté, l'égalité des droits. À la même époque, j'ai eu l'occasion de siéger au Comité du travail féminin, groupe de réflexion mis en place pour faire des propositions tendant à inciter les femmes à travailler ou à retravailler. J'en parle ici parce que cette démarche montre à bien des égards que les femmes sont traitées comme le sont les travailleurs immigrés : en fonction des besoins et non de leur propre situation. On fait appel aux femmes, comme aux travailleurs immigrés, lorsque la croissance économique l'exige et on les renvoie à la maison comme on cherche à renvoyer les immigrés chez eux, s'il y a du chômage. Les choses n'ont guère évolué depuis, à la différence qu'aujourd'hui, la situation économique ayant changé, on cherche plutôt à les dissuader de travailler, sauf dans quelques professions comme celles d'infirmières ou d'aides-soignantes où l'on manque de personnel.

En 1979, élue à la présidence du Parlement européen, j'ai dû, dès mon élection, affronter le bureau de l'institution, composé de notables des partis politiques particulièrement machistes. C'est avec de grandes difficultés que je suis parvenue à arracher à ses membres la création d'une commission des droits de la femme, dont Yvette Roudy a été la présidente. Si j'évoque cette question, c'est parce que l'on ne sait pas suffisamment que l'Europe a joué un rôle déterminant en faveur de l'égalité des droits de la femme.

Toutes les grandes lois sur l'égalité complète entre les hommes et les femmes en matière d'emploi ont été prises par des directives européennes ensuite transposées dans les différentes législations nationales. Des recours sont prévus mais, en pratique, il est vrai qu'il n'est pas toujours facile d'en faire respecter l'application, qu'il s'agisse du recrutement, des rémunérations ou des promotions. Outre le fait que les femmes elles-mêmes hésitent à saisir la justice, nous savons qu'il existe de nombreux biais qui permettent aux entreprises d'échapper à ces principes. Néanmoins, tant la Commission de Bruxelles que le Parlement européen ont toujours été très vigilants et fait adopter des directives pour compléter ce dispositif, notamment en matière de harcèlement. Il faut bien constater qu'en ce domaine certains pays ont beaucoup d'avance sur le nôtre. Comment ne pas souligner le retard considérable de la France quant à la proportion des femmes dans les instances politiques ? Afin de corriger cette situation de lanterne rouge de l'Europe, une loi imposant des quotas pour toutes les élections politiques avait été votée en 1982, mais censurée par le Conseil constitutionnel pour atteinte au principe d'égalité entre les hommes et les femmes. Une modification de la Constitution s'est ainsi avérée nécessaire avant qu'une loi puisse être à nouveau soumise au Parlement pour favoriser l'élection des femmes dans les instances politiques.

Dans cette perspective, en 1996, une dizaine de femmes se sont réunies pour préparer un « Manifeste pour la parité » qui a été publié dans *L'Express*, démarche qui a suscité les critiques d'un certain nombre de femmes estimant que seul le mérite des intéressées devait être pris en compte. Il faut bien constater que la parité a permis de faire progresser de façon significative le nombre de femmes élues au Sénat ainsi que dans les conseils municipaux et les conseils régionaux. En revanche, compte tenu du mode de scrutin, elle est sans effet sur l'élection des députés.

Très récemment, le 8 mars dernier, le président du Sénat a réuni au Palais des congrès plus de deux mille femmes exerçant la fonction de maire, certes la plupart dans des petites communes mais aussi dans de grandes villes comme Caen et Strasbourg. Cette rencontre, qui a permis aux élues ainsi réunies de faire part de leur expérience, était particulièrement passionnante. Toutes celles qui sont intervenues ont montré ce qu'elles apportaient à la vie politique à travers la proximité et le pragmatisme dont elles font preuve. Aussi ai-je été stupéfaite d'entendre dire, il y a quelques jours, que les femmes ne voulaient pas s'engager dans la vie politique, ayant peur des responsabilités. Au regard de la réunion à laquelle j'ai assisté, je pense que nombre de femmes seraient tout à fait motivées et capables de siéger à l'Assemblée nationale si les hommes acceptaient de leur laisser une place. Une plus grande présence de femmes au sein de l'Assemblée nationale me paraît indispensable pour faire évoluer la société, dans la mesure où elles ont une vision qui complète celle qu'en ont les hommes, et des préoccupations plus concrètes.

J'en viens maintenant à la question de l'IVG. Il faut se rappeler ce qu'était la situation des femmes avant la loi de 1975 et avoir conscience du malheur et des tragédies auxquels de nombreuses femmes étaient confrontées, ne pouvant le plus souvent en parler à personne et ainsi amenées à prendre seule une décision difficile. Lucien Neuwirth vous parlera probablement des conditions qui l'ont amené à soutenir la loi sur la contraception, après avoir appris le suicide d'une jeune femme répudiée par sa famille. À l'époque, dans les années 1960-1965, il était encore très difficile pour une jeune fille d'avoir un enfant si elle n'était pas mariée ou si elle n'avait pas un compagnon stable : la liberté des mœurs et la tolérance étaient loin d'être ce qu'elles sont aujourd'hui. Plusieurs centaines de femmes mouraient chaque année d'avortements clandestins pratiqués dans des conditions abominables par des femmes totalement inexpérimentées. À la fin des années 1960, après 1968, la situation s'est progressivement améliorée grâce à l'intervention de mouvements comme le MLAC, qui ont accepté d'aider concrètement les femmes, en les informant sur les possibilités de se rendre à l'étranger, ou en constituant des équipes de médecins et de sages-femmes bénévoles, acceptant d'y procéder en France en bravant la loi.

En 1971, à la suite du procès de Bobigny concernant une très jeune femme, poursuivie pour avortement et acquittée grâce à son avocate Gisèle Halimi, le garde des Sceaux a donné des instructions aux parquets de ne plus engager de poursuites dans ce genre de cas. On sentait bien qu'il y avait un refus de la société de sanctionner les jeunes femmes victimes de ces situations.

Encore un mot sur la contraception, pour souligner le retard de la France en ce domaine puisque la loi qui l'a autorisée n'a été votée qu'en 1967 alors qu'en 1975 la loi sur l'IVG, par ses dispositions laissant la décision à la femme concernée, a fait un peu figure de pionnière. En ce qui concerne la contraception, notre retard tenait à la loi de 1920 interdisant aux médecins de donner tout conseil pouvant aider les femmes à prévenir une grossesse. Comme quelques années plus tard pour l'IVG, les opposants à toute réforme, paradoxalement, se sont mobilisés autant pour s'opposer au vote de la loi sur la contraception qu'ultérieurement lors de l'examen de la loi sur l'avortement. Il est surprenant de constater aujourd'hui les difficultés auxquelles Lucien Neuwirth a eu à faire face. Bien qu'il s'agisse d'une proposition de loi déposée à son initiative, il avait dû obtenir l'accord du général de Gaulle, alors président de la République, pour que cette proposition puisse venir en discussion. Il m'a d'ailleurs donné des conseils pratiques la veille du débat sur l'IVG à l'Assemblée nationale, afin que je ne me laisse pas impressionner par les différentes pressions que l'on tenterait d'exercer pour que je renonce à présenter le texte. À la veille du débat, j'ai d'ailleurs été accusée par plusieurs parlementaires, dont certains étaient des amis, de susciter une nouvelle affaire Dreyfus ou d'ouvrir un débat qui allait diviser les Français comme l'avait fait la loi de 1905 sur la séparation de l'Église et de l'État.

Les difficultés que j'ai rencontrées ont été en fait assez différentes de celles qu'avait eues Lucien Neuwirth pour la contraception. En effet, je savais que nombre des voix des parlementaires de la majorité de droite et du centre étaient loin d'être acquises, alors qu'en revanche je pouvais normalement compter sur celles des socialistes et du parti communiste. Mais à elles seules, celles-ci n'étaient pas suffisantes. La marge de manœuvre dont je disposais était donc très étroite : tout amendement au texte tendant à assouplir les conditions de l'IVG me faisait perdre des voix à droite et, en revanche, je risquais de perdre l'ensemble des voix du groupe socialiste si le texte adopté était plus restrictif. On a beaucoup parlé des insultes et injures grossières et haineuses, également de certains gestes symboliques, comme celui de faire entendre, pendant la séance, les battements de cœur d'un fœtus. Il est inutile d'y revenir, sauf à souligner les propos d'un député m'accusant de faire jeter les fœtus dans les crématoires comme les Juifs l'avaient été, propos abondamment diffusé par la littérature de « Laissez-les vivre ». J'ai depuis reçu de nombreuses lettres faisant cette comparaison et encore actuellement. Naturellement, tous les parlementaires recevaient ce type de littérature accompagnée de menaces, ce qui explique que ceux qui auraient été tentés de voter la loi craignaient de perdre leurs électeurs. L'avortement étant un sujet tabou, les parlementaires, très majoritairement des hommes, n'avaient que peu d'éléments pour prendre une décision, pour savoir comment réagirait leur électorat. Il y avait d'ailleurs souvent une grande hypocrisie de la part de certains parlementaires entre ce qu'ils pensaient au fond d'eux-mêmes et parfois même ce qu'était leur pratique professionnelle s'agissant de médecins.

Le débat qui a suscité un amendement tendant à autoriser les conseils d'administration des établissements hospitaliers privés à opposer une clause de conscience interdisant tout pratique de l'IVG est significatif de cette hypocrisie. Il s'agissait en l'espèce de la seule intervention faite par l'Église de France qui, d'une façon générale, n'a pas tenté de s'opposer au vote de la loi. Outre le groupe socialiste qui a menacé de ne pas voter la loi si cet amendement était adopté mais qui a accepté de poursuivre la discussion et de voter après que j'ai expliqué la situation au président du groupe, certains des parlementaires de droite se disant hostiles à la loi auraient aussi souhaité que je m'oppose à l'amendement en cause, craignant que dans leur circonscription, compte tenu du nombre d'établissements privés, il ne soit difficile pour les femmes de bénéficier de la loi.

Pour ma part, ce qui me paraissait le plus important, c'était que l'esprit de la loi laissant à la femme seule la responsabilité de sa décision, sans avoir à s'en expliquer, ne soit pas mis en cause. Certains auraient souhaité que l'avis du père soit sollicité, ce qui naturellement était pratiquement impossible. La loi est finalement restée très proche du texte déposé, avec quelques aménagements relativement mineurs. Je n'ai jamais accepté cependant de parler de l'exercice d'un droit de la femme à disposer de son corps, référence qui aurait entraîné un rejet de la part de nombre de parlementaires de la majorité et donc mis en cause la possibilité d'avoir une majorité pour voter la loi. La loi insiste en revanche sur la notion de responsabilité permettant à la femme, si elle se considère en situation de détresse, d'avoir recours à l'IVG, dès lors que les délais fixés par la loi sont respectés. Elle devait en outre attendre un délai de réflexion de huit jours entre sa demande initiale et l'intervention, pendant lequel elle devait consulter un médecin et une assistante sociale l'informant des conséquences éventuelles.

On a beaucoup parlé des difficultés d'application de la loi. En effet, de nombreuses jeunes femmes sont confrontées à de réelles difficultés à se faire prescrire des contraceptifs, pour consulter un médecin et se faire hospitaliser. Ces jeunes femmes très encadrées par leur famille sont souvent tout à fait ignorantes des possibilités offertes par la loi. Il y a donc là un problème d'information des femmes de certains milieux qui attendent l'extrême limite avant de se décider à intervenir. Il faut surtout améliorer l'information sur la contraception, afin que toutes les jeunes filles et jeunes femmes y aient accès. Les méthodes de contraception étant relativement contraignantes, elles ne sont pas toujours aussi régulièrement suivies qu'elles devraient l'être, ce qui explique pour partie que le nombre d'avortements reste à peu de chose près le même qu'avant le vote de la loi. La contraception a changé la vie de nombre d'entre elles en leur laissant le choix d'avoir un enfant au moment où elles le désirent, mais elles n'en ont pas encore suffisamment la maîtrise. À moins qu'il ne s'agisse parfois d'actes manqués. En tout état de cause, pour que le nombre d'IVG, intervention toujours traumatisante, surtout lorsqu'elle est répétée, diminue de façon significative, il est tout à fait souhaitable de développer davantage l'information tant en milieu scolaire qu'à la télévision, sous une forme ou une autre.

Ce qui me frappe aussi aujourd'hui, c'est que ce sujet ne concerne plus seulement les femmes. Récemment, lors d'un colloque en province, un grand nombre de jeunes gens assistaient aux débats et paraissaient réellement intéressés. Autrefois, pour la plupart des hommes, c'était une affaire de « bonnes femmes ». C'est un changement très positif.

Il y a encore trente ans, il n'était pas rare que les jeunes femmes affirment ne pas vouloir d'enfants pour pouvoir avoir la même carrière professionnelle qu'un homme. Ce n'est plus le cas en dépit de toutes les craintes exprimées par certains sur les conséquences démographiques de la contraception et de l'avortement ; la France est actuellement au deuxième rang des pays européens derrière l'Irlande en ce qui concerne le taux de natalité, une natalité souhaitée et programmée. Il est vrai que les femmes s'arrêtent parfois de travailler pendant un certain moment pour élever leurs enfants, ce qui entraîne des inégalités tant en matière de promotion que de retraite.

Les lois sur la contraception et l'IVG ne sont certes pas parfaites, mais elles permettent aux femmes d'avoir les enfants qu'elles souhaitent, au moment qui leur paraît opportun et d'en décider elles-mêmes.

La question de la nature de l'embryon, évoquée au cours des débats, ne l'est pas dans la loi elle-même. Depuis le vote de la loi de 1975, les tribunaux ont été à diverses reprises saisis d'actions en justice intentées au nom de l'embryon, notamment dans le cas d'accidents de voiture ayant entraîné la mort d'une femme enceinte, tendant à rendre l'auteur de l'accident responsable de la mort ainsi provoquée de l'enfant à naître.

La Cour de cassation a rejeté ces demandes au motif que ne s'agissant pas d'un enfant né vivant, l'action faite en son nom n'était pas recevable. La Cour européenne des droits de l'homme, saisie dans un cas par le mari de la victime, a estimé ne pas être compétente, la législation nationale pouvant seule s'appliquer en l'espèce.

Si j'évoque plus particulièrement cette question, c'est parce que sur les vingt-cinq pays de l'Union européenne, quatre d'entre eux : l'Irlande, la Pologne, le Portugal et Malte interdisent totalement l'avortement. Certains souhaiteraient que le Parlement européen prenne une initiative pour harmoniser les législations et impose à tous les pays de reconnaître le droit à l'avortement. Outre le fait qu'une telle approche risquerait d'être à double tranchant, je crois utile de souligner que les institutions européennes ne sont pas compétentes en ce domaine.

Je crois par ailleurs utile d'évoquer les problèmes que peuvent poser à l'avenir ces grands prématurés qui ont des chances de survie beaucoup plus grandes qu'autrefois, dans des délais qui se rapprochent de ceux prévus par certaines législations pour procéder à des IVG. Il y a là des questions difficiles à trancher qui demandent réflexion. Ce que je tiens à souligner, c'est qu'à la différence des États-Unis, où l'avortement a été un des enjeux de la dernière élection présidentielle, dans notre pays la loi de 1975 paraît non seulement acceptée, mais soutenue par une large majorité de Français.

Désormais, il semble bien que ce soit au Comité d'éthique, à des médecins, des philosophes, des mouvements de pensée — laïcs et religieux — qu'il appartient de concilier, dans le respect des droits de la personne, l'évolution très rapide des connaissances scientifiques et les progrès qu'elles peuvent apporter.

Aucune régression ne serait cependant acceptable qui touche à la liberté et la responsabilité des femmes. Afin de garantir ces droits, nous avons encore à nous battre pour une réelle présence des femmes dans les instances de décision, particulièrement dans la vie politique.

Concrètement, pour y parvenir, les femmes doivent manifester leur solidarité, se soutenir les unes les autres. À cet égard, elles ont longtemps manqué de réseaux, que les hommes savent si bien utiliser pour leurs carrières et leurs places dans la société. Les femmes en sont de plus en plus conscientes et commencent à s'organiser. J'espère que les responsabilités au sein de la MGEN leur sont largement ouvertes.

Il faut que les femmes se mobilisent, créent des liens entre elles, sous forme d'associations et de clubs, car il ne faut pas attendre des hommes qu'ils favorisent leur accès à des postes de responsabilité. Ils ne sont pas prêts à leur faire des cadeaux. Elles savent que ce sont elles qui devront arracher les prochaines avancées.

États généraux du handicap, 23 mars 2005

« Cette loi troublait profondément les consciences de certains, elle était cependant un progrès »

Merci de m'avoir invitée à votre congrès.

Merci pour l'hommage exceptionnel dont vous m'avez honorée.

Je ne peux pas en dire davantage tant mon émotion est grande d'avoir été ainsi invitée au congrès que vous avez organisé pour le trentième anniversaire de la loi de 1975 et l'hommage que vous m'y avez rendu.

Trente ans ont passé. Cette loi à l'époque si contestée par beaucoup, et le mot est faible, fait l'objet avec le recul du temps d'une appréciation très largement favorable. La plupart d'entre vous qui êtes ici aujourd'hui n'avez pas attendu pour estimer que cette loi qui, à juste titre vous amenait à réfléchir à son application et ses conséquences, troublait profondément les consciences de certains. Elle était cependant un progrès parce qu'elle mettait fin à la situation dramatique des femmes qui, ne pouvant assumer une grossesse, étaient amenées à se faire avorter clandestinement dans les pires conditions.

Ainsi, il y a trente ans, ceux d'entre vous qui étaient alors les plus directement confrontés à ces drames avaient la responsabilité de prendre en charge les femmes qui arrivaient exsangues dans les services et d'avoir à intervenir pour leur épargner les conséquences parfois dramatiques d'un avortement pratiqué dans les pires conditions. Vous étiez ainsi particulièrement conscients des conséquences d'une loi particulièrement répressive mais ouvertement bafouée. En conséquence, aucun d'entre vous n'a pu être indifférent à une éventuelle réforme de la loi de 1920 et vous êtes de ceux dont le soutien m'a été précieux au sein du corps médical.

Je sais que, le temps passant, certains de ceux qui étaient parmi les plus hostiles à la dépénalisation de l'avortement ont tempéré leurs critiques en en reconnaissant aujourd'hui le bien-fondé.

Cette évolution des mentalités n'est pas due à la volonté de s'adapter à la situation nouvelle résultant de la réforme, mais parce qu'ils ont accepté de regarder les réalités en face, de prendre conscience des situations à la fois injustes, hypocrites et dramatiques qui prévalaient autrefois et qu'ils ne voulaient même pas connaître tant étaient fortes la conspiration du silence et les craintes de tomber sous le coup de la loi. Il est vrai aussi que depuis trente ans, dans bien des domaines, les mentalités ont considérablement évolué.

Il n'est donc pas facile pour moi d'avoir à prendre la parole sur ces questions après des gynécologues qui, pour la plupart, ont été confrontés aux problèmes de conscience que soulevaient des situations souvent très douloureuses.

Il m'est toutefois encore plus difficile d'avoir à prendre la parole après monsieur Albert Jacquard, personnalité que j'admire et respecte profondément, et dont les réflexions à propos de la vie m'ont bouleversée.

En effet, alors qu'il nous a parlé de la vie avec la générosité et la hauteur de vue qui sont les siennes, les accusations portées contre moi par certains mouvements pour avoir fait voter la loi de 1975, et qui tendait à faire de moi la responsable de la mort de millions de nouveau-nés, me sont revenues.

Encore aujourd'hui, je reçois des lettres épouvantables qui m'accusent de génocide, et la commémoration du soixantième anniversaire de la libération des camps de concentration a été un prétexte pour justifier des missives faisant la comparaison et même l'amalgame entre l'extermination des Juifs et l'avortement.

Parlant de la vie, vous avez parlé de la rencontre et de l'amour entre les êtres humains. C'est donc à tous ceux qui m'ont aidée dans mon combat et à vous-même, monsieur Albert Jacquard, qui avez toujours soutenu la loi de 1975 et qui, conscient de la souffrance et de l'angoisse des femmes qui avaient avorté clandestinement, estimait que par respect de leur dignité il n'y avait pas lieu de les contraindre à s'expliquer sur les raisons qui les amenaient à prendre cette décision.

Évoquant cette question de la décision de la femme concernée, qui appartenait à elle seule, nous avons à l'époque beaucoup réfléchi au terme auquel il convenait que la loi se réfère pour évoquer la situation d'une femme enceinte alors qu'elle estime ne pouvoir l'assumer, sans qu'elle ait à expliquer les motifs de sa décision. Le terme « détresse » nous a paru le mieux approprié pour évoquer les situations les plus diverses qui recouvrent une telle démarche de la part des femmes, démarche généralement mûrement réfléchie.

Cette volonté de prendre en compte le malheur quel qu'il soit, ainsi que l'attention que du fait même de votre spécialité vous portez aux femmes, c'est ce qui vous a conduit à accepter les principes même de la dépénalisation de la loi de 1920, alors que j'étais chargée d'élaborer et de faire voter une réforme destinée à mettre fin à cette situation intolérable.

L'avortement n'est pas une pratique nouvelle. Certains textes très anciens, je pense notamment au poète latin Ovide, font référence à des pratiques abortives. Il ne s'agit donc pas, comme certains le prétendent, de nouvelles pratiques qui seraient liées à une perte des valeurs propre à la société actuelle, mais de réactions spontanées des femmes confrontées à des situations qu'elles ne peuvent assumer : grossesse conçue hors mariage, adultère, grossesses répétées... L'avortement, avec tous les risques qu'il comportait, était souvent la seule façon pour une femme d'échapper à l'ostracisme, voire la mise à mort qu'une naissance non avouable aurait pu entraîner.

Livrées à elles-mêmes, souvent seules pour affronter de telles situations, les femmes ne trouvaient le conseil et l'appui qu'auprès de matrones plus ou moins efficaces.

Revenant à la situation de la France d'aujourd'hui, je tiens à souligner que la loi de 1920, particulièrement répressive puisqu'elle interdisait même toute information sur les méthodes contraceptives, a été votée peu après la fin de la Première Guerre mondiale, dans une perspective essentiellement démographique. La mort prématurée de plus d'un million d'hommes justifiait les inquiétudes que l'on pouvait avoir sur le nombre des naissances. La France avait pendant des siècles été le pays le plus peuplé d'Europe — à l'exception de la Russie où le nombre des naissances avait déjà beaucoup baissé du fait des guerres napoléoniennes — ce qui l'a amené à favoriser l'immigration, mouvement qui n'a cessé de se développer entre les deux guerres mondiales.

Cette crainte d'une dénatalité, perçue comme une catastrophe nationale risquant de faire perdre à la France son prestige de grande nation, explique que la loi de 1920 ait comporté des dispositions aussi rigoureuses en matière de contraception et que les médecins généralistes ou gynécologues, craignant des sanctions, ne l'aient que fort peu transgressée.

La simple information donnée par les médecins sur les périodes de fécondité était susceptible de poursuite. Il y avait bien le bouche-à-oreille entre copines, des méthodes plus ou moins sûres mais de façon si imprécise qu'elles ne présentaient guère de garantie. Aussi la « méthode Ogino », censée favoriser le contrôle des naissances, comportait-elle tant d'aléas que l'on parlait des « enfants Ogino », par référence aux enfants nés en dépit de cette méthode de contraception soi-disant efficace.

Alors que dans nombre de pays voisins, notamment en Angleterre, dans les pays scandinaves ou la Suisse, l'accès à des méthodes contraceptives efficaces ne posait aucun problème, les Françaises devaient se rendre dans un de ces pays pour pouvoir en bénéficier.

Parlant de la contraception, je tiens à rendre hommage aux initiatives prises par les fondateurs du Planning familial ainsi qu'à Lucien Neuwirth qui, en 1967, a présenté une proposition de loi libéralisant la contraception. Il lui a fallu pour cela obtenir, non sans mal, l'accord du président de la République qui était alors le général de Gaulle.

Alors que la France avait en ce domaine un grand retard, il est intéressant de souligner les difficultés auxquelles Lucien Neuwirth s'est heurté pour faire voter la loi autorisant la prescription et la vente des contraceptifs, bien que ce texte soit très encadré, notamment pour les mineures.

En 1974, dans la perspective des débats parlementaires sur l'IVG, j'ai tenu à relire les comptes rendus publiés au *Journal officiel* des séances parlementaires concernant la loi sur la contraception. J'ai été frappée, non seulement par l'agressivité de certains parlementaires, notamment au Sénat, mais surtout par les arguments totalement désuets, frisant parfois le ridicule, qui avaient été invoqués pour s'opposer au projet de loi.

Certes, l'hostilité de l'Église était sous-jacente et il ne faut pas s'en étonner lorsqu'on sait qu'aujourd'hui, tant l'Église catholique que certaines Églises protestantes s'opposent encore à l'usage des contraceptifs en Afrique, en dépit de la situation dramatique qu'entraîne l'épidémie de sida. Mais je ne pense pas que ce soit la véritable raison ; la tonalité particulièrement machiste des débats sur l'accès à la contraception s'explique bien davantage par une réaction plus ou moins inconsciente de la part des hommes par rapport à une loi qui donne à la femme la maîtrise de la procréation, sans que le père éventuel soit nécessairement informé des intentions et pratiques de sa partenaire.

Huit ans plus tard, le débat sur l'avortement a été beaucoup plus difficile et accompagné d'attaques personnelles infâmes, mais il ne traduisait pas les mêmes sentiments liés à la crainte des hommes d'être dépossédés de leur pouvoir sur les femmes et de leur virilité. S'agissant de l'avortement, les hommes en condamnent la pratique, mais sont plus ou moins conscients qu'il s'agit d'une décision lourde, difficile à prendre et qui pénalise les femmes. En revanche, la contraception c'est la liberté, une liberté insupportable à beaucoup d'entre eux, estimant qu'elle conduisait à priver les hommes d'une décision qui jusque-là leur appartenait. Certains n'ont pas hésité à dire que la contraception ouvrait la porte à la luxure.

Cette conquête de la femme a bouleversé non seulement les traditions et les mentalités, mais toutes les règles établies pour préserver la pureté du lignage et éviter l'introduction d'un étranger dans la famille. Les femmes, dès la puberté, sont, dans certains pays, soumises à des contraintes, port du voile, interdiction des lieux publics, peine de mort pour la femme adultère… qui répondent à cette préoccupation majeure.

Les discriminations qui subsistent à l'encontre des femmes dans la plupart des religions traduisent cette méfiance vis-à-vis des femmes, ainsi que les règles toujours en vigueur pour les musulmans et juifs religieux, interdisant tout contact physique avec ces êtres impurs.

Ces réflexions m'amènent à souligner combien les attitudes des hommes par rapport à ces questions ont changé depuis trente ans. En 1974, lorsque le président de la République a évoqué pour la première fois le vote d'une loi autorisant l'avortement, pour nombre de ceux qui étaient là il s'agissait, sans qu'ils osent le dire, d'une affaire de « bonnes femmes » qui ne les concernait pas et elles s'en étaient jusque-là débrouillées entre elles. Alors à quoi bon faire une loi ?

D'ailleurs, combien de fois ai-je entendu un homme me dire : « ma femme vous admire beaucoup », sans même oser faire référence à l'IVG.

Il n'y a eu aucune commémoration pour le dixième ni le vingtième anniversaire de la loi. Pour ma part, je pensais que pour les jeunes, c'était le passé, une chose désormais acquise. Aussi ai-je été très surprise du nombre de manifestations organisées pour le trentième anniversaire et surtout du fait que nombre de jeunes gens se sentaient concernés et s'y intéressaient autant que les jeunes femmes.

Cet intérêt manifestement porté par beaucoup de jeunes gens à la loi de 1975 traduit, semble-t-il, une modification des relations qui existent au sein des couples mariés ou non. Alors que la violence est très présente dans les relations entre les jeunes, et que par ailleurs les couples n'ont plus la stabilité d'autrefois, on constate en même temps une volonté de compréhension et de partage beaucoup plus grande qu'autrefois.

Cependant, le sentiment éprouvé par les femmes qu'elles peuvent choisir le moment qui leur paraît le plus adéquat pour avoir un enfant les conduit le plus souvent à retarder, ne serait-ce que pour des raisons de carrière, la décision d'avoir un enfant. C'est un problème sérieux que vous avez évoqué et sur lequel je tiens à revenir en faisant état de mon expérience personnelle.

Je me suis mariée très jeune, un an après mon retour de déportation : j'avais 19 ans, mon mari 20 ans. Nous avons eu nos deux enfants alors que nous étions étudiants. Sans doute les études étaient-elles moins sélectives qu'aujourd'hui, mais en revanche, les difficultés matérielles beaucoup plus grandes. Mais ce que je veux dire, c'est que contrairement à ce que pensent beaucoup de jeunes femmes, plus on retarde les naissances, plus il est difficile d'interrompre sa carrière et il y a toujours une raison ou une autre qui vous amène à penser que le moment n'est pas adéquat. Il est alors parfois trop tard, avec les lourdes conséquences que vous avez évoquées. Dans le cas où il est vraiment trop tard, elles se tournent alors vers l'adoption et s'étonnent lorsqu'elles se heurtent alors au fait que les enfants à adopter sont une « denrée rare ».

Les difficultés d'ordre médical précédemment évoquées sont évidemment des raisons beaucoup plus impérieuses pour inciter les jeunes femmes à ne pas retarder les naissances souhaitées. Il me semble que la plupart ne sont pas conscientes des risques encourus. Peut-être sont-elles victimes inconsciemment de cette idée de plus en plus répandue qu'on a droit à un enfant quand on veut, comme on estime avoir un droit à en adopter !

Après ces digressions, j'en reviens à la loi sur l'IVG que Valéry Giscard d'Estaing avait pris l'engagement de faire voter lors de la campagne présidentielle de 1974. Un an auparavant, le garde des Sceaux de l'époque, Jean Taittinger, avait présenté un projet de loi devant l'Assemblée nationale qui n'avait pas abouti. Après la présentation par le ministre, le texte avait été renvoyé en commission des Affaires culturelles et sociales avec la mission de procéder à un complément d'information.

Le texte qui avait été proposé était au demeurant moins libéral, puisque les femmes n'étaient autorisées à se faire avorter que dans des situations très précises — difficultés sociales ou problèmes médicaux — appréciées par des commissions qui devaient statuer sur chaque cas.

La commission de l'Assemblée nationale, qui était présidée par un médecin et qui avait reçu mandat de fournir davantage d'informations, a procédé à la constitution d'un livre blanc où ont été recueillies les opinions d'un grand nombre de personnalités, représentants du Conseil de l'Ordre, médecins, mouvements associatifs, militants pour ou contre la réforme, notamment le planning familial, des personnalités religieuses…

Ce livre blanc a été très utile car, au-delà d'opinions très diverses, il en ressortait le sentiment qu'en tout état de cause, il n'était pas possible de laisser les choses en l'état car la loi était ouvertement bafouée. En outre, ce livre blanc apportait la preuve que les femmes les mieux informées et qui disposaient de moyens financiers pouvaient se rendre sans risque à l'étranger, notamment en Angleterre ou aux Pays-Bas, alors que les plus démunies avaient encore recours à des « avorteuses » dans des conditions très aléatoires.

Pour ma part, je venais d'être nommée ministre de la Santé, sans aucune expérience politique, mais ayant eu le privilège de participer aux grandes réformes du droit de la famille réalisées au cours des années 1960 et 1970. J'avais notamment été chargée de rédiger le projet de loi réformant la loi sur l'adoption en 1966.

À peine nommée, le président de la République a décidé de me confier la rédaction d'un projet de loi en me laissant une grande liberté d'appréciation. Le garde des Sceaux de l'époque, Jean Lecanuet, y a été associé, notamment en ce qui concerne les mesures pénales à prendre en cas d'infraction aux conditions prévues pour la mise en œuvre de la loi.

Sans doute le président Valéry Giscard d'Estaing pensait-il qu'il serait plus facile pour une femme de faire voter un texte sur ce thème et qu'en outre, voulant dépénaliser la loi, les mesures prises pour la protection de la santé des femmes concernées relevaient davantage du ministre de la Santé que du ministre de la Justice.

Nous étions en juillet 1974, dès le mois d'octobre le projet de loi a été déposé et le premier débat à l'Assemblée nationale s'est déroulé au mois de novembre. Comme je l'ai indiqué précédemment, je tenais particulièrement à ce que ce soit la femme qui assume la responsabilité de la décision et non d'éventuelles commissions ou personnalités qui auraient à statuer sur la situation de la femme. Toutefois, s'agissant d'un acte grave, il était prévu qu'elle consulte un médecin et un service social susceptibles de la renseigner sur les conséquences éventuelles de sa décision, ainsi que sur les aides qui pourraient lui être apportées si elle changeait d'avis. Ce n'est qu'après une semaine de réflexion qu'il pouvait être procédé à l'IVG.

Bien que le projet de loi soit présenté par un gouvernement ayant une large majorité au Parlement, le vote de la loi posait de sérieux problèmes. Nous savions en effet que de nombreux parlementaires de la majorité gouvernementale ne voteraient jamais le texte et qu'il fallait donc le soutien des groupes socialiste et communiste qui étaient dans l'opposition.

Je savais que le projet de loi, tel qu'il avait été déposé, obtiendrait le vote de ces deux groupes, mais à eux seuls ils n'avaient pas la majorité. Il me fallait donc convaincre une partie non négligeable de la majorité parlementaire, dont certains députés étaient décidés à déposer des amendements pour rendre le texte beaucoup plus contraignant, voire à le dénaturer totalement.

Je devais donc être très attentive à ce que l'adoption éventuelle de tel ou tel amendement ne me fasse pas perdre les voix dont j'avais besoin pour obtenir une majorité.

Dans le projet lui-même, une clause de conscience était prévue pour les médecins et personnels paramédicaux qui ne voulaient pas apporter leur concours à une IVG. Mais au cours du débat, j'ai été amenée à accepter également une clause de conscience en faveur des établissements privés, clause très souhaitée par la hiérarchie catholique pour empêcher les établissements religieux de procéder à des IVG (ce que certains faisaient déjà avant le vote de la loi).

L'Église de France était jusque-là restée très neutre avant le débat, et n'avait pris aucune position officielle. C'était donc la seule réserve qu'elle exprimait. Il n'était pas possible de ne pas en tenir compte.

Mais, lors des débats, lors de la discussion sur l'amendement en cause, les socialistes ont fait savoir qu'ils ne voteraient pas l'ensemble du texte si cette clause de conscience était prévue dans le texte. Le projet de loi tout entier aurait alors été rejeté, faute de majorité. Après une suspension de séance, qui m'a permis d'expliquer à Gaston Deferre, chef de file des socialistes, les raisons de cet amendement, le vote est intervenu sans le soutien des socialistes mais sans qu'ils menacent de ne pas voter l'ensemble du texte.

Si j'ai insisté sur ce point, c'est pour montrer combien j'étais dans une situation où tout excès dans un sens ou un autre risquait d'entraîner le rejet de l'ensemble du projet de loi.

Ainsi, précédemment, devant la commission des Affaires sociales, Françoise Giroud, secrétaire d'État à la condition féminine, ayant parlé de l'IVG en faisant référence à un droit de la femme, les parlementaires de la majorité avaient aussitôt réagi disant que, dans ces conditions, ils ne voteraient pas le projet.

Pour ma part, je me suis toujours abstenue de poser le problème en ces termes, évitant ainsi toute polémique.

En tout état de cause, la tension liée aux passions que l'objet même de la loi suscitait était extrême. Le débat a été très difficile, interrompu par des insultes et des injures, ainsi que l'accusation de provoquer l'envoi dans des fours crématoires des embryons recueillis après les avortements, comme les enfants juifs dans les camps.

Malgré toutes ces invectives, ou peut-être grâce à elles, le projet de loi a été voté sans que l'esprit en soit modifié. Je dois dire que les interventions courageuses et remarquables de quelques médecins faisant état de situations humaines très douloureuses qu'ils avaient rencontrées dans leur carrière n'ont pas laissé insensibles ceux qui parfois hésitaient.

Je tiens à cet égard à rendre un hommage particulier à Eugène Claudius-Petit, compagnon de la Libération, très estimé de toute l'assemblée et dont l'intervention était très attendue. Bien que fervent catholique, il a eu le courage de soutenir le vote de la loi, au nom de la compassion et de la solidarité vis-à-vis des femmes qui, confrontées à des grossesses impossibles à assumer, étaient amenées à avorter dans des conditions atroces ou même à se suicider.

La loi votée, des dispositions particulières se sont avérées nécessaires pour qu'elle s'applique le plus rapidement possible. Nombre de chefs de service ont alors refusé que des IVG soient pratiquées dans leur service. Il a donc fallu prévoir des unités particulières pour y procéder, sous la responsabilité d'un personnel médical indépendant. Nombre de médecins, qui avaient accepté jusque-là d'intervenir pour suppléer les carences de la loi, ont été de plus en plus réticents d'avoir encore à pratiquer des IVG alors qu'ils n'étaient pas gynécologues.

À cet égard, je sais que tous les problèmes sont loin d'être résolus et que les contraintes financières qui pèsent sur les budgets hospitaliers touchent souvent en priorité les possibilités d'accueil dans les hôpitaux pour des IVG, entraînant un dépassement des délais.

On peut à cet égard s'étonner et déplorer que le nombre des IVG soit sensiblement le même que celui qui était recensé en 1974 : environ 200 000 par an. Certes, la population a augmenté, mais cela ne suffit pas à expliquer ce que l'on peut considérer comme un échec de la contraception. D'après des études faites par le ministère de la Santé, environ 70 % des femmes déclarent faire appel à la contraception, ce qui est démenti par le nombre d'IVG pratiquées. On peut donc penser que certaines oublient ou même s'interrompent volontairement de prendre la pilule. Il faut reconnaître que c'est une réelle contrainte pour les femmes ayant une vie difficile. Par ailleurs, beaucoup de jeunes, surtout dans certains milieux, sont très mal ou même pas du tout informées, ne serait-ce qu'en raison des difficultés auxquelles elles se heurtent pour consulter un médecin. Enfin, les rencontres amoureuses ne sont pas toujours prévisibles, et des femmes qui, en l'absence de vie sexuelle, ne prenaient pas de précaution peuvent se trouver prises au dépourvu.

Vis-à-vis des jeunes dont beaucoup sont très mal informés, on peut regretter que la télévision, qui ne craint pas de projeter des films à la limite du pornographique en « prime time », ne se préoccupe guère du problème de l'information en ce domaine. Je suis parfois frappée en parlant avec des jeunes de constater qu'ils ont parfois en la matière des connaissances théoriques qui vont bien au-delà du nécessaire, mais qu'ils ignorent tout ou presque de ces réalités.

Quelques mots encore, pour parler des femmes d'aujourd'hui. J'ai trop parlé et je serai brève, même si ce sujet me tient à cœur. Comme on l'a souligné, la présence des femmes dans la vie politique est en France quasi inexistante. À cet égard elle est la lanterne rouge de l'Union européenne. La loi sur la parité qui n'a pu être soumise au Parlement qu'après la modification de la Constitution a permis de faire davantage de place aux femmes dans les élections régionales et municipales ainsi qu'au Sénat, mais ne s'applique pas pour les députés en raison du mode de scrutin ; la proportion des femmes y est sensiblement la même qu'il y a cinquante ans.

Pour ma part, j'ai milité pour la parité, même si j'ai regretté qu'il ait fallu y recourir pour faire bouger les choses. Je sais bien que les femmes font l'objet de discriminations dans bien des domaines, en dépit de tous les textes qui imposent, en principe, l'égalité des droits entre les hommes et les femmes. Le combat pour l'égalité ne concerne donc pas seulement la politique. Mais la place des femmes dans la société a considérablement changé, leur présence dans les Assemblées et au gouvernement est indispensable pour que certaines réformes soient faites, afin que les droits et les aspirations des femmes soient enfin pris en compte.

À cet égard, je suis étonnée de voir à quel point la France est en retard. J'étais la semaine passée à Cordoue en Espagne, où l'on m'a dit que, dans certains gouvernements provinciaux, il y a plus de femmes que d'hommes et qu'au sein du gouvernement national il y a la parité.

Je tiens à évoquer ces questions que j'estime très importantes. Je ne suis pas une féministe au sens où l'entendait Simone de Beauvoir, pour laquelle il n'y a pas de différence autre que physique, entre les hommes et les femmes. Elle estimait en effet que seule l'éducation sexiste donnée aux filles induisait des différences entre les uns et les autres.

Pour ma part, je constate chaque jour davantage ces différences, et je m'en réjouis. Je perçois cette complémentarité entre les uns et les autres comme une chance et une grande richesse. Certes, au nom de l'égalité, nous devons bénéficier des mêmes droits, mais il est normal que les hommes et les femmes puissent assumer leur propre destin et mettre en valeur leurs capacités et dons respectifs. L'évolution du rôle des femmes dans la société, le regard qu'elles portent sur la vie quotidienne aussi bien que le sens qu'elles donnent à l'existence ne sont pas nécessairement les mêmes. Il serait regrettable d'ignorer l'ambition qu'elles ont de participer désormais pleinement au monde d'aujourd'hui.

Gynovations, Cannes, juin 2005

« Les progrès de la science, de la médecine sont formidables à condition qu'ils soient mis à la disposition de tous »

C'est avec grand plaisir que je retrouve en cet automne 2005 le monde de la protection sociale que j'ai bien connu pendant mes deux séjours avenue de Ségur.

Cette année a été marquée par la célébration de nombreux anniversaires liés à la fin de la Seconde Guerre mondiale. La multiplication de ces anniversaires peut avoir un caractère quelque peu répétitif, et je comprends que l'on puisse être quelque peu lassé en cette fin d'année 2005 des commémorations se rattachant aux événements ayant marqué la fin de la Seconde Guerre mondiale.

Et pourtant, la succession de ces événements fait sens et c'est ce sens que je voudrais tout simplement vous rappeler, en ouvrant cette manifestation du 60e anniversaire de la Sécurité sociale.

Il n'est évidemment pas indifférent que ce soit en réaction face à l'inhumanité de la guerre qu'ait été créé ce système de solidarité entre tous les Français. C'est en réaction à l'humanité bafouée, à la perte de sens de ce qui fait l'homme, la dignité humaine, la civilisation qu'ont été créés immédiatement après la guerre des systèmes de solidarité visant à relier entre eux les membres d'une même société.

En effet, je souhaite rappeler que cette volonté d'édifier ce système de solidarité a été inscrite dès mars 1944 dans le programme du Conseil national de la résistance adopté à Alger. C'est bien dans l'énergie de la résistance qu'est née la volonté de la France, unie dans toutes ses composantes sociales, politiques et culturelles, de se doter d'un système de solidarité universelle et organisée.

Pour autant, ce système n'a pas été inventé de toutes pièces au sortir de la guerre. L'histoire de notre protection sociale est faite de constructions successives, de la volonté d'hommes et de femmes de bâtir ensemble cette solidarité que nous avons reçue en héritage. Elle a commencé dès le milieu du XIXe siècle. Je pense ici aux solidarités professionnelles qui ont permis de créer des régimes spécifiques, ainsi qu'à la loi de 1898 qui a mis en place la première protection générale des salariés confrontés aux accidents du travail. Le Plan de 1945 a été également largement rendu possible par les enseignements tirés des succès de la mise en place des premiers systèmes d'assurance sociale pour les salariés de l'industrie et du commerce par les lois de 1910, de 1928 et de 1930.

Nous devons avoir en mémoire ce processus historique de construction de notre système de solidarité. Mais je ne saurais évoquer la création de la Sécurité sociale sans rendre hommage à Pierre Laroque, cette grande figure de la République, qui a été l'inspirateur et le concepteur de notre organisation de la Sécurité sociale. Comme beaucoup d'entre vous, je l'ai personnellement connu et j'ai toujours été frappée, jusqu'à la fin de sa vie, par la hauteur de ses points de vue, la profondeur de son engagement, la cohérence de ses convictions.

Nous lui devons une des créations qui fait le plus honneur à la France de la seconde moitié du XXe siècle.

Car quel sens plus élevé peut-il y avoir que d'affirmer le droit de tout homme, femme, enfant à bénéficier des progrès du génie humain pour faire face à la maladie ? Les progrès de la science, de la médecine sont formidables à condition qu'ils soient mis à la disposition de tous.

Plus largement, la Sécurité sociale, en protégeant chacun contre les risques de la vie, en créant un immense système de solidarité intergénérationnel, était porteur de l'espoir d'un monde meilleur, d'un monde moins égoïste, d'un monde où la dignité de l'homme est restaurée.

Je souhaite rappeler que la Sécurité sociale, ce n'est pas uniquement, ce n'est pas principalement des prestations, des cotisations, des institutions, des comptes, des salariés, des administrateurs. Tout cela est très important naturellement. Mais ce qui est fondamental dans la Sécurité sociale, ce qui la distingue de l'assistance, c'est l'affirmation, au cœur de la société, du droit de tout homme à bénéficier de soutien face aux charges de la maladie, de la vieillesse, de la famille. Ce qui est donné ne l'est pas par générosité ou par compassion, c'est un droit de la personne humaine.

Et ce qui est remarquable dans la Sécurité sociale, c'est sa capacité à concrétiser, à mettre en application quotidiennement ce droit. Il ne s'agit pas d'une affirmation gratuite mais d'une traduction concrète qui a changé la vie de millions d'hommes et de femmes.

Soixante ans après, ces ambitions peuvent apparaître désuètes, la Sécurité sociale c'est le quotidien, une chose tellement présente qu'on n'y pense pas, et la dignité de l'homme apparaît, à bien des égards, toujours menacée et mise à mal sur notre planète.

Ce que j'ai envie de dire aux jeunes générations, c'est : ne perdez pas le sens de la Sécurité sociale. Le sens peut être perdu de plusieurs façons.

Par l'accoutumance : apparaît banal, acquis, allant de soi en France ce qui reste aujourd'hui dans le monde totalement exceptionnel : la capacité de donner à chacun les moyens de se soigner, d'avoir une famille ou une retraite décente. Cet acquis est d'autant plus menacé que le vieillissement de la population met à mal les équilibres sur lesquels repose le système

Par l'abus : si on demande à la société de vous protéger de tout, on finit par créer une société sclérosée, inerte, incapable d'innover, de prise de risque. Si la Sécurité sociale est là pour venir en aide à ceux qui sont dans la difficulté, ce ne doit naturellement pas devenir un moyen de s'exonérer de ses propres responsabilités individuelles.

Par la contamination du repli individualiste qui menace nos sociétés : quel sens a la solidarité collective dans un monde guetté par le « chacun pour soi » ? Si le rapport de chacun avec la Sécurité sociale ne doit être qu'un rapport de consommateur, essayant de maximiser les opportunités qu'elle offre, alors la Sécurité sociale n'a plus de sens et est condamnée à plus ou moins brève échéance.

Par le rejet : la Sécurité sociale peut apparaître à certains comme liée à une étape donnée et datée du développement des sociétés postindustrielles. Dans une économie mondialisée, est-elle toujours de mise ?

Je veux m'élever en faux contre une telle assertion.

Rien ne m'empêchera de penser que là où il y a Sécurité sociale, la dignité de l'homme est mieux respectée que là où elle n'existe pas.

Et les travers, les difficultés, les excès parfois de notre système de Sécurité sociale ne doivent pas nous cacher que, fondamentalement, le monde contemporain souffre d'une insuffisance de Sécurité sociale et non d'un excès de sécurité sociale.

C'est l'absence de partage de cette Sécurité sociale au niveau mondial qui rend notre monde si inéquitable et si fragile.

Comment se contenter d'un monde où une partie de l'humanité est à l'abri de la hantise du lendemain alors que la plus grande partie ne sait pas de quoi son lendemain sera fait et doit affronter la faim, la maladie, les épidémies sans système collectif de prise en charge ?

Je souhaite que cette journée, et au-delà de cette journée les réflexions de tous les acteurs de la Sécurité sociale aident chacun des Français à se reposer la question du sens d'une Sécurité sociale dans la France du XXIe siècle et au-delà de nos frontières.

Je suis persuadée que les risques que je viens d'énumérer ne sont pas une fatalité. Si nous prenons conscience de la valeur de ce que nous avons, si nous acceptons les efforts individuels pour préserver ce système de solidarité, alors nous pourrons le transmettre aux générations futures et la France pourra être porteuse d'un message pour un avenir meilleur conciliant solidarité et responsabilité. La décennie à venir ne sera pas facile, mais elle sera décisive pour la Sécurité sociale.

Il faudra courage, cohérence et persévérance dans la prise de décision et esprit de responsabilité de tous les Français.

Je souhaite que vos réflexions de ce jour permettent d'éclairer l'avenir et qu'ainsi cet anniversaire ne soit pas seulement une commémoration mais bien un moment fort de réflexion collective sur le lien social dans ce début du XXIe siècle.

Colloque du 60e anniversaire de la Sécurité sociale,
Paris, 3 octobre 2005

« Dans cette lutte permanente au service des droits de l'homme, chacun a sa place, car l'histoire est faite d'une chaîne de responsabilités individuelles et collectives, où nous avons tous un rôle à jouer »

Monsieur le directeur général de l'UNESCO,

Monsieur le secrétaire général adjoint des Nations unies pour l'information,

Madame la secrétaire d'État aux Droits de l'homme,

Monsieur le représentant du Haut Commissaire aux Droits de l'homme,

Madame la présidente de la Conférence,

Mesdames et Messieurs,

Je tiens tout d'abord à vous remercier de m'avoir invitée à m'exprimer aujourd'hui devant vous. C'est pour moi un grand honneur de prendre la parole à l'occasion d'une conférence qui revêt cette année un caractère exceptionnel.

Pour la première fois, la Conférence des ONG, en partenariat avec les Nations unies, se déroulera non pas au siège des Nations unies, mais à Paris. Déjà, il y a soixante ans, c'est ici, à Paris, que l'Assemblée générale des Nations unies, à l'initiative de René Cassin, a adopté la Déclaration universelle des droits de l'homme. Cet événement a marqué notre histoire et constitue une étape importante dans la reconnaissance des droits de la personne au niveau international.

Il n'est pas inutile de rappeler que c'est l'Europe qui, à deux reprises, dans la première moitié du XXe siècle, a entraîné une grande partie du monde dans la guerre, avant de faire de sa volonté d'union un contrepoint aux crimes contre l'humanité commis lors de la guerre 1939-1945. En effet, au milieu de la Seconde Guerre mondiale, où les morts se comptèrent par millions, 6 millions d'hommes, de femmes et d'enfants furent assassinés pour le seul fait d'être nés juifs, dans des conditions dont nous ne pensions pas l'humanité capable. Il reste pour moi inexplicable que les musiciens, les écrivains et les philosophes d'un pays démocratique aient pu en quelques années laisser basculer leur pays dans un régime totalitaire, pourchassant ses opposants politiques, avant d'exterminer systématiquement les Juifs et les Tsiganes, qu'on oublie trop souvent.

J'ai été témoin de certains de ces crimes et, comme tous les rares survivants, cela m'a marquée à jamais ; pas un jour ne passe sans que je pense à Auschwitz, qui est devenu le symbole de l'horreur. Des hommes, des femmes et des enfants y furent assassinés. Il y eut aussi d'autres lieux d'extermination, dont on ne parle guère parce que personne n'y a survécu, et dont seules les familles endeuillées connaissent l'existence. Je pense au Père Patrick Desbois qui, depuis des années, s'est consacré en Ukraine à la recherche des fosses communes dans lesquelles au moins un million de Juifs ont été assassinés, dans des conditions particulièrement horribles, privés même de cette dignité fondamentale qu'est l'identité, et c'est bien cette dignité fondamentale que la Déclaration universelle des droits de l'homme reconnaît dès la première phrase de son préambule.

Ayant évoqué l'horreur du nazisme, je m'en voudrais de ne pas rendre hommage à Hans Scholl et à sa sœur Sophie, ainsi qu'aux trois universitaires décapités à la hache, en 1943, pour avoir diffusé des tracts hostiles au régime et appelant à la désobéissance.

Si l'idéal des droits de l'homme a été affirmé en réaction à ces crimes atroces, la défense de ces principes est un combat permanent et universel. C'est un combat de l'homme contre les pulsions de mort et de haine qui l'habitent, un combat de la raison contre la déraison, de la compassion contre l'indifférence. Dans cette lutte permanente, chacun a sa place, car l'histoire est faite d'une chaîne de responsabilités individuelles et collectives, où nous avons tous un rôle à jouer.

En effet, si l'État devrait être le garant du respect de nos droits fondamentaux, nous savons qu'il a été au cours du XXe siècle l'instrument de crimes sans précédent. Le nazisme, le fascisme et le communisme nous ont montré que la concentration des pouvoirs dans les mains d'un seul ou de quelques-uns est un danger, non pas seulement pour la population d'un pays ou d'une région, mais pour la planète entière. Aujourd'hui encore, nous savons que de nombreux États bafouent les droits les plus élémentaires de leurs concitoyens.

Face aux dérives des États et de ce qu'il est convenu d'appeler la raison d'État, les ONG ont donc un rôle fondamental à jouer, en défendant d'autres intérêts que les États ne prennent pas en compte, sourds aux besoins et aux souffrances de leurs populations.

Je voudrais ouvrir ici une parenthèse pour dire qu'à mon sens, il est vain d'opposer par principe la logique des États supposés autistes aux revendications de la société civile. On peut être membre d'un gouvernement sans sacrifier pour autant sa liberté de parole, mais aussi sa liberté d'action. De même que cela n'empêche pas d'être à l'écoute des ONG et de leurs conseils. Ainsi, étant magistrat, j'ai été chargée par le ministre de la Justice de l'époque, lui-même alerté par les ONG, de m'informer des conditions dans lesquelles, dans une Algérie qui était encore française, étaient traités les détenus condamnés pour s'être battus pour l'indépendance. Après avoir visité la plupart des lieux de détention en Algérie, le rapport que j'ai fait a conduit à transférer en métropole la majorité d'entre eux, afin qu'ils soient mieux traités et mieux protégés. Quelques années plus tard, avec l'indépendance de l'Algérie, tous ont été amnistiés.

Dans un monde où l'économie et les risques sont globalisés, les organisations non gouvernementales ont pris très tôt la mesure du caractère mondial des problèmes contemporains. En de nombreux points, elles jouent un rôle moteur, dans le domaine humanitaire et de l'aide au développement, mais aussi dans celui de la santé comme en matière d'environnement et, plus généralement, en défendant les droits de l'homme partout où ils sont bafoués. Du fait même de leur diversité, les ONG ont vocation à mettre en exergue la situation de ceux dont les droits ne sont pas suffisamment protégés. Il est vrai que du fait de leur diversité et de leur indépendance, il leur est facile de défendre des points de vue et des intérêts différents, voire discordants et contradictoires. C'est à la fois une garantie pour ceux que l'on oublie trop souvent, mais aussi un risque de démagogie. C'est pourquoi les ONG doivent, tout en restant diversifiées, demeurer vigilantes face à certains écueils qui sont autant de défis à relever pour faire avancer l'action citoyenne au niveau international. À cet égard, la sous-représentation des ONG des pays en développement au sein des organisations internationales est regrettable. Enfin, la structure de certaines ONG ne leur permet pas toujours d'éviter que les intérêts particuliers ne prennent le pas sur l'intérêt général, notamment dans un contexte de concurrence entre les ONG, dont chacune à sa clientèle. À cet égard, si l'intégration dans le système institutionnel est un défi pour les ONG, c'est aussi une marque de reconnaissance de la qualité du travail accompli et de l'expertise acquise, mais le revers de la médaille peut être la perte de la sève militante, si précieuse.

Enfin, l'importance des médias est aujourd'hui à double tranchant. Ils constituent certes une formidable caisse de résonance, mais les risques de dérives sont réels. Le sensationnalisme médiatique, la quête du spectaculaire peuvent parfois occulter des problèmes de fond d'une tout autre ampleur, mais qui sont moins « télégéniques ». Internet, pour sa part, offre de véritables opportunités, c'est un outil de mobilisation extraordinaire, même si la fracture numérique est un problème persistant, sans parler des idéologies délétères qui y sont trop souvent véhiculées.

Réaffirmer les droits de l'homme aujourd'hui, c'est accorder une attention particulière aux populations victimes de la guerre, comme au Darfour, ou d'épidémies dévastatrices, comme le sida et la malaria. Cela passe également par la redéfinition des rapports Nord/Sud, mais aussi par la prise en compte des personnes qui, bien qu'elles résident dans les pays développés, se trouvent en situation de détresse. Réaffirmer les droits de l'homme, c'est encore défendre la liberté de pensée et promouvoir les droits des femmes, dont on sait combien elles sont trop souvent discriminées, même dans les pays les plus tolérants, et soumises à des pressions familiales inadmissibles. Je pense non seulement à l'excision des filles, mais aussi à la privation de toute liberté pour d'autres, qu'elles soient ou non mariées.

Ayant siégé pendant quatorze ans au Parlement européen, que j'ai présidé après sa première élection au suffrage universel, je tiens à souligner que s'il avait à l'époque peu de pouvoirs, il a cependant largement contribué à soutenir les mouvements qui s'opposaient à des régimes dictatoriaux. À chacune de ses sessions, une journée était consacrée à des débats sur les pays où les droits de l'homme étaient ouvertement bafoués. C'est le plus souvent sur la base de renseignements fournis par les ONG que nous disposions d'éléments d'intervention précis. Les propositions que nous votions au cours des débats n'étaient pas inutiles, dans la mesure où les pays concernés recevaient des aides de la Commission de Bruxelles.

Évoquant le rôle des ONG, je ne peux occulter la situation des pays qui, encore aujourd'hui, leur demeurent inaccessibles. Les récents Jeux olympiques de Pékin, en ouvrant la Chine aux étrangers, a montré combien il était difficile pour les ONG d'y travailler. C'est encore le cas pour plus de pays qu'on ne l'imagine, bien que la plupart se prévalent du respect des droits de l'homme. Dans le passé, il a fallu la chute du mur de Berlin, en 1989, pour que les ONG puissent exercer leur action dans les pays soumis au joug des communistes et au contrôle des Soviétiques. Pourtant, les populations de ces pays ont mené des actions plus ou moins clandestines afin de maintenir des associations, leur permettant de contourner le pouvoir politique.

Je tiens, à cette occasion, à évoquer la mémoire de Bronislaw Geremek qui vient de disparaître tragiquement, car il est de ceux qui se sont sans cesse opposés au gouvernement polonais de l'époque et qui ont permis à la résistance polonaise de défendre les libertés.

J'ai eu l'honneur de représenter le président de la République à ses obsèques à Varsovie et de mesurer à travers les paroles de ses amis le rôle qu'il a joué.

Avant de conclure, je tiens également à évoquer, même brièvement, la création du Fonds d'affectation spéciale au profit des victimes des crimes relevant de la Cour pénale internationale, qui siège à La Haye depuis 2003. Il s'agit en l'espèce d'une initiative totalement nouvelle, créant au sein de la Cour pénale un fonds constitué de cinq personnalités, connues pour leur impartialité et leur intégrité, chacune représentant une des régions du monde. Depuis sa création, je préside ce fonds mis en place en 2003 et qui, pour la première fois, prend en compte la situation des victimes. Si j'évoque ce fonds, c'est que, du fait même des missions qui lui sont confiées, il est amené à travailler avec les ONG qui connaissent parfaitement les populations concernées et qui sont à même de nous conseiller et surtout de mettre en œuvre certaines des décisions que nous prenons. Je tiens à les en remercier.

À l'heure où se prépare à Genève une conférence, qui doit faire suite l'an prochain à celle de Durban en 2002, je lance un appel pour qu'elle ne soit pas le lieu de dérives similaires à celles auxquelles le monde a assisté. Je sais que la grande majorité de la communauté internationale condamnerait de tels propos s'ils venaient à être répétés. Je veux saluer ici cette détermination.

Après de longues années qui, de l'enfer d'Auschwitz m'ont amenée à exercer des responsabilités en France et en Europe au service de causes diverses et aux côtés de personnalités d'horizons multiples, j'ai appris que l'engagement dans la sphère publique est peut-être l'une des manifestations les plus « nobles » de la liberté humaine.

S'il reste encore beaucoup à faire dans ce domaine, le développement des institutions internationales et du multilatéralisme est une source d'espoir. Les ONG, par leur implication dans ce processus, y jouent un rôle clé : je tiens à dire à toutes celles représentées ici que par vos actions et vos paroles, vous êtes les aiguillons qui rappellent les États à leurs responsabilités.

Je vous remercie de votre attention.

Conférence annuelle des organisations
non gouvernementales associées
au Département de l'information des Nations unies,
UNESCO, Paris, 3 septembre 2008

« Nous voulons dire aux centaines de milliers de victimes de tels crimes qu'elles ne sont plus seules »

Monsieur le président,

Excellences,

Chers collègues et amis,

Mesdames et Messieurs,

La réunion annuelle des États Parties au Statut de Rome prend cette année une importance particulière.

Tout d'abord d'un point de vue historique, parce qu'elle a lieu, presque jour pour jour, soixante ans après la Déclaration universelle des droits de l'homme. Souvenons-nous de la célèbre déclaration de René Cassin, qui nous rappelle que « la méconnaissance et le mépris des droits de l'Homme ont conduit à des actes de barbarie qui révoltent la conscience de l'humanité ».

Faire en sorte que de tels actes, de tels crimes ne restent pas impunis, tel est l'objectif majeur de la Cour pénale internationale qui a vu le jour avec le Statut de Rome, dont nous célébrons aujourd'hui le dixième anniversaire.

Ce double anniversaire prend une importance particulière vis-à-vis des victimes de ces crimes, pour lesquelles le Fonds a été créé.

Je souhaite rappeler à cet égard le rôle fondamental et innovateur que le fonds au profit des victimes est appelé à jouer. C'est une partie intégrante du Statut de Rome, son action est intrinsèquement liée à celle de la Cour : par le versement aux victimes des réparations ordonnées par les juges et par la mise en œuvre d'actions visant à offrir aux victimes de crimes entrant dans la compétence de la

Cour une réadaptation physique ou psychologique, ou encore un soutien matériel.

À ce jour, dix-huit projets en Ouganda et seize projets en République démocratique du Congo ont été validés par les juges de la Cour. Ces projets bénéficieront à des milliers de victimes dont les souffrances passées et présentes seront enfin prises en considération. Au moment où je vous adresse ces quelques mots, grâce aux actions du Fonds sur le terrain, un nombre croissant de victimes mutilées, humiliées, diminuées ont à nouveau une apparence normale, retrouvent leur dignité et regagnent peu à peu leur place dans la société.

Grâce aux partenariats établis par le Fonds, plusieurs organisations se sont jointes à nous pour apporter leur soutien, leur expertise et autres contributions, permettant une réhabilitation physique, psychologique, matérielle et sociale de ces victimes.

Beaucoup a été fait déjà, mais le plus difficile doit encore être réalisé.

Nous avons récemment lancé une campagne de financement de 10 millions d'euros, visant à fournir une assistance immédiate à plus d'un million sept cent mille victimes de viols. Vous le savez, le viol est utilisé, hélas, comme tactique de guerre dans les zones où nous travaillons. Ces mères de famille, sœurs, frères, filles, fils vivent une réalité terrible, rejetés par leurs proches, leur propre famille, leurs voisins, leurs amis, exclus pour la simple raison qu'ils étaient là au moment où leur communauté a été attaquée. À travers l'assistance que nous sollicitons, nous voulons dire aux centaines de milliers de victimes de tels crimes qu'elles ne sont plus seules : nous sommes là pour les aider à guérir leurs blessures, pour les aider à retrouver la dignité et le courage nécessaires à la reconstruction de leur famille, de leur communauté et de leur société. Nous avons reçu plusieurs intentions concrètes de nous aider dans cette initiative. Le Danemark a été le premier pays à nous soutenir dans cette initiative. Depuis, plusieurs autres pays ont manifesté leur intention d'appuyer également cet effort, ce que nous apprécions profondément, tout comme ceux qui nous soutiennent par leurs contributions générales au Fonds.

Lors de la dernière réunion du conseil de direction, nous avons mis l'emphase sur l'importance des communications et du dialogue en 2009. Nous n'ignorons pas quelles sont les attentes légitimes de tous ceux qui contribuent au Fonds, et qui souhaitent être régulièrement informés des activités développées par celui-ci. Nous savons que des efforts importants doivent être entrepris en ce domaine et nous espérons que le secrétariat du Fonds parviendra à répondre à ces attentes, en développant une véritable politique de communication, transparente et accessible à tous. Le Fonds que nous représentons se veut un Fonds vivant, actif, qui réponde efficacement tant aux besoins des victimes qu'aux attentes des États qui lui ont donné naissance. Votre appui et, surtout, votre intérêt pour le succès du Fonds nous encouragent à poursuivre nos efforts et à travailler en étroite collaboration avec vous, pour le bénéfice des victimes.

Je voudrais enfin terminer cette intervention par une note plus personnelle. Aujourd'hui est sans doute l'une des dernières fois où je m'adresse à vous. Comme vous le savez, mon mandat, ainsi que celui de la plupart de mes collègues, prendra fin l'année prochaine. Vous devrez donc choisir de nouveaux candidats pour les postes que nous occupons aujourd'hui. Je pense qu'il est temps de réfléchir dès aujourd'hui aux meilleurs profils, aux personnes les plus aptes à remplir la difficile mission qui est la nôtre. Il me semble, pour ma part, que les besoins du Fonds ont évolué avec le temps, et que le Conseil de direction doit aussi être composé de personnes dynamiques, prêtes à se déplacer, à se rendre sur les lieux mêmes où les actions sont mises en œuvre, et à mesurer directement l'impact de ces actions sur les populations concernées.

Au nom des victimes pour lesquelles vous vous êtes engagés à nos côtés, je vous remercie.

Assemblée des États Parties au Statut de Rome,
CPI, La Haye, novembre 2008

TABLE DES MATIÈRES

I

Le combat pour la mémoire de la Shoah

II

Le combat pour l'Europe

III

Le combat pour l'émancipation des femmes

IV

Le combat éthique et social

Composition et mise en pages
Nord Compo à Villeneuve-d'Ascq

Achevé d'imprimer en France en juillet 2017
par Normandie Roto Impression s.a.s. 61250 Lonrai
Dépôt légal : octobre 2016 - N° d'impression : 1703200